SANTIAGO Y JUDAS

Pablo Alberto Deiros

COMENTARIO
BIBLICO
HISPANOAMERICANO

EDITOR

Justo L. González

CONSEJO EDITORIAL

Guillermo Cook

René Padilla

Samuel Pagán

Marcos Antonio Ramos

Juan Rojas

Títulos que ya han sido publicados

GÉNESIS, primera parte	Esteban Voth
ESDRAS, NEHEMIAS Y ESTER	Samuel Pagán
AMÓS Y ABDÍAS	Washington Padilla
MARCOS	Guillermo Cook y Ricardo Foulkes
HECHOS	Justo L. González
1 TIMOTEO, 2 TIMOTEO Y TITO	Marcos Antonio Ramos
SANTIAGO Y JUDAS	Pablo A. Deiros
TEORÍA Y PRÁCTICA DE LA PREDICACIÓN	Cecilio Arrastía

Títulos que aparecerán próximamente

1 SAMUEL Y 2 SAMUEL	Francisco García-Treto
JEREMÍAS Y LAMENTACIONES	Jorge A. González
MATEO	Rafael Cepeda

Otra obra de Pablo A. Deiros

DÍA DE BODAS

SANTIAGO
JUDAS

Pablo A. Deiros

© 1992 EDITORIAL CARIBE, INC.
9200 S. Dadeland Blvd., Suite 209
Miami, FL 33156 U.S.A.

ISBN 0-89922-376-1

Impreso por Carvajal S. A.
Impreso en Colombia - Printed in Colombia

Presentación general

Lámpara es a mis pies tu Palabra y lumbrera a mi camino», cantaba el poeta de antaño. Aquella lámpara que hace siglos iluminó los pasos del poeta hebreo sigue hasta el día de hoy alumbrando el camino de quienes se acogen a su luz. Sin ella, los caminos de nuestro siglo son tan oscuros como los de las peores épocas de la humanidad. Nos ha tocado caminar en medio de guerras y rumores de guerras, entre pestilencias que matan de noche e injusticias que matan de día. La noche es oscura; el camino, incierto. Hay luces que nos deslumbran y nos hacen perder el camino. Empero, hoy como antaño, la Palabra de Dios sigue siendo lámpara a nuestros pies y lumbrera a nuestro camino.

La importancia y autoridad de las Escrituras fueron principios fundamentales de la Reforma Protestante del Siglo XVI. Empero tal énfasis sobre la Biblia no es característica exclusiva de la Reforma Protestante. Tanto es así, que bien podría decirse que la historia de la iglesia no es sino un largo comentario que el pueblo creyente ha ido escribiendo, no solo con sus palabras, sino también con sus actividades. Buen comentarista fue el cristiano que entregó su vida por su fe. Buen comentarista fue el que supo amar al prójimo, hacer justicia, anunciar perdón. Mal comentarista fue el que persiguió a quienes no concordaban con él, o el que usó de su fe para escapar de su responsabilidad frente al prójimo. Y, si bien es cierto que en la Reforma del siglo XVI la Biblia jugó un papel de suma importancia, también es cierto que en nuestros días, a fines del siglo XX, otra gran reforma comienza a despuntar; y en ella, como en el siglo XVI, el redescubrimiento de las Escrituras ha de jugar un papel central.

La lámpara que alumbra el camino es útil en tanto y en cuanto a su luz se dirige hacia el camino por donde andamos. Hay que cuidar de la lámpara; hay que asegurarse de que sus lentes estén limpios; pero al fin de cuentas lo más importante es ver el camino mismo a la luz de la lámpara.

Es por eso que un comentarista como el presente ha de tratar, no solamente del texto en la situación original en que fue escrito, sino también del texto dentro del contexto en que nos ha tocado vivir.[1] Hay comentarios escritos en otros tiempos y otras latitudes que nos son todavía de gran provecho. Pero no nos basta con tales recursos. Ya nos va haciendo falta un comentario que arroje la luz de la Palabra sobre los ásperos caminos por los que transita el pueblo de habla hispana en todo este vasto hemisferio; ya nos va haciendo falta un comentario escrito por quienes acompañan a nuestro pueblo en ese duro camino; ya nos va haciendo falta, como nuestro propio título lo llama, un «Comentario Bíblico Hispanoamericano».

Es nuestro deseo y nuestra esperanza que el Comentario Bíblico Hispanoamericano sea a la vez un llamado y una contribución a ese redescubrimiento de las Escrituras.

EL CONSEJO EDITORIAL

---

1   En los comentarios, la sección «el texto en nuestro contexto» aparece destacada con un tipo de letra diferente.

CONTENIDO

Presentación general 5

Lista de abreviaturas 13

SANTIAGO

Introducción general 17
          Una larga lucha 17
          Un autor discutido 20
          Un estilo y formato particulares 26
          Dónde y cuándo se escribió 29
          El marco situacional 35
          Santiago y su mensaje 36
          La importancia y pertinencia de Santiago 40

Bibliografía 43
          Comentarios técnicos 43
             Comentarios críticos 43
             Comentarios crítico-homiléticos 44

  Bosquejo de la Epístola de Santiago 47

I.   Salutación (1.1) 49
     A. Santiago: el siervo del Señor (1.1) 49
     •   Siervos del Señor Jesucristo 51
     B. El pueblo de la dispersión (1.1 cont.) 54
     •   Una carta para nosotros 57

II.   El problema de las pruebas (1.2-18) 61
     A. Las pruebas y la madurez espiritual. (1.2-4) 62
     •   Las pruebas y nuestra madurez 64

B. Las pruebas y la necesidad de sabiduría (1.5-8) 67
•   La verdadera sabiduría 69
C. Las pruebas y la escala de valores (1.9-11) 72
•   Las pruebas clasifican nuestra escala de valores 74
Ch. Las pruebas y sus posibilidades (1.12-18) 77
    1. Una bienaventuranza y una corona (1.12) 77
•   Bienaventuranza y vida plena 79
    2. Anatomía de la tentación (1.13) 84
•   La anatomía de la tentación 86
    3. La responsabilidad humana (1.14-15) 88
•   Pecado, seducción y muerte en nuestra América 90
    4. El Padre de las luces (1.16-18) 93
•   Dios: su persona y acción en nuestra historia 95

III. La naturaleza de la religión verdadera (1. 19-2. 26) 99
    A. La religión verdadera demanda obediencia (1. 19-27) . 100
        1. Una fe actuada (1. 19-25) 101
    •   Fe y compromiso en Hispanoamérica 103
        2. Cómo ser un buen religioso (1. 26-27) 107
    •   Religiosidad vs. religión 111
    B. La religión verdadera demanda justicia (2. 1-13) 116
        1. El problema de la parcialidad (2. 1-4) 116
    •   Discriminación y prejuicio social en la iglesia 120
        2. El problema de una opción equivocada (2. 5-7) ... 126
    •   La opción por los pobres 129
        3. El problema de la transgresión de la ley (2. 8-13) . 139
    •   Nuestro pecado y la misericordia de Dios 142
    C. La religión verdadera demanda fe que obra (2. 14-26) 149
        1. La vanidad de la fe sin obras (2. 14-19) 152
    •   La fe que no actúa 154
        2. La vitalidad de la fe que obra (2. 20-26) 159
    •   Justificados por la fe para las obras 161

IV. El poder de la lengua (3.1-12) 165
    A. La ocasión de la amonestación (3.1-2) 165
    •   Los vicios de la lengua 166
    B. La razón de la amonestación (3.3-12) 170
        1. El poder de la lengua (3.3-6) 171
    •   La lengua: lo mejor y lo peor 173
        2. La perversidad de la lengua (3.7-12) 175

- Lenguas de muerte en América Latina 177

V. Los males de este mundo (3.13-5.6) 183
  A. El problema de la violencia (3.13-4.12) 184
    1. Las dos sabidurías (3.13-18) 185
  - El ejercicio de la verdadera sabiduría 186
    2. Las causas de la violencia (4.1-5) 190
  - El problema de la violencia 193
    3. El remedio para la violencia (4.6-10) 198
  - La respuesta del cristiano a la violencia que existe ... 199
    4. La violencia de la murmuración (4.11-12) 203
  - El abuso de nuestras lenguas 204
  B. El problema de la jactancia (4.13-17) 209
  - Qué hacer con nuestros mañanas 210
  C. El problema de las riquezas (5.1-6) 215
    1. Condenación de los ricos (5.1-3) 216
  - Los males del capitalismo 218
    2. El clamor de los oprimidos (5.4) 223
  - El clamor de los pobres de nuestras tierras 225
    3. Las raíces del subdesarrollo (5.5-6) 230
  - Subdesarrollo: La otra cara del desarrollo 230

VI. El valor de las virtudes cristianas (5.7-20) 239
  A. El valor de la paciencia (5.7-11) 239
    1. La paciencia y el retorno de Cristo (5.7-9) 240
  - La paciencia militante 241
    2. La paciencia y los ejemplos bíblicos (5.10-11) ... 244
  - Ejemplos de paciencia militante 246
  B. El valor de la palabra honesta (5.12) 250
  - «La palabra humillada» 251
  C. El valor de la comunidad de fe (5.13-20) 257
    1. Una comunidad doxológica (5.13) 257
  - Iglesia hispanoamericana: comunidad adorante 258
    2. Una comunidad terapéutica (5.14-15) 261
  - Salud y vida abundante 264
    3. Una comunidad de oración (5.16-18) 268
  - Las demandas y el poder de la oración 269
    4. Una comunidad profética (5.19-20) 274

• Ser iglesia en el mundo 276

JUDAS

Introducción general 283
       Su lugar en el canon 284
       Su autor 285
       El trasfondo 289
       Lugar, fecha y destinatarios 292
       Forma, estructura y contenido 294
       La relación con 2 Pedro 296
       Propósito y mensaje 298
       ¿Cuál es el valor de Judas? 299

Bibliografía 303

Bosquejo de la Epístola 305

I.   Introducción a la carta (1- 4) 307
    A. Salutación (1-2) 308
    B. Ocasión de la carta (3-4) 315
    • Fe y apostasía: Temas urgentes en nuestro contexto . . 317

II.   Amonestación contra la doctrina falsa (5-16) 325
    A. El castigo de la apostasía (5-7) 326
    • Apostasía y castigo: Ayer y hoy 328
    B. El carácter de la apostasía (8-13) 333
    • Características de la apostasía 337
    C. La condena de la apostasía (14-16) 345
    • Apostasía, sectarismo y segunda venida del Señor 347

III. Exhortación a la fe verdadera (17-23) 357
    A. La fe verdadera es apostólica (17-19) 358
    • La fe apostólica 360
    B. La fe verdadera es santa (20-21) 370
    • Fe efectiva 372
    C. La fe verdadera es activa (22-23) 376
    • La responsabilidad del cristiano por los que se pierden 378

IV. Doxología(24-25) 387
  • Una doxología para hoy 389

Lista de abreviaturas

Biblias y Nuevos Testamentos

BA	*La Biblia de las Américas*
BJ	*Biblia de Jerusalén*
HA	*Versión Hispano-Americana* (Nuevo Testamento)
NA	*El Libro de la Nueva Alianza* (Nuevo Testamento)
PB	*Versión de Pablo Besson* (Nuevo Testamento)
RVR	*Versión Reina-Valera Revisión* 1960
RVA	*Versión Reina-Valera Actualizada*
VL	*Versión Latinoamericana* (Nuevo Testamento)
VM	*Versión Moderna*
VP	*Versión Popular*

Comentarios

AB	*Anchor Bible*
ACNT	*Augsburg Commentary on the New Testament*
CBC	*Cambridge Bible Commentary*
CBH	*Comentario Bíblico Hispanoamericano*
FRLANT	*Forschungen zur Religion und Literatur des Alten und Neuen Testaments*
HNT	*Handbuch zum Neuen Testament*
HNTC	*Harper's New Testament Commentaries*
HTKNT	*Herders theologischer Kommentar zum Neuen Testament*
IB	*Interpreter's Bible*
ICC	*International Critical Commentary*
IBC	*International Bible Commentary*
NICNT	*New International Commentary on the New Testament*
NIGTC	*New International Greek Testament Commentary*

NTC	*Nuevo Testamento Comentado*
NTCom	*New Testament Commentary*
MNTC	*Moffatt New Testament Commentary*
TBC	*Torch Bible Commentaries*
TNTC	*Tyndale New Testament Commentaries*
WBC	*World Biblical Commentary*
WPNT	*Word Pictures in the New Testament*

Diccionarios

TDNT	G. Kittel y G. Friedrich, eds., *Theological Dictionary of the New Testament*, Eerdmans, Grand Rapids, Michigan, I-X, 1964-1976
DNTT	Colin Brown, ed., *Dictionary of New Testament Theology*, Zondervan, Grand Rapids, Michigan, I-III, 1975-1978

Revistas

CBQ	*Catholic Biblical Quarterly*
EQ	*Evangelical Quarterly*
ExpTim	*Expository Times*
HTR	*Harvard Theological Review*
Int	*Interpretation: A Journal of Bible and Theology*
JBL	*Journal of Biblical Literature*
JR	*The Journal of Religion*
Neot	*Neotestamentica*
NT	*Novum Testamentum*
NTS	*New Testament Studies*
RB	*Revista Bíblica*
RCatalT	*Revista Catalana de Teología*
RE	*Review and Expositor*
RSR	*Revue des Sciences Religieuses*
SWJT	*Southwestern Journal of Theology*
ThuGl	*Theologie und Glaube*
TZ	*Theologische Zeitschrift*
ZntW	*Zeitschrift für neutestamentliche Wissenschaft*

Santiago

Introducción general

La *Epístola Universal de Santiago* es la primera de un grupo de siete cartas en el Nuevo Testamento, que son comúnmente conocidas como las «epístolas generales» (universales o católicas). Se las califica así porque no están dirigidas a grupos particulares, sino que se presume fueron escritas a todos los cristianos en todas partes. Este hecho hace que sea difícil, en estos casos, reconstruir la situación histórica a la que pertenecen, lo cual abre la puerta a una variedad de conjeturas. Es por eso que, en el caso de Santiago, el libro ha tenido que pasar por una historia turbulenta, antes de encontrar su lugar y reconocimiento entre los demás escritos del Nuevo Testamento.

Una larga lucha

Hubo mucho debate en los primeros siglos de la era cristiana en cuanto a si Santiago debía ser incluida o no en el canon del Nuevo Testamento. Entre los padres latinos, la epístola no fue citada como Escritura sino hasta bien entrado el cuarto siglo. La cuestión en la cristiandad latina no se resolvió sino hasta el tercer concilio de Cartago en el año 397. Este concilio fue el primero en tomar una decisión respecto del canon, y resolvió que sólo los libros canónicos se leyeran en las iglesias como Sagrada Escritura. En la lista de 27 libros que se aprobó figuraba Santiago.[1]

El canon de Muratori, que fue la primera lista que se compiló de libros del Nuevo Testamento y que data de alrededor del año 170, no la menciona. La versión Latina Antigua, que fue la que utilizó Tertuliano (hacia el año 200), tampoco la incluye. Sin embargo, poco más tarde, Orígenes de Alejandría la cita por primera vez, atribuyéndola a Santiago, el hermano del Señor.[2] Eusebio, en el año 314, la pone en una lista de libros respecto a los cuales no había

---

1   Joseph B. Mayor, *The Epistle of St. James*, Zondervan, Grand Rapids, 1954, p. lxix.
2   Orígenes, *Comentario sobre el evangelio de Mateo*, 17.30 y *Contra Celso*, 1.47. Ver Mayor, *St. James*, p. 74.

mucho acuerdo, si bien él mismo la acepta.[3] La primera cita de la epístola en latín se encuentra en un libro de Hilario de Poitiers, del año 357.

En 367, Atanasio de Alejandría la incluye entre los escritos considerados como Sagrada Escritura. Recién Jerónimo, en el 404, la incluye en su Vulgata Latina como parte del Nuevo Testamento; y Agustín de Hipona considera que su autor fue el hermano de Jesús.[4]

El escrito de Santiago fue traducido a la lengua siríaca en el año 412, como parte de la versión del Nuevo Testamento en esa lengua, conocida como la Peshito. Pero la carta no aparece citada en la literatura cristiana en lengua siríaca sino hasta el año 451. No obstante, casi un siglo más tarde, Pablo de Nisibis tenía dudas en cuanto a incluirla en el canon. Fue con Juan Damasceno (m. en 754), que la carta de Santiago fue aceptada de manera definitiva en la iglesia siríaca.[5]

En síntesis, como señala Peter H. Davids en su comentario: «Esta evidencia es negativa. La epístola carece de un testimonio temprano; el Este la aceptó antes que el Oeste. Por su propia naturaleza, la evidencia no puede explicar la razón de este silencio».[6]

Durante los largos años en que la iglesia luchó para determinar su canon de Escrituras cristianas, se guió por ciertos criterios para evaluar los múltiples escritos que estaban en circulación. Estos criterios fueron cuatro: (1) su origen apostólico; (2) su contenido de alto valor espiritual; (3) su aceptación universal en la iglesia; y (4) su inspiración divina. Santiago tuvo dificultades para dar satisfacción a todos o a algunos de estos requisitos de canonicidad.

Martín Lutero mismo tenía un concepto muy bajo de la epístola. Junto con Judas, Hebreos y Apocalipsis, Santiago integraba un grupo de libros a los que el reformador consideraba en un lugar secundario. En el caso de Santiago, su juicio era severo. En su «Prefacio al Nuevo Testamento» (1522), después de ponderar a las otras escrituras canónicas por enseñar todo lo necesario para la salvación, Lutero dice que «la epístola de Santiago es, en comparación con ellas, una epístola sosa, porque no tiene nada de índole evangélica».[7]

3   «De los libros discutidos, en cambio, y que, sin embargo, son conocidos de la gran mayoría, tenemos la *Carta* llamada de *Santiago*...» Eusebio, *Historia Eclesiástica*, 3.25,3; ver también 2.23, 24-25.

4   Ver James A. Brooks, «The Place of James in the New Testament Canon», *SWJT* 12 (1, 1969):41-55.

5   Para una amplia discusión sobre la incorporación de la carta de Santiago en el canon bíblico ver William Barclay, *Santiago, I y II Pedro*, en *NTC*, pp. 11-14; y especialmente Mayor, *St. James*, pp. lxvi-lxxxiv, quien ofrece la mejor compilación de citas de alusiones a Santiago anteriores al siglo V.

6   Peter H. Davids, *The Epistle of James: A Commentary on the Greek Text*, en *NIGTC*, pp. 7-8. Cp. Donald Guthrie, *New Testament Introduction*, Inter-Varsity Press, Downers Grove, 1970, pp. 737-739.

7   Martín Lutero, *Obras de Martín Lutero*, trad. por Carlos Witthaus, La Aurora, Buenos Aires, 1979, 6:127.

Además, según él, la epístola no era apostólica, porque «atribuye la justificación a las obras».[8] Sus objeciones eran mayormente de carácter doctrinal. Según Lutero, Santiago estaba en oposición directa a la enseñanza de Pablo y del resto de la Biblia al colocar las obras en el lugar de la fe para la justificación. Por otro lado, Santiago no menciona en ninguna parte el sufrimiento, la resurrección y el espíritu de Cristo, que son los hechos redentores básicos sobre los que se fundamenta la fe cristiana. Por el contrario, el nombre de Cristo sólo aparece dos veces en todo el escrito. La conclusión de Lutero es la de negarle a Santiago un lugar entre los escritores del verdadero canon de su Biblia. «No lo quiero tener en mi Biblia» señalaba, «entre los auténticos libros principales».[9]

La Iglesia Católica Romana fijó definitivamente el canon de sus Escrituras en el Concilio de Trento, en 1546. Santiago fue aceptada como carta apostólica y canónica.

En síntesis, las dificultades de Santiago para figurar entre los escritos canónicos se debieron a que: (1) se cuestionaba su autenticidad como escrito apostólico; (2) existía el concepto de que el énfasis de su pensamiento era más judío que cristiano; (3) se consideraba que la doctrina que desarrollaba se oponía a la doctrina paulina de la salvación por la fe.

Sin embargo, y desde una perspectiva latinoamericana, conviene agregar una razón más para las dificultades que Santiago enfrentó en el proceso de su reconocimiento como escrito inspirado y autoritativo. Es evidente que la carta presenta un mensaje «incómodo» para las minorías dominantes, que a lo largo de los siglos han pretendido tener el control de la iglesia. Esto es lo que lleva a Elsa Tamez a calificar a Santiago como una «carta interceptada». «Si leemos la historia de este documento», señala la teóloga mexicana, «nos daremos cuenta de que hay algo en la carta que obliga también a ciertas autoridades o líderes de la iglesia a mirarla con recelo». Y se pregunta: «¿Por qué se rechazaba esta carta? ¿Qué tiene la carta en especial que no les gustaba a las iglesias y a los líderes de aquellos tiempos? ¿Hay alguna herejía que contradiga los escritos del Antiguo Testamento?» Después de discutir estos interrogantes, Tamez reformula la pregunta: «¿Quién declara obsoleta esta carta?» Y responde: «Hay una clara antipatía de Santiago frente a los ricos en las iglesias... de manera que si los ricos en su mayoría se han apropiado de la iglesia, obviamente el documento llega a ser obsoleto para ellos, pues ya están adentro... La crítica radical de Santiago a los ricos ha ayudado a este 'robo solapado' de la epístola. Se sabe de iglesias que se saltan la carta en sus liturgias porque en sus congregaciones hay muchos miembros ricos y es muy incómodo hablar contra ellos teniéndolos enfrente. Algunas partes de Santiago, especial-

8 *Ibid.,* p. 153.
9 *Ibid.,* pp. 154-155.

mente el capítulo quinto, son muy concretas y por lo tanto muy difíciles de espiritualizar».[10]

Según Davids, la evidencia externa no presenta una conclusión definitiva en cuanto a la paternidad literaria del libro y su fecha.[11] No obstante, la epístola de Santiago ha encontrado su lugar en los escritos reconocidos como canónicos. Su autenticidad y utilidad están fuera de duda. Especialmente las iglesias en Hispanoamérica están descubriendo en Santiago un mensaje que aborda de manera directa muchas de las conflictivas circunstancias que se viven hoy en el continente. Lejos de ser un libro secundario y de poca importancia, el escrito de Santiago es hoy uno de los más estudiados y predicados.

Por otro lado, da la impresión de que la epístola está saliendo del rincón oscuro en que por siglos quedó olvidada. La aparición de varios comentarios, estudios y artículos en las últimas dos décadas ha ayudado a avivar el interés por Santiago. En castellano han aparecido varias obras de diverso valor, pero que han tenido considerable impacto sobre las iglesias locales.[12]

Un autor discutido

Muchos cristianos no aprecian debidamente ciertos libros de la Biblia simplemente porque conocen poco o nada de sus autores humanos. La Epístola de Santiago es un ejemplo de ello. La carta consta de ciento ocho versículos, que se pueden leer en menos de veinte minutos. Pero su mensaje será comprendido más profundamente si es posible conocer mejor a su autor.

La epístola comienza con una declaración simple, que sigue la estructura característica de otras en el Nuevo Testamento: «Santiago, siervo de Dios y del Señor Jesucristo» (ver Ro. 1.1; 2 P. 1.1; Jud. 1). El nombre Santiago (*Iakôbos* en griego, *Ya'akob* en hebreo, y *Jacobus* en latín) era un nombre propio masculino muy popular en tiempos bíblicos. Cinco personajes del Nuevo Testamento, algunos de ellos bastante conocidos, tenían este nombre. (1) El hijo de Zebedeo y hermano de Juan, integrante del grupo de los doce apóstoles (Mt. 10.2; Mr. 3.17; Lc. 6.14; Hch. 1.13), quien murió decapitado en el año 44 por orden de Herodes Agripa I (Hch. 12.2). (2) El hijo de Alfeo, que también era uno de los doce (Mt. 10.3; Mr. 3.18; Lc. 6.15; Hch. 1.13). (3) El padre o hermano del apóstol Judas, no el Iscariote (Lc. 6.16). (4) Jacobo el menor, a quien se menciona en Marcos 15.40 (ver también Mt. 27.56 y Jn. 19.25) como hijo de María y hermano de José. (5) Jacobo, quien junto con Simón, José y Judas era hermano de Jesús (Mt. 13.55; Mr. 6.3; Gá. 1.19).[13]

10 Elsa Tamez, *Santiago: lectura latinoamericana de la epístola*, Departamento Ecuménico de Investigaciones, DEI, San José (Costa Rica), 1985, pp. 14, 16, 18-19, 22.
11 Davids, *NIGTC*, pp. 7-9.
12 Ver la Bibliografía al comienzo de este libro.
13 Barclay presenta una discusión detallada de cada uno de estos Jacobos o Santiagos. Ver Barclay, *NTC*, pp. 16-19. Ver también C. Leslie Mitton, *The Epistle of James*, Eerdmans, Grand Rapids,

La identidad exacta del último Santiago está algo velada por la oscuridad. Hay quienes consideran que este Santiago era hijo de María y José, en cuyo caso debe haber sido menor que Jesús. Hay otros que creen que era hijo de José, pero de un matrimonio anterior al de María, en cuyo caso sería considerablemente mayor que Jesús. Todavía hay otros que piensan que era primo de Jesús, ya que la palabra griega *adelfos* puede traducirse como «hermano» o «primo», y a veces los escritores del Nuevo Testamento, al igual que otros de ese período, la utilizan con cierta libertad con ambos significados. Jerónimo pensaba que los «hermanos» de Jesús eran en realidad sus primos, «hijos de María, la hermana de la madre del Señor».[14]

¿Cuál de los cinco personajes mencionados es el autor de la carta? Hay poco o nada en la epístola misma que nos ofrezca la más mínima pista. Tanto el nombre (Santiago o Jacobo) como la carta nos llevan a inferir que el autor era un judío que se había convertido a la fe cristiana (1.1; 2.1; 5.8-9). No era uno de los apóstoles, de otro modo habría hecho mención a esa posición especial. Ser apóstol era un gran honor y daba autoridad como vocero de la fe. El lector recordará que Pablo hizo una defensa vigorosa de su derecho a hablar como apóstol (2 Co. 10-11), e introdujo casi todas sus cartas haciendo referencia al carácter apostólico de su ministerio. Parece bien razonable esperar que el autor de Santiago hiciese un reclamo similar de haber sido realmente un miembro del grupo apostólico. El hecho de que el libro no pretenda un origen apostólico elimina a Jacobo el hermano de Juan como su posible autor, al igual que a Jacobo el hijo de Alfeo. Además, el primero de estos Jacobos, como se indicó, fue decapitado en el año 44. Otro Jacobo del Nuevo Testamento que queda excluido como autor es el padre de Judas (no el Iscariote). Ningún erudito bíblico, hasta donde sabemos, lo ha señalado como posible escritor de la epístola. Algo similar ocurre con Jacobo el menor. Esto nos deja solo con Santiago, el hermano del Señor.

¿Es posible conocer algo más definido en cuanto al posible autor de la carta? Ninguna otra pregunta, en toda la historia de los estudios del Nuevo Testamento, ha suscitado mayor controversia que la de la paternidad literaria de la epístola de Santiago. Es casi imposible llegar a una conclusión definitiva en cuanto a la cuestión sin verse confrontado con serios interrogantes. Lo más que se puede decir con seguridad es que el libro debe haber sido escrito por un prominente predicador judeo-cristiano, que gozaba de la confianza y aceptación de las iglesias. Su nombre era Santiago, pero no hay manera de probar fehacientemente su identidad real.

Según algunos eruditos, el peso de la evidencia parece inclinarse en favor de un Santiago desconocido, quien probablemente escribió a fines del segundo siglo.[15] Para otros, se trata de una obra cuyo autor firma con el seudónimo de

1966, pp. 219-222.
14 Barclay, *NTC*, pp. 24-31.
15 Tal era la teoría de F. Spitta y Adolf Harnack. Ver Mayor, *St. James*, pp. clxxviii-cxcii.

«Santiago» y que escribe a fines del primer siglo o comienzos del segundo.[16] Hay quienes la consideran una epístola anónima, que más tarde fue atribuida a Santiago. Algunos eruditos sostienen que la carta pertenece a algún otro «Santiago», ya que el nombre era muy común. Hay otros que piensan que la carta fue originariamente un documento judío al que se «cristianizó» agregándole la salutación de 1.1 y el nombre del Señor en 2.1.[17] Hay quien dice que un primer autor produjo una alegoría en torno al discurso de despedida de Jacob a sus doce hijos (Gn. 49), y que más tarde esto se adaptó con fines cristianos.[18] Finalmente, hay quienes afirman que la epístola incorpora algún material genuino, bien sea de origen oral o escrito, al que algún editor le dio la forma escrita final con que ha llegado a nosotros.[19]

La pregunta que sigue en pie es si el hermano de Jesús es el autor de la carta. Hay quienes dicen que no, porque el libro no expresa ningún tipo de relación filial entre su autor y Jesús. Algunas de las doctrinas que enseña no parecen ajustarse a la teoría de que el hermano de Jesús sea su autor. Sí parece evidente que, por algún tiempo, este Santiago fue la cabeza de la iglesia en Jerusalén (Hch. 15.13; Gá. 2.9,12). Por otro lado, es extraño que el hermano carnal de Jesús solo mencione a su hermano dos veces en toda la carta, y ni siquiera recuerde su resurrección o su condición mesiánica.[20]

En respuesta a la pregunta sobre si el hermano de Jesús es el autor de la carta, hay quienes dicen que sí, y hay cierta base para esta respuesta. H.A.Kent sostiene que el autor de la epístola era medio hermano de Jesús, que su carta es un documento cristiano, y que propiamente pertenece al canon de la Biblia.[21] En la introducción de 78 páginas a su comentario, A. Schlatter

16 Donald Guthrie, «The Development of the Idea of Canonical Pseudepigrapha in New Testament Criticism», *Vox Evangelica* 1 (1962): 4-59; y Sophie Laws, *A Commentary on the Epistle of James*, en *HNTC*, p. 41.
17 Tal es la interpretación de F. Spitta y L. Massebieau. Ver Mayor, *St. James*, pp. cxcii-cxcv; cp. Martin Dibelius, *James: A Commentary on the Epistle of James*, rev. por Heinrich Greeven, Fortress Press, Filadelfia, 1976, pp. 11-21.
18 Arnold Meyer, *Das Rätsel des Jakobusbriefes*, en *Beihefte zur Zeitschrift für neutestamentliche Wissenschaft*, vol. 10, A. Töpelmann, Giessen, 1930, pp. 280-285. La teoría de Meyer fue posteriormente desarrollada por Burton Scott Easton, *The Epistle of James*, en *IB*, vol. 12, Abingdon Press, Nashville, 1957, pp. 9-12.
19 F.C. Burkitt, *Christian Beginnings*, University of London Press, Londres, 1924, pp. 69-70.
20 Entre algunos de los comentaristas que rechazan a Santiago, el hermano del Señor, como autor están: James H. Ropes, *A Critical and Exegetical Commentary on the Epistle of St. James*, en *ICC*, pp.47-52; Easton, *IB*, p.6; y Hans Windisch, *Die Katholischen Briefe*, en *Handbuch zum Neuen Testament*, vol. 15. J.C.B. Mohr, Tubinga, 1951, pp.4-7. Más recientemente, R.A. Martin atribuye la carta a un cristiano helenista de la iglesia judeo-cristiana no paulina fuera de Palestina, que escribió cerca de fines del primer siglo e hizo uso de algún material palestino tradicional anterior. F. Vouga argumenta que la carta refleja una tradición judeo-cristiana que buscaba resistir el paulinismo dominante en el período postapostólico. Ver F. Vouga, *L'Epître de saint Jacques*, en *Commentaire du Nouveau Testament*, Labor et Fides, Paris, 1984, p. 10.
21 Ver H.A. Kent, *Faith that Works: Studies in the Epistle of James*, Baker, Grand Rapids, 1986.

argumenta que el autor de la carta de Santiago era hermano de Jesús, lo relaciona con otros líderes cristianos tempranos y con el judaísmo, y discute las características lingüísticas de la carta. [22] En ningún lugar se nos dice explícitamente que el autor sea hermano del Señor, aunque tampoco se niega esta posibilidad. De todos modos, el libro no es anónimo, si bien podría ser seudónimo, es decir, que lleve otro nombre que el del autor verdadero. Sea como fuere, es a Santiago el hermano de Jesús a quien tradicionalmente se le ha atribuido la autoría de la carta.

En favor de la paternidad de Santiago, el hermano de Jesús, se pueden presentar los siguientes argumentos:

1. La manera simple en que el autor se describe presupone que sus lectores lo conocían muy bien. El hecho de que el remitente sea tan bien conocido por sus lectores que no necesite de mayor identificación, daría apoyo a la suposición de que un personaje tan notable como Santiago el hermano del Señor sería su autor. No hay en el Nuevo Testamento un Santiago (o Jacobo) mejor conocido y prominente que el hermano de Jesús y líder de la congregación en Jerusalén.[23]

2. La suposición de que Santiago el hermano del Señor sea el autor de la carta es consistente con la evidencia del Nuevo Testamento. Su relación con Jesús, especialmente después de la resurrección, su relación con Pablo y los demás apóstoles como líder de la iglesia en Jerusalén, y su papel protagónico en el concilio de Jerusalén, todo esto le dio el derecho de hablar con autoridad a todos los cristianos, tal como lo hace en su epístola. Estos hechos caracterizan muy bien al autor de la carta como un hombre devoto a la ley y celoso de los requisitos ceremoniales judíos. Su perspectiva era limitada, ya que todavía no entendía del todo la libertad plena del evangelio. Vivía en un tiempo de transición, cuando las doctrinas cardinales de la fe cristiana todavía no se habían desarrollado suficientemente. No es extraño, entonces, que el autor sea Santiago el hermano de Jesús, y que sus lectores sean judíos cristianos de la diáspora.[24]

3. Es interesante notar que hay ciertas semejanzas lingüísticas entre el discurso de Santiago en el concilio de Jerusalén, la carta circular que contenía sus resoluciones y la carta de Santiago (Hch. 15.23 y Stg. 1.1; Hch. 15.14 y Stg. 1.27; Hch. 15.13 y Stg. 2.5). Estos paralelos son tanto más notables ya que aparecen en pasajes breves atribuidos a Santiago en Hechos y porque son de tal carácter que no se los puede explicar como meras coincidencias. La impresión inmediata, al comparar estos pasajes, es que su parecido lingüístico

22 Ver Adolf von Schlatter, *Der Brief des Jakobus,* Calwer Verlag, Stuttgart, 1985.
23 Guthrie, *Introduction,* p. 740.
24 *Ibid.,* p. 741.

es el resultado de la influencia de una misma persona, en este caso, Santiago el hermano del Señor.[25]

4. La semblanza de Santiago que se encuentra en Hechos y las epístolas paulinas es la de un hombre conciliador, dispuesto a dejar de lado cuestiones de importancia secundaria entre judíos y gentiles a fin de suavizar las tensiones. Pero esto sin comprometer las pautas morales de la fe, de las que era un celoso defensor, tal como lo ilustra la carta. En esto, Santiago se muestra profundamente influido por las enseñanzas de Jesús, tal como aparecen en el Sermón del Monte. Es como si el autor de la carta hubiese tenido la oportunidad de darles a esas verdades una expresión fresca, antes que las mismas llegasen a ser un tesoro literario de propiedad de toda la iglesia. Es posible distinguir por lo menos quince ecos del Sermón del Monte en la carta (1.2, 4, 5, 20, 22; 2.10, 13; 3.18; 4.4, 10, 11, 12; 5.2, 10, 12), si bien en ninguna parte Santiago cita las palabras del Señor. Da la impresión de que el autor reproduce reminiscencias de enseñanzas orales que él mismo ha oído. Es posible también encontrar en Santiago paralelos con otras enseñanzas de Jesús, fuera del Sermón del Monte. Todo esto es evidencia de que el autor conocía bastante bien la enseñanza del Señor.[26]

5. La carta tiene un marcado tinte judeo-cristiano (por ejemplo, 2.2; 5.4, 11). El autor parece conocer bien el Antiguo Testamento. Las citas directas del Antiguo Testamento son solo cinco (1.11; 2.8, 11, 23; 4.6), tres del Pentateuco, una de Isaías y otra de Proverbios. Pero las alusiones indirectas son numerosas (1.10; 2.21, 23, 25; 3.9; 4.6; 5.2, 11, 17, 18). Para ilustrar la oración y la paciencia, el autor toma ejemplos del Antiguo Testamento. Su manera de encarar los problemas éticos recuerda a los profetas, y él mismo se presenta como una especie de profeta cristiano. Además, hay indicios de hebraísmos detrás de las formas griegas de lenguaje. La mente del autor conoce bien los métodos judíos de pensamiento y expresión. Por otro lado, el autor es judío ya que sus destinatarios están en la diáspora judía. Algunas de sus expresiones, como «Señor de los ejércitos» (5.4), serían más comprensibles para un judío que para un gentil. Es más, al referirse a los juramentos, el autor utiliza la fórmula judía (5.12), enfatiza la ley judía (2.9-11; 4.11-12), y menciona la clave de la fe judía, que es la unidad de Dios (2.19).[27]

25 *Ibid.*, pp. 742-743. Ver Mayor, *St. James*, pp. ii-iv.
26 *Ibid.*, pp. 743-744. Ver Mayor, *St. James*, pp. iii-v.
27 C. Leslie Mitton presenta cuatro argumentos en favor de la autoría de Santiago el Justo o el hermano del Señor: (1) la tradición debe haber tenido alguna buena razón para asignar la carta a Santiago el Justo, y no a uno de los Santiagos o Jacobos apostólicos; (2) la carta concuerda con lo que se conoce de Santiago el Justo; (3) solo Santiago el Justo tenía la autoridad que esta carta refleja; (4) hay correspondencia de palabras y estilo entre esta epístola y las palabras atribuidas a Santiago en Hechos. Ver Mitton, *James*, pp. 229-231. Ver también Alexander Ross, *The Epistles of James and John*, Eerdmans, Grand Rapids, 1960, pp. 12-18.

¿Qué más podemos saber en cuanto a Santiago el hermano del Señor? [28] Este hombre llegó a ocupar un lugar prominente en el liderazgo de la iglesia de Jerusalén. El proceso por el cual alcanzó esa posición de autoridad nos es desconocido. Muy probablemente se debió a tres factores. (1) Su estrecho parentesco con Jesús le debe haber dado una gran influencia, a pesar del hecho de que no había sido parte del grupo de sus discípulos. (2) Hacía falta un líder para la congregación en Jerusalén, y los once apóstoles estaban fuera de la ciudad la mayor parte del tiempo cumpliendo con su ministerio misionero. Durante la ausencia de estos, resultó casi natural que los creyentes recurrieran a Santiago en procura de dirección, y con el tiempo, éste se transformó en la cabeza de la iglesia. (3) Se sabe que Pedro le envió un informe sobre la manera milagrosa en que había sido liberado de la cárcel (Hch. 12.17). El relato deja la impresión que Pedro reconocía en Santiago una posición de autoridad superior, como cabeza de la iglesia en Jerusalén.

La Iglesia Católica Romana ha insistido siempre en que Pedro es la cabeza de la iglesia y que Jesús le dio el primado de la misma. Esta convicción está asociada con la relación de este apóstol con la iglesia en Roma y se fundamenta en las palabras de Jesús en Mateo 16.18-19. Pero el testimonio de los primeros años del cristianismo no respalda esta pretensión. En todo caso, las evidencias más tempranas en los documentos neotestamentarios dan a Santiago un lugar más prominente que el de Pedro o cualquier otro apóstol. En Gálatas 2.9, Pablo menciona a Santiago en primer lugar entre los apóstoles y reconoce su autoridad espiritual. Poco después de su conversión, Pablo ve en Santiago al líder número uno del movimiento cristiano en Jerusalén.

Los cristianos judíos consideraban a Santiago como su conductor (Gá. 2.12), alguien que representaba bien su apego a la ley (quizás como resultado de la educación que recibió de su padre José). No obstante, se mostró muy elástico para con los convertidos gentiles (Hch. 15.1-21). Más tarde, Pablo lo visitó en Jerusalén por una segunda vez, alrededor del año 58, en un esfuerzo por evitar la confrontación con los judíos más conservadores (Hch. 21.18-26). A tal efecto, Pablo negoció con él el reconocimiento de los creyentes gentiles, ya que aparentemente no había ningún otro que tuviese su nivel de autoridad para juzgar en esta cuestión.

Cuál haya sido la suerte de Santiago después de estas instancias que menciona el Nuevo Testamento, es algo desconocido. Según Hegesipo, era nazareo; pero es probable que haya estado casado (1 Co. 9.5). Debido a su destacada rectitud era llamado «Justo» u «Oblías», y se lo tenía por muy piadoso. No solo los creyentes cristianos sino también los judíos no cristianos tenían un alto aprecio por él, a quien consideraban un hombre de notable

---

28 Sobre Santiago el hermano de Jesús ver Barclay, *NTC*, pp. 18-23; y especialmente Wilhelm Pratscher, *Der Herrenbruder Jakobus und die Jakobustradition*, en *FRLANT*. Pratscher se propone determinar todo lo que podemos saber del Santiago histórico y cuál fue la importancia del Santiago legendario.

rectitud. Tan grande era su influencia sobre el pueblo, que los escribas y fariseos apelaron a él en procura de un juicio desfavorable con relación al mesianismo de Jesús. Pero en lugar de hacer esto, desde el pináculo del Templo hizo confesión pública de su fe, y fue arrojado desde allí al vacío, y asesinado a pedradas y garrotazos. Esto ocurrió poco antes del sitio de la ciudad de Jerusalén.[29] Flavio Josefo dice que fue apedreado a muerte por los saduceos alrededor del año 62, por orden del sumo sacerdote Ananías, acusado de transgredir la ley. Según este historiador judío, parece que hubo alguna forma de juicio, porque dice que Santiago y algunos otros fueron llevados ante el Sanedrín, que los condenó y sentenció a morir apedreados.[30] Eusebio de Cesarea cita a Josefo en el sentido de que las miserias y horrores del sitio de Jerusalén se debieron al castigo divino por el asesinato de Santiago. Escritores posteriores describen a Santiago como obispo e incluso como obispo de obispos. Según Eusebio, su silla episcopal todavía estaba en exhibición en Jerusalén para el tiempo en que él escribía su *Historia Eclesiástica* (en el año 324).

Dada la incertidumbre existente en cuanto a la paternidad literaria de la epístola, a los efectos del presente comentario seguiremos el criterio tradicional de atribuirla a Santiago, el hermano de Jesús. Es preferible inclinarse hacia el criterio tradicional en cuanto a la paternidad, sobre la base de que la tradición está en lo cierto hasta que se pruebe lo contrario. Si bien algunos de los argumentos en contra de la paternidad santiagueña son fuertes, ninguno de ellos merece mayor credibilidad que los tradicionales.

Un estilo y formato particulares

El griego de la epístola es excelente y el vocabulario de su autor lo señala como un hombre de vasta educación y cultura. El autor utiliza 63 palabras (*hapax legomena*) que no aparecen en otra parte del Nuevo Testamento, y domina el koiné literario.[31] Algunos ven en esto una evidencia de que el hermano del Señor no puede ser el autor de la carta.[32] Sin embargo, un artesano inteligente, criado en Galilea en la primera mitad del primer siglo, bien puede haber dominado el arameo y el griego, ya que la región era casi bilingüe.[33] La calidad lingüística y retórica de la carta da la impresión que el autor es un «maestro» experimentado entre los cristianos judíos.

La carta parece haber sido originariamente un sermón o una colección de pequeños sermones, más o menos característicos de la predicación cristiana de la iglesia primitiva. Según algunos eruditos, se trata de una pequeña homilía

29 Hegesipo es citado por Eusebio, *Historia eclesiástica*, 2.23.
30 Flavio Josefo, *Antigüedades judías*, 20.9.1.
31 Davids, *NIGTC*, pp. 58-59.
32 Ropes, *ICC*
33 Davids, *NIGTC*, pp. 10-11.

práctica sobre la necesidad de asociar la fe con las buenas obras.³⁴ Sea quien haya sido su autor, su escrito debe ser estudiado, entonces, como un sermón más o menos representativo de su período.

¿Por qué considerar la carta como un sermón? El libro no tiene un título en particular, ni refleja una situación histórica específica. Su mensaje no está orientado a un tiempo determinado. La carta está dirigida a las «doce tribus que están en la dispersión» (1.1). La palabra «dispersión» era utilizada entre los judíos para referirse a aquellos representantes de la raza que habían sido esparcidos hasta los confines de la tierra, y este uso de la expresión en Santiago es altamente significativo. Los cristianos se consideraban como «el Israel verdadero», porque adoraban al Mesías, que había aparecido en la persona de Jesús. Ellos eran, entonces, los descendientes de la nación y los herederos de las promesas hechas a Israel. «Las doce tribus que están en la dispersión» son, en el lenguaje de Santiago, las comunidades cristianas esparcidas por todo el mundo. Además, las palabras de 1.22 sugieren que los lectores eran, en realidad, un auditorio de creyentes escuchando un sermón. La carta, entonces, está dirigida a creyentes, a personas que son miembros de las iglesias. Así lo sugiere el hecho de llamar constantemente a sus lectores «hermanos».

Es interesante notar que hay también una cierta similitud entre el libro de Santiago y las antiguas diatribas de los oradores y retóricos griegos. ¿Qué era una diatriba? En la lengua castellana moderna, la palabra se refiere a una «crítica violenta e injuriosa». Pero entre los antiguos griegos tenía un significado algo diferente. Es cierto que generalmente la diatriba tenía un sabor fuertemente satírico e iba acompañada de menosprecio y un humor ácido. Sin embargo, la diatriba era esencialmente un discurso informal sobre algún tema moral, ético o filosófico. El mundo griego estaba lleno de predicadores de diversos credos, y los oradores cristianos adoptaron en buena medida sus maneras y métodos de transmitir el mensaje.

Los maestros y predicadores griegos constituían una clase más bien numerosa a lo largo y a lo ancho del mundo griego. Podían predicar las doctrinas de los estoicos, los epicúreos u otros, pero su método era siempre el mismo. Equipados con una capa rústica, un plato para las limosnas y un repertorio ingenioso de respuestas agudas, a lo que se agregaba un poco de sólidos conocimientos, se paraban en medio de la multitud en las esquinas principales o en la plaza del mercado, para iniciar una charla con quien quisiera escucharlos. Estas conversaciones o predicación conversacional (*homilía* en griego, de donde viene nuestra palabra «homilética», que significa el arte de la predicación) atraían a las multitudes. La gente se arremolinaba alrededor del predicador, que exponía sus doctrinas conforme a sus mejores habilidades.

34 *Ibid.*, pp. 12-13.

Cuando el interés estaba al rojo vivo, el orador hacía pasar el plato de la colecta entre la multitud para recoger algunas monedas, y así se ganaba el sustento.[35] Las epístolas antiguas, al igual que los sermones modernos, generalmente presentaban un solo tema, lo que les daba algún grado de unidad. Pero los sermones antiguos se caracterizaban por lo contrario; es decir, eran variados, como para cubrir los intereses y necesidades de todos los oyentes. Esto es lo que ocurre particularmente con Santiago.[36] Es por eso que es casi imposible reducirla a un bosquejo ordenado y sistemático.

Con este escrito sucede lo mismo que con Marcos.[37] Uno se topa a primera vista con un material desarticulado, desordenado y ecléctico. Pero cuando se deja de hojearlo superficialmente para penetrar en el temperamento altamente semita de la composición, se descubre una obra maestra en perspectivas y simetría.

Además, la carta de Santiago pertenece al género parenético, es decir, es una yuxtaposición de instrucciones concretas, aunque desconectadas entre sí, como se estila en las colecciones de máximas. Se trata, pues, de una serie de temas sin mayor conexión aparente. De acuerdo con este género literario, cualquier tema tiene un lugar y una proyección dentro de toda la epístola.[38] Frank Stagg considera que la obra de Santiago es «una colección de materiales parenéticos, discernimientos poderosos y penetrantes en la naturaleza del discipulado cristiano y extraídos de varios trasfondos de un rico material tradicional».[39] La definición de Santiago en términos de parénesis es probablemente la clave para todo el problema de su trasfondo. La parénesis es muy ecléctica y no arroja mucha luz sobre un tiempo o situación particular.[40] De allí la dificultad para establecer la ubicación de la epístola.

En su formato general, Santiago se parece a la literatura de sabiduría tardía

---

35 Para una discusión penetrante de la influencia y características del estilo de la diatriba, ver Hartwig Thyen, *Der Stil der Jüdisch-Hellenistischen Homilie*, en *FRLANT*, 1955, pp. 40-63. Los análisis clásicos de la diatriba en relación con el Nuevo Testamento son los de Rudolph Bultmann, *Der Stil der paulinischen Predigt und die kynisch-stoische Diatribe*, Vandenhoeck und Ruprecht, Gottingen, 1910; y P. Wendland, *Die hellenistische-römische Kultur:Die urchristliche Literaturformen*, en *Handbuch zum Neuen Testament*, J.C.B. Mohr, Tubinga, 1912.

36 Edgar J. Goodspeed, *An Introduction to the New Testament*, University of Chicago Press, Chicago, 1937, p. 289.

37 Cp. Guillermo Cook y Ricardo Foulkes, *El Evangelio de Marcos*. CBH, pp. 33-35.

38 Según P. Jurkowitz el formato de la carta es solo una carátula para lo que es esencialmente un libro de consignas cristianas populares. El estilo de vida recomendado en el material parenético es notablemente parecido al del libro de Proverbios. En este sentido, según Jurkowitz, entre los escritores del Nuevo Testamento, Santiago es el que más fielmente ha preservado el tono de la predicación de Jesús. Ver P. Jurkowitz, «The Epistle of James: A New Testament Wallflower», *Bible Today* 94 (1978): 1478-1484.

39 Frank Stagg, «An Analysis of the Book of James», *RE* 56 (4, 1969): 365.

40 Dibelius, *James*, pp. 3, 20-21. Ver también Anselm Schultz, «Formas fundamentales de la parénesis primitiva», en *Forma y propósito del Nuevo Testamento*, por Josef Schreiner, Herder, Barcelona, 1973.

de los judíos, del período inmediatamente anterior a la era cristiana. El libro consiste de una serie de observaciones más o menos independientes, pero reunidas con un diseño bastante evidente.[41] Por supuesto, el escrito está dominado por un énfasis y perspectiva cristianos. Pero se lo puede apreciar mejor si se lo lee como si fuese una serie de extractos, bien sea de un sermón más extenso o de un cierto número de sermones. La exhortación en 1.22 de «sed hacedores de la palabra, y no tan solamente oidores», confirma esta impresión.[42] Es como si los lectores estuvieran oyendo un sermón en una sinagoga. El autor de estas notas homiléticas sería el mismo, y el mensaje total del predicador está sugerido por citas características. Cabe destacar, en este sentido, la contribución de Elsa Tamez en cuanto a ver en la carta una estructura definida, que solo se descubre después de una relectura cuidadosa y desde una perspectiva latinoamericana. Según ella, la carta puede ser considerada desde tres ángulos distintos y complementarios: el ángulo de la opresión-sufrimiento, el ángulo de la esperanza, y el ángulo de la praxis.[43]

Dónde y cuándo se escribió

Es imposible responder de manera precisa a esta pregunta, porque no hay evidencia alguna en el libro que sugiera una localidad determinada. El nombre del autor y ciertas indicaciones internas, como la referencia a las condiciones de la agricultura (5.7), parecerían indicar un origen palestino como el más probable. Algunos han sugerido Cesarea, ciudad que seguía a Jerusalén en importancia como cuna de la cristiandad palestina. Casi lo más que se puede decir con cierta seguridad es que la carta fue escrita por un maestro de origen judío, miembro de la iglesia cristiana, en algún lugar de Palestina.[44]

En cuanto al tiempo, el libro no tiene fecha, y cualquier respuesta que se dé deberá basarse en las posibles evidencias que se encuentren dentro del libro.

---

41 Según P. B. R. Forbes, Santiago hizo que su epístola tuviese el largo justo conforme a las pautas de sus días y la dividió en dos partes balanceadas, coherentes y casi autosuficientes (caps. 1-2 y 3-5). Se pueden discernir mayores divisiones sobre la base del largo y contenido. Ver P. B. R. Forbes, «The Structure of the Epistle of James», *EQ* 44 (3, 1972):147-153. En cuanto a la forma y estructura de la epístola, ver la interesante sugerencia de Davids, *NIGTC*, pp. 22-29. Davids sugiere que Santiago entreteje tres temas (prueba, sabiduría y riqueza/pobreza) a lo largo de las dos secciones 1.2-27 y 2.1-5.6, resumiéndolos en la conclusión 5.7-20.

42 Según Allen Cabaniss, la epístola de Santiago es una homilía dirigida a una asamblea particular de judíos cristianos ca. 100, cuando la congregación ya estaría agrupada según su posición social en la comunidad cristiana. El predicador hablaría a cada uno de estos diversos grupos por turno. Según Cabaniss, es fácil distinguir varias partes dirigidas a cada segmento de la congregación: líderes de la iglesia (1.2-27), diáconos (2.1-26), maestros (3.1-18), viudas o quizás vírgenes (4.1-10), penitentes (4.11-5.12), y los fieles (5.13-20). Allen Cabaniss, «A Note on Jacob's Homily», *EQ* 47 (4, 1975): 219-222.

43 Tamez, *Santiago*, pp. 28-29.

44 Según Davids, *NIGTC*, pp. 28-34, el material de la epístola concuerda con la situación preponderante en Palestina antes del año 70.

A la luz de estas evidencias, hay quienes abogan por una fecha temprana y otros que sostienen una fecha tardía.[45] Quienes respaldan una fecha tardía, y en consecuencia niegan la paternidad santiagueña de la carta, postulan una fecha a fines del primer siglo o comienzos del segundo.

Las evidencias que encuentran para afirmar esta teoría se presentan bajo cuatro formas: (1) el conflicto del autor con la teología de Pablo; (2) su énfasis sobre la conducta moral de los cristianos; (3) los temas que trata; (4) su estilo literario.

1. ¿Qué se puede deducir del conflicto del autor con la teología paulina? Pablo puso mucho énfasis sobre la doctrina de la salvación por fe, con lo cual él entendía una aceptación intelectual de los hechos asociados con Jesús, junto con la lealtad a él como el Mesías y una confianza plena en sus promesas como provenientes de Dios mismo. Cuando Pablo decía «El justo por la fe vivirá», quería decir con ello que el cristiano era justificado por causa de su fe más bien que por su obediencia a la ley. Esta doctrina había sido pervertida por algunos, que habían llegado a decir que, en tanto uno «tuviese fe», no importaba cuál era su conducta moral.

El libro de Santiago encara esta distorsión de la doctrina cristiana y pretende corregirla. Lo hace debido a los errores que resultan de esta confusión. El autor declara que la fe sin obras está muerta, o que no tiene valor o importancia. Pero, en este particular ocurre lo que ha ocurrido tantas veces en las discusiones teológicas, y es que dos personas utilizan la misma palabra, pero con significados totalmente diferentes. Para Pablo «obras» significaba la obediencia a la ley como medio de salvación, mientras que para Santiago «obras» significaba la práctica de los ideales cristianos de moralidad y fraternidad (ver 2.14-26).

¿Qué tiene que ver esto con la fecha del libro? Según quienes apoyan una fecha tardía, poco después del cambio de siglo, los escritos de Pablo llegaron a ejercer una enorme influencia en todo el movimiento cristiano. Sus cartas a las iglesias ya habían sido reunidas y estaban circulando como una colección de literatura cristiana. Su contenido estaba moldeando el pensamiento cristiano en un grado muy considerable. Durante su vida, el apóstol había sido un apologista y controversista formidable. Pero al morir, y con el surgimiento de distorsiones de sus enseñanzas, alguien que se opusiera a sus ideales encontraría un auditorio interesado. Este hecho respaldaría una fecha post-paulina para la carta de Santiago.[46] Es por ello que algunos comentaristas, a la luz de las evidencias internas, indican una fecha entre el período de quietud después

---

45 Mayor, *St. James*, p. cxxvi, fecha la carta tan temprano como el año 40, mientras que Adolf Harnack lo hace en el año 120 (*Die Chronologie der altchristlichen Literatur bis Eusebius*, J. C. Hinrichsische Buchhandlung, Leipzig, 1897, 1: 484-491).

46 Feine-Behm-Kummel dicen que «no hay duda que Santiago 2.14 sgtes. es inconcebible sin la actividad precedente de Pablo». Paul Feine, Johannes Behm, y Werner G. Kummel, *Introduction to the New Testament*, trad. A.J. Mattill, Jr., Abingdon Press, Nueva York, 1965, p. 288.

de la destrucción de Jerusalén en el año 70 y los disturbios que culminaron con la rebelión de Bar-Cochba o Barcoquebas (132-135).[47]

2. Los primeros cristianos provenían mayormente de la clase pobre. Pablo cumplió su ministerio generalmente entre los obreros y artesanos de las varias ciudades griegas que visitó. Fue entre los trabajadores y proletarios de sus días, que él ganó a sus convertidos en grandes números. Sin embargo, con el tiempo, cada vez más gente de clase media y alta comenzó a agregarse a las filas cristianas. Esto resultó en problemas en cuanto al ejercicio del poder dentro de las comunidades. El Evangelio de Lucas, por ejemplo, se muestra sumamente identificado con los pobres, y en el caso de Santiago el autor parece tener un marcado prejuicio contra los ricos. El autor escribe como si considerara que la riqueza misma fuese algo malo, como la lujuria o el pecado más atroz, algo que debe ser evitado a toda costa (2.6-7; 5.1-6). Según los defensores de una fecha tardía, estas advertencias en contra del dinero y los hombres de riqueza difícilmente habrían sido necesarias o apropiadas durante los primeros años de la iglesia. Pero sí venían muy bien en un tiempo cuando gente adinerada se iba incorporando a la comunidad de fe. Esta parece ser otra razón para atribuir una fecha tardía a la composición del libro de Santiago.[48]

3. En cuanto a los temas que trata la epístola, el autor no parece tener mucho interés en cuestiones teológicas, tales como las que frecuentemente cautivaban la atención de Pablo. Más bien su interés parece estar en los asuntos de carácter práctico. Su temática gira alrededor de los sufrimientos que confrontan los creyentes oprimidos, la importancia de una fe práctica en contraste con una fe que es pura teoría, un interés sincero por la liberación de los pobres, el peligro de una lengua descontrolada y del mal carácter, y el alto valor de la humildad y la sinceridad. Estas son virtudes como las que Pablo presenta en su famoso capítulo 12 de la carta a los Romanos y su todavía mejor conocido capítulo 13 de 1 Corintios. En este sentido también, el autor está muy cerca de las Epístolas Pastorales y de Mateo. Su uso de las enseñanzas morales de Jesús es parecido a la forma que se ve reflejada en Lucas. Al igual que la fuente lucana, Santiago muestra cierta afinidad con la literatura de sabiduría judía y, como se indicó, con la diatriba helenística. Todos estos hechos, según algunos eruditos, están en favor de una fecha tardía.[49]

---

47 Ver J.B. Soucek, «Zu den Problemen des Jakobusbriefes», *Evangelische Theologie* 18 (1958): 460-468; y Reginald H. Fuller, *A Critical Introduction to the New Testament*, Gerald Duckworth, Londres, 1966, p. 154.

48 Cp. Reginald St. John Parry, *A Discussion of the General Epistle of St. James*, C.J. Clay and Sons, Londres, 1903, p. 4.

49 Las mismas evidencias que llevan a algunos eruditos a proponer una fecha tardía sirven a otros para sugerir una fecha temprana. El énfasis ético que lleva a McNeile a fechar la carta hacia fines del primer siglo (A. H. McNeile, *An Introduction to the Study of the New Testament*, 2da. ed. rev. por C. S. C. Williams, Clarendon Press, Oxford, 1953, p. 204) lleva a Cartledge a fecharla en el año 45, antes de la controversia de Hechos 15 (Samuel E. Cartledge, *A*

4. Finalmente, es necesario considerar el estilo literario de Santiago. Jesús habló el dialecto de los judíos de Palestina. Los primeros cristianos en Jerusalén hicieron lo mismo. A medida que el evangelio se fue esparciendo dentro del mundo gentil, el idioma griego fue ocupando un lugar cada vez más importante en la predicación y el testimonio cristianos. Es la convicción de muchos eruditos que Pedro habló el dialecto palestino, es decir, el arameo. Según ellos, fue en esta lengua que el apóstol predicó en Roma, donde sus sermones fueron traducidos al griego por Marcos, su compañero e intérprete. Pero al ir creciendo la iglesia y al profundizarse el rompimiento con los judíos de Jerusalén, el uso del griego se fue haciendo universal. Los primeros escritores cristianos, si es que eran judíos, probablemente lucharon con su griego como lo hace hoy cualquier estudiante de teología. Pablo mismo, criado de muchacho en una ciudad griega, podía usar bastante bien el idioma griego, pero nunca llegó a desarrollar un estilo sobresaliente en esa lengua. Algunas de sus oraciones son gramaticalmente pobres y confusas.

Sin embargo, en el caso de Santiago encontramos una de las piezas más perfectas de composición en griego en todo el Nuevo Testamento. En la opinión de muchos eruditos, este hecho respalda la idea de que Santiago fue escrita hacia fines del primer siglo o comienzos del segundo.[50]

De todos modos, aun si se asume la teoría de una fecha tardía, es claro que la epístola no pudo haber sido compuesta más tarde del año 150, y que desde un principio llevó el nombre de Santiago. Es por eso que, a la luz de la evidencia disponible, según algunos estudiosos, parece probable que el libro haya sido escrito alrededor del año 100, si bien esta conclusión solo puede ser tomada como una fecha aproximada.[51]

Conservative Introduction to the New Testament, 3ra. ed., Zondervan, Grand Rapids, 1941, p. 161). De igual modo, la falta de referencias a Jesucristo lleva a Moffatt a fechar la carta hacia comienzos del segundo siglo (James Moffatt, *An Introduction to the Literature of the New Testament*, 3ra. ed. rev., T. & T. Clark, Edimburgo, 1918, p. 471), mientras que Mayor sugiere una fecha poco después de Pentecostés entre el 40 y el 50 (Mayor, *St. James*, pp. cxlvii-cl).

50 No faltan quienes afirman la paternidad santiagueña, pero dicen que la carta fue dictada por Santiago a un secretario de habla griega. Ver. J. Bonsirven, «Epître de S. Jacques», en *Dictionnaire de la Bible*, Librairie Letouzey et Ané, Paris, 1949, suplemento 4:783-795. Otros eruditos explican el griego de Santiago diciendo que en su forma presente la epístola es la traducción griega de un original arameo. Ver Burkitt, *Christian Beginnings*, pp. 51-71. En lo que hace a las afinidades literarias entre Santiago y otros escritos, tanto bíblicos como patrísticos, los mismos elementos sirven a algunos a asignar a la carta una fecha tardía (Goodspeed,*Introduction*, pp. 293-294), mientras que otros le dan una fecha temprana (Guthrie, *Introduction*, pp. 747-749).

51 Ver Easton, *IB*, p. 15; y Ropes, *ICC*, pp. 47-52. Quienes ven al libro como producto de una fecha tardía, lo consideran de variadas maneras. Algunos lo ven como un tratado anti-gnóstico. Ver H.J. Schoeps, *Theologie und Geschichte des Judenchristentums*, Mohr-Siebeck, Tubinga, 1949, pp. 344 sgtes.; y Otto Pfleiderer, *Primitive Christianity*, trad. W. Montgomery, G.P. Putnam's Sons, Nueva York, 1911, 4:301 sgtes. Otros consideran que la carta es un ejemplo de un «catolicismo temprano». Ver Willi Marxsen, *Der 'Fruhkatholizismus' im Neuen Testament*, Neukirchener Verlag des Erziehungsvereins, Neukirchen, 1958, pp. 22-38. Otros eruditos

No obstante, si la epístola es genuina y fue escrita por Santiago, el hermano de Jesús, debe haber sido escrita antes del año 62, cuando éste fue martirizado. Hay dos teorías para la fecha temprana: una aboga por el año 48 y la otra por el 58. En el primer caso, se arguye que la no mención de cristianos gentiles en la carta es indicación de que no puede ser posterior al concilio de Jerusalén (49).[52] Según A.S. Geyser, la carta de Santiago fue escrita a refugiados que vivían en Antioquía y la región vecina, poco tiempo después de la persecución de Esteban y los helenistas.[53] Sin embargo, la mayor parte de aquellos que aceptan a Santiago el hermano del Señor como autor, se inclinan por la segunda fecha, hacia el fin de su vida.[54]

No es fácil decidir cuál de las dos posiciones es la correcta, porque cada una está apoyada por sólidos argumentos. «Por lo tanto», como concluye Davids, «solo un cuidadoso repaso de la evidencia producirá apenas la posibilidad de seleccionar una hipótesis de trabajo».[55]

De todos modos, ¿qué se puede decir en favor de una fecha temprana?

1. La carta no presenta referencia alguna a la caída de Jerusalén. Este fue un hecho clave en la experiencia colectiva de los judíos de Palestina. Si la epístola hubiese sido escrita después del año 70, el tono habría sido totalmente diferente. Si el autor era un escritor judío cristiano de origen palestino, habría hecho alguna mención del desastre de la destrucción de Jerusalén. Por otro lado, las condiciones sociales que refleja la carta encuadran con la situación de Palestina antes del sitio. Después del 70 casi desapareció la clase terrateniente que Santiago condena.[56]

2. Los pecados que se denuncian son característicos de los primeros judíos cristianos. Como se ha señalado, el libro se parece más al Sermón del Monte que a las epístolas. Los destinatarios de la carta aparecen como creyentes

---

dicen que es un vestigio del cristianismo galileo temprano. Ver L.E. Elliot-Binns, *Galilean Christianity*, Studies in Biblical Theology, Alec R. Allenson, Chicago, 1956, pp. 22,45-48. Incluso hay quien afirma que es una homilía circular, que exhorta al pacifismo político de parte de los cristianos durante el reinado de Domiciano. Ver Bo Reicke, *The Epistles of James, Peter and Jude*, AB, pp. 6 sgtes.

52 Tal es la posición de Mayor, *St. James*, pp. cxix-cli; y Gerhard Kittel, «Der geschichtliche Ort des Jakobusbriefes», *ZNW* 41 (1942):71-105.

53 A.S. Geyser, «The Letter of James and the Social Condition of His Addresses», *Neotestamentica* 9 (1975): 25-33. Geyser dice que el autor de la carta es Santiago el hermano del Señor y que probablemente la escribió desde Jerusalén antes del concilio del año 49. La unidad de la carta y su relevancia deben buscarse en sus respuestas a los problemas y frustraciones que inevitablemente surgieron en el contexto social de una comunidad de personas desarraigadas y oprimidas.

54 Entre quienes defienden esta teoría se encuentran: Parry, *St. James*, pp. 99-100; R.V.G. Tasker, *The General Epistle of James: An Introduction and Commentary*, en TNTC, pp. 30-33.

55 Davids, *NIGTC*, p. 5.

56 Guthrie, *Introduction*, pp. 761-762. Ver Mayor, *St. James*, p. cxxii; y Gerald H. Rendall, *The Epistle of James and Judaistic Christianity*, University Press, Cambridge, 1927, p. 32.

débiles en la fe y necesitados de una fuerte exhortación ética. Esta situación de inmadurez era típica de los creyentes judíos y gentiles de la primera hora. Esto explica el celo por la ley y la denuncia de su falta de aplicación que muestra la carta (1.22-25; 2.8-12). Los judíos cristianos a quienes Santiago escribe no hacían otra cosa que prolongar en sus comunidades de fe los males que traían del judaísmo y que eran propios del mundo de sus días. Esto era característico en los primeros años del testimonio cristiano.[57]

3. La carta no refleja la controversia entre judíos y gentiles, que surgió alrededor del año 50. Como se indicó, los gentiles no son siquiera mencionados, lo cual sería de esperar si la carta hubiese sido escrita con posterioridad al concilio de Jerusalén o en un tiempo en que la cristiandad gentil era ya predominante.

Por otro lado, la discusión de la fe y las obras (capítulo 2) no muestra los conflictos que Pablo encara en Romanos 4 y Gálatas 3, después del concilio de Jerusalén. De allí que, según algunos eruditos, la carta debe ser colocada antes de ese concilio.[58]

4. La eclesiología de Santiago es muy simple. La carta solo menciona a «ancianos» (5.14-15) y «maestros» (3.1). Sin embargo, en el primer caso, se hace referencia a ellos en relación con la sanidad de fe y no el gobierno de la iglesia. Los segundos son mencionados quizás no con respecto al oficio de maestro, sino en función del proceso de enseñanza. La eclesiología rudimentaria de Santiago, que aparentemente sigue muy estrechamente el modelo de la sinagoga, respaldaría la teoría de una fecha temprana para la carta.[59]

5. De ser cierta una fecha temprana, Santiago podría haber sido uno de los primeros libros del Nuevo Testamento en ser escrito.[60] En este caso, las afinidades literarias entre esta carta y las epístolas de Pablo y especialmente 1 Pedro se explicarían diciendo que estos la conocían y utilizaron. Algo similar podría argumentarse en relación con las posibles similaridades entre Santiago, 1 Clemente y el Pastor de Hermas. Si Santiago es el libro citado en estos escritos post-apostólicos, esto respaldaría una fecha temprana para la carta.[61]

57 Guthrie, *Introduction*, pp. 760-761; 762-763.
58 *Ibid.*, p. 762; Tasker, *TNTC*, p. 32; y Davids, *NIGTC*, pp. 18-20.
59 Guthrie, *Introduction*, pp. 760, 762; ver Moffatt, *MNTC*, p. 1.
60 Así lo afirman quienes fechan la carta antes del año 70. Por ejemplo, H. E. Dana lo considera el primer escrito del Nuevo Testamento y lo fecha alrededor del año 50. «Esta epístola puede ser considerada con seguridad como la literatura cristiana más antigua que subsiste en su forma original». H. E. Dana, *New Testament Criticism*, The Word, Fort Worth, 1924, p. 289. En apoyo de su conclusión, Dana presenta cinco evidencias: (1) su carácter primitivo; (2) su reflejo de una situación temprana; (3) sus conexiones literarias; (4) su relación a Pablo; y (5) su falta de elemento controversial.
61 Guthrie, *Introduction*, pp. 763-764; y Moffatt, *Introduction*, p. 467. Ver la discusión de Davids, *NIGTC*, pp. 7-9.

El marco situacional

El marco situacional que refleja la carta se ajusta a la situación predominante en Palestina antes del año 70. Si bien no es fácil ubicar la carta de Santiago en una situación histórica definida, sí es posible esquematizar la situación del autor y sus lectores a partir de las descripciones culturales que presenta el material de Santiago.[62] La información cultural básica aparece en 4.13-5.6. Allí se describen dos grupos de personas: mercaderes (4.13-17), y agricultores (5.1-6). Santiago estigmatiza a los segundos al llamarlos «ricos». En 2.6-7, el autor señala que este grupo tiene suficiente autoridad en la comunidad y antipatía hacia los cristianos como para perseguirlos.

Ambos grupos —mercaderes y agricultores— eran comunes en Palestina para cuando Santiago escribió. Los primeros en los centros urbanos y los segundos en las áreas rurales. Santiago condena el materialismo de los mercaderes en la iglesia, a quienes acusa de ignorar a Dios y jactarse de autosuficiencia. Pero los agricultores ricos no escapan a su amonestación. Estos habían logrado enriquecerse apoderándose poco a poco de la tierra de los campesinos, hasta transformarse en terratenientes. La mayor parte de la población rural estaba constituida por campesinos empobrecidos, que subsistían en base a una pequeña parcela de tierra, o que ya la habían hipotecado o vendido en beneficio de los terratenientes. Privados de sus tierras, estos campesinos pobres solo podían sobrevivir como jornaleros o arrendatarios, muchas veces en la misma tierra que alguna vez les había pertenecido. Allí continuaban siendo objeto de la explotación económica de los ricos.

No es extraño, pues, que en la iglesia hubiese un cierto resentimiento hacia los ricos. Estos se habían adueñado de las tierras de muchos miembros de la congregación. Probablemente, estos terratenientes también discriminaban a los cristianos cuando contrataban jornaleros. Por otro lado, si un rico entraba a la iglesia o era miembro de ella, había razones para que se le halagara, ya que representaba una fuente de trabajo, y en muchos casos, la única posibilidad de subsistencia. El resentimiento social, además, llevó a conflictos internos. No es de extrañar que algunos creyentes se hayan sentido atraídos por la actitud revolucionaria de los zelotes. evidentemente éstos estaban de lado de los pobres en sus reclamos de justicia, y proponían medidas radicales y muchas veces violentas para alcanzar el cambio social.

La carta de Santiago encaja bastante bien en este cuadro de situación. En Hechos, Santiago el hermano de Jesús es presentado como mediador y moderador (Hch. 15.13-21; 21.18-26). Contra los ricos el autor levanta una denuncia escatológica en línea con el mensaje radical de Jesús (Lc. 6.24-26). Su iglesia es evidentemente la iglesia de los pobres. No obstante, Santiago no se identifica con los zelotes y su proyecto revolucionario, sino que demanda a sus

62 En este comentario se sigue en general el *Sitz im Leben* propuesto por Davids, *NIGTC*, pp. 28-34. Ver Mussner, *HTKNT*, pp. 80-83.

lectores la separación del mundo. El deseo de encontrar seguridad económica, propio de una situación socio-económica crítica, como la que estaba viviendo, es demoníaco. Pero es necesario también rechazar el odio y la contienda (4.1-3), las palabras agresivas (3.5b-12), y la ira (1.19-20), todo lo cual es parte del perfil zelótico. Los juramentos —incluso los que comprometen con la causa revolucionaria zelótica— deben ser desterrados (5.12).

A pesar de las presiones de un contexto socio-político-económico conflictivo, Santiago pugna por una comunidad que se guarde en unidad, amor y caridad. El llamado es a la unidad y a la caridad internas, junto con una actitud de denuncia profética de los ricos, pero con un rechazo a comprometerse con el odio y la violencia zelótica. Lo que se busca y espera es la intervención divina y no la humana. De este modo, la crisis del contexto externo a la comunidad de fe estimula su expectativa escatológica.

Si este cuadro de situación es correcto, entonces Santiago está escribiendo a creyentes que están padeciendo presiones por su condición de cristianos. Estos creyentes y comunidades cristianas no solo pertenecen a sectores marginados de la sociedad, sino que son sistemáticamente marginados y oprimidos por las élites de poder y dominio. Esta situación de conflicto que se da en la sociedad se ve reflejada en la vida interna de la comunidad de fe, donde no se ha logrado aparentemente superar las divisiones de clases, o por lo menos la brecha entre ricos y pobres.

En este sentido, los creyentes también son víctimas de las divisiones internas de clase. Todo esto produce rencillas y pleitos entre los creyentes y los diferentes sectores socio-económicos que ellos representan, lo cual pone en peligro la unidad de la iglesia.

Santiago y su mensaje

Hay quienes dicen que la carta de Santiago no es un escrito cristiano sino un antiguo tratado de origen hebreo, que fue adaptado y utilizado por los cristianos.[63] Hay otros que dicen que el libro es cristiano en el sentido más pleno, tanto en su perspectiva como en su propósito.[64] Entre estas dos opiniones extremas los planteamientos han sido numerosos y la discusión encarnizada.

¿Por qué algunos eruditos afirman que la carta es judía? El lector habrá notado que el nombre de Jesucristo aparece solo dos veces en todo el libro

63 Meyer, *Das Rätsel*, pp. 280-285. La tesis de Meyer ha sido modificada por Easton, *IB*, pp. 9-11. Cf. Windisch, *HNT*, p. 18.
64 Davids rechaza la tesis de Meyer y Spitta de que no hay nada cristiano en Santiago usando tres argumentos: (1) Santiago contiene algunas ideas individuales metidas en la obra que no son judías, sino cristianas; (2) Santiago tiene estrechas afinidades con alguna literatura del Nuevo Testamento; y (3) Santiago probablemente alude a las palabras de Jesús. Davids, *NIGTC*, pp. 14-16. Ver también Ropes, *ICC*, pp. 32-33. Cf. Guthrie, *Introduction*, pp. 743-744, 756.

(1.1; 2.1), y luego se lo menciona indirectamente. En realidad, según algunos, el nombre del Señor se introdujo posteriormente y por conveniencia, para adaptar el escrito a una audiencia cristiana. Además, apenas si se mencionan las doctrinas cristianas características (5.7,14). Evidentemente, el interés principal de la carta es la conducta moral y social de las personas en general, ya sean cristianas o no. La opresión de sus hermanos creyentes fue uno de los motivos principales que impulsaron a Santiago a escribir esta carta, y su preocupación por los pobres y oprimidos es evidente. Por más que se las busque, no se va a encontrar ni siquiera mencionadas ciertas doctrinas paulinas como la resurrección, o algún dicho de Jesús, o referencia alguna a su vida. No obstante, ya se ha indicado que hay una marcada similaridad entre ciertos pasajes y palabras específicas de Jesús. Pero quienes afirman que el escrito es de origen judío, dicen que el libro bien podía haber sido escrito por un maestro judío, incluso si Jesús jamás hubiese existido.

Cabe preguntarse, entonces, si es correcto considerar al libro como cristiano. De hecho, es un error catalogar a las personas como cristianas o no cristianas sobre la base de meras palabras. En realidad, no hace mucha diferencia si la leche que compramos viene en botellas o en envases plásticos. Lo que nos interesa es la leche y no el envase. Las palabras no son otra cosa que los envases en que vienen las ideas. Suele ocurrir que la misma idea es envasada en diversos y diferentes tipos de palabras. Algo parecido ocurre con el libro de Santiago. El autor parece estar familiarizado con la tradición evangélica, porque se hace eco de ella en varios pasajes (2.5, 8-12, 13; 5.9, 12, 14 en comparación con Mr. 6.13; y 5.19 en comparación con Lc. 17.3 y Mt. 18.15).

El carácter cristiano de la carta no depende tanto de las palabras precisas utilizadas, sino del matiz cristiano de sus ideas. Cuando encaramos la cuestión desde este punto de vista, encontramos en Santiago más elementos cristianos, en carácter y espíritu, que los que a primera vista se descubren.[65]

Es cierto que Santiago es insistente y puntilloso sobre ciertas cuestiones, y que marcadamente reclama una religión práctica (1.27). El desafío a los lectores a ser creyentes activos y no pasivos, la advertencia sobre la discriminación social, la demostración de la salvación en actos de bondad, la amonestación sobre el uso correcto de la lengua, la advertencia contra la amistad con el mundo, las palabras fuertes a los ricos insensibles, y la exhortación a la

65 Mayor cita numerosas referencias que ilustran las afinidades entre Santiago y la literatura del Nuevo Testamento. Mayor, *St. James*, pp. lxxxv-cix. La estrategia de la carta es la de fortalecer la identidad cristiana en medio de las pruebas y dificultades de la vida cotidiana en la sociedad. Ver F. Schnider, *Der Jakobusbrief*, Regensburger Neues Testament, Pustet, Regensburgo, 1987, pp. 3-7. En su introducción a la carta de Santiago, R. Kugelman llama la atención a dos características cristianas distintivas: la motivación escatológica que subyace a las exhortaciones morales, y la designación del evangelio como la «ley de la libertad». Ver R. Kugelman, *James & Jude*, en New Testament Message, vol. 19, Glazier, Wilmington, 1980, pp. v-viii.

paciencia y a la oración, se resumen en su clara demanda de 1.22: «Sed hacedores de la Palabra, y no tan solamente oidores».[66] Es cierto que Santiago enfatiza las obligaciones éticas antes que la base teológica de la fe cristiana. Pero esto es así no porque sea indiferente a la teología, sino porque la asume. En este sentido, Santiago está más cerca del sentir hispanoamericano que Pablo. En el mundo noratlántico se privilegia más el pensamiento y la abstracción que la experiencia; se enfatiza más la racionalidad de la fe que la práctica de la misma. En Hispanoamérica (como en Santiago), el enfoque de la fe no es logocéntrico sino egocéntrico; es decir, tiene más que ver con la práctica de la fe que con su expresión racional. No obstante, en varios lugares el autor hace observaciones que indican su compromiso con la teología cristiana (1.1; 2.1; 5.7-11). Nadie puede predicar el mensaje de Santiago si no lo ubica en el contexto del señorío de Jesucristo. El hecho de que el autor no exponga todo su credo teológico no significa que no lo tenga. Santiago da por sentada una teología cristiana y no se queda con una «ortodoxia» (un pensar correcto), sino que enfatiza una «ortopraxis» (un actuar correcto).[67]

Cabe preguntarse todavía si todo esto representa un evangelio suficiente y completo. Debemos admitir que, a pesar del hecho de que hay muchas joyas religiosas en los pensamientos expresados por Santiago, no hay en su libro un sistema de doctrinas o creencias cristianas. En la definición de la religión pura y sin mácula que presenta Santiago hay un reflejo de las palabras de Miqueas (Mi. 6.8). Pero, según algunos, Santiago no parece ser suficientemente explícito en ver que un sentido moral vivo es el producto de una convicción espiritual profunda. El habla de la «ley de la libertad» (1.25; 2.12), pero esto no parece ser otra cosa que una licencia para actuar más libremente de lo que estaba permitido bajo la vieja ley hebrea.

El mensaje básico de la fe cristiana es que en lugar de la vieja ley, ahora hay un nuevo *poder* a nuestro alcance. Este nuevo poder crea en el creyente una nueva vida, en la que todas las virtudes por las que Santiago tanto aboga llegan a ser una maravillosa realidad. Por no creer encontrar en la carta una evidencia clara de este discernimiento espiritual, es que Lutero calificó al libro de Santiago como «una epístola sosa».

Sin embargo, ¿es ésta la conclusión que podemos sacar en cuanto al mensaje de Santiago? ¿Cuál es el mensaje real del libro?

En Santiago es posible desdoblar con facilidad dos temas capitales: el de la fe (1.19-2.26) y el de la sabiduría (3.1-5.6). A partir de una generación nueva,

---

66 Scaer argumenta que la carta de Santiago es una obra teológica seria, que se centra en torno al sufrimiento de Jesús y su importancia para los cristianos que sufren. Scaer interpreta la carta desde una perspectiva cristológica. Ver David P. Scaer, *James, the Apostle of Faith: A Primary Christological Epistle for the Persecuted Church*, Concordia Publishing House, St. Louis, 1983.
67 Raymond Bryan Brown, «The Message of the Book of James for Today», *RE* 56 (4, 1969): 416.

que tiene su origen en Dios por medio de la Palabra de verdad (1.18), lo urgente es «oír» (1.19) esa Palabra sembrada, que tiene la potencialidad de salvar (1.21). Tan importante es esta actitud de fe en el «oír», que para corroborarla encontramos en este lugar (1.19) una de las raras citas explícitas de la literatura hebrea que ofrece Santiago (Eclesiástico 5.11). Y si 1.19-21 es un sumario introductorio, entonces no es nada extraño que ya aparezcan allí los temas fundamentales de la fe y de la sabiduría.

La Palabra postula una fe, la cual a su vez, para ser coherente se lanza a la obra. La ley perfecta, que ahora se identifica con la libertad (1.25; cf. 2.12) y, por lo tanto, anula cortapisas y barreras, abre el camino a una realización en la que se eleva al prójimo al plano de uno mismo. De allí que amar al prójimo como a uno mismo sea una «ley real» (2.8). Lo interesante es que Santiago considera todo esto como «la religión pura y sin mácula delante de Dios el Padre» (1.27). En otras palabras, la religión del que no refrena su lengua es vana (1.26), mientras que practica la verdadera religión quien visita a los huérfanos y a las viudas y se conserva incontaminado de este mundo.

El mensaje de Santiago es de una vigencia muy especial en nuestra Hispanoamérica. Como nunca antes se oyen hoy tantas voces que llaman la atención sobre la relación entre fe y acción. La iglesia hispanoamericana no puede eludir el llamado a la integridad que hoy le viene desde diversas direcciones. Por cierto son muchos todavía los que se resisten a que la iglesia responda de manera relevante a la situación de opresión y pobreza en que sirve. Hay quienes incluso utilizan la Biblia para justificar su actitud indiferente. Pero nadie que lea y acepte como palabra de Dios la carta de Santiago podrá sostener tal postura por mucho tiempo. El escrito santiagueño es uno de los escritos neotestamentarios más pertinentes para los dolorosos tiempos que nos toca vivir en Hispanoamérica.

En este sentido, la carta de Santiago demuestra de manera dramática la contemporaneidad de la Biblia. Estos tiempos son difíciles. Son tiempos de riqueza asombrosa para algunos pocos y pobreza absoluta para los más; de injusticia a todo nivel; de atropello de todos los derechos humanos; de confusión y pérdida de la esperanza; de opresión y desengaño. Esta breve carta nos ayuda a entender que el mensaje de la Biblia no fue para ayer o será para mañana, sino que habla a las necesidades del ser humano hoy. Y al escuchar esta palabra hoy nos damos cuenta que lo que Santiago dice es lo que las personas de todos los tiempos han necesitado oír siempre: el evangelio de la redención.

El mensaje de Santiago desafía al pueblo de Dios a una fe relevante. El evangelio cristiano no es estrecho, sino que hace sus demandas sobre la totalidad de la vida humana. En la enseñanza de Pablo vemos que el indicativo de la acción de Dios en Cristo, para la salvación de los seres humanos, resulta en el imperativo de la acción del creyente en Cristo, en respuesta a la acción de Dios. Pero el método de Santiago es diferente. Su carta está llena de imperativos que asumen el indicativo. Santiago presenta al lector las demandas prácticas del evangelio. Por eso su escrito tiene tanto que ver con la vida diaria, y no deja lugar al escapismo moral o a las especulaciones teológicas. Frente a los reclamos que hace el autor, solo nos queda actuar o no conforme a las demandas del evangelio. De allí que el centro del mensaje de Santiago se encuentra en su llamado a una vida ética basada en el evangelio cristiano.

La importancia y pertinencia de Santiago

Es interesante notar que la primera colección de escritos cristianos no incluyó a este libro. De hecho, el primer erudito cristiano que le prestó alguna atención fue Orígenes, quien vivió y predicó durante la primera mitad del tercer siglo (185-254). Con anterioridad a este tiempo, la carta atrajo poca atención como escrito cristiano. Indudablemente la relación que el autor hace entre fe y obras ha resultado escandalosa para muchos a lo largo de los siglos.[68]

Los dos énfasis fundamentales de Santiago son: el crecimiento personal en la vida espiritual y la sensibilidad en las relaciones sociales.[69] ¡Nada hay más práctico y relevante que esto en América Hispana hoy! Cualquier fe que no se exprese en términos de las cuestiones personales y sociales será una fe irrelevante. Santiago es pertinente porque toca a fondo ambos aspectos de la fe cristiana. Su mensaje está dirigido a cualquier iglesia que haya caído en el peligro de hablar más y hacer menos. Los destinatarios son personas que están más inclinadas a «hablar» de teología que a «hacer» la teología.

En nuestra América hoy, en medio de la crisis de identidad y la búsqueda de una auténtica liberación de los múltiples factores que oprimen a nuestro pueblo, Santiago tiene una relevancia excepcional. No es extraño que sea uno de los materiales bíblicos más utilizados en la predicación de los expositores evangélicos más sensibles a la realidad latinoamericana.

Las exhortaciones santiagueñas aparecen una y otra vez en la reflexión de los teólogos evangélicos latinoamericanos que mejor han respondido con la fe cristiana a los interrogantes y demandas del contexto presente.

Como discusión sincera y profunda de las virtudes morales que exalta la fe cristiana, y como juicio certero de una fe práctica que se expresa en una vida recta, el libro de Santiago es de lectura fascinante e inspiradora. Santiago tiene un mensaje pertinente para los creyentes evangélicos que viven su fe y sirven al Señor en las conflictivas situaciones de nuestra Hispanoamérica.

Sin embargo, si la iglesia cristiana no hubiese tenido otro evangelio que el que está registrado en la carta de·Santiago, es dudoso que hubiese sobrevivido el tercer siglo.

En ninguna parte el libro menciona la doctrina que fue y es la clave de

---

68 Tamez, *Santiago*, pp. 13-23.
69 Brown, *RE*, p. 416.

toda la fe cristiana: la resurrección de Jesucristo. Este hecho debe ser particularmente tenido en cuenta en Hispanoamérica, donde el Cristo que ha sido predicado por cinco siglos ha sido el Cristo muerto de la cruz y no el Cristo vivo de la tumba vacía.

Además, el frecuente uso que hace el autor de la palabra «sabiduría» (1.5; 3.13, 15, 17) y el estilo epigráfico con el que escribe sugieren fuertemente que conocía bien la literatura de sabiduría de los judíos (Proverbios, la Sabiduría de Salomón, el Eclesiástico, etc.). De allí que quienes están familiarizados con estos escritos van a encontrar muchos paralelos en Santiago. Su fe religiosa guarda un parecido muy estrecho con la fe de los escritos de Proverbios, por lo menos en un aspecto: hace de la actitud hacia los demás la prueba suprema de la vida religiosa (2.1-12), y advierte a sus lectores que un discipulado consistente va a atraer la ira de los impíos.

En Hispanoamérica, donde el pueblo evangélico todavía es una minoría militante y en confrontación con el mundo, estas exhortaciones de Santiago son sumamente útiles.

La fe cristiana, en términos del cumplimiento de la misión encomendada por el Señor a los suyos, no puede ser entendida en Hispanoamérica de otro modo que no sea como *encarnación* y *servicio*. Es la actitud de cada creyente y del pueblo cristiano como un todo hacia los pobres y oprimidos, lo que determina la autenticidad de la fe que proclaman. A su vez, el compromiso con el reino de Dios hoy en Hispanoamérica no puede llevarse a cabo sin la disposición de pagar el precio del sufrimiento de la cruz.

Finalmente, hay dos dichos en Santiago (4.1-10 y 5.1-6) que recuerdan muy certeramente a Isaías (1.2-17) y a Amós (5.10-15, 21-24). En otro caso (4.8, 10), Santiago nos recuerda las palabras inmortales de Miqueas en cuanto a la justicia, la misericordia y la humildad (Mi. 6.8). Si bien es cierto que Santiago no contiene una versión *completa* del evangelio, no es menos cierto que contiene una versión del evangelio muy pertinente para la realidad latinoamericana. América Latina también padece los males del caos político y militar, la opresión de estructuras económicas y de poder injustas, la pobreza y la discriminación, la falta de solidaridad social, y el imperio de una religión formal y sincretista. Estos factores hacen de la lectura y relectura de la epístola de Santiago un imperativo para todo cristiano fiel en Hispanoamérica. Como señala Elsa Tamez, esta es «una carta que nos parece importante rescatar y releer en Hispanoamérica... se trata de una carta que urge recuperar hoy en América Latina».[70]

70 Tamez, *Santiago*, pp. 20, 23.

Bibliografía

Comentarios técnicos

Dibelius, Martin. *A Commentary on the Epistle of James*, Fortress Press, Filadelfia, 1976. Comentario clásico, escrito por el conocido erudito de la historia de las formas. Importante por las notas al pie y el comentario sobre textos y cuestiones especiales.

Mayor, Joseph B. *The Epistle of St. James*, Zondervan, Grand Rapids, 1954. Estudio clásico y erudito sobre el texto griego de Santiago. Uno de los más grandes en idioma inglés.

Ropes, James Hardy. *A Critical and Exegetical Commentary on the Epistle of St. James*, en *The International Critical Commentary*, T. & T. Clark, Edimburgo, 1916. Comentario de gran erudición. Ropes considera la carta como una diatriba y detecta todos los elementos cristianos presentes en ella.

Comentarios críticos

Alonso, José. «Carta de Santiago», en *La Sagrada Escritura: Nuevo Testamento*, vol. 3, Biblioteca de Autores Cristianos, Madrid, 1967.

Davids, Peter H. *The Epistle of James: A Commentary on the Greek Text*, en *The New International Greek Testament Commentary*, Eerdmans, Grand Rapids, 1982. Uno de los comentarios sobre el texto griego más actualizados y eruditos, sin ser excesivamente técnico. Incluye una bibliografía muy completa. Provee una comprensión teológica del texto, basada en una exégesis histórico-crítica y lingüística.

Knoch, Otto, et al. *Carta de Santiago*, Herder, Barcelona, 1976.

Laws, Sophie. *A Commentary on the Epistle of James*, en *Harper's New Testament Commentaries*, Harper & Row, San Francisco, 1980. Uno de los mejores comentarios en lengua inglesa. Presenta una exégesis detallada del texto a partir del análisis cuidadoso de su contexto a la luz de la erudición más reciente.

Leahy, Thomas W. «Epístola de Santiago», en *Comentario bíblico «San Jerónimo»*, vol. 4, Ediciones Cristiandad, Madrid, 1986.

Mitton, C. Leslie. *The Epistle of James*, Eerdmans, Grand Rapids, 1966. Combina la posición tradicional con tendencias más recientes. Toma en serio la naturaleza parenética de los materiales, pero también indica que Santiago refleja la enseñanza de Jesús. Según él, Santiago expresa el mensaje general del Nuevo Testamento.

Moffatt, James. *The General Epistles: James, Peter, and Judas*, en *The Moffatt New Testament Commentary*, Hodder and Stoughton, Londres, 1947. Moffatt ve a Santiago como un énfasis sobre el imperativo de la fe cristiana por causa de los abusos del cristianismo popular. Considera a la carta como un tratado ecuménico dirigido a todos los cristianos.

Reicke, Bo. *The Epistles of James, Peter, and Jude*, en *The Anchor Bible*, Doubleday, Nueva York, 1964. Análisis fresco, que fecha a Santiago en los años 90 y la considera en el trasfondo del incipiente zelotismo cristiano. Santiago es un tratado anti-zelótico.

Robertson, A. T. *Studies in the Epistle of James*, Broadman Press, Nashville, n.f. Exposiciones que aplican el texto a la vida moderna. El primer capítulo reúne toda la evidencia canónica y extra-canónica de la tradición en cuanto a Santiago, el hermano del Señor. El comentario está basado en el texto griego.

Ross, Alexander. *The Letters of James and John*, en *The New International Commentary on the New Testament*, Eerdmans, Grand Rapids, 1960. Basado en el texto griego. Conservador, pero constructivo.

Salguero, José. «Epístolas católicas. Apocalipsis», en *Biblia comentada*, vol. 7, Biblioteca de Autores Cristianos, Madrid, 1965.

Comentarios crítico-homiléticos

Barclay, William. *Santiago, I y II Pedro*, en *El Nuevo Testamento Comentado*, vol. 14, La Aurora, Buenos Aires, 1983. Uno de los más utilizados en lengua castellana. Combina muy bien la erudición más profunda con un sano sentido devocional. Muy útil para el predicador.

Blackman, E. C. *The Letters of James and Peter*, en *Torch Bible Commentaries*, SCM Press, Londres, 1957. Si bien breve, es muy bueno. El autor hace una exégesis histórica.

Gregory, Joel C. *Santiago: ¡una fe que obra!* Casa Bautista de Publicaciones, El Paso, 1986. Escrito por un destacado predicador norteamericano, contiene buen material exegético y expositivo. Muy útil para el predicador.

Rudd, B. *Las epístolas generales: Santiago, I y II Pedro, I, II y III Juan y Judas*, Casa Bautista de Publicaciones, El Paso, 1942.

Tamez, Elsa. *Santiago: lectura latinoamericana de la epístola*. Departamento Ecuménico de Investigaciones, San José (Costa Rica), 1985. El libro de Tamez es lo que anuncia su título. La autora aborda el texto desde el ángulo de la opresión-sufrimiento, la fuerza de la esperanza y las exigencias de la praxis de la fe. Su contribución es sumamente interesante y original.

Tasker, R.V.G. *The General Epistle of James*, en *The Tyndale New Testament Commentaries*, Tyndale Press, Londres, 1963. El libro es un esfuerzo por evitar los extremos del análisis técnico y la brevedad. El comentario es exegético y homilético. Buena introducción y erudición conservadora.

Bosquejo de la Epístola de Santiago

I. Salutación 1.1
    A. Santiago: el siervo del Señor 1.1
    B. El pueblo de la dispersión 1.1 (cont.)
II. El problema de las pruebas 1.2-18
    A. Las pruebas y la madurez espiritual 1.2-4
    B. Las pruebas y la necesidad de sabiduría 1.5-8
    C. Las pruebas y la escala de valores de la vida 1.9-11
    Ch. Las pruebas y sus posibilidades 1.12-18
        1. Una bienaventuranza y una corona 1.12
        2. Anatomía de la tentación 1.13
        3. La responsabilidad humana 1.14-15
        4. El Padre de las luces 1.16-18
III. La naturaleza de la religión verdadera 1.19-2.26
    A. La religión verdadera demanda obediencia 1.19-27
        1. Una fe actuada 1.19-25
        2. Cómo ser un buen religioso 1.26-27
    B. La religión verdadera demanda justicia 2.1-13
        1. El problema de la parcialidad 2.1-4
        2. El problema de una opción equivocada 2.5-7
        3. El problema de la transgresión de la ley 2.8-13
    C. La religión verdadera demanda una fe que obra 2.14-26
        1. La vanidad de la fe sin obras 2.14-19
        2. La vitalidad de la fe que obra 2.20-26
IV. El poder de la lengua 3.1-12
    A. La ocasión de la amonestación 3.1-2
    B. La razón de la amonestación 3.3-12
        1. El poder de la lengua 3.3-6
        2. La perversidad de la lengua 3.7-12
V. Los males de este mundo 3.13-5.6

A.   El problema de la violencia 3.13-4.12
    1.   Las dos sabidurías 3.13-18
    2.   Las causas de la violencia 4.1-5
    3.   El remedio para la violencia 4.6-10
    4.   La violencia de la murmuración 4.11-12
B.   El problema de la jactancia 4.13-17
C.   El problema de las riquezas 5.1-6
    1.   Los males del capitalismo 5.1-3
    2.   El clamor de los oprimidos 5.4
    3.   Las raíces del subdesarrollo 5.5-6
VI.   El valor de las virtudes cristianas 5.7-20
A.   El valor de la paciencia 5.7-11
    1.   La paciencia y el retorno de Cristo 5.7-9
    2.   La paciencia y los ejemplos bíblicos 5.10-11
B.   El valor de la palabra honesta 5.12
C.   El valor de la comunidad de fe 5.13-20
    1.   Una comunidad doxológica 5.13
    2.   Una comunidad terapéutica 5.14-15
    3.   Una comunidad de oración 5.16-18
    4.   Una comunidad profética 5.19-20

I. Salutación (1.1)

La Versión Popular de la Biblia introduce el texto de la Carta de Santiago señalando: «Si Hebreos comienza como sermón y termina como carta, este escrito comienza como carta y termina como sermón». Efectivamente, el primer versículo de Santiago encaja perfectamente en el modelo tradicional de salutación epistolar, característico del mundo helenista del primer siglo. Sin embargo, a medida que se avanza en su lectura, el escrito no parece ser una carta, sino más bien un sermón o una serie de pequeños sermones. Se trata, pues, de un escrito homilético, que consta de una colección de exhortaciones morales.

Quizás porque su propósito no es el de escribir una carta, Santiago no presenta una salutación elaborada, como las que el apóstol Pablo redactó algunas veces (Ro. 1.1-7). Pero sí dice lo suficiente como para identificarse a sus lectores, dejar en claro que es un cristiano y marcar bien quiénes son sus destinatarios. En pocas palabras, Santiago se presenta como un pastor deseoso de servir a su Señor y a sus hermanos mediante el ejercicio de su responsabilidad. Al mismo tiempo, como un judío cristiano, indica que sus palabras están orientadas a exhortar a otros como él, que se encuentran viviendo su fe fuera de Palestina y soportando situaciones de opresión.

A. Santiago: el siervo del Señor (1.1)

Es bien sabido que el ministerio temprano de Jesús le provocó a su familia bastante preocupación (Mt. 12.47; Mr. 3.20-33), y que sus hermanos en ese tiempo no creían en él (Jn. 7.5). No hay indicaciones, en el registro neotestamentario, de que su familia le diera a Jesús apoyo alguno durante todo el tiempo de su servicio terrenal.

María, su madre, parece haber estado muy sorprendida por el despliegue de sus poderes al comienzo de su obra (Jn. 2.1-12). Pero luego aparece con poca frecuencia durante el período del ministerio activo de Jesús. Es cierto que lo respaldó en ocasión de la celebración de las bodas de Caná (Jn. 2.5). Pero en otras instancias, sus visitas no estuvieron signadas por un apoyo personal e incondicional a la vocación de su hijo. Algo similar puede decirse de José, su padre. Es probable que José haya muerto antes o al comenzar Jesús su ministerio público, con lo cual no tuvo oportunidad de emitir juicio acerca del mismo. José hizo su contribución a la vida de Jesús durante su niñez y primera juventud. El hecho de que se lo considerara como un hombre «justo» (Mt. 1.19) indica que, como cabeza del hogar, José era alguien que observaba la ley estrictamente y gobernaba sobre una familia permeada de una atmósfera espiritual, y celosa de las enseñanzas y prácticas religiosas.

Por otro lado, es muy interesante notar que, más tarde, cuando Jesús desde la cruz está haciendo provisiones para su madre, la confía al cuidado de Juan, quien de ninguna manera estaba relacionado con su familia (Jn. 19.26). Si hubiese tenido suficiente confianza en sus hermanos y hermanas de sangre, habría sido más natural esperar que él confiase a ellos el cuidado de su madre. Si Jesús pidió a Juan este servicio, es porque las relaciones con sus parientes, hasta ese momento, no eran del todo cordiales.

Sin embargo, después de la resurrección, Jesús se apareció a su hermano Santiago (1 Co. 15.7). Como resultado de este encuentro, éste puso su fe en el Mesías e inmediatamente se unió al pequeño grupo de seguidores de Jesús en Jerusalén (Hch. 1.14), junto con otros miembros de su familia. Es así como Santiago pasó de ser conocido como el hermano de Jesús a su nueva identidad de «siervo de Dios y del Señor Jesucristo». El primer versículo de Santiago coloca el mensaje de la carta en el contexto del Dios del Señor Jesucristo, su iglesia, y su siervo, Santiago. Dios y Cristo, la comunión de la iglesia y una vida comprometida son los responsables por esta carta que está dirigida a la iglesia universal. Santiago, un siervo de Dios, escribe a la iglesia, el pueblo de Dios, en el nombre de Dios.[1]

Luego de su firma, Santiago se define como «siervo» (*doulos*). La palabra significa esclavo (Ro. 1.1; Fil. 1.1; Ti. 1.1). Es interesante notar que Santiago no se presenta, como podría haberse esperado, como el hermano (*adelfos*) de Jesús, sino simplemente como *doulos*, sin agregar otro calificativo. En esto se parece más a su hermano Judas (Jud. 1) que al apóstol Pablo, quien generalmente agrega el título de «apóstol». Al presentarse como «siervo de Dios», el autor quiere significar que su persona y ministerio son un servicio a Dios y a Jesucristo.

Además, Santiago utiliza tres títulos para el Señor. El vocablo *Theos* en griego es el equivalente a *Elôhîm* en hebreo. Aparece en la Biblia como el nombre común para designar a la divinidad en general. La palabra griega *Kyrios* aparece más de 500 veces en el Nuevo Testamento. En la antigua versión griega conocida como Septuaginta (LXX) se la usa para traducir los nombres de Dios, *Adonai* o *Yahweh*. El nombre Jesucristo es el resultado de

---

1 Brown, p. 416.

la combinación del nombre personal Jesús (*Iêsous*) con el título Cristo (*Jristos*), que equivale a Mesías. Por tanto, Jesucristo significa Jesús Mesías. El nombre Jesús quiere decir «Salvador» (Mt. 1.21), y varios personajes de la Biblia lo llevaron (*Yehôsûa*, ver Lc. 3.29; Hch. 7.45; He. 4.8). El título «Señor» aplicado a Jesucristo es muy antiguo (Hch. 2.32-36; Fil. 2.9-11; He. 5.7-10), y designa al Mesías-Señor, constituido jefe de la humanidad regenerada en el día de su resurrección. Sin embargo, en nuestro texto se da mayor realce a la divinidad y a la soberanía de Jesús que a su mesianidad, la cual se supone ya bien conocida.[2]

Siervos del Señor Jesucristo

En la salutación de su carta, Santiago nos dice dos cosas importantes. En primer lugar, *nos dice algo acerca de sí mismo*. Al calificarse como «siervo» del Señor, Santiago destaca cuatro cosas importantes para él y para todo cristiano.

(1) Por un lado, con el título de siervo, Santiago agrega su nombre al de una larga lista de destacados personajes bíblicos. En ella figuran hombres de la talla del patriarca Job (Job 1.8; 2.3); el padre de la patria Moisés (1 Cr. 6.49; He. 3.5); el conquistador Caleb (Nm. 14.24); el profeta Elías (1 R. 18.36); el rey David (2 S. 7.20); los valientes Sadrac, Mesac y Abed-nego (Dn. 3.26); y el leal Daniel (Dn. 6.20). En el Nuevo Testamento, la lista se amplía con el apóstol Pablo (Hch. 27.23; Ro. 1.9; 2 Ti. 1.3); y el apóstol Pedro (2 P. 1.1).

(2) Por otro lado, al calificarse como «esclavo» del Señor, Santiago ofrece de entrada una de las claves no solo para la comprensión de su libro, sino también para su aplicación. Por su alto contenido ético, la carta presenta demandas que son humanamente imposibles de cumplir. La única manera de dar satisfacción a la «ley de la libertad» y sus reclamos radicales es por medio de un sometimiento absoluto al señorío de Cristo en la vida. Es en la condición de esclavos de Jesús que podemos percibir con claridad el alcance de las pautas del reino de Dios para la vida personal y social.

(3) Además, al colocarse en la posición de «siervo», Santiago resalta el lugar que el servicio tiene en la vida cristiana. Según él, aquí está la mejor expresión de «la religión pura y sin mácula» (1.27). Cuando esta carta es leída desde la perspectiva del servicio, adquiere una nueva dimensión. Cada palabra se transforma en una

---

2 José Salguero, *Epístolas católicas. Apocalipsis*, vol. 7 en *Biblia comentada*, Biblioteca de Autores Cristianos, Madrid, 1965, p. 26.

exhortación llena de significado y valor. La hipótesis de Santiago señala que es en el servicio abnegado donde se autentica una fe verdadera (2.17).

(4)Finalmente, por ser siervo del Señor, Santiago se siente siervo de los demás. No hay una contradicción entre servir al Señor y servir al prójimo. Por el contrario, si somos esclavos de Cristo sentiremos el compromiso de amor hacia quienes nos rodean. El nos envía al mundo para servir como él sirvió al mundo. El vino para servir (Mr. 10.45), y quienes son sus siervos son enviados al mundo a hacer lo mismo (Jn. 20.21).

Gabriela Mistral, la poetisa chilena de un humanismo apasionado, destaca el lugar del servicio en la vida, cuando dice:

Toda la naturaleza es un anhelo de servicio.
Sirve la nube, sirve el viento, sirve el surco...
Aquél es el que critica, éste el que destruye,
Sé tú el que sirve.
El servir no es faena de seres inferiores.
Dios que da el fruto y la luz, sirve;
Pudiera llamársele: «El que sirve.»
Y tiene los ojos fijos en nuestras manos,
Y nos pregunta cada día:
¿Serviste hoy? ¿A quién?...

La más honrosa tarjeta de presentación de un creyente es la de «siervo del Señor». No hay en el mundo otro título que se le compare.

En segundo lugar, Santiago también *nos dice algo acerca del Señor*:

(1) Santiago se considera *siervo de Dios*. Es interesante notar que el autor pone a Dios y a Cristo en el mismo nivel como objetos de su servicio. La combinación de ambos nombres (uno típico del Antiguo Testamento y el otro del Nuevo) en este pasaje, es única en los escritos neotestamentarios. Santiago se considera siervo de ambos, no porque pretenda «servir a dos señores» (Lc. 16.13), sino porque se trata de uno y el mismo Señor. Santiago no es arriano.[3] Para él, Jesucristo es Dios. El acepta la divinidad de su hermano Jesús, a pesar de lo difícil que puede haber sido para él hacerlo.

(2) Además, Santiago se considera *siervo del Señor*. Aplicado

---

3 El arrianismo era la creencia de que el hijo de Dios no era eterno ni verdaderamente divino. En este sentido, esta herejía minaba la doctrina de la trinidad. Arrio fue condenado por el Concilio de Nicea (325), pero el arrianismo continuó por un tiempo más.

a la persona de Jesús, este título destaca su divinidad (Fil. 2.5-11), como también su autoridad (1 Co. 12.3; 8.5-6). Pero, además, ser siervo del Señor significa que él es nuestro propietario (Ro. 14.7-9). El nos ha comprado a un alto precio, y ya no nos pertenecemos a nosotros mismos (1 Co. 6.20; 7.23). Esta es la confesión básica del cristiano (Ro. 10.9; 1 Co. 8.6; 12.3; 2 Co. 4.5; Fil. 2.11; Flm. 5; Ef. 4.5). Cuando el creyente confiesa que Jesús es el Señor, afirma directamente su pertenencia absoluta a él.

(3) Finalmente, Santiago se considera *siervo de Jesucristo*. Jesús es el nombre histórico del Señor. El nombre de la fe es Cristo o Mesías, que significa «ungido» o «consagrado». Este era el nombre más común para designar al futuro libertador que esperaba el pueblo de Dios. El mismo Jesús hace alusión a este nombre, cuando se aplica la profecía de Isaías 61.1-2 (Lc. 4.17-21). Santiago reconoce en dos oportunidades (1.1 y 2.1) que su hermano Jesús es el Mesías esperado. Santiago no es un ebionita.[4] Para él, Jesucristo es el Mesías.

En Hispanoamérica hoy hay varias imágenes de Cristo. Sigue vigente en muchas partes el Cristo vencido, sufriente y pasivo, que nunca baja de su cruz y se muestra impotente para atender las necesidades más apremiantes de los seres humanos. Este es el Cristo muerto heredado de la religiosidad española, al que Ricardo Rojas, uno de los grandes valores de la cultura latinoamericana, describe al decir: «Se ha querido hacer, o sea se ha hecho, de Cristo, un arquetipo de pordioseros, una especie de piltrafa humana, de escabel para los pies de todos, compendio de miserias y dechado de humillaciones».[5]

Pero, a su vez, no son pocos los seguidores de un Cristo todopoderoso, asimilado al poder y la fuerza desde los días de la conquista; un verdadero monarca celestial que sacraliza los gobiernos autoritarios y torturadores. Está también el Cristo intimista de la religiosidad privada y subjetiva, a quien se rinde una devoción descomprometida y formal.

Para muchos en nuestros pueblos, Cristo es un ser distante, que no ocupa un lugar central en la espiritualidad de la mayoría del pueblo. No es la figura cercana e íntima a quien se sigue con obediencia a través de un discipulado radical. Otros están convencidos de que Cristo carece de poder para operar en las vicisitudes cotidianas del ser humano común. Es por eso que las súplicas van

---

4 Los ebionitas cuestionaban el carácter de Jesús como Hijo de Dios y su divinidad. Según ellos, Jesús era un hombre común dotado por el poder de Dios en el momento de su bautismo.

5 Ricardo Rojas, *El Cristo invisible*, Librería «La Facultad», Buenos Aires, 1928, p. 204.

dirigidas a otros santos y mediadores, a quienes se supone más efectivos para responder a las emergencias de la vida. Como consecuencia de esto último, para mucha gente Cristo no merece el mismo respeto que otros santos, ni siquiera tanto como Satanás. Todavía otros tienen un Cristo docético[6] o desencarnado, una figura pálida y completamente ausente de la realidad humana.

¿Quién es Cristo para nosotros hoy? La respuesta a esta pregunta depende de la respuesta a otra: ¿quiénes somos nosotros? La imagen de Cristo que tengamos será el resultado directo de nuestra actitud hacia él y hacia nuestro prójimo. Si de veras somos sus «siervos», en el sentido en que Santiago lo entendía, encontraremos más fácil confesarle como «nuestro glorioso Señor Jesucristo» (2.1). Y este hecho se verá traducido en una línea de conducta y un estilo de vida que le honran. Bien decía Ricardo Rojas:

> Yo no quiero hacer de Jesús un Hombre triste ni un Dios inmóvil, demasiado alejado de nosotros en el espacio infinito; yo desearía humanizarlo como animador romántico y místico de cada conciencia, para perfeccionar al hombre en el entendimiento y en la acción.[7]

B. El pueblo de la dispersión (1.1 cont.)

En la antigüedad, las cartas comenzaban de la manera en que hoy terminan, es decir, con el saludo y la firma del remitente. Se acostumbraba consignar el nombre del autor, el nombre de los recipientes y la fórmula de saludo. Luego de su presentación, Santiago procede a identificar a los destinatarios de su carta, a quienes denomina como «las doce tribus que están en la dispersión», y los saluda sencillamente así: «Salud». La frase «las doce tribus» se refiere al pueblo de Israel como un todo —el pueblo de Dios ideal (Mt. 19.28; Ap. 7.4-8; 21.12)—, con énfasis sobre su unidad (Hch. 26.7), sin considerar la posibilidad de alguna tribu «perdida». El pueblo de Israel, mientras vivió en la tierra que se le otorgó en herencia, fue siempre una unidad integrada por un determinado número de tribus. La plena identificación de un israelita llevaba consigo, hasta en la época neotestamentaria, la declaración de la tribu a que pertenecía (e.g. Mt. 1.5, 27; 2.4, 36).

Sin embargo, en estas palabras el autor no presupone la existencia presente de las doce tribus del pasado de Israel, ni escribe a la nación como un todo. La

---

6 «Docético» viene del griego que significa «parecer». Los docetistas creían que el Hijo de Dios solo *parecía* vivir y morir en la carne. Esta herejía primitiva casi liquidó al cristianismo como fe en la encarnación.

7 *Ibid.,* p. 341.

teoría que dice que sus destinatarios son todos los judíos en general no tiene respaldo en la evidencia interna de la carta. Más bien, el autor utiliza la frase con un sentido metahistórico y metafórico. De ser así, la frase se refiere a la iglesia cristiana, que es el nuevo y verdadero Israel (3.7-9; Gá. 6.16; 1 P. 2.9-10). La idea de la iglesia cristiana como el nuevo Israel pudo haber apelado fuertemente a los primeros cristianos, y habría surgido naturalmente de la convicción de que la enseñanza cristiana era una continuación del Antiguo Testamento. En un sentido más restringido, la frase señala a los cristianos de origen judío dispersos en el mundo grecorromano, sobre todo en las regiones limítrofes de Palestina, como Siria y Egipto. El contenido del libro confirma que los destinatarios son cristianos, convertidos del judaísmo. El uso constante que hace Santiago del Antiguo Testamento indica que sus lectores lo conocían bien. El autor apela a reminiscencias espontáneas y alusiones implícitas, no en forma de argumentación, sino a partir de citas explícitas.

La frase «que están en la dispersión» puede señalar varias cosas. El término *diaspora* aparece en Deuteronomio 28.25; 30.4; Nehemías 1.9; y Salmo 146.2 (según la LXX), con referencia al conjunto de los judíos dispersos o cautivos entre las naciones. En la antigüedad hebrea, la expresión servía para designar a los judíos emigrados de Palestina (ver Jer. 15.7; Judit 5.19).[8] La palabra viene del verbo *diaspeirein*, que significa esparcir, sembrar por todas partes (Jn. 7.35). La causa moral de la diáspora judía y su misión providencial ya se encuentran indicadas en Deuteronomio 4.25-31. Históricamente, la dispersión del pueblo hebreo comenzó con la deportación de los habitantes de Samaria con motivo de la invasión de Asiria en el año 722 a.C. Más tarde, entre los años 603 a 581, los judíos fueron deportados por Nabucodonosor, constituyendo así el núcleo más importante de la diáspora oriental. A partir del decreto de Ciro en 539, numerosos judíos regresaron a la madre patria, pero muchos otros se instalaron definitivamente en las tierras extranjeras. En los años que siguieron, hubo varias otras deportaciones menores y migraciones espontáneas. En la época de Alejandro Magno, las colonias judías se multiplicaron notablemente llegando a establecer centros importantes en Alejandría y Antioquía. En el siglo II a.C., la expansión de las colonias judías se hacía sentir en todas las regiones al oriente del Imperio Romano. Para el tiempo en que Santiago escribió, unos 4 millones de judíos estaban esparcidos por el mundo romano. Estrabón, un geógrafo contemporáneo de Jesús, señaló: «Es difícil encontrar un lugar en todo el mundo que no esté ocupado y dominado por los judíos».[9]

Durante estos siglos, los judíos se esparcieron por todas partes, constituyendo colonias en Italia, los países germánicos, Galia, España y el norte de Africa. Su influencia cultural y religiosa fue muy grande. Estas comunidades

---

8 Citado por Mitton, *James*, p. 16.
9 Salguero, *Epístolas católicas*, p.26.

judías llegaron a constituir el 3% de la población total del Imperio Romano, que ascendía a 55 millones de habitantes, con lo que su peso político y económico fue considerable.

Sin embargo, en 1.1 (como en 1 Pedro 1.1), la palabra «diáspora» va más allá de un mero significado histórico, y está cargada de un sentido teológico. La expresión connota un significado espiritual y no literal. En este sentido, cabe pensar en tres posibles interpretaciones.

1. El término puede referirse a la dispersión de los cristianos en general. Así como el viejo Israel había sido esparcido por todo el mundo, de igual modo los cristianos se habían desparramado hasta los confines de la tierra para cumplir con su misión. Este proceso había comenzado con el destierro de muchos creyentes de Judea, después de la persecución con motivo de Esteban (Hch. 11.19). Estos creyentes esparcidos bien merecían ser considerados como «de la dispersión».

2. El término puede referirse a los judíos cristianos que vivían fuera de Palestina. Sin embargo, la carta no presenta mucha evidencia de que trate los problemas propios del cristianismo judío. Sea como fuere, los destinatarios son convertidos al cristianismo. La descripción simbólica que se hace de ellos como el nuevo Israel es similar a la de 1 Pedro 1.1, donde los recipientes de la carta son llamados «los expatriados de la dispersión». Esta expresión es parecida a otras descripciones neotestamentarias de la iglesia en general.

3. El término puede referirse a los cristianos que se encuentran en este mundo como desterrados de la Jerusalén celestial o de arriba (Gá. 4.26; Fil. 3.20). En este sentido, los creyentes están dispersos en este mundo como extranjeros y peregrinos (1 Pedro 2.1), lejos de su verdadero hogar en los cielos. En Hechos 8.4 y 11.9 hay dos ilustraciones de esta realidad profundamente misiológica.

4. El término puede referirse no solo a la identidad religiosa de los creyentes, sino también a su condición social de desplazados y extranjeros. La expresión connota una comunidad de cristianos marginados por y en tensión con sus vecinos sociales a causa de su fe. En este sentido, la expresión tiene un componente sociológico y caracteriza la posición de los cristianos en la sociedad.[10] «Se trata de personas desplazadas que eran corrientemente forasteras o que estaban residiendo permanente o transitoriamente en las regiones del Asia Menor. Tenían limitaciones políticas, legales, sociales y religiosas.»[11] Los lectores de Santiago son, pues, marginados religiosos y sociales.

Finalmente, Santiago saluda a sus lectores con un típico saludo helenista,

10 Ver el interesante análisis sociológico de la misma expresión en 1 Pedro que hace John H. Elliott, *A Hope for the Homeless: A Sociological Exegesis of 1 Peter, Its Situation and Strategy*, Fortress Press, Filadelfia, 1981, pp. 21-58.

11 Tamez, *Santiago*, p. 40.

más que cristiano (Hch. 23.26). «Salud» (*jairein*, literalmente «regocijarse», «tener gozo», o aquí, «gozo sea con ustedes») era la fórmula de saludo corriente en el mundo griego al escribir una carta.[12] Era algo así como nuestro «querido» antes del nombre del destinatario. El término aparece miles de veces en cartas de papiro, pero no en otras epístolas del Nuevo Testamento. El saludo suena algo secular y frío, al menos si se lo compara con las clásicas salutaciones paulinas. El comienzo del v. 2 está ligado fonéticamente con el saludo. En griego, «salud» es *jairein*, mientras que «gozo» es *jara*. Da la impresión que Santiago juega con estas palabras.[13] Esta doble declaración introductoria de gozo (con un anticipo de las cuestiones temáticas que se considerarán en el cuerpo de la carta, v. 2), es una característica que se encuentra en la correspondencia helenística incluso de naturaleza secundaria, esto es, carente de una inmediatez situacional.[14] En Santiago capítulo 1, los materiales temáticos están duplicados (1.2-11; 1.12-25), y aparecen al revés del orden en el que se encuentran en el cuerpo de la carta.[15]

Una carta para nosotros

En la fórmula simple con que Santiago encabeza su carta, hay tres cosas interesantes para comentar.

En primer lugar, *Santiago escribió para nosotros hoy.* La nación de Israel había sido el pueblo escogido por Dios para el cumplimiento de una misión redentora en el mundo. Pero este pueblo falló en su comisión, e incluso rechazó al Hijo de Dios cuando vino a cumplir su ministerio terrenal. En consecuencia, a través de la sangre de Jesús, Dios ha hecho un nuevo pacto (1 Co. 11.25), por el cual ha formado un nuevo pueblo, que es la iglesia (Gá. 6.15-16). Los privilegios del Israel histórico, como pueblo escogido, han pasado ahora a la iglesia, que es el verdadero pueblo elegido (Ro. 9.7-8).

La condición exigida para ser parte del pueblo de Dios ya no es de carácter genético (ser descendiente de Abraham en la carne), sino de carácter espiritual (ser hijo de Abraham en la fe). El nuevo Israel no está compuesto por personas pertenecientes a una misma nación o que comparten la misma raza, sino por aquellos que han aceptado a Jesucristo por la fe. En este sentido, la frase «las doce

---

12 James B. Adamson, *The Epistle of James,* en NICNT, p. 52; Laws, *HNTC,* p. 49.

13 Dibelius, *James,* p.68.

14 Josefo, *Antigüedades,* 8.50-54, y Eusebio, *Praep. Evang.,* 9.33 sgtes., ejemplifican el paralelismo de bendición y regocijo como ingredientes de una doble introducción. Ver también 1 Macabeos 10.25-45 y cf. Flm. 4-7.

15 F.O. Francias, «The Form and Fuction of the Opening and Closing Paragraphs of James and I John», *ZNW* 61 (1-2, 1970): 110-126.

tribus» se refiere a la iglesia cristiana en general, y no está restringida a gente con un trasfondo judío (Hch. 15.16-17). Por eso, la carta de Santiago nos llega a través del tiempo, con un mensaje que es tan vigente hoy como ayer. Sus palabras no están limitadas a una coyuntura histórica, sino que deben hablarnos con autoridad y pertinencia, porque nosotros somos parte del «Israel de Dios», que es la iglesia.

En segundo lugar, en cuanto a «la dispersión», sea cual fuere nuestra comprensión del término, es claro que *Santiago también escribió para nosotros aquí*. A veces nos cuesta aceptar que el mensaje de la Palabra de Dios no sólo tiene actualidad sino también contextualidad. Esto significa que, más allá de la distancia de cultura y trasfondo que pudiera haber entre Santiago, sus primeros lectores y nosotros, lo que él escribió bajo la inspiración del Espíritu Santo es pertinente para nuestra situación en Hispanoamérica hoy.

Nosotros mismos somos el producto de la dispersión de la fe cristiana. Hace cinco siglos que ella llegó a América y desde entonces ha actuado como semilla del reino de Dios. Al igual que otros que han sido llamados antes en otros lugares, nosotros también formamos parte de la diáspora cristiana. Por eso, para nosotros, el Señor a través de su siervo Santiago tiene importantes cosas que decir.

El formar parte de la diáspora cristiana nos recuerda nuestra condición de peregrinos y extranjeros en la tierra. Es necesario afirmar esta condición de vida, tanto más cuanto que la cristiandad en todas las épocas supo instalarse muy bien en este mundo. El compromiso con el reino de Dios nos guarda de absolutizar el mundo presente y lo que tenemos en él (por ejemplo, el hogar y la patria), y de hacerlo objeto de idolatría. Pero esto no significa un abandono o desprecio del mundo, ya que éste es también creación de Dios en el que él nos da la vida, nos llama a la fe y nos señala el campo en el que podemos realizar nuestro amor de un modo efectivo.

Un cristiano desconocido del siglo II dijo de los cristianos: «Viven cada uno en su propia patria pero como extranjeros, toman parte en todas las cosas al igual que los ciudadanos, pero lo consideran todo como algo extraño a ellos. En el extranjero se sienten como en su patria y en su patria como en el extranjero.»[16] La condición de peregrino que tiene el cristiano en este mundo es compensada por el hecho de que está llamado a ser ciudadano del reino de Dios. Esta conciencia de ser ciudadano del reino es la que

---

16 *Carta a Diogneto*, 5,5.

debe sensibilizar al creyente hacia el sufrimiento de aquellos que viven dispersos por la miseria, la opresión, la persecución política, o las luchas fratricidas en América Latina.

En tercer lugar, *Santiago también escribió para nosotros todos.* Es probable que Santiago haya escogido una fórmula de saludo tan popular como «salud» para alcanzar con ella a la mayor cantidad de gente posible dentro de la dispersión. Todos, incluso los incrédulos, podían comprender su deseo positivo de regocijo para sus lectores. Como bien lo indica más adelante, la «fe en nuestro glorioso Señor Jesucristo *es* sin acepción de personas» (2.1). No se trata, pues, de algo para los iniciados, los poderosos, los que tienen educación o los más religiosos. Cada creyente puede ser bendecido con la lectura de esta carta, e interpretarla sabiamente bajo la guía del Espíritu Santo.

Pero, además, Santiago se dirige a gente como nosotros en Hispanoamérica hoy: pobres y oprimidos, marginados que sufren, desarraigados, y despreciados en las sociedades en que viven. Santiago se identifica y solidariza con nosotros así como se identificó y solidarizó con los expatriados de sus días.[17] Su mensaje alienta nuestra esperanza y nos estimula a poner en acción nuestra fe, a pesar de todas las circunstancias negativas que nos rodean.

---

17 Tamez, *Santiago,* p. 53.

II. El problema de las pruebas (1.2-18)

Muchos de los primeros lectores de la carta padecían los males del antisemitismo propios de la cultura grecorromana, o bien, como ocurría frecuentemente, la persecución y el rechazo de parte de sus propios paisanos. No eran pocos los judíos no cristianos que estaban decididos a hostigar a sus hermanos de sangre, así como Saulo de Tarso lo había hecho con aquellos que habían aceptado a Jesús como el Mesías. Además, los cristianos, judíos y gentiles por igual, estaban expuestos a la oposición de los paganos. Pero la oposición no era solo en razón de su condición de cristianos, sino también en razón de su condición de pobres y oprimidos. No es extraño, entonces, que Santiago reflexione en torno al problema de las pruebas que confronta el creyente en su condición de tal y por su situación social. De allí que su exhortación esté dirigida a sus hermanos en la fe, a quienes anima a considerar con una actitud positiva, lo que en términos humanos parece totalmente negativo.

En la comunidad de fe, el «gozo» que resulta de la solidaridad fraterna es un deber. El verbo que RVR traduce por «tened» es un aoristo en forma imperativa, lo cual lleva la fuerza de «ténganlo ahora y para siempre». En el concepto de Santiago, las pruebas tienen un valor muy especial como medios de maduración de la vida cristiana (1.2, 12). «El estar rodeados por toda clase de pruebas» (v. 2, BJ) es algo que el autor considera como motivo suficiente para sentirnos muy dichosos. En esto, Santiago recuerda los conceptos que sobre las pruebas se encuentran en la literatura de sabiduría judía (Eclesiástico 2.1-5; Sabiduría 3.5-6). La idea del sufrimiento que está ligado con el gozo presente aparece también en Romanos 5.3-4 y 1 Pedro 1.5-7. Esta idea de gozo en medio de las pruebas influyó grandemente sobre el concepto del martirio en el judaísmo tardío y en el cristianismo primitivo. El ruego de Santiago de considerar las pruebas y dificultades como fuente de puro gozo, expresa la certidumbre escatológica que está basada sobre la resurrección de Jesús. De este modo, el fundamento y el contenido original de la fe cristiana se transforman en la razón para el gozo perfecto y para la anticipación de la bendición escatológica.[1]

A. Las pruebas y la madurez espiritual. (1.2-4)

Santiago dirige su carta a sus «hermanos» en la fe (1.16; 2.1; 3.1; 4.11; 5.7, 9, 10, 12, 19). La iglesia es una familia en la que todos los que confiesan fe tienen el mismo Padre y el mismo Hermano Mayor. No tenemos el mismo Padre porque somos hermanos, sino que somos hermanos porque tenemos el mismo Padre. Es *él* quien nos ha hecho «hermanos» por la gracia de su adopción. Santiago, pues, dirige su mensaje a la familia de Dios. Los judíos usaron la palabra «hermano» en relación con otros judíos (Ex. 2.11). Los griegos la usaron en sus comunidades religiosas. Jesús la usó para indicar la comunión que debe unir a sus discípulos (Mr. 3.33-35).[2] La iglesia recibe la palabra de Dios que viene a su familia, signada por un sentido de pertenencia mutua, por lealtades comunes, por un amor compartido, y por una solidaridad en el sufrimiento y en la esperanza.

La palabra que el autor utiliza aquí al hablar de «pruebas» es *peirasmos*, que se refiere tanto a los conflictos internos como a los externos, es decir, «tentaciones» o «pruebas».[3] En el primer caso, se trata de las tentaciones que pugnan por doblegar la conciencia y rendir la voluntad en la dirección del pecado. En este pasaje, Santiago está pensando en los conflictos externos, es decir, en las pruebas que asumen la forma del sufrimiento y la opresión (como en Lc. 22.28; Hch. 20.19; 1 P. 1.6).

También es cierto que a veces las presiones externas se transforman en verdaderas tentaciones para pecar. Esto ocurre cuando las pruebas externas se asocian con la debilidad de la naturaleza humana (1.13-14). Sea como fuere, las pruebas tienen una connotación negativa y son peligrosas porque encierran la posibilidad de una defección (Lc. 11.4). Además, es interesante notar que Santiago se refiere a «diversas pruebas» (ver 1 P. 1.6). Con ello admite la variedad notoria con que la adversidad se hace presente en la vida de las personas. No obstante, aun estando metidos hasta las orejas en las pruebas (el verbo *peripiptô* significa «caer en medio de». Ver Lc. 10.30), el gozo es posible.

El énfasis sobre el gozo se encuentra por todo el evangelio (Jn. 15.11; Mt. 13.44; Hch. 5.41; Ro. 14.17; He. 12.2). El gozo se encuentra, según señala Santiago, en medio de las pruebas, ya sean externas o internas. No es en la ausencia de tensiones sino en la presencia de ellas, no al final del problema

---

1   J. Thomas, «Anfechtung und Vorfreude: Ein biblisches Thema nach Jakobus 1,2-18, im Zusammenhang mit Psalm 126, Röm. 5,3-5 und 1 Petr. 1,5-7, formkritisch untersucht und parakletisch ausgelegt», *KuD* 14 (3, 1968): 183-206.

2   Brown, *RE*, p. 418.

3   Ropes, *ICC*, p. 133.

sino al comienzo del mismo. El gozo viene a aquella persona que entiende el lugar de las pruebas en la vida cristiana. El creyente enfrenta las pruebas de la vida no porque se siente fuerte frente a ellas, sino porque ellas constituyen un obstáculo en el camino a la perseverancia.[4] Pero este gozo no es escatológico, es decir, «de aquellos que esperan la intervención de Dios al final de los tiempos», como entiende Davids.[5] Tampoco se trata de la actitud masoquista del que se goza en el sufrimiento en sí. Más bien, Santiago quiere que sus lectores tomen conciencia («sabiendo que») de que este proceso de opresión tiene resultados positivos.[6]

Por otro lado, el autor habla de «la prueba de vuestra fe». Lo que tiene en mente es la prueba que se hace para ver si el oro es bueno. El orfebre funde los metales para poder quitar la escoria y realzar su pureza y valor. Al utilizar la expresión «la prueba» (to dokimion), Santiago quiere significar «el elemento genuino de vuestra fe». Esta fe a la que se refiere Santiago es el fundamento mismo de la vida religiosa (1.6; 2.1; 5.15).

Santiago asume que estos asaltos son normativos y frecuentes para el creyente (nótese el uso de «cuando», y de «diversas» o «multicolores»). Estas tentaciones y pruebas pueden presentarse en cualquier momento y asumir diversas formas. Pero estas pruebas no provienen de Dios y no deben ser buscadas. Cualquiera que sea su carácter o causa, lo cierto es que vienen. Dios «no tienta a nadie» (v. 13), como tampoco exime a nadie de la prueba.[7]

La palabra «paciencia» no es muy común en el griego clásico, pero sí en la literatura judía del período intertestamentario. Quizás sería mejor traducirla como «constancia».[8] Job no fue «paciente» (5.11) en el sentido moderno de la palabra, porque se irritó y quejó en contra de todo y de todos. El punto es que él no claudicó en su fe en Dios. Santiago no está sugiriendo que nos quedemos inmutables o indiferentes frente a la opresión y las tentaciones, sino que nos mantengamos firmes en nuestra confianza en Dios.[9] Aquí, pues, Santiago relaciona la «paciencia» con la fe, y señala que así como la prueba de la fe produce paciencia, la paciencia, a su vez, perfecciona la fe. En el v. 4, Santiago exhorta a los hermanos a seguir teniendo una paciencia que alcance su expresión más plena. Hay una obra perfecta, que comienza con la prueba, pasa por la paciencia y continúa en el desarrollo de otras virtudes cristianas (ver Ro. 5.3-5). La experiencia en su totalidad apunta a un desarrollo completo: «a fin de que ustedes lleguen a la perfección y a la madurez» (NA).

---

4 Brown, RE, p. 418.

5 Davids, NIGTC, p. 67.

6 Tamez, Santiago, p. 55.

7 Mussner, HTKNT, p. 65.

8 Ropes, ICC, pp. 135 sgtes. «Constancia» expresa mejor el significado según Blackman, TBC, pp. 47 sgtes.

9 Frank Stagg, «Exegetical Themes in James 1 and 2», Review and Expositor 66 (4, 1969): 392-393. Elsa Tamez habla de una «paciencia militante» (Tamez, Santiago, p. 55).

Las pruebas y nuestra madurez

¿Quién puede decir que no tiene pruebas en la vida? ¿Quién puede evitarlas? Las pruebas son tan universales como la vida misma, e inevitables como la responsabilidad de vivir. No es cuestión, pues, de pasar una vida sin problemas, sino de enfrentar las pruebas con una actitud correcta. Santiago dice que debemos hacerlo con «sumo gozo». No se trata de un gozo cualquiera o de algo de gozo con un poco de amargura, sino de un gozo pleno y completo (Fil. 2.29). Con esto Santiago no quiere decir que el único gozo de la vida cristiana consiste en pasar por pruebas, sino que éstas pueden resultar en una fuente de realización personal para el creyente. Así lo entendía Teresa de Jesús, la poetisa mística de Avila, cuando decía: «Yo lo escojo todo; lo acepto todo, el sufrimiento que es inseparable del gozo, y el gozo que es la corona del sufrimiento».[10]

Según Santiago, las pruebas de la vida son «diversas». Hay una prueba para cada tipo de personalidad: son personalizadas. Pero además, las pruebas suelen venir sincronizadas, es decir, todas a la vez. Como le hace decir William Shakespeare al rey: «¡Cuando las penas vienen, no vienen como espías solitarios, sino en batallones!»[11]

Si bien las pruebas son muchas, también es multiforme la gracia que Dios nos da para sobrellevarlas (1 P. 4.10). Y lo que es más, ellas sirven para nuestra maduración espiritual. Como señalara Diego de Saavedra Fajardo, el escritor español del siglo XVII: «Tenemos por rigor y castigo la adversidad, y no conocemos que es advertimiento y enseñanza.» Por eso, los creyentes podemos permanecer gozosos aun frente a todos los problemas de la vida y a la opresión en que estamos inmersos. En el crisol del sufrimiento se adquiere un temple especial. Emilio Castelar, el célebre escritor español del siglo pasado, ha expresado bien que «todo lo grande nace del dolor, y crece al riego de las lágrimas».

¿De qué manera las pruebas nos ayudan a madurar espiritualmente? Santiago responde a esta pregunta señalando tres cosas.

Primero, *las pruebas purifican la fe*. En este sentido, las dificultades vienen para que los elementos extraños y espúreos de nuestra fe puedan ser eliminados (1 P. 1.7). Este es el primer paso

---

10 Santa Teresa de Jesús, *Obras completas,* Aguilar, Madrid, 1957, p. 746.
11 William Shakespeare, *Hamlet,* acto 4, escena 5.1.

para avanzar en el proceso de maduración espiritual. Las pruebas no son para dominarnos y anular nuestras posibilidades, sino por el contrario, para refinar la fe y hacerla más potente y valiosa. Así como el pájaro empuja a sus pichones fuera del nido para que aprendan a volar, así las pruebas desafían a nuestra fe para que se ejercite y se purifique. Carlos H. Spurgeon escribió: «La mayoría de las grandes verdades de Dios tienen que ser aprendidas por medio de la prueba; deben ser marcadas a fuego en nosotros por el acero al rojo de las aflicciones, de otro modo no las recibiríamos verdaderamente».

Segundo, *las pruebas producen paciencia*. Esta paciencia no es la actitud del que se sienta y agacha la cabeza con derrotismo dispuesto a soportar pasivamente lo que venga. Por el contrario, se trata del espíritu que puede sobrellevar las cargas inflamado de esperanza y no de resignación. Elsa Tamez señala: «Tradicionalmente la palabra paciencia ha sido entendida como una actitud pasiva y de sumisión. Se asume porque se cree que las situaciones son irremediables. Esta interpretación ha sido perjudicial para la vida del cristiano y sus comunidades, ya que los impulsa a la resignación, a la falta de compromiso con sus realidades concretas y a 'conformarse a este siglo' (Ro. 13.1). Santiago no se refiere de ninguna manera a esta clase de paciencia. El exhorta a que se tenga una paciencia militante, heroica y que sabe aguardar los momentos propicios».[12]

La poetisa Cristina Rosetti ha dicho que «la obediencia es el fruto de la fe y la paciencia es la flor de dicho fruto». Aceptar las dificultades con un espíritu cristiano nos dará la capacidad de convertirlas en triunfo y gloria. Santiago escribe «a las doce tribus que están en la dispersión». Algunos estaban esparcidos por cuestiones comerciales, otros por conveniencia, y aun otros por la fuerza. Estos últimos aprendieron que la prueba de su fe podía producir paciencia. Así puede ocurrir también hoy con muchos latinoamericanos, que se encuentran dispersos, forzados a vivir lejos del terruño por diversas razones, y que sufren por ello.

¿Cuántos compatriotas viven fuera de su país debido a la persecución política, la falta de oportunidades, la estrechez económica, o el temor a la muerte? En razón del caos político y económico, y la destrucción de las estructuras sociales, centenares de miles de latinoamericanos han debido abandonar su tierra natal. Muchos de ellos viven como «ilegales» o «indocumentados» en algún país vecino. Otros encuentran un lugar temporario o semitem-

12 Tamez, *Santiago*, p. 72.

porario donde vivir en los campos de refugiados. Ya a mediados de la década de 1980, cálculos conservadores estimaban en 300.000 los centroamericanos que pasaban por estas penurias.[13] Otros expatriados pugnaban por entrar en los Estados Unidos, con la esperanza de encontrar mayor seguridad política y mejores oportunidades económicas.[14] Durante el debate sobre la nueva ley inmigratoria en 1986, oficiales del gobierno de los Estados Unidos estimaban el número de residentes ilegales salvadoreños en ese país en medio millón, mientras que oficiales gubernamentales en El Salvador hablaban de 700.000. Al dolor de estos problemas se agrega el trauma de la ausencia y la distancia.

Tercero, *las pruebas proveen perfeccionamiento*. Esta es la madurez que Dios propone para sus hijos. Pero la marcha hacia ella es lenta. Un roble no se desarrolla de un día para el otro. Tiene que pasar por una serie de etapas de crecimiento antes de llegar a su desarrollo pleno. Ricardo Rojas, el escritor argentino, ha señalado que «las adversidades con igual ánimo se han de sufrir, y en ellas se prueba el corazón recio o flaco». Agregaba el conocido profesor: «No hay mejor toque para conocer qué quilates de virtud o esfuerzo tiene el hombre».[15] La fe, la paciencia y el perfeccionamiento son el trípode que, asentado sobre la experiencia de las pruebas, sustenta una personalidad cristiana madura. Esto no quiere decir que el creyente está exento del pecado y el error (1 Jn. 1.10), o de padecer el dolor de la opresión. Pero sí significa que el creyente puede seguir adelante, equipado para la vida con grandes recursos espirituales y con nuevas esperanzas de victoria. De modo que las pruebas nos dirigen hacia la madurez. «¡Cómo sabe el cielo», decía Miguel de Cervantes Saavedra, «sacar de las mayores adversidades nuestros mayores provechos!»

13 María Eugenia Gallardo y José Roberto López, *Centroamérica: la crisis en cifras,* IICA y FLACSO, San José (Costa Rica), 1986, p. 240. Otras fuentes estiman que hay más de 250.000 refugiados en México: 50.000 salvadoreños y guatemaltecos en tránsito a los Estados Unidos y unos 100.000 que viven en ciudades mexicanas, y más de 100.000 campesinos guatemaltecos (95% de ellos son indios), mayormente familias, cerca de la frontera entre México y Guatemala. Ver Elizabeth Feris, «The Politics of Asylum», *Journal of Interamerican Studies and World Affairs* 26 (1984): 357-384.
14 No obstante, el número de personas a las que se les concedió asilo político fue muy limitado: dos salvadoreños en 1981 y 74 en 1982. La política inmigratoria de los Estados Unidos en relación con latinoamericanos es muy restrictiva. Ver P. Weiss Fagen, «Latin American Refugees: Problems of Mass Migration and Mass Asylum», en *From Gunboats to Diplomacy: New U.S. Policies for Latin America,* ed. por Richard Newfarmer, Johns Hopkins University Press, Baltimore, 1984, pp. 231-235.
15 Rojas, *El Cristo invisible,* p.123

B. Las pruebas y la necesidad de sabiduría (1.5-8)

Es sobre la base de una perspectiva cristiana en cuanto a las pruebas que Santiago pasa a considerar la relación de éstas con la sabiduría. No es muy evidente por qué el autor introduce la «sabiduría» en este punto, pero puede ser que Santiago esté siguiendo el ejemplo de la literatura judía de sabiduría, al relacionar estrechamente la perfección (v. 4) con la sabiduría (v. 5).[16] La idea de sabiduría de Santiago se clarifica a partir de la epístola misma, del resto del Nuevo Testamento y de los antecedentes pre-cristianos. Los otros libros del Nuevo Testamento contienen un número limitado (pero significativo) de pasajes en los que, o bien la sabiduría y el Espíritu son identificados o tienen la misma función, o bien la sabiduría se transforma en el don supremo y dominante del Espíritu Santo. Santiago parece consciente de esta identificación y relación en el uso, dado que probablemente estaba familiarizado con la literatura de sabiduría y posiblemente conocía las creencias de los monjes esenios de Qumran. Además, a partir de un estudio de los contextos en los que la sabiduría aparece en Santiago y su relación con material similar de otras partes en el Nuevo Testamento, así como del uso bastante extensivo de «sabiduría» en Pablo en estrecha relación con el Espíritu, es posible concluir que tal intercambio de terminología no está de ninguna manera fuera de los márgenes de la probabilidad.[17]

Si Santiago habla de «sabiduría» en relación con las pruebas, es bien coherente. Seguramente el autor conocía el Salmo 73 y el libro de Job, donde encontramos el drama humano de la lucha contra el sufrimiento. Pero sobre todo, el autor conoce bien la situación de opresión religiosa y social por la que sus lectores y él mismo estaban pasando. El creyente no está eximido de la aflicción, pero necesita de sabiduría para entender el sentido de la misma. La *sofía* a la que se refiere el autor en este pasaje no es un mero conocimiento (*gnôsis*), sino el uso práctico del mismo, conforme a la voluntad divina. Se trata de esa cualidad del entendimiento que nos capacita para discernir nuestras obligaciones morales y apropiarnos de las verdades divinas. Esta sabiduría es el discernimiento espiritual, que permite asignar a cada cosa su verdadero valor y vivir en conformidad con la voluntad de Dios. Según Santiago, sabiduría es entender la voluntad de Dios para la vida, y no involucra una especulación inútil en cuanto al universo o un divorcio de la obligación moral (Ro. 12.1-2). «Una pretensión de sabiduría que no está substanciada por una buena conducta es tan hueca como la pretensión de una fe sin buenas obras que la demuestren».[18] La sabiduría de la que habla Santiago es divina. Es el don que se pide

---

16 Mussner, *HTKNT,* p. 68.
17 J.A. Kirk, «The Meaning of Wisdom in James: Examination of a Hypothesis», *NTS* 16 (1, 1969): 24-38.
18 Mitton, *James,* p. 125.

a Dios en el contexto de la opresión y de la prueba.[19] Es la sabiduría por la que Salomón oró (2 Cr. 1.8-12), y que se fundamenta en una relación personal con Dios (Pr. 1.7). De allí que la posesión de la misma es una de las necesidades más imperiosas de todo ser humano, especialmente para hacer frente a las demandas y presiones de la vida (Pr. 4.7). Uno necesita dirección en las experiencias de la vida, y esa orientación y comprensión de cómo manejar la propia existencia en todos sus aspectos es la sabiduría de la que habla el autor.

Santiago afirma que Dios da la sabiduría con liberalidad («generosamente» BJ), y sin reproche (*mē oneidizontos*, «sin echarlo en cara» BJ). Nótese que la sabiduría es un don. No es un talento propio del ser humano, sino un don de Dios. Y está reservada a aquellos que la piden. Pedir a Dios sabiduría es el comienzo de la sabiduría. La sabiduría viene desde mucho más allá de nosotros mismos, cuando nos comprometemos con la vida cristiana (Mt. 7.7; Lc. 18.1). Además, la sabiduría es dada con abundancia por Dios. El da generosamente, «sin exigir nada en cambio» (NA). Esta es la manera en que Dios da las cosas (Is. 55.1-2; Lc. 6.38; Jn. 3.34). Muchas veces, él mezcla sus dones con sorpresas. Su don más grande a la humanidad —su Hijo Jesucristo, la fuente de nuestra mayor sabiduría—, está escondido para todos a excepción de los creyentes.

Por otro lado, la sabiduría es dada a aquellos que oran por ella con fe en que Dios va a suplirla. Quienes vienen a Dios con la confianza de que él les va a responder, reciben lo que piden (Mt. 7.7-11). Pero hay que «pedir con fe»; es decir, «sin vacilar» (BJ, NA). La actitud de dudar (*diakrinō*) aquí no se refiere a la duda intelectual o filosófica. Tampoco es un acto de no creer o no aceptar la verdad de que Dios es quien da la sabiduría a quien se la pide. Santiago parece recordar aquí algunos de los dichos de Jesús (Mt. 7.7; Mr. 11.24; Jn. 14.13). Se nos anima, pues, a pedir con plena confianza en Dios. Pedir dudando es como el subir y bajar de la marea, o como las olas movidas por el viento. Pedir así refleja no solo la inestabilidad propia, sino también la falta de confianza en Dios. La persona inestable asume que Dios también es inestable. Ese es el pecado de una «fe» pendular.[20] El que duda reconoce la autenticidad de la promesa, pero desconfía que sea para él. Es como las olas del mar, que se elevan por momentos con gran ímpetu, para sepultarse luego pulverizándose en pura espuma (ver Sal. 107.25-26).

La persona de «doble ánimo» (*dipsyjos*, de *dis* «doble», y *psyjē* «alma») es «un hombre irresoluto» (BJ), «interiormente dividido» (NA), que «hoy piensa una cosa y mañana otra» (VP). Esto se refiere no a una persona que tiene dudas intelectuales, sino a alguien cuyo compromiso es pendular.[21] Una

19 Davids, *NIGTC*, p. 52.
20 Stagg, *RE*, p. 393.
21 Ropes, *ICC*, p. 140.

persona así tiene dos caras. Es como Jano, el primer rey legendario del Lacio, que, favorecido por Saturno, veía el pasado y el porvenir. [22]

La verdadera sabiduría

La mayor parte de las personas considera que las pruebas son una calamidad. Generalmente se las teme y se procura evitarlas a toda costa. Santiago piensa de otra manera. El las estima como medios para el desarrollo cristiano y como una bendición positiva. Es por ello que se las debe recibir con gozo. Por supuesto, el sufrimiento en sí mismo no produce alegría, sino todo lo contrario. Pero el resultado final es gozo, cuando se toma en cuenta lo que las pruebas pueden operar, a través de la gracia, en la vida del creyente. Un metal es probado para conocer su valor. Nos gozamos en nuestras tribulaciones, porque la tribulación produce una fortaleza paciente, y esta fortaleza se convierte en una semilla que germina una experiencia aprobada. Esta, a su vez, se transforma en simiente que produce esperanza, una esperanza que no nos avergüenza ni frustra, ya que es el fruto de la gracia y de la acción del Espíritu.

Para soportar las pruebas con victoria hace falta sabiduría. El discernimiento del valor redentor del sufrimiento solo se logra por medio de ella. El poeta dramático español Juan Antonio Cavestany ilustra esta verdad, al decir en uno de sus versos:

La piedra sabe
cuando la hiere el filo del acero,
distinguir entre el golpe que destruye
y el que presta calor, sangre y aliento.

La necesidad de sabiduría es tan universal como la necesidad de aire para vivir. Pero frente a las pruebas de la vida hace falta una sabiduría sobrenatural. No se trata del talento natural, que consiste en manejar con habilidad los datos acumulados de la experiencia humana. Tampoco es el ejercicio de una intuición o percepción particular, que posibilita ver la realidad más allá de las apariencias.

---

22 Según Tamez: «Este tipo de personas dentro de la comunidad son problemáticas principalmente porque nadie puede confiar en ellas, pues están con la comunidad y a la vez no están. Además, no tienen fuerza de voluntad, seguridad ni decisión. Con esta clase de miembros la batalla está perdida en el contexto de opresión de Santiago» Tamez, *Santiago*, p. 79. Sobre el significado de *dipsyjos*, ver O.J.F. Seitz, «Antecedents and Significance of the Term *dipsyjos*,» *JBL*, 66 (1947): 211-219; e Idem, «Afterthoughts on the Term 'Dipsychos'», *NTS* 4 (1958): 327-334.

Ni siquiera es la prudencia que nace del natural instinto de conservación que todo ser humano tiene. Todo esto describe la sabiduría natural humana (1 Co. 6.5; Col. 4.5), que puede llegar a oponerse a la sabiduría divina, que es de índole muy distinta (Ro. 1.22; 1 Co. 1.17-31; 2.5-6; 3.19; 2 Co. 1.12). Según Santiago, «esta sabiduría no es la que viene de Dios, sino que es sabiduría de este mundo, de la mente humana y del diablo mismo» (3.15, VP).

Respecto a la sabiduría que viene de Dios, Santiago indica dos cosas.

Primero, *Dios da la sabiduría con abundancia.* Esta sabiduría sobrenatural es ese discernimiento espiritual que libra al creyente de caer en las estupideces en que viven las personas que andan sin Cristo. Era evidente para Santiago, que algunos hermanos reflejaban en su conducta esta falta de sabiduría. Sin embargo, no hay razón para seguir con esa carencia, ya que tal sabiduría no es difícil de obtener. Si alguien considera que carece de ella, puede pedirla, y le será dada.

Es a Dios a quien hay que orar pidiéndole sabiduría. El es la fuente de la misma y está listo para darla. Nuestro Dios no es mezquino. Su generosidad se hace manifiesta en las maravillas que nos regala a través de su creación. Pero donde mejor se conoce su liberalidad es en la entrega de su gracia (Is. 55.1). Salomón experimentó esta generosidad divina cuando pidió a Dios sabiduría (1 R. 3.9-12). El Señor la concedió y tan abundantemente que Salomón tuvo «un corazón sabio y entendido», tanto que no hubo antes ni después otro como él.

Cuando le pedimos a Dios sabiduría, él no aprovecha la ocasión para sermonearnos y censurarnos. Dios da la sabiduría sin reprocharnos. Dios no nos recuerda lo que ha hecho por nosotros con miras a avergonzarnos. En el plano humano estamos acostumbrados a que esto ocurra. Calvino decía: «Aquellos que son los más liberales entre los hombres cuando alguien pide ayuda con insistencia, mencionan sus pasadas acciones de bondad, y se excusan de las futuras... No ocurre lo mismo con Dios; él está listo para agregar nuevas bendiciones a las anteriores sin ningún fin o limitación». Cuando pedimos algo a alguien, muchas veces nos encontramos con condiciones o limitaciones. Es como aquel que humilla a alguien después de hacerle un regalo (Eclesiástico 41.25). Pero no es así con el Señor. Su promesa es que él da todo aquello que se le pide, no solo sabiduría, sino también toda cosa buena, incluso el Espíritu Santo (Mt. 7.7,11; Lc. 11.13). En esto es cierto lo que Enrique F. Amiel, el escritor suizo del siglo pasado, decía en su

Diario íntimo, que «a quien solo desea la sabiduría, le son acordados todos los bienes».[23]

Segundo, *el creyente debe recibir la sabiduría con fe.* La falta de sabiduría no resulta de la reticencia de Dios en darla, sino de nuestra incapacidad en recibirla. El deseo de Dios es bendecir, pero su bendición solo alcanza a aquellos que están dispuestos y preparados para hacerla propia. El ejercicio de la fe no es condición necesaria para poder orar, pero sí es indispensable para que la oración tenga respuesta. Cualquiera puede orar, pero solo quien ora con fe recibe lo que pide. San Agustín preguntaba: «¿Cómo puede él concederte lo que no deseas recibir?»

Además, no oramos para cambiar la mente de Dios, sino para abrir nuestro corazón a la influencia transformadora de su Espíritu. Como señalara el conocido teólogo argentino José Míguez Bonino: «La oración no tiene por objeto convencer a Dios de que nos escuche (como creían los paganos), sino presentarnos ante el Dios que nos escucha, porque es nuestro Padre por Jesucristo, tal como somos, con nuestras necesidades».[24] En otras palabras, pedir a Dios que nos dé sabiduría no es informarle de nuestra necesidad, ya que él la conoce antes que le pidamos nada (Mt. 6.8). Más bien, cuando pedimos sabiduría es para expresarle nuestra disposición de recibir lo que él tiene para darnos.

Este «pedir con fe» involucra la convicción de que lo que Dios da es siempre lo mejor para nosotros y la confianza de que él está de nuestro lado. La oración «con fe» es aquella que llega a Dios en el nombre de Jesús con plena confianza. De allí que el que pide debe hacerlo con cierta consistencia interna, sin vacilar. Nuestra oración debe ser unidireccional y resultar de una solidaridad de intención. Toda división interna, entre el convencimiento de que lo que Dios promete es cierto y la disposición de mover la voluntad en la dirección de esa confianza, no produce resultados positivos. Las olas del mar son inestables. El viento las mueve en direcciones diferentes. Así también, la mente inestable se mueve de una dirección a otra, sin resistencia ni constancia, y siempre rindiéndose a las presiones externas.

La fe, pues, es básica para la recepción de la sabiduría. Dios tiene el derecho y el deseo de compartir su sabiduría. Pero el creyente tiene la obligación de apropiarse de ella por medio de la fe. Quien ora, pero no lo hace con fe, es alguien «de doble ánimo».

23 Henri-Frédéric Amiel, *Journal Intime of Henri-Frédéric Amiel,* Macmillan, Londres, 1915, pp. 95-96

24 José Míguez Bonino, *El mundo nuevo de Dios,* Federación Mundial Cristiana de Estudiantes, Buenos Aires, 1955, p. 47

72   COMENTARIO BIBLICO HISPANOAMERICANO

72   COMENTARIO BIBLICO HISPANOAMERICANO

Es como el personaje al que Juan Bunyan, en su alegoría *El progreso del peregrino* llama Flexible; o es como Pedro al intentar caminar sobre las aguas (Mt. 14.29-31). Tal persona es un verdadero borracho moral, que va haciendo «eses» por la vida, sin saber bien hacia dónde va (ver Sal. 107.27). En estas condiciones, este ser humano queda descalificado para apropiarse de las bendiciones divinas, por más que crea que puede recibirlas y espere recibirlas. No importa cuán ferviente sea su expectativa, ésta deberá traducirse en una oración de fe, que involucre la actitud de aceptar la sabiduría como un don de Dios. Dios da la sabiduría a aquellos que no comprometen su confianza (Jer. 29.13). Dios no recompensa la esquizofrenia espiritual de aquellos que vacilan entre una fe comprometida y una religión de compromiso. Por eso, la oración del creyente pidiendo sabiduría no solo debe surgir de una fe cristiana auténtica, sino también debe ser ofrecida totalmente en beneficio de esa fe. El ejercicio de una fe firme es ya un indicio de que se posee el don divino de la sabiduría por el que se pide.

C. Las pruebas y la escala de valores (1.9-11)

Después de considerar en general el problema de las pruebas en la vida del creyente, y la necesidad de la sabiduría para pasar por ellas con victoria, Santiago aborda la cuestión de los valores. Lo hace considerando casos concretos y relacionados con uno de los problemas serios de las iglesias a las que escribe. Se trata de las opciones que ricos y pobres hacen en su vida. Ambos padecen las pruebas por igual, sin consideración de su posición social o económica. Pero es cierto que, en el caso de los pobres, la opresión de ellos es el resultado directo de las decisiones y acciones de los ricos. Por otro lado, el doble ánimo no es patrimonio exclusivo de unos u otros. En el texto griego, el v. 9 está ligado al párrafo precedente con una conjunción (*de*), que puede ser traducida como «y» o «pero», uniendo así los dos párrafos. La línea de pensamiento parece apuntar al hecho de que el amor a las riquezas es la raíz más común de la «doblez de ánimo» (Mt. 6.24), tanto en el pobre como en el rico. El doble ánimo es evidencia de la escala de valores de la persona que quiere servir a Dios y a las riquezas.

En el judaísmo se daban dos conceptos opuestos en cuanto a las riquezas. Por un lado, se las veía como una indicación del favor divino. Por el otro, se las consideraba como antitéticas a Dios. Jesús asumió esta segunda posición sosteniendo que la antítesis no era entre Dios y Satanás, sino entre Dios y Mamón (Mt. 6.24); es decir, las riquezas acumuladas. Santiago comparte con Jesús el concepto de que las riquezas son una amenaza para la vida piadosa. Al igual que Jesús, también considera la piedad como más propia del pobre que del rico. El eudemonismo, o sea la idea vulgar de que la riqueza propia es una señal del favor divino, es rechazado por Jesús y Santiago. Esto no significa que la pobreza como tal es buena, porque el pobre puede mirar con esperanza al futuro para su plena realización (2.5; cp. Lc. 6.20-26).[25] Es posible que detrás del pensamiento de Santiago no solo esté la imagen de la situación de pobreza de los judíos esparcidos y de él mismo, sino de su propio hermano Jesús. Si hubo algo que le preocupó y dolió durante algún tiempo, fue que su hermano «no tenía dónde recostar la cabeza» (Lc. 9.58). Sin embargo, a pesar de la profunda pobreza de su hermano Jesús, Santiago fue testigo de su exaltación.

Además, el énfasis de este párrafo no está en advertir sobre la certidumbre de la muerte, sino sobre la incertidumbre o carácter transitorio de las riquezas.[26] Estas se secan y caen, como las flores bajo el sol abrasador. El rico solo lo es por un poco de tiempo. Con la muerte, si no antes, su condición de rico se termina. Pero no es solo su riqueza lo que se pierde, sino que él mismo se pierde, se «marchita» (cf. Lc. 12.20). Por tercera vez en este capítulo podemos notar cierta similitud de pensamiento y lenguaje con 1 Pedro (1 P. 1.24). Tanto Santiago como Pedro citan a Isaías 40.6-7.

En el uso bíblico, «rico» y «pobre» frecuentemente denotan más que una situación material, si bien la incluyen. Estos términos tienen también una connotación religiosa. Los «pobres» son los «pequeñitos» que son «humildes» (*tapeinos*).[27] Son el pueblo piadoso y oprimido. Los «ricos» son los arrogantes, que ponen en primer lugar sus riquezas, y oprimen y explotan a los «de humilde condición». De este modo, Santiago contrasta la arrogancia de los ricos con la humildad de los pobres. Con un enfoque marcadamente escatológico, el autor enfatiza la gran reversión que vendrá sobre unos y otros (cp. Lc. 16.19-31).[28] «Santiago le dice al pobre de la comunidad cristiana... que se alegre desde ya porque su situación va a cambiar, no va a ser más humillado sino exaltado». Interesantemente no dice que será rico sino exaltado, es decir, elevado a la dignidad de persona y reconocido como criatura preferida de Dios».[29] Por el contrario, el rico fracasará «en todas sus empresas», que son la razón de la opresión de los pobres y que están fundadas sobre la injusticia, en función de

25 Stagg, *RE*, pp. 393-394.

26 Ropes, *ICC*, p. 148

27 Elsa Tamez, siguiendo a Laws, es de la opinión de que «hay una estructura antitética entre el hermano de condición humilde (*tapeinos*) y el rico (*plousios*), por lo tanto, no se puede ver en la humildad del hermano una característica moral o espiritual. Se trata de un hermano pobre económicamente, y es humilde en tanto es pobre». Tamez, *Santiago*, pp. 60-61. Ver Laws, *HNTC*, p. 62.

28 Stagg, *RE*,394. Sobre la cuestión de los ricos y los pobres en Santiago, ver P.U. Maynard-Reid, *Poverty and Wealth in James*, Orbis Books, Maryknoll, 1987. Este autor discute primero la estratificación social en el primer siglo y luego investiga a los «pobres y ricos» en la literatura judía y cristiana, para pasar a la consideración de textos particulares en Santiago.

29 Tamez, *Santiago*, p. 61.

la búsqueda egoísta del lucro.[30] De este modo, el mensaje de Santiago está cargado de esperanza para los pobres, pero de juicio condenatorio para los ricos.

Las pruebas clasifican nuestra escala de valores

Quienes están experimentados en las pruebas no dudan de la afirmación de un antiguo proverbio turco, que dice que «toda desgracia es una lección». Cuando la adversidad es entendida a la luz de la fe, se descubren en ella elementos de gran valor para la configuración de una personalidad sólida. «Los golpes de la adversidad son muy amargos», admitía Ernesto Renán, el escritor francés del siglo pasado, «pero nunca son estériles». Sobre todas las cosas, las pruebas sirven para poner al descubierto cuál es la verdadera escala de valores que gobierna nuestra vida. El dolor pule el espesor de la corteza que recubre nuestro verdadero yo. Frente al sufrimiento es muy difícil fingir ser lo que no somos, tener lo que no tenemos, sentir lo que no sentimos, hacer lo que no hacemos. Las pruebas se constituyen en un auténtico juicio, que saca a la luz los hilos invisibles que gobiernan nuestra vida.

Además, a la hora del sufrimiento, poco cuenta si uno es acaudalado o no. La pobreza no nos exime de padecer las pruebas, y no hay riquezas que puedan comprar una vacuna contra ellas. Sin embargo, frente a las pruebas, hay una diferencia según la manera en que el pobre asume su pobreza y el rico asume su riqueza. Esto tiene que ver con la escala de valores de la vida. De allí que, en este pasaje, Santiago marque una distinción entre los bienes espirituales y los bienes materiales, como los caminos elegidos para la realización personal.

Por un lado, *los bienes espirituales son eternos.* Estos valores son los que deben procurarse en primer lugar, porque son los únicos que pueden sobrevivir a las pruebas. Llama la atención el carácter paradójico de las afirmaciones del autor. La pobreza es considerada como la ocasión para la exaltación del pobre, mientras que la riqueza es tenida como oportunidad para la humillación del rico. En el caso del pobre, su humilde condición, lejos de ser motivo de vergüenza, se transforma en un verdadero título de honor. Cristo lo ha señalado como heredero del reino (Lc. 6.20; ver 2.5). El concepto humano del honor y la deshonra es trastocado por Dios.

---

30 Elsa Tamez, *Bible of the Oppressed,* Orbis Books, Maryknoll, 1982, p. 3.

Nótese que los «de humilde condición» deben gloriarse en su «exaltación» y no en su «humilde condición». Santiago no está proponiendo una glorificación de la pobreza, como algunos teólogos latinoamericanos parecen pregonar. Jesús fue bien claro en decir «bienaventurados vosotros los pobres» (Lc. 6.20), y no «bienaventurada la pobreza». Fue la fe de Lázaro, no su pobreza, lo que lo llevó al seno de Abraham (Lc. 16.19-31). La exaltación del estado de pobreza ha servido como justificación teológica para la opresión por parte de los ricos. Pero también ha sido el consuelo inútil de los pobres, que los ha llevado a renunciar a sus legítimos reclamos frente a la injusticia y la opresión.

Es cierto que Jesús anunció el evangelio primero a los pobres (Lc. 4.18-21). Ellos fueron los primeros destinatarios de su misión, y su evangelización es la señal y prueba fundamental de la misión redentora de Jesús (Lc. 7.21-23). Pero su acercamiento a ellos no fue porque la condición de pobreza les diese alguna virtud especial, sino porque en tal condición eran los más carentes y postergados en términos humanos, y en consecuencia, los que con más urgencia necesitaban de su poder. El compromiso de Jesús fue con los más necesitados, con quienes se identificó plenamente haciéndose uno de ellos, solidario con ellos y asumiendo su situación. Y por amor a la humanidad toda, llegó a la máxima expresión de la pobreza al entregarse al sacrificio de la cruz (Fil. 2.5-8; 2 Co. 8.9).

De modo que no es la falta de riquezas o la abundancia de ellas lo que determina la posición espiritual del cristiano, sino la confianza que se tenga en el Señor. El *Documento de Puebla* señala que «para el cristiano, el término 'pobreza' no es solamente expresión de privación y marginación de las que debamos liberarnos». Este importante documento agrega que el vocablo designa también un modelo de vida, que ya aflora en el Antiguo Testamento y que fue vivido y proclamado por Jesús como bienaventuranza.[31] En realidad, la cruz de Cristo exalta al pobre y humilla al encumbrado. El es el gran nivelador de los seres humanos.

Gloriarse en su exaltación no es una prerrogativa exclusiva del pobre. También el rico puede humillarse y descubrir la verdadera riqueza espiritual. El hermano rico está bajo la tentación de exaltarse en su riqueza por encima de los demás. Su verdadera base de exaltación está en aceptar, junto al pobre, una posición humilde, y gloriarse en ella, así como Pablo se glorió en sus debilidades para conocer el poder de Cristo (2 Co. 12.9). El rico no puede acceder a

---

31 III Conferencia General del Episcopado Latinoamericano, *La evangelización en el presente y en el futuro de América Latina: Documento de Puebla,* Conferencia Episcopal Argentina, Buenos Aires, 1979, p. 314.

la exaltación de los pobres (Sal. 72.4,12; 113.7-9; Lc. 1.52) a menos que se humille con ellos. El rico debe constituirse, mediante el uso correcto de sus bienes, en un siervo para sus hermanos.

Pobres y ricos por igual deben entender que los valores reales son los espirituales. Por eso, Santiago los exhorta a encontrar gozo, no en la satisfacción de ambiciones materiales, sino en su nueva posición como hijos de Dios. Cuando vengan las pruebas y quiten de nosotros todo lo material, entonces comprobaremos que los valores del alma no pueden ser quitados. Es por eso que, aun en medio de las pruebas, el creyente puede experimentar «sumo gozo».

En segundo lugar, *los bienes materiales son transitorios*. Se desvanecen frecuentemente a lo largo de la vida. No son las riquezas las que suplen lo que el alma necesita. Y al momento de la muerte, no las podemos llevar con nosotros. El que confía en sus bienes materiales y no en Dios, «pasará como la flor de la hierba». Conviene aclarar que en estas palabras Santiago no está atacando a los ricos. Se limita a subrayar que las riquezas que duran son las espirituales. Abraham, Job, Zaqueo, Nicodemo y José de Arimatea fueron hombres con muchos bienes materiales. Pero, sobre todo, fueron ricos para con Dios. El cristiano ya no corre detrás del «engaño de las riquezas» (Mr. 4.19). En Cristo ha aprendido a hacer una evaluación totalmente diferente de la prosperidad material. Para él, la riqueza verdadera consiste de las cosas que permanecen aunque no se ven, porque son eternas (2 Co. 4.18).

Es por esto que, conforme a la enseñanza del apóstol Pablo, la actitud del cristiano debe ser la del que usa de los bienes de este mundo, cuyas estructuras son transitorias, sin absolutizarlos, porque son solo medios pasajeros (1 Co. 7.29-31). Esta exigencia de pobreza evangélica (Mt. 6.19-34) es un modelo de vida para todo creyente, rico o pobre. Unos y otros deben encontrar en esta opción de vida el camino de su plena realización como hijos de Dios. Como indica el *Documento de Puebla*: «La pobreza evangélica une la actitud de la apertura confiada en Dios con una vida sencilla, sobria y austera que aparta la tentación de la codicia y del orgullo».[32] De esta manera, es posible tener «sumo gozo» aun en medio de la opresión y las pruebas, sabiendo que éstas enseñan los valores reales ante Dios.

32 *Documento de Puebla*, p. 315.

Ch. Las pruebas y sus posibilidades (1.12-18)

La Epístola de Santiago es una pequeña homilía práctica, que considera en general la necesidad de empalmar la fe con las buenas obras. Pero en su primera parte, el autor discute el problema de las pruebas, que operan como factores condicionantes del ejercicio de una vida religiosa auténtica. Según Santiago, hay circunstancias exteriores de presión («pruebas»), que afectan poderosamente la vivencia y expresión de la fe. También hay circunstancias interiores de presión («tentaciones»), que pretenden distraer al creyente de sus mejores intenciones de vivir conforme al evangelio. En este pasaje, Santiago habla de ambos planos de lucha. Después de retomar y concluir la discusión acerca de las pruebas (1.12), pasa a señalar el problema de las tentaciones, y advierte a sus lectores contra hacer a Dios responsable por el mal que hay en sus vidas.

De esta manera, las imágenes en la carta de Santiago pueden clasificarse como miseríficas (una visión de los efectos de la acción del diablo, o de aquello que Dios no quiere que hagamos), o beatíficas (una visión del efecto de la acción de Dios sobre las personas, o de aquello que Dios sí quiere que hagamos). Todos los caminos llevan a una u otra de estas visiones: la miserífica o la beatífica. Y Santiago dice a sus lectores que deben elegir una de las dos. El desarrollo de estas imágenes muestra la unidad de la epístola. La presentación consistente del autor en cuanto a la fe que viene de arriba representa su deseo de que seamos un pueblo consistente e íntegro. La visión miserífica se muestra como natural, incluso es atractiva al principio, pero su fuente está en nosotros mismos y en términos últimos, en el infierno. Estas imágenes nos animan, mediante la repulsión de lo miserífico y la atracción de lo beatífico, a resistir al diablo y someternos a Dios.[33]

1. Una bienaventuranza y una corona (1.12)

Después de mostrar de qué manera las pruebas ayudan al logro de la madurez espiritual (1.2-4), y cómo el creyente cuenta con el don de la sabiduría para encontrar el sentido de las mismas (1.5-8), y destacar el papel que ellas juegan en enseñar los valores reales de la vida (1.9-11), Santiago afirma que las pruebas son fuente de felicidad. El sujeto de la bienaventuranza es un «varón» (*anêr*). Es interesante que Santiago no utiliza el vocablo más general «hombre» (*anthropos*, 1.7), que significa «varón y/o mujer». Quizás lo hace para variar, pero el uso del término es frecuente en Santiago (1.8, 23; 2.2; 3.2), y en otras epístolas generalmente se lo contrapone a *gynê* (mujer). De todos modos, este uso corresponde con el trasfondo judío de la carta, ya que las exhortaciones éticas en ese contexto presuponían una audiencia masculina. Es

---

33 Ver Aida B. Spencer, «The Fuction of the Miserific and Beatific Images in the Letter of James», *Evangelical Journal* 7 (1, 1989): 3-14.

78   COMENTARIO BIBLICO HISPANOAMERICANO

probable que el autor, en esta sentencia algo aislada, esté pensando en la
fórmula «bienaventurado el varón» del Salmo 1.1. Casi seguramente tiene en
mente las conocidas palabras de Jesús en Mateo 5.10. Y, en un sentido, vuelve
a repetir el concepto que introdujo en 1.2, de manera que el sujeto de estas
pruebas forma parte del conjunto a quien él exhorta en 1.2-4.

Esta persona es considerada por el autor como «bienaventurada» (*makarios*). Se trata de alguien dichoso, feliz. Santiago ha indicado ya que quien
se encuentra metido en medio de pruebas puede considerarse feliz (1.2). Ahora
señala que de igual modo puede considerarse feliz quien las soporta. En este
caso se trata de una alegría de carácter escatológico. «Esta consiste en saber y
creer que al fin de los tiempos los oprimidos serán los favorecidos, por lo tanto
se alegran anticipadamente por la esperanza en ese nuevo orden».[34] Según
Klaus Koch hay dos tipos de bienaventuranza en la Biblia. Una aparece en la
literatura de sabiduría del Antiguo Testamento como conclusión de un argumento. La otra es de carácter apocalíptico y tiene como destinatarios a
aquellos que son salvos en el juicio final y participan en el nuevo mundo,
porque han sido fieles a la verdad por medio de la fe.[35] La bienaventuranza de
Santiago pertenece al segundo tipo. Lo que enfatiza el texto no es la virtud de
la paciencia-resistencia frente al mal, sino la promesa de un nuevo amanecer,
según está indicado por la primera cláusula («bienaventurado») y por la
cláusula final («recibirá la corona de vida»). De este modo, Santiago continúa
la línea iniciada en 1.2, en la cual la comunidad sufriente debe reflexionar sobre
el aspecto positivo de esa experiencia fortalecedora del espíritu, y la refuerza
con la bienaventuranza de 1.12, recordándoles la promesa del Señor.[36]

La palabra *peirasmos* («tentación») tiene dos sentidos que corren parejos,
como prueba y como aliciente al pecado. Según algunos comentaristas, Santiago aquí no se refiere a la seducción interior hacia el pecado, sino a los
conflictos externos que ya mencionó en 1.2. La prueba aquí está vinculada con
la situación de pobreza que padecían los lectores de Santiago.[37] El verbo que
utiliza indicaría esto, ya que las pruebas se soportan (*hypomenō*), mientras que
la tentación moral es algo a lo que uno debe oponerse activamente (*antistēmi*
en 4.7).[38] Por otro lado, las pruebas vienen de afuera y dependen de las
circunstancias exteriores. En cambio, la tentación moral es algo en lo que uno
se mete (Mt. 6.13), entra (Mt. 26.41), cae (1 Ti. 6.9), o de lo cual debe ser
librado (2 P. 2.9). Nótese que la bienaventuranza se hace realidad en la vida
de aquel que ha «resistido la prueba», literalmente, «cuando ha sido aprobado»
(ver VM; «superada la prueba» BJ; «una vez probado» PB; «al salir aprobado»

34 Tamez, *Santiago*, p.57.
35 Klaus Koch, *The Growth of the Biblical Tradition: The Form-Critical Method*, Charles
   Scribner's Son, Nueva York, 1969, p. 7.
36 Tamez, *Santiago*, p.58.
37 Laws, HNTC, p. 67; Tamez, *Santiago*, pp. 58-59.
38 Tasker, *TNTC*, p. 44.

VP). La referencia directa es a «la prueba de vuestra fe» de 1.3. Se trata de la aprobación que resulta de haber sometido el oro o la plata a un ensayo de calidad.

Santiago habla también de una «corona de vida». La misma expresión aparece en Apocalipsis 2.10, en el sentido de que la vida misma es la corona. Es decir, esta corona no es un mero adorno, pues consiste nada menos que de vida. La corona en cuestión es diferente de la diadema (Ap. 12.3), que era una cinta de tela o metal precioso que indicaba realeza y autoridad (Sal. 21.3). También es diferente de la guirnalda de hojas naturales o de metal precioso, que se usaba como ornamento o se entregaba a quienes lograban un triunfo (1 Co. 9.25). La corona a que se refiere Santiago no debe ser tomada literalmente, sino en sentido figurado, como la recompensa que recibe quien sale aprobado del examen de las pruebas. «La corona que es vida» carecería de sentido si fuese algún objeto material colocado sobre la cabeza. En este sentido, la VP traduce la frase como «recibirá como premio la vida, que es la corona». La frase se refiere a la vida abundante que el creyente victorioso recibe de Dios, y corresponde con la corona de gloria de 1 Pedro 5.4 y la corona de justicia de 2 Timoteo 4.8.

Santiago guarda aquí, en un cuidadoso balance, el don y la demanda de liberación. La «corona de vida» es la vida misma como la corona de la perseverancia ante la opresión. Pero en el análisis final, esta corona de vida no es una paga o retribución, sino un don para aquellos que aman a Dios. Es frente a una fe y amor abiertos, que Dios puede impartirse a sí mismo y dar este tipo de vida.[39] Además, es interesante notar que Santiago identifica a aquellos que soportan la prueba con los que aman al Señor. Es porque se ama al Señor, que es posible resistir la prueba. El que no ama al Señor no puede resistir la prueba. Como indica Tamez: «La identificación amorosa con el Señor fortalece la esperanza y ayuda a vencer las situaciones hostiles».[40]

Bienaventuranza y vida plena

El versículo nos anima a considerar dos elementos muy importantes de la vida cristiana.

Por un lado, está *la bienaventuranza de las pruebas*. Resulta difícil entender cómo las aflicciones de la vida pueden ser raíz de la más plena realización personal. Sin embargo, este elemento paradójico, propio del evangelio cristiano, es el que Santiago apunta en su bienaventuranza del v. 12. Las pruebas son los medios que Dios utiliza para desarrollar el carácter de sus hijos. Cuando desde su

39 Stagg, *RE*, p.395.
40 Tamez, *Santiago*, p.60.

dolor y pobreza estos apelan al Señor orando con fe, él les concede la sabiduría necesaria para enfrentar la opresión de manera positiva y estructurar una adecuada escala de valores para la vida. En este punto de la experiencia, el creyente atribulado está en condiciones de hacer propia la felicidad. Como escribiera el obispo metodista argentino Sante Uberto Barbieri:

> Bendito Dios que ha creado la lágrima,
> esa perla líquida de nuestros ojos,
> que fluye desde los pliegues de nuestra alma,
> ese rocío de sentimiento
> que suaviza las asperezas de nuestro ser.
> ¡Bendito sea Dios que ha creado la lágrima![41]

El sujeto de esta bienaventuranza es alguien que soporta la tentación. La *paradoja* de esta afirmación es evidente, y solo puede ser entendida en términos escatológicos. En medio de la tentación es muy difícil descubrir la dicha, pero sí es posible considerarse dichoso si tal sufrimiento se inscribe en el marco de la presencia del reino de Dios (ver Mt. 11.5-6). De este modo, el sufrimiento que conlleva la prueba presente se relaciona con la «corona de vida» que se espera, y que es posible por el poder de Dios. El creyente *ya* es bienaventurado, porque sabe que el dolor de la prueba presente se transformará en la corona de vida futura. Es precisamente por esta valoración del reino de Dios, que es posible una inversión de las valoraciones corrientes. La expectativa y afirmación de lo que espera el creyente en el futuro hace posible una transformación radical del presente. De este modo, el futuro afecta al presente. Donde el incrédulo solo ve dolor y frustración, el creyente ve la promesa y anticipo de su victoria.

Pero hay una *lucha* de por medio. Santiago dice que si el cristiano enfrenta las pruebas y las tentaciones de la vida con la firmeza y decisión que solo Cristo puede dar, la vida se transforma en la experiencia más espléndida que jamás haya vivido. La lucha es el camino que lleva a la gloria, y la lucha misma es gloriosa. «No podemos alcanzar la verdad sin esfuerzos», decía el escritor español Emilio Castelar, «ni llegar al bien sin combate». Hay que resistir la prueba. Esta prueba es un verdadero examen de vida. Una vez purificado por el fuego de la aflicción, el creyente está en condiciones de considerarse verdaderamente feliz. La experiencia dura de la prueba actúa como catalizadora de su felicidad. Es allí, en el

---

41 Sante Uberto Barbieri, *Peregrinaciones del espíritu*, La Aurora, Buenos Aires, 1954, p. 23.

fragor del sufrimiento, donde el cristiano se encuentra más cerca de su Señor.

Por otro lado, *está la corona de vida*. Hay una recompensa para el que resiste la prueba: la corona de vida. Todo aquel que se prepara y participa de competencias deportivas espera alcanzar el triunfo, como resultado de sus esfuerzos. El premio es la meta, y recibir el laurel de la victoria es la recompensa más apetecida para sus empeños. Para el cristiano hay también una corona que aguarda, cuando soporta la crisis. Solo que esta corona jamás se marchita ni pierde su verdor, como las que reciben los atletas, ya que está hecha de pura vida. Esta vida no está limitada a la existencia biológica, bien sea en un plano natural o sobrenatural, sino que representa el vivir en una dirección, con una intencionalidad determinada, en virtud de la cual se despliega la riqueza de la vida creada por Dios. Esta es la vida según Dios, la vida verdadera, eterna o plena que el creyente ya ha encontrado en Jesucristo (Ro. 2.7; 5.21).

Al concluir las pruebas (1.2-4), el que ama a Dios recibirá su justa recompensa, que no es algo material sino espiritual. La posesión bendita del cristiano victorioso —su corona— es una nueva clase de vida, que realmente es *vida*. A través de Jesucristo, el creyente ha comenzado a participar de esa vida que el poeta evangélico Francisco E. Estrello describe, al decir:

> La vida en Dios es vida de aventura;
> vida llena de ensueño y de grandeza;
> rumbo heroico que apunta hacia la altura,
> persiguiendo la gracia y la belleza.

Esta vida abundante es algo que Dios ha prometido. No es un logro personal, o algo que resulta del merecimiento propio, sino que es un don que viene de Dios. El nos hace entrega de este don a través de Jesucristo (Jn. 10.10). Debe notarse que la idea de la recompensa no es ajena a la enseñanza bíblica. La virtud no encuentra su recompensa en ella misma. Pero el premio de la vida abundante no debe trasladarse a un futuro incierto, sino que ya puede ser una realidad para aquel que cumple con las condiciones para recibirlo. Estas condiciones se resumen en la victoria sobre la prueba y una sincera actitud de amor a Dios.

Santiago nos anima a pensar en tres cosas en relación con esta corona de vida.

1) Por un lado, *la corona de vida está reservada para los vencedores*. Los cristianos estamos involucrados en una gran batalla espiritual. El mundo, Satanás y la carne son nuestros enemigos. Pero también estamos confrontados con las fuerzas de la muerte y la injusticia, que oprimen y explotan a los pobres en nuestro continente. ¿Cuáles son nuestras armas para alcanzar la victoria?

Contamos con la *Biblia*. La palabra de Dios es un recurso fundamental para confrontar a nuestros enemigos, especialmente a Satanás. Santiago habla de la necesidad de resistir al diablo para ponerlo en retirada (4.7). Los evangélicos en Hispanoamérica nos identificamos como «el pueblo de la Biblia», pero quizás no hemos valorado suficientemente la capacidad del Libro como espada espiritual en nuestra lucha contra Satanás, sus huestes demoníacas y el pecado en todas sus formas. Sin la palabra de Dios no habrá victoria. Pero es necesario leer la Biblia desde la perspectiva en que fue escrita, es decir, la de los pobres. Como testificara el arzobispo católico salvadoreño Oscar Arnulfo Romero, poco antes de su asesinato: «Los pobres me han enseñado a leer la Biblia».[42]

Contamos también con la *oración*. Santiago conocía bien el poder de la oración (1.5). Para él, la oración no es un mero ejercicio piadoso, sino un tremendo recurso en la vida y acción del creyente (5.17-18). La tradición recuerda el lugar que la oración ocupaba en su vida. Se dice que sus rodillas tenían callos debido al tiempo que pasaba en oración. Santiago era un hombre de oración y sabía de lo que hablaba. Pero, al igual que la Biblia, la verdadera oración es aquella que encuentra en el pobre su punto de referencia. Oscar Romero decía: «La garantía de la petición propia es muy fácil de conocer: ¿cómo trato al pobre? —porque es allí donde Dios está. El grado en el que uno se acerca a ellos, y el amor con que lo hace, o el escarnio con que nos acercamos— ésa es la manera en que nos acercamos a Dios. Todo lo que le hacemos a ellos, se lo hacemos a Dios. La manera en que los miramos es la manera en que miramos a Dios».[43]

Además, contamos con la *vida de Cristo*. En la vida diaria la atención debe estar puesta en Cristo, si de veras deseamos la victoria. Santiago jugaba y corría con Jesús en los días de su niñez y juventud. Pero fue luego de haberle aceptado como su Mesías, que realmente comenzó a vivir una vida de victoria. En su lucha por la liberación de su pueblo, el arzobispo Oscar Romero predicaba: «No debemos rechazar a Cristo, porque él es el camino y la meta

42 Citado en Gordon Spykman, et al., *Let My People live: Faith and Struggle in Central America*, Eerdmans, Grand Rapids, 1988, p. 216.

43 Citado en James R. Brockman, ed., *The Church Is All of You: Thoughts of Archbishop Oscar Romero*, Winston Press, Minneapolis, 1984, p.35.

de la verdadera liberación».[44] Y agregaba: «No debemos poner nuestra confianza en movimientos terrenales de liberación. Sí, ellos son providenciales, pero solo si no se olvidan que toda la fuerza liberadora en el mundo viene de Cristo».[45]

2) Por otro lado, *la corona de vida está reservada para los que aman al Señor*. Esta es la piedra de toque que prueba la autenticidad de la profesión de fe cristiana y su victoria. Para salir airosos de las pruebas y tentaciones de la vida es necesario que Cristo sea el eje sobre el cual se asiente y gire la misma. El quiere ocupar el centro de nuestros afectos y reinar como Señor soberano. Si Cristo no ocupa el lugar más grande y central en nuestra vida, muy pronto aparecerán otros intereses que pugnarán por establecerse en esa posición. Si nuestra vida no está totalmente dedicada a amarle a él, corremos el riesgo de ser seducidos por otros amores, que lo desplacen.

El amor al Señor debe ser un amor exclusivo (Mt. 6.24; Lc. 16.13); un amor cimentado en la gratitud (Lc. 7.42, 47); un amor obediente (Jn. 14.15, 21, 23, 24; 13.35; 15.10; 1 Jn. 2.5; 5.2, 3; 2 Jn. 6); y un amor hacia los demás (1 Jn. 4.12, 20; 3.14; 2.10). Es precisamente este tipo de amor al Señor el que hace posible que el creyente pase las pruebas con victoria. Pero es necesario remarcar que el amor al Señor no solo se orienta hacia él, sino también hacia los demás. Por eso, si amamos al pueblo de Dios esto será evidencia de que le amamos a él. Santiago a través de su carta expresa su amor para con los pobres y oprimidos de sus días (2.1; 1.9, etc.). Aquellos creyentes no eran perfectos. Tenían sus manchas y arrugas, pero era posible amarlos. Quien pretenda amar a Dios sin amar a sus hermanos está en el camino de lo imposible (1 Jn. 3.23).

3) Finalmente, *la corona de vida indica algunas cualidades de la vida eterna*. Esta será una vida gloriosa. «Bienaventurado» significa dichoso, feliz, alegre, satisfecho. El que pasa las pruebas y vence la tentación se encontrará con esta felicidad. Tal dicha es un pequeño anticipo de la felicidad venidera y eterna. Además, ésta será una vida de riquezas invalorables. Una corona está confeccionada con materiales escogidos, muchas veces valiosos. Las coronas más honrosas están hechas de oro y piedras preciosas. El costo de la corona de un rey o una reina es enorme, e indica la existencia de grandes tesoros. De igual modo, nuestras riquezas espirituales en los cielos son incontables, si es que hemos sabido

44 Oscar Romero, *A Martyr's Message of Hope: Six Homilies by Archbishop Oscar Romero*, Celebration Books, Kansas City, 1981, p. 133.

45 Citado en Brockman, *The Church*, p. 87.

hacer una buena inversión de vida a través del servicio (Mt. 6.19-21). Por otro lado, esta será una vida eterna. La corona de laureles con el tiempo se marchita. Pero el creyente recibirá una corona mejor. Friedrich Hebbel, el dramaturgo alemán del siglo pasado, dijo: «Las coronas de laurel son arrebatadas por un soplo de brisa; contra las coronas de espinas, nada puede la tempestad». Todavía estamos en el campo de lucha o estamos en plena carrera. Pero cuando recibamos la corona, podremos participar de una nueva experiencia de vida, plena y abundante, por toda la eternidad. No habrá más opresión, luchas, dolores, cansancio ni tensiones. La carrera cristiana habrá terminado y estaremos por siempre en su presencia.

La promesa del Señor es firme y clara. Luego de la batalla hay una corona para el vencedor. La lucha es terrible, la carrera parece interminable, la tentación nos amenaza de continuo y es una crisis que nos acecha incansablemente. Pero más allá de las pruebas y tentaciones, cuando la batalla haya terminado y lleguemos a la meta, nuestro Señor nos espera con una corona, y seremos coronados por él. Esta es la corona que Dios ha prometido a los que le aman. Sus manos van a ceñirla sobre la frente de sus siervos, mientras su voz llene dulcemente su corazón y se oiga: «Bien, buen siervo y fiel; sobre poco has sido fiel, sobre mucho te pondré; entra en el gozo de tu Señor» (Mt. 25.21).

2. Anatomía de la tentación (1.13)

En 1.13-15, el autor trata con el problema de la tentación moral. Santiago muestra dos cosas: (1) que es necesaria una aclaración acerca de la crisis (1.13); y (2) que es necesaria una advertencia acerca de la crisis (1.14-15). En el v. 13, Santiago desmenuza el problema de la tentación y desenmascara su verdadera naturaleza y origen. La tentación a la que ahora se refiere el autor no es la prueba externa u opresión de 1.2 y 1.12, sino aquellas sugerencias en el orden moral que tienden a inducir al pecado. El uso del verbo *peirazô* aquí es similar al de Mateo 4.1.[46]

En el concepto hebreo, tanto las cosas buenas como las malas tenían su origen en Dios. El mal no era tenido como una fuerza independiente, sino como un instrumento para el bien, que Dios manejaba libre y justamente como Señor de la historia y de la existencia del ser humano (ver Job 2.10). Sin embargo, el Antiguo Testamento es bien claro en señalar que la raíz del mal está en el corazón malo del ser humano agobiado por sus malos deseos y rebeldías (Jer.

---

46 Adamson, *NICNT*, P. 70; cp. Davids, *NIGTC*, pp. 80-81.

7.24; 9.13; Mi. 2.1; 7.3; Sal. 27.3; Pr. 13.10; 14.22). Es porque el ser humano es malo, que Dios le manda males (Dt. 31.17-18; 2 R. 21.11-12; 22.16-17).

La expresión «tentado de parte de Dios» (*apo Theou peirazomai*) es clara. El uso de *apo* sugiere origen y no agencia (como *hypo* en Mr. 1.13 en relación con Satanás). Es más común de lo que parece, que personas perversas o débiles culpen a Dios de sus pecados. La literatura de sabiduría abunda en ejemplos de tal presunción errónea (Pr. 19.3; Eclesiástico 15.11-20). La tentación moral, según Santiago, no surge «de parte de Dios». De allí que quien es tentado no puede decir «de Dios proviene mi tentación» (HA).

El adjetivo verbal compuesto que Santiago utiliza en la expresión «Dios no puede ser tentado por el mal» aparece solo en este versículo en el Nuevo Testamento. Su significado es que Dios no es tentable al mal, y no que no es tentado por el mal. Dios es puro y perfecto (Hab. 1.13), y no tolera la presencia del pecado. Precisamente porque él no es tentable es que tampoco «él tienta a nadie». Con esta afirmación, Santiago sale al paso a un concepto bastante común en el pensamiento judío sobre el mal. Se trata de la idea de que Dios implantó en el ser humano el impulso hacia lo bueno y hacia lo malo. El hombre decide entre estos dos caminos, pero en definitiva es Dios mismo quien plantea las alternativas.[47]

Sin desarrollar una discusión metafísica en cuanto al origen del mal, Santiago responde pastoralmente. En el lenguaje de un moralista práctico, muestra que la idea de hacer a Dios responsable por el mal está equivocada, no solo en cuanto a la naturaleza de Dios, sino también en cuanto al carácter mismo de las tentaciones morales. Que Dios no es tentable al mal puede entenderse mejor en términos de su poder de distinguir siempre entre el bien y el mal, así como entre lo correcto y lo incorrecto. Sin embargo, nos resulta difícil hacer una distinción entre lo primero y lo segundo. Tendemos a confundir lo bueno con lo incorrecto y lo malo con lo correcto. Sabemos que mentir es incorrecto, pero creemos que puede ser bueno para nosotros, de otro modo no mentiríamos. Sabemos que lo correcto es decir la verdad, pero negamos la verdad, por temor de que pueda ser malo para nosotros. De este modo, procurando salvarnos, escogemos lo incorrecto, pensando que es para nuestro bien; y rechazamos lo correcto, pensando que puede resultar en nuestro mal. Dios no puede ser tentado, es decir, inducido al mal, precisamente porque él ve siempre lo incorrecto como malo y lo correcto como bueno.[48]

---

47 Según Davids, las interpretaciones de *apeirastos* («no puede ser tentado») como denotando la imposibilidad de tentar a Dios o la inexperiencia de Dios respecto al mal, encuentra serias dificultades. Pero la comprensión de la expresión como afirmando que Dios no debe ser tentado por personas malas concuerda, según él, con algunos usos posteriores de *apeirastos,* la tradición judía en cuanto a tentar a Dios, y la estructura gramatical del pasaje. Ver Peter H. Davids, «The Meaning of *apeirastos* James I. 13», *NTS* 24 (3, 1978): 386-392.

48 Stagg, *RE*, p. 395.

La anatomía de la tentación

La invitación a la tentación es una experiencia por la que todos pasamos, y constituye una de las crisis más tremendas que como seres humanos experimentamos en nuestra vida moral. Pero la promesa de las Escrituras es que, a pesar de nuestra debilidad humana, podemos vencer la tentación. Uno puede rechazarla o rendirse a ella, y en la lucha por la decisión es donde se encuentra la crisis. Como señalara Martín Lutero: «No puedes impedir que los cuervos revoloteen sobre tu cabeza; pero puedes impedir que hagan nidos en tu pelo». No obstante, los seres humanos hemos querido siempre echar la culpa a otros por nuestros pecados (Gn. 3.11-13), y en definitiva, terminamos haciendo a Dios responsable de nuestro propio alejamiento de él. Dios no es la fuente de las tentaciones, porque él no tienta a nadie. El sí permite que el creyente, para el cultivo de su vida espiritual, sufra la tentación. El libro de Job en sus dos primeros capítulos considera esta problemática. Pero las tentaciones que nos confrontan al caminar en los senderos del Señor no tienen por qué vencernos. Su magnitud está en proporción a nuestra fortaleza para resistirlas. Dios jamás permite que nos veamos sometidos a tentaciones que no podamos sobrellevar. No obstante, la mayor parte de las tentaciones que enfrentamos nos salen al paso, no cuando andamos por los caminos del Señor, sino cuando estamos siguiendo nuestros propios deseos perversos. No es la voluntad de Dios que sus hijos sufran estas tentaciones, y en consecuencia, muy frecuentemente éstas están más allá de nuestra capacidad de soportarlas.

El curso y fin de tales tentaciones es la derrota moral. Cuando la concupiscencia concibe, da a luz el pecado, «y el pecado, siendo consumado, da a luz la muerte». La vida, pues, no es un juego, sino una batalla. La lucha que los seres humanos, tanto viejos como jóvenes, tenemos frente al problema del mal no es para minimizarla. Fue precisamente para salvarnos del poder del pecado, que Dios envió a Jesucristo al mundo. Si hubiésemos sido capaces de hacer frente a los ataques furiosos del pecado por nuestra propia cuenta, Dios nos habría permitido confrontarlos y desarrollar nuestra fortaleza al hacerlo. Pero el poder del pecado es demasiado grande para nuestros pobres recursos morales. Es solo cuando el Hijo divino actúa como nuestro aliado, que podemos esperar la victoria. Es solo cuando nos confiamos a la misericordia de Dios y aceptamos los privilegios espirituales que él nos ofrece en Cristo, que la pureza de corazón y de vida se transforma en nuestra posesión preciosa, y entramos en la ciudadela en la que podemos vivir seguros.

De este modo, cuando consideramos las pruebas en conjunto, descubrimos que ellas encierran enormes posibilidades para el creyente. No obstante, en medio de la crisis de la tentación, puede haber confusión en cuanto al origen de la misma. Según Santiago, no hay excusas posibles, ni justificación, ni mucho menos la alternativa de pensar en Dios como quien provoca la crisis de la tentación moral. Por eso, vale la pena detenernos a reflexionar sobre la riqueza que este pasaje encierra, desde una perspectiva positiva. En 1.13, el autor analiza a fondo la anatomía de la tentación, clarificando sus raíces. En el desarrollo de su argumentación, Santiago afirma tres cosas.

Primero, *Dios no puede ser tentado por el mal*. Su santidad le exime de las tentaciones morales. El está por encima del pecado y no siente ningún impulso hacia el mal. Esto no significa que sea indiferente al mal o desconozca sus implicaciones. Dios sabe bien cuánta tensión encierra la tentación para los seres humanos. Si bien él no es el origen de las tentaciones, sí tiene el control de las mismas, por ser el soberano de toda realidad (1 Co. 10.13). Además, Dios en Jesucristo conoció la experiencia humana de la tentación. Por eso, no solo la comprende, sino que puede ayudar a los seres humanos en tales circunstancias (He. 2.18). El triunfo de Jesús sobre la tentación le habilita para ayudarnos en esta crisis (He. 4.15). Bien ha ilustrado Billy Graham: «Si persigues a un ratón con la escoba, notarás que el ratón no se queda parado mirando la escoba, sino que busca un agujero. ¡Quita los ojos de la tentación y ponlos en Cristo!» El problema de la tentación no es un problema divino, sino humano. Es éste quien tiene la disposición de responder a la incitación de la tentación moral. No es condición de la naturaleza de Dios ser tentable al mal, porque él es el «Padre de las luces, en el cual no hay mudanza, ni sombra de variación» (1.17).

Segundo, *Dios no tienta a nadie*. Por su naturaleza, Dios no puede ser atraído al mal, y en consecuencia, no atrae a nadie a hacer lo malo. No obstante, en su soberanía, él permite que Satanás nos tiente, como en el caso de Jesús. Es Dios quien habilita al maligno a plantearnos situaciones de pruebas y a seducirnos al pecado. Es así que, en el Nuevo Testamento, Satanás es señalado como el agente personal de las tentaciones. De allí que se lo llame «el tentador» (Mt. 4.3; 1 Ts. 3.5). Santiago no lo dice, pero está implícito en su argumentación, que el hacer a Dios responsable de las tentaciones morales que padecemos es precisamente ceder a una tentación de Satanás, que de esta manera disfraza su autoría de la tentación. Como buen mentiroso y rebelde que es, Satanás no reconoce la realidad de que Dios no es tentable. Por eso se atrevió a tentar a Jesús, el Hijo de Dios. Pero tampoco reconoce la realidad de la santidad de Dios, y miente a los seres humanos haciéndoles creer que Dios es incoherente con su naturaleza y es el agente de las tentaciones que padecen.

Tercero, *Dios provee lo mejor para nosotros.* Lejos de ser el origen y agente de las tentaciones que sufrimos, Dios es el proveedor de una salida a la crisis moral de la tentación (1 Co. 10.13). Si bien él permite que seamos tentados por Satanás, las maquinaciones del maligno jamás pueden torcer el propósito final de Dios, que siempre es para nuestro bien. El enemigo quiso hacer sucumbir a Jesús en el desierto, desviándolo de su camino, proponiéndole un mesianismo terrenal, espectacular y supeditado a él. Pero Satanás fracasó en su intento de distraer a Jesús de su vocación divina (Mt. 4.1-11). Las tentaciones del desierto sirvieron al propósito divino de afirmar el carácter sobrenatural de la persona y ministerio de Jesús, y de probar su incondicional obediencia y fidelidad al Padre.

En definitiva, lo que Santiago discute aquí es que el objetivo de Dios al permitir las tentaciones no es malo, sino bueno (Lc. 22.31-32). Dios quiere siempre lo mejor para nosotros. Lejos de tentarnos o conducirnos a la maldad, nos lleva a la vida eterna, porque la vida eterna proviene de él (1.18). Y, además, lo mejor de la vida proviene de él (1.17). De modo que, Dios no es responsable de nuestras tentaciones. Según Santiago, tal responsabilidad debe ser buscada en otra fuente. Esta fuente es el propio ser humano.

3. La responsabilidad humana (1.14-15)

No deseamos aceptar la responsabilidad personal por las tentaciones morales. «Cada uno» indica que no hay excepciones, sino que el análisis que el autor hace es de aplicación universal a todos los casos. No hace falta buscar más allá de uno mismo, para encontrar la raíz del problema. Según Santiago, el pecado de «cada uno» (*hekastos*) se remonta a su propio (*idias*) deseo, y no a Dios, Satanás o Adán (ver Ro. 1.18-32). El pecado proviene del deseo mal orientado. La concupiscencia (*epithymia*) es el embrión de todo el proceso. En este contexto, la concupiscencia es un deseo, apetito o anhelo de carácter moral negativo (en el sentido de mal deseo o de experimentar malos deseos), que atrae y seduce. Según Pedro, la concupiscencia brota de la carne y de sus apetitos sensuales (1 P. 2.11; 2 P. 2.10), como de otras apetencias sensibles y materiales (1 P. 4.3), y desenfrenos (2 P. 2.18). Este mal deseo es un poder que arrastra y seduce al ser humano, le atrae y le excita, e intenta esclavizarlo (1 P. 1.14; 2 P. 2.18-20). La concupiscencia es engañosa, porque promete libertad y la liberación de toda atadura, pero en el fondo produce la peor de todas las esclavitudes. Está siempre al acecho en la naturaleza humana para, en el momento apropiado, seducir su voluntad y sojuzgarla.

El vocablo *exelkomenos* («atraído») está tomado de la práctica de la pesca. La idea es que la concupiscencia actúa como una especie de cebo o carnada (como la mosca en la pesca de la trucha o el salmón), que llama la atención por su color y movimiento e incita a morderlo, ocultando el anzuelo mortal. El vocablo *deleazomenos* («seducido») está tomado de la práctica de la caza. La idea es que la concupiscencia actúa como un señuelo o trampa. Es como el jilguero en la trampera, que atrae a otros pájaros con su canto. El análisis aquí es sicológico y moral. Se trata del deseo egocéntrico que procura su satisfacción mediante el mismo principio que sella la condenación propia. El principio es aquél que enseñó Jesús: quien quiere salvar su vida la destruye y solo aquél que «pierde» su vida la encuentra (Mr. 8.35).[49]

El deseo (*epithymia*) no es malo en sí mismo. El mismo vocablo se utiliza para describir el deseo de Jesús de comer la Pascua con sus discípulos (Lc. 22.15). El deseo es la base sobre la que opera tanto el bien como el mal. Que sea bueno o malo depende de cómo ese deseo se relaciona con Dios y el prójimo. Ya el autor en v. 12 ha presentado al amor como el elemento que marca la diferencia entre la bondad del deseo creativo, y el mal y destructividad del deseo egocéntrico. El deseo tampoco es pecado ni tentación. Pero la tentación se transforma en pecado en el momento del consentimiento, cuando el deseo se torna en concupiscencia y se apropia del señuelo; cuando la imaginación juega con una idea prohibida y esto resulta en una decisión de la voluntad.[50]

Es entonces cuando la concupiscencia «engendra» el pecado, que hace al ser humano culpable delante de Dios. Y de este modo, conduce finalmente a la muerte (Ro. 7.5) y a la corrupción (2 P. 1.4). Esta situación trágica es el segundo paso inevitable (*eita*, «después» BJ), que sigue al primero descrito en 1.14. La acción de concebir (*syllambanō*) que aquí se menciona es la de una mujer que se apropia de la simiente masculina en la concepción (Lc. 1.24). En este caso, la concupiscencia (como la mujer) se apropia de la semilla del pecado y concibe su embrión. La voluntad se rinde al mal deseo y concibe el pecado. El siguiente paso es el alumbramiento del pecado que ha sido engendrado en la voluntad. De una semilla de pecado surge un fruto que es pecado. Lo que una madre da a luz (*tiktō*) es de la misma naturaleza que lo que ha engendrado. En este caso, se trata de pecado. El pecado es el fruto de la unión de la voluntad humana con su concupiscencia (Sal. 7.14). Los deseos

49 *Ibid*, pp. 394-395.
50 Moffat, *MNTC*, p. 18.

pecaminosos se transforman en pecados concretos cuando reciben el asentimiento de la voluntad.

El vocablo «pecado» (*hamartia*) en este versículo no va precedido por el artículo definido, de modo que no describe un acto definido de pecado, sino el estado de pecado, del cual dimanan las acciones pecaminosas. Nótese que hay volición en cada acto de pecado, y esto precisamente es lo que lo hace culposo. *Hamartia* no es simplemente «errar al blanco». Puede ser eso, pero es también mucho más.[51] El pecado involucra un uso irresponsable de la responsabilidad; es un acto culposo de la voluntad. Cuando el pecado sigue su curso o llega a su fin (*apotelestheisa*, «siendo consumado») da a luz (*apokyei*) la muerte como su hija.

Pecado, seducción y muerte
en nuestra América

Billy Graham ha escrito: «Todos tenemos tentaciones, pero algunas personas las hospedan; parece que les gusta ser tentados». El problema de las tentaciones morales tiene sus raíces en el propio ser humano que las sufre y en su disposición a pecar. Es en el ser humano mismo donde debemos ubicar al responsable de las tentaciones que éste padece. Como exhortara San Agustín: «No trates de matar la iniquidad como si fuera algo que está fuera de ti». Santiago, al igual que Pablo (Ro. 7.8), piensa que el pecado procede del interior del ser humano, y, de suyo, lleva a un estado totalmente opuesto a la corona de vida, que él menciona en 1.12 (ver Ro. 6.23).

Al considerar la responsabilidad humana en las tentaciones, el autor hace dos consideraciones importantes.

Por un lado, Santiago afirma que la tentación viene de los deseos carnales o naturales. La fuente de nuestros problemas está adentro y no afuera. Es de nuestro interior de donde fluyen los pensamientos, deseos y decisiones que definen nuestra conducta moral. El ser humano es moralmente responsable, y el artífice de sus decisiones y conducta. En relación con la concupiscencia, Santiago apunta la doble acción de la misma sobre la voluntad humana. Por un lado, afirma que uno es atraído de su propia concupiscencia. Este deseo inmoderado de los bienes terrenos y de los goces sensuales atrae fuertemente nuestra atención. Por

51 Frank Stagg. *Teología del Nuevo Testamento*, Casa Bautista de Publicaciones, El Paso, 1976, p. 15.

otro lado, afirma que uno es seducido de su propia concupiscencia (cf. Pr. 1.10). Esta seducción es una trampa mortal (2 P. 2.14,18).

Son estos deseos carnales los que hacen que Hispanoamérica viva hoy en una «situación de pecado».[52] El continente se encuentra en un «estado de pecado mortal». Esto no debe ser tomado como un juicio subjetivo, sino como una realidad objetiva. La opresión que la mayoría de la población latinoamericana ha padecido y padece ha impuesto sobre ella un «estado de pecado mortal». Esta fue la carga del arzobispo Oscar Romero. Según Jon Sobrino, Romero vio el pecado como «una ofensa contra Dios porque es una ofensa contra su pueblo. El pecado es de veras algo que causa muerte: ésa es la razón por la que se lo denomina mortal».[53] En América Central la terrible realidad del pecado no necesita ser demostrada. Es el pan cotidiano del pueblo. Su impacto se siente en todos los aspectos de la vida. La gente vive con él cada día, y termina muriendo por causa de él cada día. El pecado es «un dato fundamental de nuestra fe cristiana», decía Romero. El pecado «mató al hijo de Dios, y el pecado es lo que sigue matando a los hijos de Dios».[54]

Por otro lado, Santiago afirma que la tentación llevada a su fin conduce a la muerte. La concupiscencia, como el deseo por lo que no debe ser deseado, es una experiencia universal. De allí que el pecado, que es su engendro, es universal (Ro. 3.23; 7.14; Gá. 3.22; 1 Jn. 1.8). El pecado no es como una de esas enfermedades que algunas personas contraen y otras no. Es algo que todo ser humano experimenta y de lo que toda persona es culpable. No se trata de una simple erupción esporádica, sino del estado y condición universal de todo ser humano (Gn. 8.21c). Sin embargo, el pecado, una vez nacido, no se queda sin madurar y producir fruto. Al igual que un insecto, que desarrolla su cuerpo y funciones, pasando del estado de larva o crisálida al de un animal adulto, alado y en condiciones de reproducirse, el pecado desde su nacimiento mismo está equipado plenamente para su tarea destructiva (Ro. 6.6; Col. 3.5). Es por eso que cuando el pecado «llega a su completo desarrollo» (VP) da nacimiento a la muerte. La prole de la concupiscencia es el pecado, y la del pecado es la muerte (Ro. 6.21-23; 8.6).

---

52 Penny Lernoux, «The Long Path to Puebla», en *Puebla and Beyond*, ed. por John Eagleson y Philip Scharper, Orbis Books, Maryknoll, 1979, p. 11. Ver también los párrafos 238, 437, 1032 y 1269 de Documento de Puebla.

53 Citado en Oscar Romero, *Voice of the Voiceless: The Four Pastoral Letters and Other Staments*, Orbis Books, Maryknoll, 1985, p. 24.

54 *Ibid.*, p. 183.

El nacimiento de la muerte es el resultado inevitable, cuando el pecado ha alcanzado su pleno desarrollo.

La muerte a la que se refiere Santiago es el resultado de una secuencia: concupiscencia, concepción, pecado y muerte. El pecado de Acán (Jos. 7) es una buena ilustración de este proceso, que culmina en la muerte. Sin embargo, esta muerte no es la misma para el creyente que para el inconverso. En el caso del creyente se trata solo de la muerte física. Dios castiga con la muerte física a sus hijos rebeldes. Esto no quiere decir que la muerte de cada creyente esté relacionada con un pecado particular. Pero nuestra condición de creyentes no nos libra de la condenación física que afecta a todo ser humano por causa de su pecado. Pablo creía que la muerte había entrado en el mundo por el pecado de Adán (Ro. 5.12).

El pecado fue lo que arruinó e hizo naufragar la vida que Dios había soñado para el ser humano. Los creyentes participan de esta condición universal de deterioro y muerte física. Pero no es menos cierto que la muerte también alcanza a la esfera espiritual. La muerte espiritual es el resultado del pecado (Ro. 5.21; 6.16, 23). Por eso, en el caso del incrédulo, se trata de la muerte espiritual o eterna. Esta fue la experiencia de Judas Iscariote y es la historia de millones de seres humanos en el día de hoy, que corren desenfrenados tras sus malos deseos, para finalmente cosechar muerte eterna.

El pecado viene como resultado de la tentación. La tentación es la incitación o la seducción a pecar. No se puede decir, con rigor, que la tentación sea la causa del pecado, pero sí que es la ocasión para el mismo. El pecado no se cometería si no hubiera tentación. Sin embargo, la causa del pecado debe ser buscada en la voluntad del ser humano. Somos nosotros quienes, frente a la tentación, somos arrastrados por nuestros deseos pecaminosos y nos rebelamos en contra de Dios. Dado que la concupiscencia está tan ligada a la naturaleza humana, siempre es oportuna y necesaria la exhortación a mantenerse alerta y vigilante frente a ella; más aún, a apartarse de ella. El creyente puede vencer la tentación y doblegar la concupiscencia si se deja guiar continuamente por el Espíritu y por «la voluntad de Dios» (1 P. 4.2). Cristo puede hacer posible que salgamos victoriosos de la crisis de la tentación y tengamos vida en abundancia. Esto es así, porque él mismo venció a la tentación y a Satanás (1 P. 4.1). Y por otro lado, son aplicables aquí las palabras de José Joaquín Olmedo, el patriota y poeta neoclásico ecuatoriano: «Quien no espera vencer, ya está vencido».

4. El Padre de las luces (1.16-18)

En estos versículos, Santiago presenta el lado positivo en cuanto a lo que viene de parte de Dios. En los vv. 12-15 él ha puesto en claro que el mal no tiene su origen en Dios, y ha advertido contra el error de ver en Dios la causa final detrás de toda tentación y pecado. Contra esta falsa teología, el autor plantea una fuerte teodicea.[55] En el plano negativo, Santiago niega que Dios esté detrás de la tentación y el pecado. En el plano positivo, el autor remonta todo bien a Dios.

Con mucha ternura («amados hermanos míos»), pero también con firmeza (en el griego, la cláusula «no erréis» precede a la anterior), el autor indica con claridad que las cosas son exactamente a la inversa de lo que comúnmente muchos las imaginan. «No erréis» es una prohibición enfática. El verbo significa «apartar» y hace referencia a la manera en que el pecado engaña y mata (Ro. 7.7-14). El diablo es un experto en cegar los ojos morales a esta realidad (2 Co. 4.4; Ro. 1.27; Ef. 4.14). El es quien nos aparta del camino que debemos seguir, mediante sus hábiles engaños. La mejor traducción de la frase sería «no se dejen engañar» (o, «no seáis engañados» PB).

Según Santiago, toda buena acción de dar (*dosis*) y todo don completo (*dôrêma*) provienen de Dios. Los vocablos «dádiva» y «don» derivan del mismo verbo (*didômi*), dar. El sufijo *sis*, en el primer caso, indica la acción de dar, mientras que el sufijo *ma*, en el segundo caso, indica el resultado de dar. Dios es el agente tanto del hecho como de lo que de él resulta. En v. 13, Santiago ha negado que Dios sea la causa del mal. Pero es cierto que es Dios quien abre la posibilidad del mal, dado que tan pronto como hace accesible el camino para el bien, también se abre el camino para el mal. Puede haber bien sin mal, pero no puede existir la posibilidad de lo bueno sin la posibilidad de lo malo. Si no fuera posible desconfiar, no existiría tal cosa como la confianza.[56]

Santiago califica a Dios el Padre al agregar la frase «de las luces». En Job 38.28 se lo llama Padre de la lluvia. En 2 Corintios 1.3 Pablo lo llama «Padre de misericordias» y en Efesios 1.17, «Padre de gloria». La expresión aquí hace referencia a las estrellas, las luces celestiales. Dios es el creador de la luz (Gn. 1.3-4) y de las luces (Gn. 1.14-18). Al referirse a Dios como «Padre de las luces», es decir, el creador de las estrellas, Santiago está señalando la bondad de Dios según se revela en la creación. En la Biblia, la luz se presenta siempre en contraste con las tinieblas. El vocablo *fôs* designa el resplandor, la luz misma y lo que irradia luz. La luz es condición indispensable para la vida, de allí que el contraste sea con la oscuridad y la muerte. La luz es vista como algo bueno, y en razón de que proviene de Dios, uno puede concluir que Dios es bueno.

---

55 Mussner, *NTKNT*, p. 90.
56 Stagg, *RE*, p. 396.

Según Santiago, Dios también es inmutable («con quien no hay variación», «en quien no hay cambio», BJ, NA). En él tampoco hay «sombra de variación», es decir, «sombra de rotación» (BJ). En todas estas expresiones de índole astronómica, el autor afirma la constancia de Dios en su bondad. En Dios no hay paralaje (*parallagê*), es decir, un cambio de posición o un eclipse (*aposkiasma*).[57] Santiago está contrastando a Dios, «el Padre de las luces», con el más grande de los astros, el sol. El día y la noche se suceden el uno al otro en el cambio constante (*parallagê*) entre la luz y las tinieblas, cuando la larga sombra (*aposkiasma*) de la noche cae después que el sol hace su giro (*tropê*, «rotación», BJ) en su cenit. Por el contrario, Dios es siempre luz y no tinieblas.[58] En definitiva, lo que Santiago está afirmando es que Dios es consistente, siempre el mismo, desde cualquier punto que se lo mire.[59] No hay noches o apagones en Dios. En contraposición con la inestabilidad humana, está la consistencia y confiabilidad de Dios. El está siempre del lado de lo correcto.

Santiago rechaza de plano la teología que enseña que Dios tienta al ser humano o le envía pruebas (v. 13). La misión de Dios es la de producir un nuevo tipo de creación a través de su «palabra de verdad» (v. 18). Por eso, la evidencia más grande de la bondad de Dios no se ve en «las luces» sino en las «primicias de sus criaturas», es decir, en aquellos que han sido redimidos. Esta es la doctrina de Dios, de la bondad, del mal y de la responsabilidad personal por el destino que uno elige, que sustenta Santiago. El ve la salvación como obra de Dios, coloca la iniciativa en el propósito («voluntad») divino, y ve su cumplimiento en su acción de hacernos nacer por medio de la «palabra de verdad» (el evangelio).

A la pregunta «¿Por qué nos regeneró Dios?» Santiago responde: «Porque así lo quiso» (VP). Santiago retoma la metáfora del nacimiento de 1.15, pero en un sentido positivo. El contraste es marcado: el pecado da a luz (*apokyei*) muerte; Dios da a luz vida (*apekyêsen*, «nos hizo nacer»). Lo primero se llama condenación; lo segundo es regeneración. A la pregunta «¿Cómo nos regeneró Dios?» Santiago responde: «Por la palabra de verdad». La referencia aquí es al «mensaje de la verdad» (VP); es decir, el evangelio de la salvación (2 Co. 6.7; Col. 1.5; Ef. 1.13; 2 Ti. 2.15). A la pregunta «¿Para qué nos regeneró Dios?» Santiago responde: «Para que seamos primicias de sus criaturas». En

---

57 Mussner, *HTKNT*, p. 92.

58 Bo reicke considera que la analogía es con los cuerpos celestes, en contraste con los cuales en Dios «no hay cambio de conjunción o cualquier obscurecimiento según la periodicidad», como ocurre en el solsticio de invierno. Reicke, *AB*, p. 18. E.C. Blackman considera que la comparación es entre Dios como «el Padre de las Luces» y las estrellas, pero con la advertencia de que él no cambia como ellas, Blackman, *TBC*, p. 56.

59 R. R. Williams, *The Letters of John and James*, en *The Cambridge Bible Commentary*, University Press, Cambridge, 1965, p. 104. Para un análisis técnico de 1.17 ver C. B. Amphoux, «A propos de Jacques I,17», *Revue d'Histoire et de Philosophie Religieuses*, 50 (2, 1970): 127-136.

un sentido literal, los lectores de la carta eran «una especie de primeros frutos» de esta nueva creación, que Dios el Padre estaba operando a través de Jesucristo (Ef. 1.4-5).

Santiago, al igual que Pablo (Ro. 8.18-25), ve a los cristianos como aquella parte de la creación que es cosechada primero por Dios, como parte de su nueva creación. Los creyentes han renacido por la palabra de verdad, el evangelio. Puede ser que Santiago también los considere como la posesión especial de Dios. Pero la redención no termina aquí, porque a las primicias seguirá la cosecha total y la consumación incluirá a toda la creación.[60]

Dios: su persona y acción en nuestra historia

La idea de que las pruebas provienen de las circunstancias exteriores y forman parte de la educación espiritual de la persona, lleva a Santiago a un cuestionamiento más profundo en cuanto a su naturaleza. Esto, a su vez, lo introduce a la noción más amplia de tentación, que incluye las seducciones de los malos deseos, sin dejar de lado las pruebas de la opresión. En ambos casos, los seres humanos encuentran refugio de los reproches de la conciencia en una especie de fatalismo moral. Esta actitud fácilmente conduce a buscar fuera de sí mismo la fuente de las propias decisiones morales equívocas. Cuando esto ocurre, la raíz de la tentación que lleva al pecado puede encontrarse en cualquier parte, incluso en Dios mismo.

Nadie puede tentar al mal, si primero no ha sido él mismo tentado a ello. Si los seres humanos sucumben a la blasfemia de hacer a Dios responsable de sus fracasos morales, fácilmente caerán presa de un universo moral incoherente, donde el bien y el mal terminan proviniendo del mismo ser superior. Pero no es así con el Dios que conocemos a través de Jesucristo. El es absolutamente justo y santo, y no puede ser de ningún modo el originador del pecado. El *prueba* a los hombres, pero no los *tienta* al mal. Santiago advierte del error de interpretar esta cuestión de otra manera. Según él, lejos de ser la fuente de las tinieblas, Dios es «el Padre de las luces». En vez de ser el tentador al mal, él es la fuente de todo bien.

---

60 Davids, *NIGTC*, p. 90. Para una discusión amplia del v. 18, ver E. Elliot-Binns, «James I.18: Creation or Redemption?» *NTS* 3 (1956-1957): 148-161. Sophie Laws presenta tres interpretaciones diferentes de la cláusula «nos hizo nacer» en *HNTC*, pp. 75-78.

Hay dos cosas que Santiago afirma en estos versículos acerca de Dios.

Primero, Santiago *nos dice algo acerca de lo que Dios es*. Santiago declara que Dios es «el Padre de las luces», que no cambia. Hay tres verdades importantes encerradas en su declaración. La primera es que *Dios es Padre*. El nombre *pater* aplicado a Dios es bastante común en muchas religiones; quizás es el nombre más antiguo de la divinidad. No tiene una connotación de carácter físico, sino más bien es la expresión de la relación de mayor temor, de íntimo amor y de firme confianza del ser humano en el Ser supremo.

Ya en el Antiguo Testamento aparece desarrollada la idea de Dios como Padre. El es Padre por derecho de creación (Dt. 32.6), por derecho de sustentación (Is. 64.8), y por derecho de redención (Is. 63.16). Sin embargo, es en el Nuevo Testamento, y más específicamente con las enseñanzas de Jesús, que el concepto de Dios como Padre alcanza su grado más pleno. Dios es el Padre que se preocupa por sus criaturas (Mt. 6.26). Jesús se presenta como el Hijo de Dios, mientras que sus seguidores son hijos adoptivos de Dios (1 Jn. 3.1-2).

Este concepto de Dios como Padre da a la fe cristiana una nueva dimensión. Como señalara el obispo metodista argentino Sante Uberto Barbieri:

> ¡Gracias Padre!
> Sí, déjame que te llame Padre,
> una, dos, mil veces...
> Que sienta que este Universo tiene corazón.
> Tu corazón.[61]

Pero él es el *Padre de las luces*. En consecuencia, los creyentes, mientras que están en este mundo, se encuentran involucrados en una constante tensión entre la luz y las tinieblas. Ellos son hijos de la luz (1 Ts. 5.5; Ef. 5.8), pero el tentador les quiere enceguecer y hacer creer otra cosa. Para ello, Satanás se disfraza como ángel de luz (2 Co. 11.14). Es por eso que los cristianos deben vestirse las armas de la luz (Ro. 13.12). Solo el que ha luchado victoriosamente con ese equipo, puede estar tranquilo para el día del juicio. Además, como señala Santiago, «el Padre de las luces» proveerá todo lo que fuere necesario (1.17). Y él también sacará a la luz lo que esconden las tinieblas (1 Co. 4.5).

Este Padre celestial no cambia (Sal. 102.26-27; Mal. 3.6). «Dios

61 Babieri, *Peregrinaciones de mi espíritu*, p. 44.

es siempre el mismo» (VP). En la astronomía moderna existe lo que se llama el paralaje. Obviamente este ángulo varía según la posición del observador. Pero no ocurre lo mismo con el Padre de los astros. Se lo mire desde donde se lo mire, «en él no hay cambio» (VP). Además, en él tampoco hay «sombra de variación». Nuevamente, la metáfora está tomada de la astronomía. Con sus continuos movimientos, los astros van produciendo sombras sobre otros cuerpos celestes. El principio del reloj de sol se basa en el desplazamiento constante de la sombra que proyecta el dial del mismo, en razón de la rotación de la tierra y la variación del ángulo de la luz solar. Pero hay un Sol cuya luz no varía de posición ni de intensidad. Este Sol prometido (Mal. 4.2) ya ha comenzado a brillar en las vidas de los que lo han recibido por fe y andan en la luz de sus caminos (Jn. 8.12).

Segundo, Santiago *nos dice algo de lo que Dios hace.*

El autor llama primero la atención a la providencia divina. Nótese que la dádiva y el don son buenos y perfectos. Lo que el Padre nos provee es siempre lo mejor para nosotros. Su cuidado providencial es todo lo que necesitamos para una vida humana plena y satisfecha. Como señala el escritor español Miguel de Unamuno: «Creo en Dios como creo en mis amigos, por sentir el aliento de su cariño y su mano invisible e intangible que me trae y me lleva y me estruja, por tener íntima conciencia de una providencia particular y de una mente universal que me traza mi propio destino». De este modo, según Santiago, Dios es reconocido como el dispensador de todos los dones y recursos requeridos para una victoria total sobre la tentación y el pecado (Mt. 7.11).

Luego, Santiago llama la atención sobre *la regeneración divina* (v. 18). Este nuevo nacimiento, que nos constituye en hijos de Dios, solo puede ser producido por voluntad suya (Jn. 1.12-13). Así, pues, Dios actúa deliberadamente con un propósito definido, que es el de darnos una nueva vida como hijos suyos. Esta nueva vida nos viene por «la palabra de verdad». Este mensaje suyo no solo se caracteriza por expresar la verdad en cuanto a Dios y los seres humanos, sino que es la verdad misma que debe ser aceptada para ser salvos. El corazón de esta palabra regeneradora se encuentra en la persona y obra de Jesucristo. El nos salvó «por el lavamiento de la regeneración» (Tit. 3.5). Juan José Bernal alaba al Regenerador en estos términos:

> Tú que formaste de la nada el mundo,
> de tinieblas la luz resplandeciente,
> limpio puedes tornar lo que es inmundo,

y sacar del abismo más profundo
al que fía en tu brazo omnipotente.

Finalmente, Dios lo hace así «para que seamos primicias de sus criaturas». Con esto, Santiago destaca el propósito divino. En un sentido escatológico, la obra regeneradora que Dios lleva a cabo en los creyentes por su fe en Cristo, es un anticipo (primicia) de lo que él se propone hacer con todo lo creado (Ap. 21.1-8). Para poder disfrutar de la nueva creación venidera es necesario ser regenerado espiritualmente ahora, por la fe en «la palabra de verdad». Julio Navarro Monzó, escritor y periodista argentino, señala: «Es menester al hombre nacer de nuevo; pasar del dominio de la carne al del Espíritu, de las tinieblas a la luz, del estacionamiento del pecado a la ascensión de la santidad». Esta novedad de vida solo es posible cuando la persona encuentra en Cristo el eje de su existencia (2 Co. 5.17).

III. La naturaleza de la religión verdadera (1. 19-2. 26)

El problema religioso continúa siendo uno de los más importantes de la vida humana, a pesar del alto grado de secularismo imperante en nuestra cultura. Que la religión sigue ocupando un lugar relevante en la conciencia colectiva hispanoamericana, está fuera de discusión. Sin embargo, como señala D. Elton Trueblood, «la gran cuestión, hoy como siempre, no es si vamos a ser 'religiosos', sino *qué clase* de religión será la nuestra».[1] La propuesta de Santiago a sus lectores es en favor de la religión verdadera. Según él, este tipo de compromiso de fe se define como una cierta actitud de bondad de corazón y pureza de vida. Como bien señalara Concepción Arenal, la tratadista jurídica y socióloga española del siglo pasado: «La verdadera religión acompaña al hombre a todas partes, como su inteligencia y su conciencia; penetra toda su vida e influye en todos sus actos».

En este particular, Santiago es consistente con las enseñanzas de Jesús sobre el juicio final (Mt. 25. 31-46). En esa ocasión, los seres humanos no serán evaluados con respecto a sus creencias. El gran Juez solo se interesará en el tipo de vida útil que ha resultado de la fe religiosa de los seres humanos. Para poder entrar a su reino eterno, él requerirá alguna evidencia de que las personas han puesto en práctica sus doctrinas, haciendo algo significativo frente a un mundo en extrema necesidad. La visita solidaria, el pan compartido con el hambriento, la invitación hospitalaria al marginado, la copa de agua refrescante al sediento —estas son algunas de las evidencias que prueban la fe auténtica de aquellos que así obran. Por el contrario, para quienes viven para sí mismos, con total olvido de los que sufren, solo está reservada la destrucción.

---

1   D. Elton Trueblood, *Bases para la reconstrucción*, La Aurora, Buenos Aires, 1947, p. 40.

En esta sección de su carta, Santiago se propone considerar esta cuestión al exponer sobre la naturaleza de la religión verdadera y considerar sus demandas sobre el creyente.

A. La religión verdadera demanda obediencia (1. 19-27)

Santiago, en palabras y ejemplos bien concretos, exhorta a la vivencia de una religión que se exprese en términos de una obediencia real a las demandas del evangelio. Para Santiago, la religión verdadera consiste en oír, recibir y hacer. Es necesario oír la palabra (v. 19), recibir la palabra implantada (v. 21), y ser hacedores de la palabra (v. 25). Velar por las necesidades de las personas, como las viudas y los huérfanos, y guardarse sin mancha del mundo (v. 27) son, según el autor, expresiones de la religión auténtica (v. 26). La palabra implantada, cuando es recibida de esta manera, produce fruto en caridad y castidad.

La exhortación de Santiago parece muy fuerte. Muchos la han contrastado con la respuesta de Pablo al legalismo y han encontrado a Santiago algo deficiente.[2] Pero cuando se lo compara con lo que Pablo dice contra los libertinos que querían una gracia barata, Santiago no parece estar muy lejos de Pablo. Comparado con el énfasis de Jesús sobre el «hacer», Santiago está muy bien plantado, puesto que Jesús enfatizó fuertemente tanto el hacer como el oír (Mt. 7. 24, 26; 12. 50; 13. 23; 19. 16-21; 21. 28-32; 25. 31-46; 28. 20). Lo que Jesús califica como fruto del discipulado (Mt. 7. 16), Santiago lo llama «hacer». Pero no es el mero hacer humano lo que él pondera, sino ese hacer que es el resultado de la palabra de Dios actuada e implantada. Se trata de la palabra oída, que se transforma en una acción significativa.

---

2 Según D. O. Via, Jr. , en 2. 14 y 2. 19 la fe cristiana significa «la aceptación intelectual del monoteísmo», y como tal la fe no puede salvar. Santiago no llama a reemplazar la fe intelectual con algún otro tipo de fe, sino a suplementar la fe con obras. Parecería, de hecho, que las obras son más básicas que la fe, porque mientras uno puede inferir la fe de las obras, no es posible inferir las obras de la fe (2. 18b). Al exhortar en favor de dos tipos de respuestas que cooperan, fe y obras, Santiago no ve que el bienestar del ser humano reside en su integridad. No obstante, según Via, en 1. 18-24 la fe significa recibir la palabra vivificadora, y la responsabilidad moral significa «hacer la palabra» (1. 22); esto no significa en absoluto que las «obras» significan en 2. 14-26. Dado que la palabra es el instrumento del propósito de Dios implantado en el ser humano, la responsabilidad moral es una respuesta a lo que Dios ya ha hecho en el ser humano. Por tanto, la teología de la palabra de 1. 18-24 y la teología de las obras y la fe de 2. 14-26 son finalmente incompatibles. Según Via, en su fracaso por romper con el legalismo, Santiago no ha captado la totalidad humana que encontramos en Pablo y que de algún modo encontramos en 1. 18-24. Ver D. O. Via, Jr. , «The Right Strawy Epistle Reconsidered: A Study in Biblical Ethics and Hermeneutics», *JR* 49 (3, 1969): 253-267.

1. Una fe actuada (1. 19-25)

Santiago nos exhorta a practicar la «palabra de verdad», que hemos recibido y aceptado. Su desafío es que modelemos esa palabra en acción, que nuestra fe cristiana se transforme en una praxis cristiana. Comienza diciendo: «Todo hombre sea pronto para oír». La expresión hace referencia a la «palabra de verdad» de 1. 18, y apunta a los problemas de la lengua que se discuten en 3. 1-12. Si uno ha nacido de nuevo por el evangelio, esta realidad fundamental debe verse reflejada en la conducta personal. Esto es algo que hay que saber (VL), tener presente (BJ; NA), o recordar (VP) permanentemente. Santiago insiste en que el mensaje tocante a Cristo debe ser oído con atención y obedecido de manera cuidadosa. Esto es parte integral de la nueva vida que el creyente ha recibido de Dios.

Además, todo creyente debe ser «tardo para hablar». Esto significa lento para comenzar a hablar, y no hablar despacio o pausadamente. Antes de hablar es mejor pensar dos veces lo que se va a decir (Pr. 10. 19). También el creyente debe ser «tardo para airarse». Hay aquí una estrecha relación, ya que el que está pronto para hablar también lo estará para enojarse, mientras que quien refrena su lengua podrá reprimir el enojo (Pr. 16. 32). «La ira del hombre no obra la justicia de Dios» (1. 20). El término ira (*orgé*) se refiere a la ira tanto de Dios como de los humanos, pero sirve primordialmente para describir una afección emocional humana de carácter negativo.

Por el contrario, es necesario desechar la inmundicia y la malicia. El verbo significa quitarse la ropa, desvestirse (Ro. 13. 12; Col. 3. 8; Ef. 4. 22-25; 1 P. 2. 1). La idea es la de sacarse de encima la inmundicia (*hryparian*, suciedad) o el vestido andrajoso y sucio (2. 2). La «abundancia de malicia» se refiere a «todo resto de maldad» (NA), que todavía pueda quedar en la vida del nuevo creyente. La palabra debe ser recibida «con mansedumbre». Esto significa que la palabra debe ser aceptada «con docilidad» (NA), que es lo opuesto a la ira de 1. 20. Esta «palabra implantada» es la palabra arraigada (1. 18), sembrada en el suelo fértil del corazón humano como jardín de Dios (Mt. 13. 3-23; 15. 13; 1 Co. 3. 6). Esta palabra tiene la fuerza y el poder que hace posible la salvación. De allí que la «palabra de verdad» o la «palabra implantada» sea también «palabra de salvación» (Hch. 13. 26; Ef. 1. 13).

Santiago presenta un evangelio de salvación. El proclama una «palabra implantada» que, si es oída y recibida, es capaz de «salvar vuestras almas» (v. 21). Con esto, el autor reconoce la iniciativa de Dios y su obra en la salvación. No puede haber audición donde no hay una palabra para ser oída. Santiago presupone que Dios ya ha hablado. Es la palabra oída y la palabra recibida la que tiene poder para salvar. Santiago no ve la salvación como una recompensa por algún mérito humano. La ve como el logro de Dios en aquellos que «con mansedumbre» reciben la palabra implantada. «Alma» (*psyjé*) significa el «ser total, » al igual que *nefesh* en el Antiguo Testamento.[3] De este modo, el autor no ve la salvación como algo coercitivo o que se origine en una especie de predestinación divina. La palabra debe ser oída y recibida, de otro modo no produce salvación. No obstante, si bien Santiago no utiliza el término «elección», la idea está presente detrás de lo que él dice acerca de la palabra implantada. Pero elección no es coerción o determinación. La iniciativa de Dios de interpelar al ser humano abre la posibilidad de un nuevo tipo de existencia humana, pero ésta no le es impuesta a nadie. La salvación no se origina en el mérito humano ni en la determinación divina, sino que es la obra de Dios en aquellos que con mansedumbre oyen y reciben la palabra de Dios.

La frase *ginesthe de poiêtai logou* se traduce mejor como «continúen siendo hacedores de la palabra». Se es «hacedor de la palabra» por profesión y por práctica. La frase expresa un hábito. Una actitud opuesta conduce al engaño de uno mismo. Santiago compara la palabra con un espejo, que fielmente refleja la condición de cada persona. Esta comparación de la palabra con un espejo es clave para entender de qué manera el autor relaciona los elementos de la memoria, la imitación y el ejemplo de una forma distintiva. Cuando se examina el uso del espejo como metáfora dentro del contexto de la exhortación moral helenística, se descubre no sólo de qué manera debe ser entendido el verbo «olvidar» en los vv. 24-25, sino también de qué manera la metáfora ayuda a relacionar partes dispares de la propia composición santiagueña. Los ejemplos de Abraham, Rahab, Job y Elías no son tomados al azar. Cada uno de ellos ejemplifica la fe traducida en acciones. El uso que hace Santiago de la metáfora del espejo lo constituye, de este modo, en una muestra muy convincente de la literatura parenética helenística.[4]

Una observación pasajera no permite ver con claridad la inmundicia y malicia (1. 21) que hay en la propia vida («su rostro natural»). Por el contrario, «el que mira atentamente» (*parakyptô*, pararse y mirar dentro, Jn 20. 5, 11) y «persevera» (*parameinas*, «se mantiene firme» BJ; «persevera en ello» VL; «será feliz» BJ). Esta es la dicha del «hacedor eficaz» (BA) de la palabra, es decir, un hacedor que actúa, un «cumplidor de ella» (BJ). El creyente «bienaventurado» mira atentamente en «la perfecta ley de la libertad». Esta expresión

---

3 Mussner, *HTKNT*, p. 103. Según F. Manns, la idea de la palabra de Dios como «verdad» (v. 18) e «implantada» (v. 21), ya se encontraba en una bendición judía que se recitaba antes de estudiar la ley: «Bendito eres, Señor nuestro Dios, rey del universo, que nos has dado la verdadera fe y plantado en nosotros vida eterna». Expresiones similares aparecen en los rollos de Qumran. De este modo, la «palabra implantada» de 1. 21 puede referirse no sólo a la actividad misionera de la iglesia primitiva, sino también al estudio de la palabra, que era parte de la catequesis bautismal. Ver F. Manns, «Une tradition liturgique juive sons-jacente à Jacques 1, 21b», *RSR* 62 (2-3, 1988): 85-89.

4 Luke T. Johnson, «The Mirror Remembrance (James 1. 22-25)», *CBQ* 50 (4, 1988): 632-645. Después de analizar 1. 22-25 en su contexto inmediato, Johnson demuestra la comprensión adecuada de la metáfora del espejo a la luz de los paralelos helenísticos y muestra cómo esta metáfora señala a modelos específicos de imitación (Abraham, Rahab, Job y Elías).

de Santiago no es fácil de interpretar, pero debe ser comprendida en el marco del mundo judío cristiano más que en el helenista. Para el judío cristiano la ley era todavía la voluntad de Dios, pero el Mesías había venido y la había perfeccionado, y había dado su nueva ley (e. g. Mt. 5. 17). De este modo, Santiago ve la reinterpretación que Jesús hizo de la ley como una nueva ley, una «ley real» (2. 8).[5] La bendición que resulta de actuar la palabra no es de cumplimiento escatológico, sino que quien la recibe, la recoge de manera inmediata «en lo que hace».

Fe y compromiso en Hispanoamérica

Hay en nuestra América Latina quienes consideran que más importante que lo que creemos es el servicio que prestamos como cristianos. Que la marca de una religión verdadera no es una «sana doctrina» sino una «acción comprometida». Esto no está del todo mal. Sin embargo, un concepto balanceado de la religión verdadera no descarta ninguno de los dos aspectos. No se trata de una ortopraxis (un hacer correcto) en lugar de una ortodoxia (un creer correcto), o viceversa. Un servicio abnegado en un continente en necesidad no es suficiente. Este es el error de muchos latino-americanos hoy, que entienden que la misión cristiana se reduce a un acto de presencia solidaria y de servicio a los pobres. A veces la bondad natural sirve como excusa para cubrir multitud de peca-dos o excusar los más serios errores en las vidas de otros. El problema del pecado y la relación personal con Dios no se resuelve meramente con buena voluntad y una cierta dosis de servicio abnegado.

En otras palabras, el reino de Dios no es para los que se portan bien y hacen cosas buenas. El reino de Dios es para quienes han asumido un compromiso de fe con Dios a través de Jesucristo, y en consecuencia, están dispuestos a obedecerle en todo. La condición para entrar al reino no es una buena conducta, sino una vida regenerada. De este modo, ética y religión se necesitan mutua-mente y en un equilibrio dialéctico, a fin de definir la naturaleza de la religión verdadera.

Es oportuno citar de nuevo a D. Elton Trueblood, cuando dice: «Aquellos que han heredado la mayor parte de la tradición de Occidente tienen actualmente una ética sin religión, en tanto que

---

5   Davids, *NIGTC*, pp. 99-100. En su introducción a la carta de Santiago, R. Kugelman llama la atención a la característica cristiana distintiva de la epístola al designar al evangelio como la «ley de la libertad». Ver Kugelman, *James*, pp. vi-viii.

los millones que los desafían tienen una religión sin ética».6 ¿En qué condición nos encontramos en Hispanoamérica? Me parece que en ambas, ya que, por un lado, hay muchos que en su humanismo secular pretenden construir un sistema de valores y una conducta ajenos a los principios de la fe cristiana. Pero son muchos también los que se suscriben a la religión cristiana, sin tomar en cuenta las implicaciones éticas del evangelio.

Rabindranath Tagore, el célebre poeta indio de inspiración mística y patriótica, ha señalado: «Para mucha gente, la religión es sólo un asunto de palabras. En lo que a las palabras se refiere, hacemos lo que pensamos es correcto. Pero las simples palabras rara vez conducen a la acción, el pensamiento y la conducta, o la pureza, la bondad, y la honestidad». Es cierto que para muchos la religión se resume en un credo, un discurso teológico o una mera verbalización de ciertas creencias. La contradicción a la que apunta el profeta Isaías se reedita una y otra vez en nuestra propia cultura, sumamente religiosa (Is. 29. 13).

La religión cristiana ha sido impuesta sobre los pueblos indígenas de América Latina, desde los días de la conquista española y portuguesa. Los nativos repitieron el credo del invasor victorioso para poder sobrevivir. Pero la fe cristiana nunca llegó a lo profundo del corazón. Hubo capitulación pero no conversión. La religión resultante fue un sincretismo de los antiguos cultos y supersticiones indígenas con algunos de los contenidos de la nueva creencia. El cristianismo se quedó en el nivel de las formas exteriores, los nombres, ciertos personajes sagrados y el calendario religioso. Pero en el nivel de los valores, la ética y la concepción de la realidad, el trasmundo pagano quedó casi intacto.

De allí que, en la forma de cristianismo que predomina en América Latina, los aspectos formales de la religión son más relevantes que la ética personal y social. La obediencia a preceptos es anterior a la obediencia a principios. Y son más los que se confiesan ser cristianos, que los que viven una auténtica vida cristiana. En América Latina hay mucho discurso cristiano y poca obediencia cristiana.

Santiago nos ofrece seis consejos que, aplicados a nuestra vida, nos ayudarán a poner en práctica nuestra fe de manera consistente.

Primero, *una fe actuada significa oír diligentemente*. Hoy día tenemos muchos inventos modernos que hacen posible escuchar cada vez mejor. La tecnología del sonido nos asombra cotidiana-

6 D. Elton Trueblood, *El dilema del hombre moderno*, La Aurora, Buenos Aires, 1947, p. 69.

mente con nuevos adelantos. Sin embargo, da la impresión como que jamás hemos sido tan sordos para ciertas cosas. Por lo menos, la mayor parte de las personas no presta atención a la voz de Dios, según está registrada en su Palabra y resuena en la conciencia. Los animales del campo tienen un oído sumamente sensible, lo que les permite estar alerta ante cualquier movimiento o peligro. Pero hay tantos «ruidos» a nuestro alrededor, que hemos perdido la capacidad de distinguir la voz de Dios en medio de esa maraña de mensajes confusos y contradictorios. Santiago dice que es necesario «estar dispuestos» (NA) o «listos» (VP) a escuchar (ver Mr. 4. 9 y 1 S. 3. 1-16).

Segundo, *una fe actuada significa hablar lentamente.* Una buena medicina para tanto malentendido que suele haber en la vida es «escuchar más y hablar menos». Esta es una buena fórmula para terminar con muchos problemas en las relaciones interpersonales. ¡Tal vez ésta es la razón por la que Dios nos creó con dos orejas y una sola lengua! Los hispanoamericanos somos muy expresivos y hacemos del habla un verdadero arte. Pero necesitamos aprender a poner freno a nuestra lengua. Hay cuestiones que es mejor guardar en el cofre de la intimidad. Cuando María, la madre de Jesús y de Santiago, oyó de las cosas maravillosas que se decían acerca de su hijo mayor, «guardaba todo esto en su corazón» (Lc. 2. 19 VP). Quizás Santiago aprendió de su madre esta virtud que ahora recomienda.

Tercero, *una fe actuada significa enojarse paulatinamente.* Miguel de Cervantes Saavedra dice que «cuando la cólera sale de madre, no tiene la lengua padre, ayo ni freno que la corrija». El enojo jamás logra lo que se desea en el plano de la voluntad humana, y mucho menos en la esfera de la voluntad divina. Moisés se enojó contra su pueblo en Meriba (Nm. 20. 1-13), y ese enojo se volvió en contra suya (Nm. 27. 12-14; Dt. 3. 23-27; 32. 48-52), porque le hizo decir lo que no debía (Nm. 20. 10). Además, el enojo es propio de la gente insensata (Ec. 7. 9). Uno puede enojarse por momentos. Hay una ira santa contra el pecado, que se nos anima a desarrollar (Sal. 97. 10). Se trata de una indignación justa. Pero nadie debe acostarse con su enojo (Ef. 4. 26), ni permitir que la ira se aloje en el corazón (Ef. 4. 27, 31). Por otro lado, nadie puede promover la causa de Dios mediante su ira personal. Es el que «teme» al Señor quien «obra justicia» (Hch. 10. 35), y no el que se enoja.

Cuarto, *una fe actuada significa recibir sinceramente.* Nadie puede dar lo que no tiene, ni tener si primero no recibe. La religión verdadera no resulta de un virtuosismo propio, sino de una actitud obediente hacia lo que Dios pone en nosotros, a través de su palabra de verdad. Según lo ve Santiago (v. 21), este proceso tiene dos momentos. Por un lado, recibir sinceramente involucra el rechazo de la inmundicia y la malicia. El mensaje de Dios no puede encontrar lugar en la vida si ésta sigue vestida del ropaje viejo y sucio del pecado. Por otro lado, recibir sinceramente involucra la recepción de la palabra de verdad. ¿Cómo debe ser recibida esta palabra? Santiago dice que «con mansedumbre». ¿Qué es lo que debemos recibir «con humildad» (BA)? Santiago responde: «la palabra implantada». ¿Cuál es el resultado de recibir la palabra? Santiago afirma que es la salvación final y plena del creyente.

Quinto, *una fe actuada significa practicar concientemente*. Santiago es bien directo en su exhortación (v. 22). Sus palabras nos recuerdan las de Jesús en el Sermón del Monte (Mt. 7. 21-22). Una praxis cristiana auténtica es una cuestión de madurez. Es un proceso que ya ha comenzado y que debe continuar hasta transformarse en un hábito, en un estilo de vida. El escuchar la palabra solamente conduce a engaño. Pero no se trata del engaño de otros o a otros, sino de la más grave de las trampas, que es el engaño a uno mismo. Esto es lo que ocurre con una aproximación advenediza o superficial a la palabra. Uno puede observar la palabra a las apuradas. También uno puede olvidar la palabra, con lo cual será un oidor olvidadizo. Es como la persona que se observa sobre un espejo y tan pronto como se va, se olvida de lo que vio, es decir, qué clase de persona es (v. 24).

Sexto, *una fe actuada significa escudriñar atentamente*. «Mirar atentamente en la perfecta ley» (escudriñar la palabra) es algo que enriquece la vida. Escudriñar significa poner atención a lo que se lee en la Biblia. Es como asomarse con curiosidad al borde de un pozo de agua para ver reflejado el rostro en el fondo. Pero este mirar no sólo debe ser hecho con atención, sino también con perseverancia.

La consideración de la palabra de Dios tiene que llegar a ser una verdadera afición en la vida del creyente. El cristiano que encuentra felicidad en la práctica de la palabra es alguien que «se aficiona a ella» (NA). Escudriñar significa también una bendición espiritual. La promesa bíblica es muy simple: «será bienaventurado». Esta es la dicha que cosecha quien siembra un buen hacer. La bienaventuranza que Santiago atribuye a la práctica de la palabra encuentra su inspiración en las palabras de Jesús en Juan 13. 17. Esta bienaventuranza se suma a la del creyente que soporta la tentación (1. 12).

El mundo hispanoamericano está cansado de oír *hablar* de religión; lo que espera es ver *actuar* a una verdadera religión. Lo que nuestra América necesita es ver una fe auténtica y real en operación. Una vivencia de fe genuina, que se exprese en la conducta de aquellos que la profesan. Ya casi nadie escucha a los que dicen: «Haz lo que yo digo, mas no lo que yo hago.» Por eso, los cristianos debemos vivir y actuar coherentemente con lo que decimos creer, si es que pretendemos que el mundo nos escuche y siga.

Si frente a un continente sumido en la pobreza y el descreimiento nos presentamos grises con nuestra conducta y actitudes, nadie nos prestará atención. Pero si en medio de las tinieblas nuestras vidas se presentan como antorchas encendidas por el Espíritu Santo, quienes nos rodean no podrán evitar o escapar a la luz que irradiemos.

2. Cómo ser un buen religioso (1. 26-27)

En estos versículos, Santiago nos habla de la verdadera religión y de las características del buen religioso, de alguien que realmente siembra una buena reputación a favor de su fe cristiana. Otros pasajes parenéticos a lo largo de esta carta demuestran que el autor no pretende que este párrafo sea una definición exhaustiva de la religión verdadera. Santiago presenta ejemplos convincentes, que ilustran la futilidad de la piedad aparente que no controla la lengua (ver también 3. 1-18) y el carácter genuino de la piedad que vela por las necesidades de los desvalidos y se conserva sin mancha del mundo.[7]

En el v. 26, Santiago sugiere que una persona puede engañarse a sí misma en cuanto a su estado religioso, simplemente por participar en la discusión de cuestiones religiosas, por su fluidez de discurso en temas religiosos, o por el calor de su pasión en los debates religiosos. Pero también en este versículo, el autor agrega que es posible encontrar otra causa de autoengaño en el cuidado con que uno cumple con ciertos ritos y ceremonias religiosas. La expresión «si alguno se cree religioso» es interesante. El verbo griego *dokei* significa «piensa» (PB, HA, VM) o «imagina» (VL). Se lo puede traducir también como «cree» (VP, NA, NC, BJ, BA). Santiago apunta aquí a la interpretación farisaica de la religión. Jesús condenó de manera directa esta comprensión de la religión (Mt. 6. 1-18). El adjetivo «religioso» (*thrêskos*) viene del sustantivo *thrêskeia*, que señala a toda forma de actividad religiosa, cúltica o ceremonial. El término se refiere directamente al culto divino, que en definitiva es una de las expresiones concretas de esa relación personal y comunitaria con Dios, que expresa la religión. El vocablo «religión» (o «devoción» como traducirían algunos) indica algo más bien general (vv. 26-27; Col. 2. 18-23; Hch. 26. 5). Es la palabra favorita de Flavio Josefo para referirse al culto judío. En 1

---

7 Stagg, *RE,* p. 398.

Clemente 45. 7, el culto cristiano es llamado *thrêskeia tou Ypsistou*, culto al Altísimo. El énfasis está puesto sobre los aspectos rituales de la religión y no tanto sobre los aspectos espirituales y morales de la misma.

Al mencionar al que «no refrena su lengua», Santiago recuerda su exhortación de 1. 19 en la forma de una metáfora que volverá a repetir en 3. 1-12. No se trata de poner el freno en la boca de los demás, para hablar uno solo. El freno debe estar puesto en la boca propia (Pr. 16. 32).

El verbo *apataô* (engañar) significa hacerse trampas. Y lo grave de esto es que el religioso falso trampea lo más valioso que tiene: su corazón. El corazón aquí no es el órgano del cuerpo y centro de la vida física, sino la sede de las emociones síquicas y la fuente de la vida anímica en cuanto tal. Es lo más íntimo del ser humano, su vida interior y el meollo de su persona. La religión del tal es «vana» (*mataios*, vacía), «no sirve de nada» (VP).

Es la opinión común hoy que la cláusula «no refrena su lengua» en 1. 26 es adversativa o condicional de la cláusula «se cree religioso». Pero la oposición entre controlar la lengua y ayudar a las viudas (v. 27) no tiene mucho sentido. Si se toma en cuenta la estructura sintáctica de 1. 26-27, se puede notar su similitud con 3. 13-18. La epístola define varias actitudes contrastando la versión verdadera de la religión con la falsa: *thrêskeia* (1. 26-27), *pistis* (cap. 2), *didaskalia* (3. 1-12), y *sofia* (3. 13-18). A la luz de esto, el significado de «controlar la lengua» tiene mucho que ver con los posibles significados de *thrêskeia* y con el examen de los evidentes lazos entre Santiago, la literatura sapiencial e Isaías 1.10-20. Santiago define la religión verdadera según el juicio divino. De allí que su definición es una condenación de la *polilogia* que está en oposición directa al amor.[8]

De manera llamativa, Santiago caracteriza a la verdadera piedad como aquella que tiene una preocupación social, pero guarda distancia respecto «del mundo».[9] El fracaso en controlar la lengua puede tener referencia a las luchas y discusiones dentro de la iglesia (cf. 4. 1, 11-12).[10] Esto nulifica la piedad religiosa y la torna vacía o futil (*mataios*). Reducir la religión a la controversia es frustrante, un escape a las demandas reales de «la perfecta ley» (v. 25) o «ley real» del amor al prójimo (2. 8). La religión o piedad que es «pura» (*kathara*) e «intachable» (*amiantos*) está autenticada y se ve actuada en las situaciones concretas de la vida, como en el caso del desamparo de las viudas y los huérfanos (cf. Mt. 25. 31-46). La prueba final no es de carácter credal (2. 19) ni cúltico, sino que tiene que ver con la preocupación social y la integridad personal, el amor y la pureza.[11]

---

8 L. Alonso Schökel, «Culto y justicia en Sant. 1.26-27», *RB* 56 (4, 1975): 537-544.

9 Mussner, *HTKNT*, p. 110.

10 Según Davids (*NIGTC*, pp. 33-34), la raíz de estos conflictos internos en la iglesia estaba en el impacto que las luchas de clases entre los zelotes y los partidos pro-romanos ejercía hacia el interior de la comunidad de fe.

11 Moffatt, *MNTC*, p. 30.

Además, la pureza personal es importante. «Guardarse sin mancha» se traduce mejor como «continuar manteniéndose sin mancha», o sea, «conservarse incontaminado» (BJ). [12] El vocablo *spilos* (mancha) ha sido utilizado en relación con el culto en muchas religiones. En el antiguo Israel se lo usaba con referencia a los sacrificios de animales en favor de la reconciliación entre Dios y la comunidad manchada por el pecado (Ex. 12. 5; Dt. 17. 1). Desde la esfera del culto, el concepto se transfirió a la esfera de la ética personal y se lo colocó en la dimensión del juicio final. La palabra indica básicamente un defecto en la belleza, una suciedad, borrable o no, según las circunstancias. Se trata de algo feo, que afecta la hermosura y el valor de una cosa, de una persona o de una acción. Un animal con manchas no servía para ser ofrecido en sacrificio a la divinidad. Era ofensivo. Por el contrario, cuanto menos desfigurado por defectos era algo, tanto más valor tenía para prestar un buen servicio como objeto de ofrenda, como animal para el sacrificio, como persona útil para el servicio, o como acción en favor de alguien. Es de notar que el énfasis que se ponía en la capacidad para ser útil lleva a pensar que el perfeccionismo individual era secundario con respecto al fin primordial, que era el servicio que se prestaba. Este es, precisamente, el sentido de la religión verdadera que Santiago menciona en el v. 27. Esta tiene que ver con un servicio que se lleva a cabo bajo las órdenes de Dios, y que se expresa en una sensibilidad viva hacia los pobres. Con esto, Santiago actualiza la tradición de su pueblo. La protección de los huérfanos y las viudas era uno de los deberes más importantes del rey (Jer. 22. 2-3, 16; Sal. 72. 12-14; 82. 3; Pr. 31. 8-9).

Además, al comparar el uso de este término (*spilos*) con su aplicación en otros documentos neotestamentarios (e. g. 1 Ti. 6. 14), se corrobora la evidencia de que su dimensión escatológica es conocida, y que Santiago está pensando en ella. «Mancha» se relaciona con el juicio total y final sobre el valor de la vida, si bien este juicio ya se toma en serio ahora y evalúa los servicios que se prestan a la causa de Dios. En 2 Clemente 8. 6 se lee: «guardad vuestra carne pura y el sello intacto (*aspilon*, «sin mancha»), para que recibamos la vida eterna».

Amar a Dios y amar al prójimo, ofrecerse para servir a los pobres y celebrar el culto a Dios, son, según Santiago, realidades indivisibles. La ausencia de una conjunción de coordinación copulativa entre *episkeptesthai* («visitar») y *têrein* («guardar») equipara e identifica la acción asistencial con la pre-

---

12 Según D. J. Roberts III, la lectura de los manuscritos Sinaítico y Vaticano («guardarse sin mancha del mundo») no es satisfactoria, y difícilmente se ajusta al pensamiento del texto. La lectura de P74 (siglo VII), «protegerlos a los huérfanos y las viudas en su aflicción en el mundo», puede ser el original dado que está más de acuerdo con el pensamiento de Santiago. Ver D. J. Roberts III, «The Definition of 'Pure Religion' in James 1. 27», *ExpTim* 83 (7, 1972): 215-216.

servación de la santidad.[13] Servicio y santidad van siempre juntos. Cuando no es así, aparecen las «manchas» en la vida cristiana.[14]

Otra pregunta importante en este pasaje es, ¿qué entiende Santiago por «mundo»? Según el léxico, «mundo» (*kosmos*) es, por un lado, un concepto que tiene su origen en la existencia misma del ser humano que lucha por mantener un orden y se ve continuamente amenazado por el desorden. En este sentido, «cosmos» y «caos» se condicionan mutuamente en una dialéctica existencial. Las situaciones caóticas se humanizan en la medida en que el ser humano les impone su orden social. «Mundo» es, entonces, el resultado de un acto creador humano, y hay que tener siempre en mente el carácter dinámico del concepto. Más que de un simple orden establecido, se trata de un determinado ordenamiento. Mundo es también una palabra cuya imagen semántica tiene que ver con la belleza. Su significado depende mucho de su aplicación, sea que se refiera al mundo físico y a su organización como un universo bien proporcionado o como una creación protegida contra el caos, sea que se refiera al mundo humano y social en general o, en particular, al mundo judío, romano, griego, al mundo religioso o profano, al mundo ordenado mediante un proceso tanto histórico como pasajero.

Sin embargo, para entender el significado de «mundo» en este texto, no basta con recurrir al léxico. Es necesario descubrir cuál es el uso que el autor hace del término. Según el sentido de «mundo» en 3. 6,[15] la definición de 1.27 podría ser: «la comunidad que está al servicio de Dios no debe dejarse llevar por la injusticia que ordena mal las relaciones interpersonales de los seres humanos».[16] De ninguna manera Santiago está defendiendo aquí una actitud escapista, que niega todo compromiso con el entorno secular en orden a salvaguardar la propia integridad individual. Para Santiago es claro que amar a Dios significa amar al prójimo. De aquí que el significado de esta amonestación es que los fieles deben protegerse de ser contaminados, llevados al pecado, por la injusticia y el mal que imperan en el mundo. Por tanto, los cristianos, conscientes de la presencia de Dios en su pueblo, son llamados a

---

13 *Episkeptesthai* («visitar»), es un término riquísimo. Según Hermann W. Beyer (en Gerhard Kittel, *TDNT*, pp. 2:600-601), *episképtomai* tiene las siguientes acepciones: (a) preocuparse por el bienestar de una persona; (b) reflexionar sobre alguna situación, examinarla, investigarla; y, (c) visitar en el sentido de estar con él/ella (acompañarlos). Santiago tiene sin duda en mente los significados (a) y (b). Pero entre preocuparse y acompañar hay un paso a veces largo que sólo se logra dar por medio de la reflexión, el examen, y la investigación de toda la problemática de los pobres, viudas y huérfanos.

14 Ver B. C. Johanson, «The Definition of 'Pure Religion' in James 1. 27 Reconsidered», *ExpTim* 84 (1973): 118-119.

15 Adolfo Schlatter traduce la frase de 3. 6 así: «La lengua es un mundo que practica la negación de la justicia». Ver Schlatter, *Jakobus*, pp. 217-218. De este modo, la injusticia se torna en el «orden» de la sociedad en cuanto a las relaciones humanas. Se establece así un ordenamiento «desordenado» en base al desprecio de los derechos humanos. La «maldad» (*adikia*) que menciona 3. 6 es la negación de los derechos de Dios y de los hombres.

16 Williams, *CBCD*, p. 108.

practicar una purificación y santificación constantes, en orden a que puedan ofrecer un servicio generoso y adecuado a su prójimo en una manera manifiesta a todos.[17]

En el v. 27 Santiago utiliza la preposición *apo* («del») con un sentido algo ambiguo. Esta preposición admite dos posibilidades de interpretación: (1) guardarse sin defectos que vienen desde el mundo; (2) quien se guarda de lo que viene desde el mundo, carece de defectos. La primera opción indica solamente de dónde vienen los defectos, sin localizarlos en la experiencia presente. La segunda los ubica concretamente en este momento de la experiencia. La ambigüedad se resuelve usando el léxico. La preposición *apo* está relacionada solo con «mancha». Una comparación con 3. 6 muestra que el «mundo» también está dentro de la comunidad de fe y de cada creyente en particular.

Religiosidad vs. religión

Carlos Marx, en uno de sus primeros trabajos, *La introducción a la crítica de la filosofía del derecho de Hegel*, expuso su definición de la religión. En ella encontramos la célebre frase, que tanto se ha esgrimido en la propaganda político-ideológica: «La religión es el opio del pueblo». ¿Es esto verdad? A juzgar por las vidas de muchos que se llaman religiosos, uno debería decir que sí, que es una triste verdad. Pero, ¿es ésta una religión auténtica y verdadera? Decimos que no. La religión verdadera es la que produce frutos auténticos y reales en las vidas de aquellos que participan de ella.

El gran drama religioso de nuestro pueblo son las masas que se consideran cristianas sin serlo. Los propios obispos católicos latinoamericanos, en su Conferencia de Puebla (1979), reconocieron que hay muchos «que se dicen ser católicos 'a su manera' y no acatan los postulados básicos de la Iglesia. Muchos valoran más la propia 'ideología' que su fe y pertenencia a la Iglesia».[18] En razón de esto, según los obispos católicos, son también muchos los que prescinden de los principios morales, sean personales o sociales, y se encierran «en un ritualismo, en la mera práctica social de ciertos sacramentos o en las exequias, como señal de su pertenencia a la Iglesia».[19] Lo que nuestro pueblo necesita no es más religión, sino la religión verdadera del evangelio de Jesucristo.

---

17 Rodolfo Obermüller, «¿Contaminación? En torno a una definición de la religión (Sant 1, 27)», *RB* 34 (1, 1972): 13-19.
18 *Documento de Puebla*, p. 73.
19 *Ibid.*

El concepto que una religión tenga en la sociedad, su imagen frente al mundo, será buena o mala según el carácter de aquellos que militen en sus filas. Ahora, ¿cómo es nuestra religión? Mejor dicho, ¿cómo es la imagen que con nuestra conducta y estilo de vida estamos dibujando a los demás en cuanto a nuestra religión? Santiago nos ayuda a responder a estos interrogantes señalando tres cosas bien concretas en cuanto a cómo ser un buen religioso.

Primero, *un buen religioso tiene dominio propio*. ¿Le gustaría ser un gran héroe? Mejor es poder dominar la lengua que tener la fama de José de San Martín, Simón Bolívar o Benito Juárez. No refrenar la lengua es lo mismo que sacar las plumas de una almohada, y lanzarlas al viento. Por más que se quiera, será imposible recogerlas todas de nuevo. Uno puede cantar, orar, ofrendar y enseñar, y pensar que con todo esto se es un buen religioso. Pero la Biblia dice que tal religión es vana, si no hay dominio propio. Vano significa hueco, sin contenido. Es como un grito dentro de un edificio desocupado. Hay resonancia, pero nada más. Así es la persona que tiene la lengua floja: parece religiosa, pero todo es ficticio. De allí que el control de la lengua sea tan importante (Sal. 141. 3; 39. 1).

Puede ocurrir que la persona que es sumamente puntillosa en el uso de términos religiosos, mientras celebra su adoración, sea sumamente descuidada en otros momentos. ¿Cómo es posible que la misma persona que se llena la boca de alabanzas al Señor, use esa misma boca para proferir maldiciones e insultos? El creyente no solo debe evitar el pecado de una boca inmunda (1 Co. 5. 11; 6. 16), sino incluso la mera ocasión de la maledicencia (1 Ti. 5. 14). Esta actitud de control de la lengua debe fundarse en que su vida sea un testimonio de su Señor, no solo en el culto sino también en todo lugar. Puede ser también que esta persona, que habla ampulosamente en el culto con un lenguaje rigurosamente religioso, sea un gran calumniador y difamador de sus hermanos fuera del templo. La murmuración y la calumnia son mencionadas entre los pecados propios de una conducta pagana (Ro. 1. 30; 2 Co. 12. 20). Este desenfreno de la lengua es el que lleva a la destrucción de la comunidad de fe. De allí que Santiago prohíba expresamente a los cristianos semejante maledicencia. La misma no solo es expresión del engreimiento y de la desestima con respecto al hermano, sino que también resulta un desprecio de la Ley de Dios y de Dios mismo, que es el único legislador y juez sobre todos (4. 11). La riqueza y abundancia del vocabulario religioso no pueden reemplazar la sabiduría de poner freno a la lengua, cuando de veras se quiere vivir una religión auténtica. No hacerlo es vaciar de sentido la vida religiosa y sus prácticas.

Lo peor de todo es que la religión vana resulta en el engaño del corazón. Y la seriedad del engaño del corazón está en que éste es el centro de la vida espiritual del ser humano. Las fuerzas del espíritu, el entendimiento, y la voluntad tienen su origen en el corazón, lo mismo que las corrientes del alma, los sentimientos, las pasiones e impulsos. El corazón representa el yo del ser humano, su persona. De allí que alojar el engaño religioso en el corazón es invitar el desastre espiritual a la vida.

Segundo, *un buen religioso tiene compasión*. Como el Antiguo Testamento frecuentemente sugiere, aquellos que generalmente tienen una mayor necesidad de ayuda son los huérfanos y las viudas. Sin embargo, la compasión no está limitada a los dos grupos de personas que Santiago menciona en el v. 27. El autor los menciona simplemente como tipos o ejemplos. Estos son solo un punto de partida para el ejercicio de esta virtud. El interés por ellos constituye una verdadera ceremonia religiosa, es parte de un auténtico ritual. Tener compasión por el que sufre es asociarse con una de las actitudes más preciosas de Dios mismo hacia sus criaturas (Dt. 10. 17-18; Sal. 68. 5; Zac. 7. 9-10). Cuando Jesús estaba en la cruz, vio a María su madre. La encomendó a Juan, para que éste cuidara de ella. Esta acción mostró la actitud de Jesús hacia las viudas, y la de Juan al aceptar su responsabilidad. Tener compasión es estar atento a las necesidades de los otros, y hacer lo posible por llenarlas.

Hay miles de oportunidades abiertas en la vida de los demás, para el ejercicio de nuestra compasión. Uno puede visitar a los doloridos. Es lo que el texto dice. Muchos necesitan de la visita, la simpatía y la comprensión de los creyentes. También se puede ayudar en muchas otras formas. San Agustín decía: «La pobreza es la carga de algunos, y la riqueza es la carga de otros, quizá la carga más grande de las dos. . . Lleva la carga de la pobreza de tu prójimo, y permítele llevar contigo la carga de tu riqueza. Tú aligeras tu carga aligerando la suya». Esto es una adecuada aplicación de la regla de amor que Jesús estableció (Lc. 6. 31).

Tercero, *un buen religioso tiene pureza personal*. Santiago dice que para ser un buen religioso hay que «guardarse sin mancha del mundo». Por un lado, Santiago nos advierte del peligro del contacto con el mundo. Esto es un desafío más difícil de cumplir que el anterior. El mundo que nos rodea está lleno de maldad. Sus máximas, prácticas e ideales se oponen generalmente a la voluntad de Dios. Si nos dejamos llevar por sus sugerencias u obedecemos sus demandas, contaminaremos nuestras almas. Pero, no se trata de una experiencia puntual, sino del desarrollo de un estilo de vida.

Una antigua leyenda guaraní dice que un joven pidió permiso a su padre para hacer algo indebido. El padre levantó un trozo de carbón apagado y le pidió que lo tomara. El joven se rehusó, y su padre le dijo: «Tómalo, no te quemará. Está apagado». El joven contestó: «Ya lo sé, pero me va a ensuciar». Muchas cosas del mundo no nos van a quemar, pero sí nos van a ensuciar. Caminar por el mundo con ropas blancas, y tener limpias las manos y los corazones, esto es ser un buen religioso y agradar a Dios. El mundo es atractivo. Apela a todos. Pero está bajo el dominio de Satanás. Jesucristo fue a la cruz precisamente para librarnos del pecado y de una vida mundana. Por eso, la Biblia nos aconseja ejercer un sabio desapego del mundo y de las cosas pasajeras que lo caracterizan (1 Jn. 2. 15-17). El ideal para la vida cristiana es el de «guardarse sin mancha del mundo». Esta pureza se obtiene a través de un contacto redentor con Jesucristo. El fue el Cordero de Dios, sin mancha ni arruga ni contaminación. La relación personal con él es el camino que hace posible una vida sin mancha. No obstante, si el creyente peca, tiene una fuente sin igual donde recurrir. La sangre de Jesús, el Hijo de Dios, es suficiente para limpiar de todo pecado y maldad (1 Jn. 1. 5-10).

La propuesta de Santiago es que aspiremos a esta forma de religión verdadera, viviendo como buenos creyentes, alejados de todo aquello que pueda contaminar nuestra vida cristiana. Fray Luis de León, el gran religioso y poeta ascético español del siglo XVI, en su conocida obra *Vida retirada*, señala:

> ¡Qué descansada vida
> la del que huye del mundanal ruido,
> y sigue la escondida senda por donde han ido
> los pocos sabios que en el mundo han sido!

Por otro lado, cabe hacer una aclaración. Al colocar su definición de la religión verdadera en el contexto de su carta universal «a las doce tribus que están en la dispersión», el autor parece recomendar una conducta aparentemente escapista. La primera impresión que causa su exhortación de «guardarse sin mancha del mundo» es que Santiago quiere eludir todo tipo de contacto con el medio ambiente, para mantener así su propia identidad cristiana. Muchas de las traducciones clásicas sugieren una interpretación semejante, en la que el énfasis está en una religiosidad privada y separatista. Esta religiosidad se caracterizaría por un alejamiento absoluto del mundo y de todo tipo de contacto con él. De hecho, la definición de Santiago presenta dos negaciones: «sin mácula» y «sin mancha». Como traduce Pablo Besson, el fundador de la obra bautista en Argentina: «guardarse a sí mismo no contaminado del mundo» (PB), podría ser interpretado como «eludir todo contacto con el mundo».

Cabe preguntarse si el aparente carácter negativo de la definición de Santiago no es sino la otra cara de un concepto altamente positivo de la religión verdadera. En este sentido, la cuestión a dilucidar es cómo se relaciona la exhortación de «guardarse sin mancha del mundo», con la demanda de una actitud de servicio abnegado al prójimo en necesidad. Hay dos maneras de responder a la cuestión: (1) Santiago exhorta al desarrollo de un perfeccionismo propio y a una alienación del mundo social y cultural; (2) Santiago exhorta a prestar un servicio concreto y libre de egoísmo dentro de la sociedad, como testimonio de la acción generosa de Dios y del amor abnegado al prójimo.

Recordemos que Santiago se dirige a pequeños grupos cristianos en la diáspora. Esta es también nuestra problemática hoy en Hispanoamérica, en medio de un mundo que se seculariza y se debate entre tantas injusticias. Tomar decisiones no nos resulta fácil. Samuel Escobar señala que «los grupos evangélicos que más se extienden en nuestras tierras adquieren un talante de protestantismo radical o anabautista». Y añade: «El anabautista pertenece a una *minoría sacrificada y disciplinada*. Esa capacidad para el sacrificio y la disciplina provienen de la convicción de que uno es el portador del reino venidero, la avanzada de la acción divina en el mundo. La disciplina crea un grupo notablemente diferente de la cristiandad corrompida mayoritaria y oficial. El espíritu de sacrificio es necesario justamente para soportar la persecución, el asedio y el desprecio de esa cristiandad caída».[20]

Ha sido precisamente este talante anabautista el que ha llevado a muchos evangélicos hispanoamericanos a interpretar a Santiago en el sentido de una separación absoluta del mundo. Consecuentemente, esto ha resultado en un descompromiso social y político, que ha colocado a los creyentes fuera de todo proceso en favor del cambio en la sociedad. Sin embargo, como se ha visto, Santiago no opta por el aislamiento. Su opción es más bien por la participación en la acción de Dios en el mundo.

¿Viviremos en el aislamiento, sin ensuciarnos las manos con la

---

20 Samuel Escobar, «El reino de Dios, la escatología y la ética social y política en América Latina», en *El reino de Dios y América Latina,* ed. por C. René Padilla, Casa Bautista de Publicaciones, El Paso, 1975, pp. 133-134.

mugre que predomina en el mundo, o viviremos corriendo los riesgos de testificar del evangelio en el mundo y participando como comunidad redimida en compartir con otros lo que hemos recibido de Dios (1.17-18)? Una iglesia que desee ser sensible a las injusticias que padecen los pobres (incluidos los huérfanos y las viudas), debido a las estructuras opresivas de la sociedad, encontrará grandes oportunidades para servir a Dios. Este servicio comprometido le ayudará a librarse de una religión meramente «labial». También le ayudará a evitar que aparezcan sobre su pureza moral las mismas manchas que son tan comunes en la sociedad.

B. La religión verdadera demanda justicia (2. 1-13)

Los cristianos judíos a quienes Santiago escribe habían recibido el evangelio cristiano, pero sus conceptos religiosos y su carácter como creyentes todavía estaban bajo la influencia de las tradiciones de su pueblo. La gran mayoría de los cristianos judíos era gente pobre.[21] Los judíos ricos, de los que había muchos en la diáspora, eran sumamente hostiles a la fe cristiana. A lo largo de la epístola se describe a los ricos como una clase social que se muestra enemiga de la iglesia cristiana. Santiago se había enterado de que en las sinagogas cristianas los pobres eran tratados con discriminación, mientras los ricos eran considerados con exageradas demostraciones de respeto. Lo grave de esta situación, como veremos más adelante, era que los ricos privilegiados que Santiago menciona no eran extraños a la congregación, sino miembros de ella.

1. El problema de la parcialidad (2. 1-4)

En el v. 1, Santiago presenta una declaración sumamente rica, que es el fundamento teológico de la exhortación que sigue en los vv. 2-4. «Señor» significa lo mismo que Jehová, o sea el nombre propio de la divinidad. «Jesús» es el nombre propio del Mesías y significa la humanidad y señorío del Salvador. «Cristo» es el vocablo griego que traduce el hebreo Mesías. Se refiere al Mesías prometido, el ungido de Dios. Es el título oficial de Jesús. «Glorioso» hace referencia a la presencia de Dios en el tabernáculo. Es la gloria de Dios en la faz de Jesucristo (2 Co. 4. 6). El es Dios tal cual se nos ha revelado en su ser, carácter, majestad y poder. El es la presencia misma de Dios (Ex. 24. 16-17; 40. 34-35). El es Emanuel, Dios con nosotros, en quien y a través de quien podemos ver al Padre (Jn. 1. 14).

---

21 Sobre el particular, ver Wiard Popkes, *Adressaten, Situation und Form des Jakobusbriefes*, Stuttgarter Bibelstudien 125/126, Katholisches Bibelwerk, Stuttgart, 1986, pp. 25-60. Después de repasar la investigación sobre la carta (género, estructura, tradición, historia, etc.), Popkes considera la situación social y eclesiástica de los destinatarios.

De este modo, el v. 1 es uno de los pasajes cristológicos más ricos de toda la carta. La frase «nuestro glorioso Señor Jesucristo» refleja la fe pospascual de la iglesia, que concebía a Jesús como el Señor resucitado reinando en la gloria celestial. En 2. 7 y 5. 14 se enfatiza otra vez el nombre de Jesús y probablemente se alude a la cristología de la iglesia en torno al nombre (*onoma*). Sin embargo, el «justo» en 5. 6 y el «Señor» en 5. 11 no deberían ser vistos como directamente refiriéndose a Cristo. Lo más característico de Santiago es la cristología indirecta (o lo que se ha llamado la cristología «horizontal»), porque las ideas éticas de la epístola implican una cierta comprensión de Cristo. No obstante, esta cristología indirecta no puede existir sin una cristología directa, tal como la que Santiago sugiere en su referencia a Jesús como *Kyrios* («Señor») y por las menciones de su nombre. De este modo, la cristología indirecta de Santiago fluye de su cristología directa.[22]

Es sobre la base de esta comprensión cristológica de la fe, que Santiago se muestra especialmente irritado contra cualquier tipo de culto a las personas en la iglesia. Dar honores especiales a los ricos (v. 2) es deshonrar al «glorioso Señor Jesucristo» (v. 1) y afrentar al pobre (v. 6). El culto a las personas se agrava cuando viene acompañado de una exaltación de las riquezas materiales de los ricos (anillos de oro y ropas espléndidas), en lugar de exaltar la gloria de Jesucristo, dándoles a los ricos el lugar que solo él debe ocupar. Esto es idolatría. En toda congregación cristiana auténtica hay uno solo que debe ser exaltado, y éste es el Señor Jesucristo.[23]

De manera abrupta, Santiago comienza un nuevo tema, si bien hay alguna continuidad entre la preocupación por las viudas y los huérfanos (1. 27) y los pobres que son discriminados, no solo en las cortes (2. 6), sino también en los cultos de adoración (2. 2-3). Santiago denuncia como algo malo las distinciones de clase en la comunidad cristiana (2. 4, 9). La discriminación contra el pobre está ligada con el adulterio y el asesinato (2. 11). Es una transgresión de la ley de Dios, que está sujeta a su juicio, al igual que los pecados mencionados. Aquél que prohibió esos pecados es el mismo que prohíbe también la parcialidad y la discriminación. No podemos elegir qué parte de la ley de Dios vamos a obedecer y qué parte vamos a desechar.[24]

Una persona rica puede provocar una gran sensación al entrar en el lugar de culto. Puede también motivar una atención única, luciendo sus anillos de oro y su ropa brillante (Lc. 23. 11; Hch. 10. 30). Una persona pobre (*ptôjos*)

---

22 Franz Mussner, «'Direkte' und 'Indirekte' Christologie im Jakobusbrief», *Catholica* (Münster) 24 (2, 1970): 111-117.

23 G. Maier observa que en este punto la carta de Santiago está permeada de la enseñanza y el espíritu de Jesús. Maier se concentra en el pasaje de 2. 1-17 (y también 4. 13-5. 11), que provee un punto de partida para una discusión sobre un estilo de vida sencillo. Después de una breve introducción, el autor considera a los ricos y a los pobres en la comunidad. Ver G. Maier, *Reich und arm: der Beitrag des Jakobusbriefes*, Theologie und Dienst 22, Brunnen, Giessen-Basel, 1980.

24 Moffatt, *MNTC*, p. 35.

puede mostrarse desagradable al presentarse en la congregación. Viene mal vestida, con la ropa sucia, sin higienizarse, no habla bien y se muestra cohibida. Es fácil que no llame la atención de nadie, que no sepa dónde sentarse o se la ubique en un lugar donde los miembros ricos no la vean, no sea que se escandalicen y no concurran más o protesten.[25] El pobre aquí es el que carece totalmente de los medios básicos de subsistencia y que, en consecuencia, vive de la caridad ajena. Al interior de las comunidades cristianas de la diáspora había una variedad notable de estratos sociales. Estaban los pobres absolutos, los empobrecidos, los que vivían más holgadamente, y los ricos. Los primeros eran los *ptôjos* propiamente dichos, que carecían de lo indispensable para sobrevivir. Eran mendigos, que dependían de la caridad ajena, como las viudas y los huérfanos que menciona Santiago en 1. 27 (ver Mr. 12. 43) o los hermanos carenciados de 2. 15-16. Los segundos eran pobres (*penês*), pero contaban con algún trabajo con el que sacaban para vivir, si bien carecían de propiedades. Tal es el caso de los campesinos de 5. 4, que fácilmente pueden caer en pobreza absoluta por el despojo sistemático al que son sometidos diariamente. Ambos eran explotados y oprimidos por los ricos y poderosos, y por eso muchas veces los vocablos son usados como sinónimos.[26] El número de estos marginados sociales creció muchísimo durante el período del imperio romano, y había muchos de ellos en las comunidades cristianas.[27]

La interpretación común y tradicional de 2. 2-4 es que este ejemplo describe a dos personas que entran en una reunión a adorar. La parcialidad está demostrada en la forma en que estas dos personas están sentadas o ubicadas durante el culto. Pero esta interpretación involucra varios problemas, todos los cuales giran sobre la presuposición de que estas dos personas son extrañas a la asamblea. Algunos textos rabínicos (e. g. Sifra, Qedoshim 4. 4), que tienen que ver con procedimientos judiciales, indican la preocupación de que las diferencias en la vestimenta no lleven a la parcialidad y en consecuencia a un juicio injusto. Estos textos condenan también la práctica de tener a un litigante de pie y al otro sentado, como un ejemplo de juicio injusto y discriminatorio. Si leemos el ejemplo de Santiago a la luz de este trasfondo judicial, desaparecen los problemas que han surgido con la interpretación tradicional. Por ejemplo, Dibelius dice que el autor aquí usa la palabra *ptôjos* en relación con

---

25 Sobre el vocablo *ptôjos*, ver «*Ptôjos*», en G. Kittel, *TDNT*, 6:885.

26 Tamez, *Santiago*, pp. 40-41.

27 Según Stegemann, «el uso predominante de *ptôjos* en el Nuevo Testamento se ha de entender también como un reflejo de una realidad social». Ver Wolfgang Stegemann, *The Gospel and the Poor*, Fortress Press, Filadelfia, 1984, p. 15. Stegemann niega que hubiera pobres absolutos en la comunidad cristiana primitiva. Los pobres que componían estas comunidades, según él, eran *penis* o *penites*, o sea, aquellos que tenían por lo menos un trabajo para ganarse la vida, pero que no poseían propiedades. Según Santiago, estos pobres absolutos eran parte de la iglesia (2. 15).

un extraño, a pesar de que en otras partes «pobre» es una denominación para el miembro de la congregación.[28] Pero cuando el ejemplo es leído como informado por la tradición judicial, la persona descrita como «pobre» debe ser considerada como un miembro que viene a la asamblea judicial.[29] Además, este ejemplo es consistente con la distinción aguda entre los «pobres» y los «ricos» en 2. 5-7 y en otros lugares de Santiago. De este modo, Santiago emplea aquí un ejemplo judicial tradicional para advertir contra la parcialidad divisiva en la comunidad cristiana, una parcialidad que, si no se corrige, puede mostrar como inconsistente a la comunidad en su posición como los «pobres» elegidos.[30]

De esta manera, Santiago denuncia la «acepción de personas» o parcialidad (*prosôpolêmpsia*). La palabra es propia del Nuevo Testamento, y quizás Santiago sea uno de los primeros en utilizarla. Deriva de la expresión griega *lambanein prosôpon* (Lc. 20. 21; Gá. 2. 6). Esta, a su vez, es una expresión idiomática hebrea (*panim nasa*), que significa «levantar el rostro ante una persona», es decir, ser favorable o parcial a ella. La expresión suele referirse al hecho de que Dios no tiene en cuenta la apariencia de las personas (Dt. 10. 17; 2 Cr. 19. 7). Esto es lo opuesto al modo en que frecuentemente proceden los seres humanos en la sociedad no redimida. «Acepción de personas» puede significar también una actitud partidista, ante todo por parte de los jueces (Dt. 1. 17; 16. 19; Lv. 19. 15). El Nuevo Testamento sigue la línea del Antiguo, incluso en el uso del sustantivo (Ro. 2. 11; Ef. 6. 9; Col. 3. 25). En estos casos, el vocablo se refiere a la parcialidad respecto de las personas. Santiago exhorta a no seguir con el hábito de tener la fe cristiana «con una actitud de favoritismo» (BA).

Santiago dice que, por ser una opción preferencial injusta, la parcialidad lleva a una mente dividida (*ou diekrithête en heautois*, lit. «¿no están divididos en su propia mente?»). Además, Santiago dice que uno que muestra parcialidad viene a ser como un juez «con criterios malos» (v. 4, BJ). Discriminar a las personas según su posición social o económica es constituirse en «jueces con malos pensamientos» o ser «malintencionados» (NA).

28 Dibelius, *James*, p. 135.
29 Según Davids, la situación que estos textos reflejan no es tanto la de un culto regular, como la de una asamblea judicial. Según él. Santiago claramente cree que el pobre tiene un lugar muy importante en la iglesia en razón del efecto nivelador del evangelio cristiano. La fe verdadera no tiene lugar para las distinciones sociales del mundo. De hecho, si una asamblea judicial de la iglesia toma en cuenta estas distinciones, se torna mala por eso mismo y se ubica del lado de los ricos que oprimen a los cristianos. Davids, *NIGTC*, p. 105.
30 R. B. Ward, «Partiality in the Assembly: James 2:2-4», *HTR* 62 (1, 1969): 87-97.

Discriminación y prejuicio social en la iglesia

En 2.1-4, Santiago lanza una seria advertencia contra el problema de la parcialidad en la iglesia, en el contexto de la justicia que demanda la religión verdadera. La manera en que el autor describe la situación es dramática. Llega al culto alguien con un anillo de oro en su dedo y vestido con una túnica nueva y de colores brillantes. Su aspecto impresiona al pequeño grupo de gente pobre que está reunido para la adoración. No es frecuente que una persona rica se presente en medio de ellos. Dos o tres del grupo, que estaban sentados en las sillas más cómodas y mejor ubicadas del recinto, se ponen de pie de inmediato y le ofrecen su lugar. Más tarde, otro hermano se presenta. Pero éste está vestido con ropa vieja y andrajosa. Un hermano en la puerta le dice que se siente donde pueda, en el piso, o que se quede de pie atrás.

En su amonestación contra la parcialidad, Santiago denuncia la acepción de personas y el prejuicio social; esto es, el trato del prójimo no según sus justos derechos, sino según su posición social y sus circunstancias externas. Esta actitud de parte de los creyentes muestra que, mientras profesan haber recibido lo que el evangelio cristiano revela en cuanto al amor de Dios por toda la humanidad, su práctica discriminatoria niega ese evangelio. La gloria, el honor y la salvación que trae consigo el evangelio es para todos, ricos y pobres por igual. No vivir esta verdad es someterse a las pautas que rigen en el mundo malo exterior, y convertirse en «jueces con malos pensamientos».

Evitar el favoritismo y la acepción de personas es un principio básico que se deriva directamente de la fe. Es vital para la fe en el «glorioso Señor Jesucristo» deshacerse de toda discriminación social, racial, religiosa y política. Santiago insiste en que Dios favorece al pobre, los parias y los pecadores. Esta enseñanza tiene una relevancia especial para la sociedad y la iglesia hoy en América Latina.[31]

En primer lugar, *Santiago condena la acepción de personas* (v.1). Este texto tiene un peso muy particular en Hispanoamérica, región del mundo tan convulsionada ideológicamente. De un modo directo, el texto parece cuestionar la aceptación del principio de la división de la sociedad en clases. De ser así, las bases mismas de

31 Luis F. Rivera, «Sobre el socialismo de Santiago (Stg. 2. 1-13)», *RB* 34 (1, 1972): 3-9.

nuestra cultura occidental se verían conmovidas y severamente juzgadas por la Palabra de Dios. Vale la pena, pues, levantar algunas preguntas.

Por un lado, ¿en qué consiste la acepción de personas? La respuesta a esta pregunta se da en forma gráfica y suficiente en el ejemplo del rico «clasificado» socialmente por el anillo de oro y la vestimenta deslumbrante, y el pobre cuyo símbolo de clase es su vestimenta sucia (vv. 2-4). Obrar conforme a estas apariencias, para ubicar al rico en el mejor asiento y al pobre en el piso, significa introducir discriminaciones basadas en criterios falsos, desde el punto de vista cristiano (v. 4). Dios no se fija en la apariencia de las personas.

Por otro lado, ¿por qué Santiago condena la acepción de personas? En v. 1, Santiago no reivindica solo el «respeto debido a los pobres» (como titula la BJ al párrafo de 2. 1-13). El autor deriva de la fe cristiana el principio de la no institución y organización de la sociedad en clases. Los ejemplos que ofrece la literatura rabínica no hacen más que confirmar la discriminación e injusticia en que termina un comportamiento clasista. La religión verdadera solo se puede practicar si este principio de la no discriminación en la vida social es tomado en cuenta. Todo tipo de parcialidad —religiosa, política, social, racial— queda excluido si es aplicada esta verdad básica de la fe cristiana.

Santiago denuncia la acepción de personas como una actitud anticristiana. A la luz de su epístola, es posible afirmar que el criterio que distingue a las personas por su poder, riqueza y conocimientos es anticristiano. Lo es en tanto da cabida e importancia a otra cosa que al «glorioso Señor Jesucristo». El es glorioso en el sentido de que él mostró la naturaleza de Dios. El es Emanuel, Dios con nosotros. Este tema es de tanta relevancia para la vida social cristiana, que el autor vuelca aquí casi toda la cristología de su epístola. El Señor Jesús es objeto de fe en su glorificación. Y la fe de Santiago hace que la gloria del resucitado eclipse la mezquina e injusta gloria que por la fuerza del poder, de la riqueza o del talento introduce la discriminación y la injusticia entre los seres humanos. Consecuentemente, quien establece precedencias o jerarquías, no vive la fe del resucitado, que se da a todos por igual. Aquel que es glorioso se reveló en pobreza y humillación. De allí que favorecer al rico a expensas del pobre no responde al corazón de la fe cristiana.

En síntesis, quien introduce en la vida social cristiana un principio discriminatorio, tiene una fe muerta e inoperante (2.14-26). Esto es así, porque no aplica a la vida concreta las consecuencias de la aceptación del resucitado como única fuerza, poder y ciencia. El cristiano «clasista» vive una fe que no va más allá de las afirmaciones meramente conceptuales. En definitiva, no es cristiano.

Ante Cristo, se nos hace un deber revalorizar los grandes rasgos de la auténtica imagen del ser humano. Se torna imperativo reconocer que todos somos fundamentalmente iguales y miembros de la misma estirpe, aunque haya diversidad de sexos, lenguas, culturas, formas de religiosidad, educación y posesión de bienes materiales. Todos tenemos por vocación común un mismo destino: el de ser objetos del amor divino. Como tales, cada uno conserva su valor y su puesto irrepetible, en un contexto que debe estar caracterizado por la pluralidad e igualdad de todos. Dios ama a todo ser humano por igual, por más que lo envilezcan o por poco que se estime a sí mismo. La iglesia de Jesucristo debe ser un reflejo de esta actitud de Dios, y desechando toda parcialidad, debe volcarse en amor y servicio a todos, «sin acepción de personas».

En segundo lugar, *Santiago condena el prejuicio social*. Quizás la definición más breve que pueda darse del prejuicio es la siguiente: «pensar mal de otras personas sin motivo suficiente». Esta escueta frase contiene los dos ingredientes esenciales de todas las definiciones: hace referencia a lo infundado del juicio y al tono emocional del mismo. Otra definición es la que reconoce el prejuicio positivo tanto como el negativo. En este sentido, el prejuicio sería «un sentimiento, favorable o desfavorable, con respecto a una persona o cosa, anterior a una experiencia real o no basado en ella».[32]

A su vez, el prejuicio social es toda actitud desfavorable hacia cualquier grupo de personas, basada sobre un rasgo o una serie de rasgos negativos, que se suponen uniformemente distribuidos entre las personas hacia las cuales se es antagónico. Este prejuicio se considera generalmente como una característica de la mayoría. Pero las minorías, incluso las minorías perseguidas o marginadas, no tienen necesariamente menos prejuicios hacia los miembros de otros grupos que las mayorías opresivas. El prejuicio social existe donde quiera que haya hostilidad hacia otros grupos. Esta actitud se debe en gran parte a la falta de comunicación y a no compartir una vida en común. El prejuicio social es un fenómeno universal y un problema perenne de la vida social. A los prejuicios de clase,

32 Ver Gordon W. Allport, *La naturaleza del prejuicio*, EUDEBA, Buenos Aires, y W. U. Smith, *La conducta del hombre*, EUDEBA, Buenos Aires.

ocupacionales y entre varias categorías de status, se agregan los prejuicios raciales, étnicos y religiosos.

En los versículos citados, Santiago aborda de manera práctica la cuestión de los prejuicios sociales. Su atención se orienta a la discusión de la relación entre pobres y ricos en la comunidad de fe. Cuando la actitud de la parcialidad encuentra lugar en la vida de la comunidad, fácilmente ocurre lo que Santiago ilustra tan dramáticamente. Según Santiago, hay dos peligros básicos a los que está expuesta la comunidad de fe, cuando se admite la actitud de la parcialidad en las relaciones interpersonales.

Por un lado, *está el peligro de la discriminación social.* Esta no es otra cosa que el trato desigual de individuos o de grupos sobre la base de algún atributo, en general de carácter categorial, tal como el origen racial, étnico, religioso o de clase. En este caso, se trata de lo último. Por lo general, la discriminación social tiene que ver con la acción de una mayoría dominante en relación con una minoría débil implicando, por lo tanto, una conducta inmoral e injusta. En este sentido, la discriminación hace resaltar el aspecto activo o manifiesto del prejuicio negativo hacia una persona o grupo. Según las Naciones Unidas, «la discriminación incluye cualquier conducta basada en una distinción hecha sobre la base de categorías naturales o sociales que no poseen relación alguna con las capacidades o los méritos individuales ni con la conducta de la persona».[33]

Debería destacarse que, en cierto sentido, la discriminación social, definida como el trato desigual de gente que es igual en esencia o que posee las mismas capacidades o méritos, es un hecho universal. Que la discriminación se considere ilegítima dependerá de los valores sociales. Tanto el rango social como la estratificación —la «distinción» entre ricos y pobres que Santiago denuncia—, se hallan firmemente basados en principios discriminatorios. Esta es la razón fundamental por la que Santiago denuncia la actitud de los creyentes a quienes escribe. Ellos han permitido que los valores del mundo no redimido se instalen en la comunidad de fe y determinen su comportamiento social.

Por otro lado, los criterios sociales en virtud de los cuales se define la existencia de la discriminación de personas o de grupos, cambian constantemente de acuerdo con los valores sociales. Pero la comunidad de fe debe guiarse por un valor que no es pasajero sino eterno: la «fe en nuestro glorioso Señor Jesucristo». Conforme a este valor fundamental, no cabe la «acepción de personas», que

33 *The Main Types and Causes of Discrimination,* Comisión de Derechos Humanos de las Naciones Unidas, Subcomisión para la Prevención de la Discriminación y la Protección de las Minorías, Lake Success, N. Y. , 1949.

es la actitud que produce la discriminación social. Es sobre esta base que la iglesia debe cambiar de actitud. La comunidad de fe debe experimentar una verdadera conversión, si es que va a responder a la demanda de justicia que plantea la religión verdadera.

En Hispanoamérica se ha insistido mucho en medios evangélicos sobre la necesidad de convertir a los pobres. Sin embargo, no se podrá convertir a los pobres al evangelio si la iglesia primero no se convierte a los pobres. Es necesario que la iglesia acepte como propia la opción preferencial por los pobres que Dios hace, y renuncie conscientemente a todo tipo de discriminación social. Solo un pobre tiene derecho de decirle a otro pobre: «Bienaventurados vosotros los pobres, porque vuestro es el reino de Dios» (Lc. 6. 20). Un rico no humillado (o convertido) no tiene autoridad para predicar este mensaje. Una iglesia establecida, institucionalizada, comprometida con el *statu quo*, asociada a los factores de opresión y clasista no está en condiciones de evangelizar a los pobres con la buena nueva del reino de Dios. Por el contrario, los discriminará considerándolos objetos de la evangelización y no sujetos de la misma.

Es indispensable que la comunidad de fe se presente en el mundo como siempre disponible a los pobres y del lado de ellos y de sus luchas por la liberación. Mientras la iglesia no sea el lugar donde los pobres puedan sentirse como en su casa, como ciudadanos de primera categoría y no como alojados incómodos, como recibidos solo por compasión y no como los dueños de casa, la iglesia no será lo que Cristo quiere que ella sea. Será una comunidad enferma de discriminación social y de injusticia. La iglesia tiene que ser en este mundo un anticipo del reino de Dios, y en el reino de Dios los pobres son los que tienen el primer lugar.

El reino de Dios es el reino de los pobres, y la iglesia, como anticipación de ese reino en la historia, tiene que ser el lugar en el que los pobres tengan las llaves como dueños de casa. Los pobres no deben ser tan solo el objeto de la asistencia de la iglesia o su motivo de preocupación. Ellos deben ser quienes tomen las decisiones y lleven a cabo su misión en el mundo. Por eso, la iglesia tiene que convertirse para llegar a ser lo que tiene que ser. Para ello deberá adaptar su estilo, el ambiente comunitario, su lugar de reunión, su liturgia, su enseñanza y predicación, para que todo ello sea de la índole de los pobres. La iglesia deberá ser una comunidad de fe en la que los pobres no se sientan rechazados. Debe ser el lugar en el mundo en el cual los pobres no son los marginados, los despreciados, los que tienen que esperar o hacer cola, los que tienen que sentarse en el piso o quedarse de pie; sino donde son amados, servidos y considerados como dueños de casa con plena capacidad de decisión y participación.

En segundo lugar, está *el peligro del prejuicio social*. Con su actitud discriminatoria y su necedad, los lectores de Santiago dieron lugar al prejuicio social. Al hacer diferencias entre ricos y pobres, se transformaron en jueces con criterios espurios y no cristianos. Los «malos pensamientos» que denuncia Santiago no son otra cosa que expresión del prejuicio social agazapado en la conciencia de los creyentes.

El prejuicio social es cualquier creencia simplificada y generalizada en extremo, sobre las características de un grupo o de una categoría de personas, ya sea favorable o desfavorable. En este sentido, tener prejuicios sociales significa prejuzgar respecto de cualquier individuo de un grupo diferente del propio, sobre la base de su supuesta similitud con el estereotipo de su grupo. Así, la persona que ve a todos los miembros de una minoría determinada como uniformemente amables, generosos, nobles, importantes, etc. , antes que como seres humanos tan ordinarios y falibles como los de su propio grupo, tiene prejuicios, puesto que niega a esa minoría las características humanas ordinarias. Lo mismo ocurre cuando se afirma que todos los negros son sucios; todos los indígenas son perezosos, y a todos los mestizos lo único que les gusta es pasarse la vida de fiesta en fiesta.

El estereotipo es el conjunto de generalizaciones exageradas e inexactas sobre un grupo o categoría de personas, que puede ser favorable o desfavorable. Así, el estereotipo que tenían los lectores de Santiago en cuanto a los ricos era el de personas importantes, que merecían un trato preferencial y los lugares más destacados en el culto público. Mientras que el estereotipo que tenían de los pobres era negativo, ya que se les marginaba en la reunión o se les trataba como siervos. «Siéntate aquí bajo mi estrado» es lo que un amo le ordenaría a un esclavo.

El problema que ve Santiago es que el prejuicio social de sus lectores era mucho más generalizado de lo que ellos estaban dispuestos a admitir. Una creencia estereotipada se mantiene porque es una creencia compartida, que recibe un fuerte apoyo del propio grupo de referencia. El grupo de referencia es el grupo o categoría social utilizado por un individuo para ayudarse a definir sus creencias, actitudes y valores, a la vez que le sirve de referencia con miras a guiar su conducta. En este caso, la comunidad de fe operaba como grupo de referencia, y respaldaba el estereotipo que categorizaba a los ricos como privilegiados y a los pobres como marginados.

Santiago denuncia ese conjunto de generalizaciones distorsionadas sobre los ricos y los pobres como «malos pensamientos». Tal tendencia a categorizar a la gente y a generalizar, totalmente fuera de los hechos y sobre la base de las características exteriores de las personas, es contraria al evangelio, y como tal, debe ser repudiada. El prejuicio social es enemigo de la convivencia, es destructor de la fraternidad cristiana y es fuente de malestares en las congregaciones. Por tanto, constituye una barrera para la comprensión, la aceptación de otros y su integración en la comunidad de fe.

Creemos que hace falta vencer los prejuicios sociales y luchar por desarraigarlos razonando nuestra relación con las personas según las pautas de nuestra «fe en nuestro glorioso Señor Jesucristo». Para ello, aprendamos a descubrir que las personas somos diferentes, normalmente diferentes unas de otras, y que la diferencia no es anormalidad. Reconozcamos a cada persona sus valores y aptitudes. Redescubramos en cada persona al prójimo en Jesucristo. Recordemos nuestra pertenencia a una común humanidad. Analicemos y verifiquemos los hechos antes de emitir juicios sobre personas, grupos e instituciones. Coloquemos en primer lugar el amor cristiano en las relaciones humanas.

2. El problema de una opción equivocada (2. 5-7)

La preocupación mayor de esta sección es en favor del pobre. Las iglesias a las que Santiago escribe estaban deshonrando precisamente a aquéllos a quienes Dios había elegido. Los pobres en este pasaje son tanto materialmente pobres como espiritualmente ricos. Son ricos en fe y herederos del reino, es decir, están destinados a reinar con Cristo (cp. Lc. 6. 20; 12. 32), según está prometido a los que aman a Dios (v. 5). Es evidente que Santiago no tiene una doctrina de salvación basada en el mérito humano, porque por segunda vez introduce la frase «a los que le aman» (ver 1. 12), describiendo así a los receptores de los dones prometidos por Dios.

Santiago declara que Dios «ha elegido» a los pobres. La expresión «¿No ha elegido Dios?» presupone una respuesta afirmativa (así lo exige la cláusula *ouj*; cp. VP, «Dios ha escogido»). El verbo lleva aquí la idea de elegir para sí mismo (1 Co. 1. 27-28). Nótese que es Dios el agente de la acción y no los pobres. En el ejercicio de su soberanía, Dios ha querido hacer de los pobres el objeto de su opción preferencial. Sin embargo, no se trata de todos los pobres en cuanto tales. El uso del artículo determinativo (*tous ptôjous*, «los pobres») significa que Dios escogió a gente que es pobre, según los criterios y valoraciones que imperan en el mundo no redimido. Según A. T. Robertson, la frase «el mundo» es un dativo ético de interés más que un genitivo, con lo cual la traducción es: «a los pobres según el mundo» (BJ).[34] Estos pobres son elegidos para ser «ricos en fe». Ellos son ricos por causa de la fe, como ya ha señalado Santiago en 1. 9. Y son ricos en la fe, es decir, «ricos para con Dios», como indica Lucas 12. 21.

Por supuesto, «los que le aman» no son solo los pobres. Pero parece evidente que la mayor parte de los primeros cristianos eran pobres (cp. Gá. 2. 10; 1 Co. 1. 26; 2 Co. 8. 9; Hch. 11. 29), si bien había algunos ricos (ver Hch. 8. 27 sgtes. ; 10. 1 sgtes. ; 13. 7, 12; 17. 34). Santiago sigue la tradición de los profetas (Is. 59. 9; Jer. 5. 26; Mi. 6. 11 sgte.) y Jesús (Lc. 6. 24 sgte.) al identificar a los ricos (*plousioi*) con los impíos y opresores. El estereotipo no está dirigido contra los individuos, sino contra los ricos como clase social.[35] En esta tradición teológica, la pobreza es vista como una privación que espera corrección, mientras que la riqueza es vista como un mal que espera condenación. Según Elsa Tamez, la antipatía de Santiago contra los ricos y su simpatía con los pobres es innegable. Sin embargo, «muchos de los comentarios sobre Santiago dedican páginas enteras para hablar de los ricos, intentando consciente o inconscientemente relativizar esta pintura blanco-negro del autor.[36]

Santiago hace referencia a una situación concreta («vosotros habéis afrentado al pobre»), ya que la forma verbal así lo indica. Se trata de una actitud de menosprecio, deshonra (Mt. 13. 57) y desprecio, que connota humillación (ver VP). La expresión «os oprimen» no es común. Se trata de un verbo compuesto (*katadynasteuô*), que significa oprimir, señorear o explotar por abuso de poder (ver VP).[37] Los sujetos de la acción son los ricos y poderosos, y los objetos de la misma son los pobres y débiles (Ex. 1. 13; Dt. 24. 7; 1 R. 12. 4; Os. 12. 8; Am. 4. 1; 8. 4; Mi. 2. 2; Hab. 1. 4; Jer. 22. 3; Ez. 18. 7, 12, 16; 22. 7; 45. 8; 46. 18). En este caso, los oprimidos pertenecen a la comunidad cristiana, que está compuesta en su mayoría por gente pobre. El verbo «oprimir» viene de *kata* y *dynastês*, que significa potentado o poderoso (Lc. 1. 52), y solo es utilizado aquí, y en Hechos 10. 38 en relación con la obra del diablo. Los ricos son los que «a rastras los llevan ante las autoridades» (VP). Su acción es tanto más grave cuanto ellos están personalmente involucrados en la misma.

La BA traduce: «personalmente os arrastran a los tribunales»; la VM dice «ellos mismos». Además, su acción es violenta. El verbo «arrastran» refleja un trato muy violento (ver Hch. 8. 3; 16. 19; 21. 30). Pobreza, opresión, despojo y violencia son vagones de un mismo tren, y están íntimamente relacionados

34 Archibald T. Robertson, *The General Epistles and the Revelation of John*, en *Word Pictures in the New Testament*, Broadman Press, Nashville, 1933, p. 30.
35 Mussner, *HTKNT*, p. 122.
36 Tamez, *Santiago*, pp. 42-43.
37 Laws, *HNTC*, pp. 104-105.

entre sí.[38] Por otro lado, su acción es injusta, ya que los pobres son llevados a cortes de justicia que están bajo su control, y que siempre fallan en su contra. En los casos específicos en que piensa Santiago, los tribunales son desfavorables a los pobres no porque son cristianos, sino porque son pobres. Santiago se muestra indignado frente a la inversión de valores que sus lectores han hecho, al acoger con privilegios al rico y menospreciar al pobre. ¡Aquéllos a quienes Dios, en el ejercicio de su amor soberano, ha elegido como herederos de su reino, son deshonrados por quienes se supone están al servicio de ese Dios! En lugar de ordenar su actitud hacia los pobres conforme a la escala de valores de Dios, aquellos cristianos se dejaron guiar por los valores del mundo. Su religión perdió con ello su pureza, porque no supieron guardarse de esta mancha del mundo (1. 27).

El verbo blasfemar significa hablar mal o injuriar (viene de *blax* o *blaptô*, y *fêmê*, como en Lucas 22. 65. Lo que los ricos con su actitud injuriaban explícitamente era «el buen nombre», literalmente «el hermoso nombre» (ver BJ, HA, NA). Este nombre honroso (VL) y honorable (VM) no es otro que el nombre de Cristo (de allí que, quienes blasfemaban no eran cristianos). Santiago destaca esto al calificar el nombre en cuestión como aquel «que fue invocado sobre vosotros» (ver BJ, PB, HA, VP, RVA). No se trata del nombre con el cual ellos eran conocidos o llamados (ver BA, VM, VL), es decir, el nombre de cristianos o seguidores de Cristo.

El impacto pleno de la posición de Santiago, al ponerse del lado de los pobres y en contra de los ricos, debe ser evaluado a la luz del conjunto de sus muchas observaciones sobre este tema (cp. 1. 9-11, 27; 2. 5-7; 5. 1-6, 7-11). El autor no solo contrasta el destino de los pobres humildes y de los ricos orgullosos (1. 9-11), sino que hace del cuidado de las viudas y los huérfanos una prueba básica de la religión verdadera (1. 27). Además, ve a los pobres como elegidos por Dios, pero oprimidos por los ricos (2. 5-7), y ve a los ricos que explotan a sus obreros como condenados a caer bajo el juicio de Dios, mientras que a los pobres oprimidos les espera la vindicación final (5. 1-11). En esta posición, Santiago sigue a Jesús, y el planteo es muy similar al que se encuentra en los profetas, algunos de los salmos, y en la literatura de Qumran.[39] Del tratamiento que hace Santiago de las relaciones que deberían existir entre ricos y pobres en la iglesia, uno puede extraer estas conclusiones: (1) Los constituyentes básicos de la comunidad cristiana son los pobres. (2) El énfasis escatológico sobre los deberes para con los pobres no minimiza la aplicación válida de estos principios al día presente. (3) En la comunidad cristiana, la presencia de los ricos no debe disminuir la gloria debida a Cristo o el honor debido al pobre. (4) Las normas establecidas para el cuidado solidario de los pobres dejan de lado cualquier escapismo del deber. Sin embargo, al mismo

---

38 Ver Tomás Hanks, *Opresión, pobreza y liberación*, Caribe, Miami, 1982.
39 Cp. Mussner, *HTKNT*, pp. 76-84 para un rastreo cuidadoso de este tema en el judaísmo y el cristianismo primitivo.

tiempo, queda un amplio campo para el discernimiento bajo la dirección del Espíritu Santo.[40]

La opción por los pobres

En estos versículos, Santiago nos anima a hacer dos consideraciones: la opción por los pobres y la opresión de los ricos.

La frase «opción por los pobres» se ha transformado en una de las consignas más repetidas en los ambientes religiosos del continente. Su origen se remonta a las discusiones y conclusiones elaboradas por los obispos católicos latinoamericanos con motivo de la Segunda Conferencia General del Episcopado Latinoamericano, celebrada en Medellín (Colombia) en el año 1968. El tema fue retomado en la Conferencia de Puebla (1979). Los pobres y la opción preferencial por ellos fue el tema más relevante en Puebla. Lo interesante a nivel eclesiológico no estuvo en la proposición de una iglesia para los pobres, sino en una iglesia que recibe de los pobres una interpelación constante a la conversión. La opción por los pobres, que había sido novedosa y hasta resistida en Medellín, fue aceptada en Puebla sin oposición. La propuesta fue ahondada con la afirmación de que entre una conferencia y otra había crecido la brecha entre ricos y pobres en el continente, y con la descripción de la pobreza y sus causas. La realidad de los pobres comenzó a constituir un catalizador ineludible para el ministerio de la Iglesia Católica Romana en América Latina. Según el *Documento de Puebla*, la opción preferencial y solidaria por los pobres significa un compromiso no solo con los que carecen de bienes materiales, sino también con los que, en el plano de la dignidad humana, carecen de una plena participación social y política. Esta opción por los pobres, que presupone «la necesidad de conversión de toda la Iglesia», debe llevarse a cabo «con miras a su liberación integral».[41]

Cabe recordar que esta opción es de carácter preferencial y no excluyente. «Acercándonos al pobre para acompañarlo y servirlo, hacemos lo que Cristo nos enseñó, al hacerse hermano nuestro, pobre como nosotros. Por eso el servicio a los pobres es la medida privilegiada aunque no excluyente, de nuestro seguimiento de Cristo». Tampoco se trata de una opción exclusiva. Quien en su evangelización excluya a un solo ser humano de su amor, no posee

---

40 G. Bruni, «La comunità nella lettera di Giacomo: Il rapporto ricchi-poveri», *Servitium* 7 (32, 1973): 563-572.

41 *Documento de Puebla*, p. 311.

el Espíritu de Cristo, pues «Jesucristo, Salvador de los hombres, difunde su Espíritu sobre todos sin acepción de personas».[42]

Santiago, en el v. 5, presenta su propia comprensión inspirada de la opción por los pobres. Lo hace indicando cinco elementos, que son básicos para entender su planteo.

Primero, la opción por los pobres *tiene un fundamento teológico*. Santiago declara que es Dios quien los «ha elegido». Los pobres gozan, pues, de una atención preferencial por parte de Dios, aun antes de tener en cuenta su situación moral o personal. Esto no significa una visión idílica de los pobres, sino el reconocimiento de que son víctimas inocentes de una situación absolutamente violenta e injusta. Esta es la razón por la que Dios los ama y los escoge. Es la misericordia de Dios —la compasión para el que está oprimido y vejado— lo que constituye en último término esta opción por los pobres. Más allá de su condición espiritual o moral, los pobres son víctimas de una situación objetiva y gravemente injusta ante la cual Dios toma posición. La opción preferencial por los pobres no descansa, entonces, sobre un fundamento ético, sino teológico. Dios es, en primer lugar, el Dios de los pobres. Ellos son seres humanos creados a su imagen y semejanza, como todos los seres humanos, pero en quienes esta imagen está ensombrecida y negada por la opresión. Por eso, Dios los ama con preferencia y asume su defensa.

Segundo, la opción por los pobres *tiene un aspecto paradójico*. Santiago no habla de cualquier pobre, sino que los califica al decir que son «los pobres de este mundo». Se trata, entonces, de aquellos que son pobres según los criterios que imperan en esa esfera de la realidad que se resiste a someterse a la voluntad divina. Es decir, son los pobres según el juicio del mundo o con relación a lo que el mundo considera riqueza. En el mundo, los pobres son «clasificados» como tales, conforme a una escala de valores distinta de la que agrada a Dios. Con esto, la opción evangélica por los pobres introduce una contradicción radical. La paradoja resulta del hecho de que, en términos del mundo, las opciones preferenciales son para los ricos y poderosos, y no para los pobres y menesterosos. Lo normal y esperable es que los primeros sean los destinatarios privilegiados de las bienaventuranzas y honores del mundo. Pero no es así con el evangelio cristiano (Lc. 6. 20-26).

Contra todas las apariencias y en oposición a los criterios que gobiernan el mundo no redimido, los pobres son los bienaventurados (1. 2, 9, 12). La paradoja de los bienaventurados, que son

42 *Ibid.*, p. 100.

escogidos para gozar de la promesa del reino en medio de su pobreza y opresión, refleja y multiplica la del Siervo Sufriente, que es el Señor. El también fue un «pobre según el mundo» (Is. 53. 3-5). Sin embargo, su «pobreza» fue el camino de su exaltación (Fil. 2. 5-11). Por otro lado, la mentalidad mundana supone que Dios amaría de preferencia a los buenos, y esto por sus méritos. Pero, según el evangelio, es a los pobres a quienes Dios da a entender el misterio de su revelación y el don gratuito de su reino de amor y justicia. Este Dios irreductible a nuestro modo carnal de pensar es un desafío para nuestras categorías. De allí el carácter paradójico de su opción preferencial por los pobres.

Tercero, la opción por los pobres *tiene una expresión cristológica*. Santiago dice que Dios ha elegido a los pobres para ser «ricos en fe». Pero esta fe que enriquece no es cualquier tipo de fe, sino la confianza plena y personal puesta en la persona y obra de Cristo. Esta fe que los hace ricos es la fe en Jesús, quien «siendo rico se hizo pobre. . . para que por su pobreza» fuesen enriquecidos (2 Co. 8. 9, VP). De este modo, Jesús se identificó con los pobres. Como señalara el arzobispo salvadoreño Oscar Arnulfo Romero: «Esta preferencia de Jesús por los pobres surge a través de todo el evangelio. . . Esta identificación de Jesús con aquellos que están marginados es una señal que él da para confirmar el contenido de lo que predica: el reino de Dios se ha acercado».[43] Es por eso que el servicio a los pobres es la medida privilegiada, pero no excluyente, de nuestro seguimiento y de nuestro servicio a Cristo, según lo ilustra Mateo 25. 31-46. Cristo se hace presente en el pobre según el mundo, y la opción por Cristo es la opción que se toma frente al pobre. Tocar al pobre es tocar a Cristo, y seremos juzgados por ello.

A su vez, la fe en Cristo, que enriquece, solo es posible para aquellos que son «pobres en espíritu» (Mt. 5. 3). Esta pobreza, entendida por el teólogo Gustavo Gutiérrez como «infancia espiritual», es lo opuesto al orgullo, a una actitud de suficiencia. Es sinónimo de abandono y confianza absoluta en el Señor. Esta pobreza espiritual es la condición necesaria para oír la revelación sobre el reino, que nos hace verdaderamente ricos. Es lo que Jesús quería decir cuando expresaba: «De cierto os digo, que el que no reciba el reino de Dios como un niño, no entrará en él» (Mr. 10. 15).

Cuarto, la opción por los pobres *tiene un resultado escatológico*. Santiago afirma que Dios ha elegido a los pobres para ser «herederos del reino que ha prometido a los que le aman». Se trata del

43 Romero, *Voice of the Voiceless*, p. 71.

reino mesiánico, y por lo tanto, del cumplimiento de la promesa que acompaña a la bienaventuranza de Lucas 6. 20. El reino de Dios es el reino de los pobres, y cuando el reino de Dios está presente se termina el reino de las marginaciones que resultan de la pobreza. Cuando la vida humana se organiza conforme a la voluntad divina, el resultado es la armonía total. De igual modo, cuando la sociedad toma en serio los mandamientos del Señor, se hace más evidente la presencia de la paz, la verdad y la justicia.

Pero el reino de Dios es solo para aquellos que están dispuestos a aceptar su total dependencia de él. Los pobres están lejos de la autosuficiencia y el orgullo. No son como el rico de la parábola de Jesús (Lc. 16. 19-31), que estando atormentado en las llamas del infierno, tenía todavía la osadía de mandarle a decir a Lázaro que le trajese agua para mojar sus labios. Este rico seguía pensando que Lázaro, como pobre, estaba a sus órdenes. En medio de su enajenación seguía sintiendo que el pobre era su esclavo para atender a sus necesidades y actuar de mandadero. Es decir, el rico sigue con la conciencia de que él, como es rico, puede mandar al pobre donde quiera y hacer lo que quiera con él, porque total es pobre, ¡aun en el más allá!

Por el contrario, el pobre está lejos de la vanidad de los bienes, y por eso puede heredar el reino de Dios, que no consiste de los valores de este mundo. La actitud de todo ser humano frente a Dios tiene que ser semejante a la actitud que tienen los pobres frente a los ricos. Los pobres viven como pidiendo piedad por existir, situados con temor y temblor delante de los demás, con la conciencia de que si les prestan alguna atención ya es una gran gracia. Esta situación, esta pobreza, es una actitud que Dios valora en la relación de cada ser humano con él (Sof. 3. 12). La base de la relación correcta entre el ser humano y Dios es esta conciencia de no tener, de carencia de derechos y pretensiones delante de Dios. Los pobres son los privilegiados del Señor porque ellos dependen radical e incondicionalmente de la voluntad divina.

Finalmente, la opción por los pobres *tiene una condición soteriológica*. Santiago destaca que el reino prometido es para los pobres en tanto amen al Señor. Al igual que la corona de vida, el reino es para «los que le aman». No se trata de que Dios los escoge porque ellos lo aman. El derecho a la herencia prometida no es una recompensa por su amor. Por el contrario, los pobres son elegidos por Dios para que le amen, y en tanto amen al Señor se hacen acreedores del reino. El reino no es una recompensa por amar a Dios, sino el resultado de amar a Dios (1 Jn. 4. 19). El amor que tenemos por nuestro Señor no nos acredita automáticamente la vida eterna, como si se tratase de una recompensa a la que tenemos derecho. Ni siquiera la fe puesta en Jesús es mérito suficiente para alcanzar nuestra salvación. La herencia del reino no es un logro humano, sino una dádiva divina (Ef. 2. 8-9). Y sin embargo, es una verdad constante en la Biblia, que Dios tiene reservadas bendiciones abundantes para aquellos «que le aman», guardan sus mandamientos y le sirven con fidelidad a toda costa (Mt. 19. 28-29; 1 Co. 2. 9).

De este modo, la herencia del reino no es para los pobres por encontrarse en la condición económica, sociológica o política de tales, sino para aquellos que, a pesar de su condición de pobreza y marginación, han respondido con amor al amor generoso del Salvador. La condición para ser salvo no es «¡Sé pobre!» sino «Cree en el Señor Jesucristo» (Hch. 16. 31). El camino para el reconocimiento como hijo de Dios y heredero de su reino no es la pobreza, sino recibir por la fe a Jesús como el Mesías (Jn. 1. 12).

En segundo lugar, consideremos *la opresión de los ricos.*

La situación de miseria y opresión a que se encuentra sometida la mayor parte de la población latinoamericana ha sido profundamente estudiada y es bien conocida por todos. Los latinoamericanos formamos parte de un mundo pobre. Somos un continente subdesarrollado, y como tal, integramos lo que se ha denominado como el Tercer Mundo. Pertenecemos a ese tercio de la humanidad al que le corresponde tan solo el 3% del ingreso mundial global. Somos parte de esa población del planeta, que sobrepasa el 75% de la humanidad, que solo recibe el 6. 5% del ingreso mundial. Nuestro ingreso por habitante es 18 veces inferior al de las naciones desarrolladas, consideradas en su conjunto. El Tercer Mundo posee el 80% de las materias primas, pero la proporción que le corresponde en la producción global es inferior al 7%.[44]

En 1984, el ingreso nacional sueco era superior a US$ 11. 050 por habitante por año, y el de los demás países europeos oscilaba entre los US$ 5.000 y US$ 8.000. En ese mismo año, el ingreso nacional por habitante de los veinticinco países menos adelantados del Tercer Mundo no era sino de US$ 80 a US$ 130 por año. Con sus 8.4 millones de habitantes, Suecia produce y consume más energía eléctrica que la India, cuya población es de más de 800 millones. Para lograr un nivel de producción y consumo equivalente al de Suecia, el gobierno de Nueva Delhi tendría que construir 10.000 centrales atómicas, de 500 megawatios cada una. Los

44 Mohammed Bedjaoui, *Hacia un nuevo orden económico internacional,* Ediciones Sígueme, Salamanca, 1979, p. 24.

aparatos de aire acondicionado que funcionan en el territorio de los Estados Unidos consumen más energía eléctrica que toda la República Popular China, con sus 1.100 millones de habitantes. Se ha calculado que un niño norteamericano consume aproximadamente 500 veces más recursos materiales que un niño de un país subdesarrollado. Según Penny Lernoux, un tercio de la población en América Latina gana menos por año que lo que una ama de casa norteamericana gasta en el supermercado en una semana.[45]

Roberto McNamara, ex-presidente del Banco Mundial, publicó hace algunos años una serie de análisis sobre el desarrollo y la pobreza absoluta en el Tercer Mundo. Sus conclusiones sobre la decadencia de la agricultura y la pauperización de las ciudades nos hacen penetrar en un universo dantesco, en el cual la humanidad se encamina hacia su destrucción final. Dice él que en el Tercer Mundo hay 300 millones de desempleados permanentes, y su número crece rápidamente; hay 550 millones de analfabetos; 700 millones padecen de malnutrición grave y 1.300 millones no tienen acceso a agua potable ni a servicios sanitarios. Por otra parte, se ha calculado que hay en el mundo 1. 100 millones de seres que solo tienen un ingreso diario de 30 centavos de dólar.[46]

No es difícil identificar a los opresores y los oprimidos en nuestro continente hoy. En 1985 la población de los Estados Unidos era de 238 millones con un ingreso nacional bruto de US$ 15. 390 por habitante. El Salvador, con una población de 5 millones solo tenía un producto nacional bruto de US$ 710. La expectativa de vida en Canadá en 1985 era de 76 años; en Nicaragua sólo de 60 años. En El Salvador unos 66 niños de cada 1000 murieron en ese año; en Canadá sólo 6. Hubo un médico cada 500 habitantes en Estados Unidos en 1985, pero solo uno cada 3. 220 habitantes en El Salvador. Es evidente que los pueblos de El Salvador y Nicaragua estuvieron del lado de los oprimidos, porque no pudieron gozar de las posibilidades de acceder a una calidad de vida mejor, mientras que los Estados Unidos no solo disfrutaron de la opulencia, sino que sus políticas en América Central agregaron dolor y sufrimiento a los pueblos oprimidos.[47]

Lo que torna todavía más dramático este cuadro es constatar que la situación, a nivel mundial y continental, lejos de mejorar, va empeorando cada día. La pobreza es el gran problema de Hispano-

45 Penny Lernoux, *Cry of the People*, Penguin, Nueva York, 1982, p. 20.
46 Robert McNamara en *World Bank: Annual Report, 1982*, International Bank for Reconstruction and Development, e International Development Association, Washington, D. C., 1982, pp. 1-20.
47 Datos tomados de *World Development Report* 1986, World Bank, Washington, D. C., 1986, Annex, Tablas 1, 27, 28, 29.

américa. En 1985, Abraham F. Lowenthal, profesor en la Escuela de Relaciones Internacionales de la Universidad de Southern California, afirmaba: «América Latina está sufriendo todavía la crisis socio-económica más severa desde la Gran Depresión».[48]

Pero no se trata solo de la pobreza en términos económicos. Según la Biblia, es pobre todo aquel ser humano que carece de los elementos necesarios para vivir una vida humana plena, conforme a la voluntad de Dios. Esto tiene que ver, por cierto, con los medios económicos y materiales necesarios para vivir con dignidad, pero incluye también los medios intelectuales, síquicos, morales y espirituales, que permiten al ser humano vivir como una persona completa. Esto es, realizarse en este mundo, desarrollar su creatividad como ser creado a «imagen de Dios», y vivir como un ser autónomo y libre. Lowenthal agregaba a su informe: «La profundidad de la crisis de América Latina no está adecuadamente representada por las estadísticas sobre la deuda, el empleo, el ingreso, la inflación, la producción y el comercio, porque uno tiene que traducir la situación de la región en términos humanos: hambre, niños sin hogar, mortandad infantil, gente en botes y 'gente de a pie', amotinamientos y terrorismo».[49]

En el contexto de su consideración de la demanda de justicia que hace la religión verdadera, Santiago vuelve al tema de la pobreza en los vv. 6-7, para desenmascarar su verdadero origen. Es así que, en estos versículos, el autor contrapone la afrenta del pobre con la opresión de los ricos.

Por un lado está *la afrenta del pobre*. La afrenta en cuestión consiste en la deshonra a la que el pobre se ve sometido, aun en la iglesia. ¡Los pobres eran maltratados, difamados y humillados por sus propios hermanos creyentes, sin otra razón que su pobreza! La Biblia estima como grave esta actitud (Ro. 1. 28-32). Todo ser humano tiene derecho a la honra, bien personal que se le debe. Quien atenta contra este bien, comete una injusticia que le hace reo del infierno (Mt. 5. 22). La pobreza de los pobres es la evidencia más palmaria del pecado del mundo. Es en esa pobreza donde el pecado se cristaliza, se hace patente y visible, se revela. No se trata de una mera carencia de bienes, sino de la pobreza que deja al margen de la vida humana a las personas. Y como tal, es la expresión más cabal del carácter deshumanizador del pecado.

---

48 Declaración de Abraham F. Lowenthal ante Subcommittee on Western Hemisphere Affairs, House Committee on Foreign Affairs, 1985, publicado en Congressional Research Service, Library of Congress, *What Changes Are Needed in United States Foreign Policy Toward Latin America?* U. S. Government Printing Office, Washington, 1987, p. 218.
49 *Ibid.*

En esta pobreza se nos revela la triple dimensión del pecado del mundo. En primer lugar, nos revela que los seres humanos no sabemos vivir como hermanos. Es lo primero que salta a la vista. Hay seres humanos que no son considerados como personas, simplemente porque no están acompañados por una cierta cantidad de bienes materiales. En razón de esto, están excluidos de la comunicación, de la participación, de la cultura y de la totalidad de los bienes. Debido al pecado, ya no somos hermanos los unos de los otros, sino que hay quienes son absolutamente marginados, descalificados, excluidos, clasificados y cosificados.

En segundo lugar, la pobreza nos revela la forma en que el ser humano se relaciona con el mundo de los bienes materiales. Es precisamente en la utilización de los bienes que proceden de la creación donde se produce la diferenciación entre los seres humanos. Los bienes que Dios destinó para todas sus criaturas son acaparados por unos pocos, que los disfrutan de manera egoísta. Con ello, quedan muchos otros que carecen incluso de los elementos que les son indispensables para el mantenimiento mínimo de su vida biológica.

En tercer lugar, también es cierto que la pobreza nos revela la posibilidad de la fraternidad humana. Esta fraternidad se percibe allí donde realmente el ser humano se relaciona con el Dios verdadero, creador de todos y Padre de todos. Quien por la fe ha aprendido del amor de Dios, está capacitado para relacionarse por amor con su prójimo (1 Jn. 3. 10; 4. 20).

¿Con qué pauta se evalúa la relación auténtica del ser humano con Dios? Con su relación con el prójimo (1 Jn. 2. 9). La pobreza es el resultado del aborrecimiento de unos pocos hacia los muchos, y como tal, es testimonio del pecado del mundo en todas sus dimensiones. Es en la relación con Dios, con los seres humanos, con los bienes de la tierra, donde se nos da el parámetro para ver la medida del pecado del mundo. En un mundo como el nuestro, donde la persona vale por lo que tiene, la pobreza es mucho más marginal e injusta. Y cuanto más profunda sea la pobreza, tanto más evidente será el imperio del pecado. Es por ello que afrentar al pobre es también afrentar a Dios, cuya santidad se opone a todo pecado (Is. 10. 1-2). Dios no dejará impune a quien humille al pobre, ni permitirá que éste quede humillado (Sal. 72. 12-14).

Frente a esta situación está *el pecado de los ricos*. Santiago ve en las actitudes de los ricos el origen de la pobreza de los pobres. La pobreza de una parte del mundo está íntimamente ligada a la riqueza de la otra parte. Según el informe de Abraham Lowenthal, la deuda latinoamericana se debe a la política económica de los

Estados Unidos que incrementa arbitrariamente las tasas de interés. Además, los esfuerzos de las naciones morosas por aumentar sus exportaciones a fin de poder pagar la deuda, chocan con el proteccionismo norteamericano y de otros países.[50] «Los Estados Unidos hablan de interdependencia y de solidaridad regional, pero llevan a cabo políticas macroeconómicas con efectos internacionales devastadores».[51] Un informe de 1986 dice: «Hay poca esperanza de que América Latina emerja de la recesión a menos que deje de transferir al exterior recursos, como lo ha tenido que hacer por cuatro años consecutivos, lo cual ha sido lo opuesto de la tendencia a largo plazo, en un tiempo en que el capital foráneo era usado para aumentar los ahorros domésticos [en los Estados Unidos]».[52] En otras palabras, mientras los países latinoamericanos deudores empobrecían cada vez más a sus habitantes para poder cumplir los compromisos de la deuda, en los Estados Unidos ese dinero era usado para incrementar el ahorro interno.

En su necedad, los lectores de Santiago estaban discriminando favorablemente a aquellos que eran sus explotadores, imitando sus actitudes de dominio y arrogancia, mientras segregaban y sometían a humillación a quienes, como ellos mismos, vivían en una condición de pobreza. Para hacerlos recapacitar, Santiago señala tres áreas en las que se verifica la opresión de los ricos.

Primero, Santiago acusa a los ricos de oprimir a los pobres. La opresión de los ricos no es otra cosa que su trato injusto y abusivo del pobre, tomando ventaja de su condición de dependencia y carencia. Probablemente Santiago se esté refiriendo a la manera en que algunos potentados judíos no creyentes trataban a los creyentes cristianos de condición más humilde, que constituían la mayoría en las sinagogas cristianas. Con su denuncia, Santiago se integra a una tradición profética de larga data en la historia de Israel (Ez. 18. 5-9; Am. 4. 1; 8. 4-6).

La deuda externa latinoamericana es el resultado de un trato abusivo de los países ricos del mundo, particularmente los Estados Unidos. A fines de 1981, los países latinoamericanos debían unos US$ 297. 000 millones. A fines de 1984 la deuda había ascendido a unos US$ 371. 000 millones. En otras palabras, después de tres años de crisis y extrema austeridad, la deuda, lejos de reducirse, aumentó en US$ 75.000 millones, ¡más los intereses! De este

---

50 *Ibid.*

51 *Ibid.*, p. 219.

52 «Economic and Social Progress in Latin America: 1986», informe condensado del Inter-American Development Bank, Nueva York, 1986, publicado en *What Changes Are Needed*, p. 273.

aumento, unos US$ 34.000 millones fueron prestados por bancos comerciales (US$ 24.600 millones por bancos norteamericanos). Este dinero jamás llegó a América Latina, porque los bancos se pagaron a sí mismos y contaron la suma como intereses recibidos de los países deudores. Pero los intereses por el dinero acordado costaron a estos países no menos de US$ 4. 000 millones por año en intereses adicionales, y ni un solo dólar fue invertido en aumentar la capacidad productiva o de exportación de los países deudores.[53] La injusticia y abuso de la deuda externa latinoamericana es tan evidente que no hace falta mayor argumentación.

Segundo, Santiago acusa a los ricos de perseguir personalmente y con violencia e injusticia a los pobres. ¿Hace falta ilustrar estas acusaciones con ejemplos de casos parecidos en América Latina? La abundancia de ejemplos de opresión y de abuso jurídico de los pobres es tan grande, que lo difícil es hacer una selección. En 1985 el producto bruto nacional de la mayor parte de los países latinoamericanos lejos de aumentar, decreció. El quinquenio 1981-1985 fue un período de estancamiento o decrecimiento del producto bruto nacional, y de erosión de las condiciones de vida de la población en toda América Latina (especialmente en Bolivia, El Salvador, Guatemala, Haiti, Honduras y Venezuela). En 1985 el PBN per capita para la región fue un 8% menor que el de 1980. Pero para 14 países fue más del 10% inferior, y para otros 7 países fue un 15% menor. Estos hechos están estrechamente relacionados con las tasas de empleo y desempleo en el continente. La tasa de desempleo entre 1980 y 1984 aumentó de manera constante, con el consiguiente deterioro social.[54]

Al desempleo y subempleo, los bajos salarios, el despido arbitrario, la falta de oportunidades de capacitación, y el despojo de tierras y recursos, se agregan las angustias que han surgido por los abusos de poder, la represión sistemática o selectiva, la delación, la violación de la privacidad, los apremios y torturas, los exilios y la desaparición de personas, la inseguridad total por detenciones sin órdenes judiciales, el uso arbitrario y acomodaticio de la ley, etc.

Tercero, Santiago acusa a los ricos de blasfemar a los pobres. Explícitamente blasfemaban el nombre de Cristo, pero implícitamente su blasfemia estaba orientada hacia los pobres. En otras palabras, el nombre de Cristo era injuriado en el rostro de los pobres. En el Antiguo Testamento, cuando se invocaba el nombre

---

53 Datos tomados de la declaración de Norman A. Bailey ante el Committee on Foreign Affairs, Subcommittee on Western Hemisphere Affairs del Congreso de los Estados Unidos, el 29 de enero, 1985, publicado en *What Changes Are Needed*, pp. 214-215.

54 «Economic and Social Progress», pp. 285, 288.

de Jehová sobre una persona, esto significaba que se atraía sobre ella la protección divina (Am. 9. 12; Is. 43. 7; Jer. 14. 9). En el Nuevo Testamento, invocar el nombre de Cristo es el único medio de salvación (Hch. 2. 21; 4. 12).

Además, el nombre de Cristo es honroso porque trae honra a la vida de aquel sobre el cual es invocado. Aun el pobre más pobre es elevado en su condición como persona humana por la presencia de Cristo en su vida. Por la fe de los pobres, Cristo ha venido a ser su tesoro más preciado (Col. 2. 2-3). La realidad de la persona de Cristo es todo lo que un cristiano pobre posee. No importa que el pobre a los ojos del mundo no valga más que un vaso de barro; a los ojos de Dios es heredero de un gran tesoro y de una honra que no tiene precio (2 Co. 4. 7-10). Por eso, la blasfemia contra el pobre es blasfemia contra Cristo.

La blasfemia a que se refiere nuestro texto se aproxima mucho a la maldición, y refleja casi siempre una actitud directa o indirecta en relación con Dios. El concepto es esencialmente religioso, es decir, se refiere a Dios. Blasfemias contra Dios son las palabras o los modos de comportarse que hieren el honor o la santidad de Dios, o a las personas o cosas relacionadas con él. Este es el caso del pobre, a quien Dios ha escogido para su reino y por quien ha hecho una opción preferencial. Cuando el pobre es explotado, oprimido y marginado; cuando se le restan oportunidades para ser una persona plena; cuando se lo cosifica y clasifica, esto no solo es una blasfemia en contra del pobre sino también en contra de Dios. Por el contrario, considerar al pobre como un ser humano completo y actuar con justicia para con él significa honrar el nombre de Dios (Sal. 41. 1-3). No obstante, este tipo de blasfemia contra Cristo puede ser perdonada (Mt. 12. 32; Mr. 3. 28-29). Si hay un cambio de actitud hacia el pobre, ya no habrá una usurpación de los derechos divinos y un atentado contra su opción preferencial por él, que son los elementos que blasfeman su honroso nombre.

3. El problema de la transgresión de la ley (2. 8-13)

Es impresionante comprobar cuán desvastador y destructivo puede ser el poder de un solo pecado en la vida. No son muchos ni diversos los pecados que arruinan la vida de una persona. Generalmente son una o dos deficiencias pequeñas, que la van dañando lentamente. Santiago presenta esta gran verdad en estos versículos, especialmente en 2. 10. El Talmud señala: «Si un hombre hace todo, pero omite un punto, es culpable de todos y de cada uno». Obedecer toda la ley con una actitud vigilante (v. 10, *têreô* significa montar guardia, ver Mt. 27. 36), es humanamente imposible. Siempre habrá «un punto» en el que tropezaremos o fallaremos. Una primera caída nos hace culpables «de todos» los pecados. Para ser transgresor de la ley uno no tiene que violar todos los mandamientos, pero sí hay que obedecerlos a todos si uno quiere vivir conforme a la ley y ser llamado grande en el reino de los cielos (ver Mt. 5. 18-20).

Santiago califica a la ley del amor cristiano como la «ley real» (*nomon basilikon*, v. 8). El adjetivo *basilikon* viene del sustantivo *basileus*, que significa rey. Pero, ¿qué significa este adjetivo calificando a ley? Los romanos usaban la expresión *lex regia* desde los días de la monarquía romana. Con ello se referían a la ley propia de un rey o a la ley que provenía de un rey. La ley del amor cristiano es una ley así: proviene del Rey de reyes.[55]

En el v. 9 Santiago vuelve a mencionar el problema de la acepción de personas. Aparentemente había algunos cristianos en aquellos días que todavía tenían una seria preocupación por guardar la ley mosaica. Había ciertas cosas que no se atreverían a hacer jamás en razón de su formación judía anterior (ver v. 11). Sin embargo, muchos de ellos parecían pasar por alto lo que Jesús indicó como el más grande de todos los mandamientos: la ley del amor cristiano (v. 8). La tendencia a la parcialidad, que se ponía en evidencia en los cultos públicos de las comunidades cristianas (2. 2-3), era expresión de que algo andaba mal en la vida religiosa de aquellos cristianos. Santiago no solo señala el problema, sino que va más allá y declara que tal actitud es un pecado, en términos de transgresión de la ley. La acusación de Santiago es seria, puesto que no se trata de una simple falta o error, sino de la elaboración consciente de un pecado.

La expresión «cometéis pecado» lleva la idea de algo que se hace y lleva a cabo mediante el ejercicio de la voluntad (ver Mt. 7. 23; Sal. 6. 8). Por eso, si bien los creyentes a quienes el autor escribe eran cuidadosos de no quebrantar algunas de las leyes mosaicas más conocidas (v. 10), eran pecadores a los ojos de Dios porque con su parcialidad transgredían la ley real del amor. La ley del amor cristiano establece que debemos respetar a toda persona sin importar su riqueza, conocimientos o posición social. Al hacer acepción de personas, los lectores de Santiago quedaban «convictos por la ley». El verbo *elegjô* significa condenar por prueba de culpabilidad (Jn. 3. 20; 8. 9, 46; 1 Co. 14. 24). De este modo, quienes creían cumplir con toda la ley, incluso el mandamiento de Levítico 19. 18, en realidad la estaban transgrediendo con su actitud de parcialidad. Eran transgresores (*parabatai*, del verbo *parabainô*, transgredir, Gá. 2. 18; Ro. 2. 25-27). Habían tomado en cuenta todas las leyes, menos la que condena la acepción de personas (Lv. 19. 15; Dt. 1. 17; 16. 19). Es por eso que el autor introduce su argumento (v. 8) con la cláusula *ei mentoi*, «si en verdad», o mejor «si de veras» (RVA; VP). Pero en el caso de sus lectores

55 Ver la interesante discusión sobre el v. 8 en M. L. Smith, «James 2. 8», *ExpTim* 21 (1910): 329.

esto no era verdad, como queda probado. De allí que Santiago comience el v.
9 con la expresión *ei de*, «pero», de carácter adversativo, indicando así el
contraste entre lo que sus lectores pensaban y lo que él denuncia.

El dicho del v. 10 ha sido atribuido casi universalmente a la enseñanza
rabínica y aparentemente repite una midrash conocida.[56] Otros comentaristas,
por el contrario, consideran la sentencia como una paradoja de origen estoico.[57] Nótese también el cambio en el orden de los mandamientos del v. 11
en relación con Exodo 20. 13-14 y Deuteronomio 5. 17-18, según el texto
hebreo. Probablemente Santiago representa el orden que se seguía en la
sinagoga. Seguramente el autor está citando de memoria o según el uso
popular.[58]

Sin duda, el pecado que más impresiona, de los dos que el autor menciona,
es el adulterio. Este es un pecado que, se supone, los piadosos lectores de
Santiago no cometerían. Lo que Santiago señala aquí es un pecado de la carne.
El adulterio que la ley condena (Ex. 20. 14; Dt. 5. 18) es básicamente la relación
sexual de un hombre y una mujer, cuando uno de ellos por lo menos está
casado. El adulterio es uno de los tres pecados (junto con el homicidio y la
idolatría) contra los que tronaron los profetas en su prédica, y que consideraron
como causa del destierro del pueblo de Israel. Según la enseñanza de Jesús, el
adulterio es un pecado grave, que condena por la eternidad (Mt. 5. 27-30; ver
1 Co. 6. 9). Nuevamente, Santiago sorprende con la mención del mandamiento
«no matarás» (Ex. 20. 13; Dt. 5. 17). Si es difícil imaginar que entre los lectores
de Santiago hubiese algún adúltero, mucho más lo es pensar que hubiese algún
homicida. Sin embargo, hay muchas formas con las que se puede terminar con
la vida de una persona. El homicidio es el resultado del enojo, y como tal,
merece castigo (Mt. 5. 21-26). Los lectores de Santiago, en su discriminación
en contra de los pobres y a favor de los ricos, estaban cometiendo un crimen
que transgredía la ley del amor. Lo que Santiago señala aquí es, en el fondo,
un pecado del espíritu. En los vv. 12-13, Santiago vuelve a llamar la atención
sobre la relación estrecha que existe entre el hablar y el hacer. «Así hablad, y
así haced» son imperativos presentes activos que indican un hábito. Para la
combinación ver 1. 19-21 contrastado con 1. 22-25, y 1. 26 con 1. 27. La «ley
de la libertad» es la ley descrita en 1. 25. La expresión es de origen griego,
sobre todo estoico, pero la fórmula procede de la diáspora cristiano-judía. Si
es cierto que Santiago escribió a los judíos cristianos de la diáspora babilónica,
entonces para él, el contenido de la «ley de la libertad» (1. 25; 2. 12) es todavía
el contenido tradicional de la Torah tal como se la entendía en tiempos del
Segundo Templo. Pero él sugiere que la ley debe ser observada en un nuevo
espíritu mesiánico, siguiendo el ejemplo de Jesús. En este sentido, la «ley de

---

56 Mayor presenta varios ejemplos en *St. James,* pp. 92-93. Su opinión fue repetida y elaborada
    por otros como Blackman, *TBC,* pp. 85-86; y Mitton, *James,* pp. 92-93.
57 Marjorie O'Rouke Boyle, «The Stoic Paradox of James 2. 10», *NTS* 31 (1985): 611-617.
58 Laws, *HNTC,* pp. 115-116.

la libertad»[59] designa fundamentalmente el conjunto de las enseñanzas de Jesús (Mt. 5-7; Lc. 6. 20-49), que son entendidas como reglas de conducta y cuya observancia libera del cumplimiento literal de la ley del Antiguo Testamento. Se trata de una ley y no de un capricho individual de «libertad personal». Esta ley tiene la capacidad de juzgar. La expresión se traduce mejor como «ser juzgados bajo la ley de la libertad».

Si se estudian los cinco textos de Santiago en los que el autor relaciona la palabra con el cumplimiento de la ley (1. 18, 21, 22-25; 2. 8-13; 4. 11-12), es posible concluir que Santiago identifica la palabra implícitamente con el evangelio y explícitamente con la ley del Antiguo Testamento. La última afirmación es aceptable para el cristiano en tanto que la ley del Antiguo Testamento sea considerada como la palabra viviente de Dios. Esta aproximación teológica entre ley y evangelio es el resultado de la sofisticada labor literaria del autor, que quiere recubrir su mensaje pastoral evangélico con la tradición veterotestamentaria. [60]

La expresión «sin misericordia» (aneleos) solo aparece aquí en el Nuevo Testamento. La expresión suena a Ley del Talión, pero el principio de compensación equivalente aparece en los evangelios (ver Mt. 5. 7; 6. 14; 7. 1-2; 18. 33). No obstante, «¡la misericordia se gloría triunfante sobre el juicio!» (VP); literalmente, «se gloría contra el juicio» (VM).

El juicio aquí significa condenación. Este juicio pertenece a Dios, que es el autor y dador de la Ley. El es el Legislador (4. 11-12), él es el Juez (5. 9), y él es quien premia la práctica de la ley (1. 25; 2. 8), que se resume en la misericordia. Las obras de misericordia son el contenido capital de la ley de la libertad. Por eso, solo la misericordia puede triunfar sobre la justicia en las relaciones entre Dios y los humanos. Juan Crisóstomo decía que «la misericordia está vestida de la gloria divina y está de pie junto al trono de Dios» (ver Ro. 8. 31-39; Mt. 9. 13; 12. 7).

Nuestro pecado y la misericordia de Dios

En su consideración del problema de la transgresión de la ley, Santiago discute la tragedia de un solo pecado (vv. 8-11) y el triunfo de la misericordia (vv. 12-13).

Consideremos *la tragedia de un solo pecado*. En el desarrollo de su argumento, Santiago señala tres pecados concretos o trans-

59 Ver A. Ammassari, «Towards a Law of Liberty: The Epistle of James» *SIDIC* 10 (3, 1977): 23-25.
60 Ver J. Sánchez-Bosch, «Llei i Paraula de Déu en la carta de Jaume», *RCatalT* 1 (1, 1976): 51-78; y Ammassari, «Law of Liberty», pp. 23-25.

gresiones de la ley como los eslabones débiles donde se corta la cadena de las pretensiones religiosas.

Primero, Santiago menciona *el pecado de la acepción de personas*. El autor ya ha discutido ampliamente esta cuestión en los versículos anteriores. Pero ahora retoma el debate para denunciar la hipocresía de sus interlocutores.

El Señor enseñó que de la ley del amor dependían la Ley y los profetas (Mt. 22. 40). En la Regla de Oro él presentó la esencia de toda la enseñanza de la Ley y los profetas (Mt. 7. 12). Esta ley del amor es la que ya anunciaban las Escrituras del Antiguo Testamento, según el pasaje que Santiago cita aquí (Lv. 19. 18). Esta ley fue ratificada por Jesús (Lc. 10. 28), y era la ley que los lectores de Santiago violaban con su parcialidad.

La acusación de Santiago es seria, puesto que no se trata de una simple falta o error, sino de la elaboración consciente de un pecado. La ley del amor cristiano establece que debemos respetar a toda persona sin importar su riqueza, conocimientos o posición social. Cuando no lo hacemos así, quedamos «convictos por la ley».

La ley de Dios es una unidad. Infringirla en un punto revela una actitud que puede llevar a quebrantarla en cualquier otro punto. Una persona no puede despreciar al pobre y conservar el favor de Dios, de la misma manera que no puede matar y pretender agradarle. Por supuesto, Santiago no quiere decir con esto que todos los pecados son iguales en sus consecuencias. Como observa Curtis Vaughan: «Santiago no está considerando la magnitud y grado de la culpabilidad, sino su realidad. Algunos pecados son obviamente más abominables a los ojos de Dios que otros».[61] Tal es el caso de la opresión y explotación del pobre.

Se cuenta que en cierta ocasión un personaje importante de una comunidad en Bolivia recibió a Cristo como Salvador y pasó adelante respondiendo a la invitación del evangelista. Al mismo tiempo, un campesino aymara hacía lo mismo pero adelantándose por otro pasillo. Al llegar frente al evangelista, el campesino dio un paso atrás colocándose por detrás del personaje importante. Pero el predicador, poniendo sus manos sobre los hombros de ambos les dijo: «El piso al pie de la cruz es parejo para todos».

Segundo, Santiago menciona *el pecado del adulterio*. Llama la atención que en el momento de seleccionar ejemplos de un solo pecado que arruine la vida del creyente, Santiago mencione el adulterio. Por su carácter, uno pensaría que sus lectores se guardarían bien de no cometer este pecado. Sin embargo, el adulterio

---

61 Curtis Vaughan, *A Study Guide: James*, Zondervan, Grand Rapids, 1969, p. 53.

es más frecuente en las comunidades cristianas de lo que se piensa. En Hispanoamérica ha habido una especie de exaltación del adulterio como expresión de machismo. Mientras tradicionalmente se han pisoteado los derechos sexuales de la mujer, los varones han considerado como parte de sus legítimos derechos el acceder sexualmente a cualquier mujer, sin importar su estado civil. En este sentido, la mujer hispanoamericana ha sido doblemente oprimida: por su clase social y por su sexo.

Siempre que alguien reclama sus derechos por sí y ante sí y sin ningún género de consideraciones por su prójimo como persona humana, cuando solo piensa en su provecho y dispone del otro para su propio placer, cuando engaña a otros que confían en él o en ella de buena fe, cuando en el matrimonio sigue sus propios caminos y se desinteresa de su cónyuge por causa de otra persona, cuando se falta a la fidelidad prometida, en todos estos casos hay alguna forma de adulterio. Este pecado es abominación a los ojos de Dios (Dt. 22. 22-30). No es difícil guardarse de un pecado de tal magnitud, especialmente en sus efectos y alcances. Sin embargo, ante los ojos del Señor, no hay diferencia entre el adulterio manifiesto y la concupiscencia oculta (Mt. 5. 28). A los ojos humanos, el primero podrá parecer más grave por sus consecuencias humanas, pero a los ojos de Dios el segundo también lo es por sus consecuencias espirituales.

Tercero, Santiago menciona *el pecado de asesinato*. El mayor problema de los creyentes que se consideran libres de los pecados de la carne (como el adulterio), es que muchas veces hacen de su condenación de tales pecados su excusa para cubrir los pecados del espíritu (como la acepción de personas y la discriminación). Estos pecados del espíritu se constituyen en verdaderas armas para la liquidación del prójimo. Una lengua calumniadora es más mortal que la más filosa de las espadas. La explotación y opresión del pobre es un mecanismo de exterminio sutil y silencioso. No podemos pretender indiferencia o neutralidad ante la realidad palmaria del crimen de explotación que se lleva a cabo en nuestro continente. O estamos a favor de la vida o estamos alineados del lado de la muerte; o nos identificamos con los pobres en la lucha por la vida o nos hacemos cómplices de las fuerzas de la muerte.

El mártir salvadoreño Oscar Arnulfo Romero nos desafía con estas palabras:

Creemos en Jesús, quien vino a traer vida en plenitud, y creemos en un Dios viviente que da vida a los hombres y quiere que los hombres vivan en verdad. Estas verdades radicales de la fe se hacen realmente verdades y verdades radicales cuando la iglesia se inserta en medio de la vida y la muerte de su pueblo. Ahí se le presenta a la iglesia, como a todo hombre, la opción más importante para su fe: estar en favor de la vida o de la muerte. Y aquí se da la mediación histórica fundamental de la fe: o creemos en un Dios de vida, o servimos a los ídolos de la muerte.[62]

Al fin y al cabo, más allá de la ley contra el adulterio y la ley contra el homicidio, está la autoridad del Legislador. La unidad y solidaridad de la ley descansa en el Legislador, que pronunció ambos principios. La ley de Dios es una unidad, que no puede dividirse ni tomarse parcialmente. No es posible cumplir con algunos mandamientos y dejar de lado otros. Cada punto de la ley es expresión de una sola voluntad soberana: la de Dios. Por eso, quebrantar la ley en cualquiera de sus puntos significa un atentado contra el dador de la ley, porque más que un código de conducta, la ley representa un sistema de relaciones con Dios. El pecado, como transgresión de la ley, es precisamente el rompimiento de este sistema de relaciones con Dios (Ro. 3. 23). El ser humano pecador ya no puede obedecer la ley ni reestablecer la relación rota con Dios. Es por eso que su salvación no depende de su propia justicia, sino de la justicia de Jesucristo, quien cumplió la ley en todos sus puntos y nos reconcilia con Dios por la fe (Ro. 5. 1; Co. 5. 19).

Consideremos también *el triunfo de la misericordia*. En el mundo hispanoamericano, ley y misericordia han sufrido una alienación profunda a lo largo de los siglos. La ley, lejos de ser un instrumento al servicio de los pobres, puesta para su defensa y protección, fue y es un engranaje más del sistema de opresión a favor de los intereses de los poderosos y opresores. En su obra magistral, *Martín Fierro*, José Hernández describe muy bien la desconfianza del hombre de campo a la institución jurídica, que por fuerza de intereses políticos y de poder, siempre va contra los menesterosos y marginados de la sociedad:

A mí el Juez me tomó entre ojos
En la última votación.
Me le había hecho el remolón
Y no me arrimé ese día.
Y él dijo que yo servía
A los de la exposición.

62 Mons. Oscar Arnulfo Romero, *La voz de los sin voz: la palabra viva de Monseñor Romero.* R. Cardenal, I. Martín Baró, J. Sobrino (eds), San Salvador, UCA, 1980, pp. 190-191

Entre los consejos del viejo Viscacha está aquél que dice:

Hacéte amigo del Juez,
No le dés de qué quejarse
Y cuando quiera enojarse
Vos te debés encoger,
Pues siempre es güeno tener
Palenque ande ir a rascarse.

En Hispanoamérica, la ley es temida y se obedece, pero no se cumple. Hay un profundo desprecio por la ley. Es más, la ley no se aplica al legislador, quien por otro lado no tiene por qué ser justo. En la concepción de la realidad hispanoamericana hay dos mundos diferentes. Uno es el mundo interior constituido por la propia familia y amigos más íntimos, y el otro es el mundo exterior, el de los demás. Cada uno es uno mismo más su mundo interior. La ley se interpreta conforme a este esquema mental: hacia el mundo exterior se aplica con exigencia y rigor, mientras que hacia el mundo interior se lo hace según la conveniencia.

Sin embargo, en el universo moral de Dios no es posible evitar las demandas de *su* ley y el juicio que ella conlleva. Como diría Gaspar Núñez de Arce, el poeta postromántico español del siglo pasado, en su obra *El vértigo*:

¡La ley calla, el mundo olvida!
Mas ¿quién sacude tu yugo?
Al Sumo Hacedor le plugo
que, a solas con el pecado,
fueses tú para el culpado
delator, juez y verdugo.

En los dos versículos finales de la sección en la que Santiago discute la demanda de justicia de la religión verdadera, el autor recuerda a sus lectores dos grandes realidades de la vida cristiana.

Tenemos, en primer lugar, *la ley de la libertad*. Esta es la ley que Moisés transmitió y que Cristo interpretó en su cabalidad. El término «ley» tiene un significado muy diferente, según se trate de la ley del Antiguo Testamento o de la «ley de la libertad». No obstante, lo importante en cuanto a esta ley no es tanto su contenido como su intencionalidad. La ley en cuestión tiene que ver con la libertad. Pero, ¿libertad para qué?

El cristiano es alguien que habrá de ser juzgado por esta ley de la libertad, puesto que ha recibido libertad para cumplir con la ley, es decir, la voluntad revelada de Dios. Pero el creyente puede abusar de esta libertad que le ha sido dada y emplearla como «pretexto para hacer lo malo» (1 P. 2. 16). Esto ocurre cuando esta libertad es malinterpretada en el sentido griego, es decir, como el poder de disponer de sí mismo. Esto lleva al libertinaje en lugar de al servicio del prójimo (Gá. 5. 13-15). El hombre verdaderamente libre, o sea, aquel que habla y actúa como alguien que habrá de ser juzgado por la ley de la libertad, demuestra su libertad en que se libera de sí mismo para servir a Dios (1 Ts. 1. 9), a la justicia (Ro. 6. 18-20) y al prójimo (1. 25; 1 Co. 9. 19).

El que ha sido liberado del pecado y de una vida egoísta, y en consecuencia, vive bajo la ley de la libertad, se convierte en un «siervo de Dios y del Señor Jesucristo» (1. 1; ver 1 Co. 7. 22; Ro. 1. 1; Fil. 1. 1). Sobre esta base, Martín Lutero podía decir: «El cristiano es señor de todas las cosas y no está sujeto a nadie (en la fe); el cristiano es servidor de todas las cosas y está supeditado a todos (en el amor)».[63] El cristiano no está sometido a una ley hecha por hombres, sino a un amor dado por Dios. En Cristo ha sido liberado de las regulaciones externas de las leyes humanas y del temor a ser castigado si las transgrede, para vivir bajo la compulsión del amor en servicio a Dios y al prójimo. Es que, como dijera José Miguez Bonino, «amar al prójimo significa más que obedecer las leyes que rigen nuestra relación con él».[64]

Por otra parte, este servicio que resulta del sometimiento a la ley de la libertad puede expresarse de diversas formas (Gá. 5. 22; 1 Co. 9. 19-27). Lo importante es que acontezca en el amor (1 Co. 13). En realidad, cuando vivimos sometidos a la ley de la libertad, ocurre que «el amor de Cristo nos constriñe» (2 Co. 5. 14-15). De modo que, cuanto más profundamente nos ajustamos a la ley de la libertad tanto más libres somos para obrar en amor hacia nuestro prójimo. Dietrich Bonhoeffer nos recuerda:

> Estamos viviendo en la era de la gracia, porque cada uno de nosotros tiene aún un hermano, estamos aún 'con él en el camino'. El tribunal está más adelante y todavía tenemos oportunidad de reconciliarnos con nuestro hermano y pagarle nuestra deuda. Viene la hora cuando nos hallaremos cara a cara con el juez y entonces será tarde. Entonces recibiremos la sentencia y habremos de pagar hasta el último centavo. ¿Pero nos damos cuenta que en este punto nuestro hermano se nos presenta, no como ley sino como gracia? Es una gracia el que se nos permita hallar favor con nuestro hermano y pagarle nuestra deuda, una gracia que podamos reconciliar-

63 Martín Lutero, *La libertad cristiana*, La Aurora, Buenos Aires, 1938, p. 13.
64 Miguez Bonino, *Mundo nuevo de Dios*, pp. 33-34.

nos con él. En nuestro hermano hallamos gracia ante el tribunal del juicio.[65]

Tenemos, en segundo lugar, *la ley de la misericordia*. Estrechamente ligada a la ley de la libertad está lo que podemos llamar la ley de la misericordia cristiana. El amor representa la actitud apropiada del corazón cristiano hacia todos los seres humanos. La misericordia es el amor puesto en acción a favor de los demás. Esta bondad benevolente hacia los demás es fiel reflejo de la actitud de Dios mismo hacia los pecadores. Como dice Miguel de Cervantes Saavedra: «Aunque todos los atributos de Dios son iguales, el que más resplandece y campea, a nuestro ver, es la misericordia». Dios ha elegido el camino de la misericordia para visitarnos. Y por el mismo camino vamos, con nuestros hermanos, hacia el Dios de la misericordia.

Además, en el universo moral de Dios se cumple una ley que consiste en que uno cosecha lo que siembra y recibe lo que da (Gá. 6. 7-10). De este modo, Santiago seguramente está pensando en la bienaventuranza de Jesús: «Bienaventurados los misericordiosos, porque ellos alcanzarán misericordia» (Mt. 5. 7). Es justo que quien se ha mostrado misericordioso hacia los demás coseche lo que ha sembrado, es decir, misericordia. Misericordiosos son los que se conducen con simpatía (comparten los sufrimientos) del que sufre. Por naturaleza, la misericordia se traduce en actos de amor, pero estos solo valen en la medida en que estén inspirados por aquélla.

La definición de la misericordia en términos cristianos se encuentra en varios pasajes (Lc. 10. 25-37; Mt. 17. 15; 6. 14-15; 7. 1-2). La verdad de que quien se muestra misericordioso encontrará misericordia también está sembrada en toda la Biblia (Sal. 18. 25; Mt. 5. 7; 6. 14-15; 7. 1-2; 18. 23-35) y en la sabiduría de Israel (Eclesiástico 28. 2-5).

Pero lo contrario también es cierto. Quienes no han hablado ni actuado con misericordia hacia su prójimo, no hallarán misericordia. El que no usa de misericordia no puede recibir la misericordia divina. Santiago tiene en mente de manera particular la parcialidad que oprimía y discriminaba a los pobres (2. 2-4). La parábola de Jesús sobre el servidor injusto ilustra vívidamente el juicio de Dios sobre el comportamiento que se caracteriza por la falta de misericordia. Dios puede perdonar todos los pecados, pero no va a pasar por alto la falta de misericordia hacia el prójimo (Mt. 18. 21-35).

Ante Dios, santo y sublime, ningún ser viviente puede presen-

65 Dietrich Bonhoeffer, *The Cost of Discipleship*, Macmillan, Nueva York, p. 113.

tarse como justo: solo la misericordia divina puede declararnos inocentes en el juicio. Entre los rabinos del tiempo de Santiago, la idea de que para ser perdonados era necesario perdonar era corriente. Lo que Santiago subraya es que al ser objetos de la misericordia divina, no podemos menos que actuar de manera semejante con nuestro prójimo.

Dietrich Bonhoeffer nos da una hermosa descripción del «misericordioso»:

Como si sus propias necesidades y miseria no bastaran, (los seguidores de Jesús) toman sobre sí las miserias y humillaciones y pecados de los demás. Tienen un amor irresistible por los humillados, por los enfermos, por los miserables, por las víctimas, por los parias y por todos los torturados por la ansiedad. Salen a buscar a los enredados en las angustias del pecado y la culpa. Ninguna miseria es demasiado grande, ningún pecado demasiado espantoso para su piedad. Si alguien cae en desgracia, el misericordioso sacrificará su propio honor para escudarlo y tomará su vergüenza sobre sí. Se juntará con publicanos y pecadores, sin preocuparse de la deshonra que pueda traer sobre sí. Para ser misericordiosos deben arrojar de sí el más preciado tesoro de la vida humana: su honor y dignidad personal. Porque el único honor y dignidad que conocen es la misericordia de su propio Señor, a la cual deben enteramente su vida. El no se avergonzó de sus discípulos, él se hizo hermano de la humanidad, y cargó con su vergüenza hasta la muerte de la cruz. Así fue cómo Jesús, el crucificado, fue misericordioso. Sus seguidores deben su vida solo a esa misericordia. Ella les hace olvidar su propio honor y dignidad y buscar la compañía de pecadores. . . Un día Dios vendrá y tomará sobre sí mismo el pecado y la vergüenza de ellos. Los cubrirá con su honor y quitará su desgracia. Será su gloria cargar con la vergüenza de los pecadores y los revestirá con su honor. Bienaventurados los misericordiosos, porque ellos tienen al Misericordioso por su Señor.[66]

C. La religión verdadera demanda una fe que obra (2. 14-26)

En este pasaje, Santiago contesta a dos oponentes, que representan tendencias excluyentes. Los dos oponentes entre sí y el autor se distinguen por el uso de la partícula griega *tis*, «alguno» (vv. 14, 16, 18). Un oponente sostiene la adhesión a un cuerpo de doctrina, que tiene que ver con Dios pero no con el prójimo, como camino de salvación y de justicia. El otro oponente arguye que las obras y la acción en sí mismas, sin adhesión alguna a la creencia, son suficientes para el cristiano. Por su lado, Santiago sostiene que la fe es primordial, pero está unida a la acción, que es su resultado. Fe y obras integradas son las que demuestran la fidelidad, o sea, la justicia de Dios. La respuesta de Santiago a sus oponentes se halla mayormente en los vv. 20-26, si bien al primer oponente le responde en parte en los vv. 14-17.[67]

Santiago parece estar hablando sin pelos en la lengua cuando pregunta: «¿De qué le sirve a uno, hermanos míos, decir que tiene fe, si no tiene obras?» (NA). La pregunta no se aplica a la cuestión de nuestra salvación. Es claro, por lo que enseña el Nuevo Testamento, que no somos salvos por medio de las obras, sino por gracia mediante la fe (Ef. 2. 8). La pregunta de Santiago se aplica más bien a la realidad de nuestra experiencia cristiana. Si una persona pretende ser cristiana y tener el amor de Cristo en su corazón, no puede consistentemente despreciar a su hermano que está en necesidad desesperada y no hacer nada por aliviarlo de esa necesidad. Por el contrario, oirá su conciencia cristiana diciéndole constantemente: «¡No te quedes allí parado; haz algo!»

A primera vista, el pasaje de Santiago 2. 14-26 parece estar en contra-dicción con la enseñanza del apóstol Pablo acerca de la justificación. Pero un estudio cuidadoso muestra que la oposición es más aparente que real. En estos versículos, Santiago va desarrollando sus conceptos desde la ilustración (vv. 14-17), a través de la argumentación (vv. 18-19), hasta llegar a la compro-bación (vv. 20-26). Para el autor, fe y obras se corresponden inherentemente. El carácter inseparable de la fe y las obras es la enseñanza principal de esta sección. [68] El cristiano es responsable de asegurarse de que la fe resulte en obras. La actitud rechazada por Santiago (i. e. que la fe ocupe el lugar de las obras en la vida de una persona), es negada con tanta claridad por Pablo, que se torna impensable sugerir que Santiago se pone en contra de este apóstol. No obstante, Pablo comienza en un escalón anterior al de Santiago al afirmar que Dios justifica al creyente solo a través de la fe.[69]

Por otro lado, Santiago y Pablo no quieren decir lo mismo cuando hablan de «fe» y de «obras». Primero, es necesario considerar el concepto de «fe». En el v. 19 puede discernirse lo que Santiago entiende por «fe». Para él, fe es solo una ortodoxia fría y seca, un mero asentimiento intelectual a una propo-sición teológica como la que reza «Dios es uno». Los demonios obviamente

67 Ricardo Pietrantonio, «¿Está la justicia enraizada en el Nuevo Testamento?» *RB* 48 (2, 1986): 116. Ver el interesante artículo de G. M. Burge, «'And Threw Them Thus on Paper': Recovering the Poetic Form of James 2. 14-26», *Studia Biblica et Theologica* 7 (1977): 31-45.

68 Ropes, *ICC*, p. 219; y Mussner, *HTKNT*, p. 142.

69 W. Nicol, «Faith and Works in the Letter of James», *Neot* 9 (1975): 7-24.

no tienen fe en el sentido paulino de una confianza plena en Jesucristo, que se traduce en obediencia a él. De otro modo, ¡no serían demonios! Segundo, es necesario considerar el concepto de «obras». Para Santiago, las obras son actos de misericordia y bondad hacia aquellos que están sufriendo. Las obras son el amor puesto en acción (vv. 15-16). Pero para Pablo, las obras son algo diferente. Cuando el apóstol habla de obras se refiere a «las obras de la ley»; es decir, los actos externos en conformidad con un ritual y un código moral, que se llevan a cabo con miras a la adquisición de méritos. Pablo no pretende minimizar las obras de amor, como tampoco Santiago tiene el propósito de negar que Dios es uno.

Santiago dice que «la fe sin obras está muerta» (v. 26), mientras que Pablo afirma que la fe sin obras es imposible. Pablo cita Génesis 15. 6 (Ro. 4. 3; Gá. 3. 6) para mostrar que Abraham, siendo todavía un gentil e incircunciso, fue considerado como justo debido a su fe en la promesa de Dios. Santiago (v. 23) cita el mismo versículo para probar que la fe de Abraham no era como la de los demonios, que creían pero no obedecían. La obediencia de Abraham al ofrecer a su hijo Isaac en sacrificio mostró que su fe era perfecta. Así, pues, la justificación es por una fe que se demuestra en la acción (en «obras»). De este modo, en el lenguaje de Santiago se puede decir que Abraham fue justificado por las obras, sin contradecir la afirmación de Pablo de que nadie es justificado por las obras de la ley, en el sentido de la observancia de un código legal en procura de méritos.

Podemos establecer la diferencia entre Santiago y Pablo diciendo que para el primero hubiera sido en vano que Abraham creyera en Dios, si no hubiese estado dispuesto a poner en acción su fe obedeciendo el mandamiento del Señor. Desde el punto de vista de Pablo, si Abraham se hubiese rehusado a obedecer habría sido lo mismo que no haber creído. No hay una gran diferencia de significado entre «la fe actuó juntamente con sus obras» (v. 22) y «la fe que obra por el amor» (Gá. 5:6). El verdadero contraste entre Santiago y Pablo no está tanto en algo que ellos afirmen o nieguen, como en los diferentes niveles en los que sus mentes están operando. Santiago está todavía en el nivel relativamente elemental del moralismo rabínico. Para él, la fe es ortodoxia intelectual, y la justicia de Dios es simplemente la ortodoxia ética tradicional (1. 20). Santiago no vislumbra todavía el problema con el que Pablo está luchando. Todo lo que Santiago puede ver son los colores blanco y negro de la moralidad convencional, con sus recompensas y castigos. Su carta simple para cristianos simples, que no se sienten atormentados por los problemas existenciales del pecado y su perdón, puede parecer a algunos como una «epístola sosa» según la calificara Lutero, si es puesta en la balanza teológica y se la pesa en comparación con algo tan sólido como la Carta a los Romanos.

Quizás conviene aquí decir que la teología controversial ha estado equivocada en intentar con persistencia interpretar la teología paulina de la *sola fides* en términos de oposición a la teología de la salvación a través de las obras de Santiago, o viceversa. Sin embargo, Santiago solo puede ser entendido desde dentro del marco de la teología de la tradición de sabiduría de la que proviene. Santiago presupone las ideas de Dios, el mundo y el ser humano como caracterizadas por una sabiduría mediadora. Sin esto, la carta se torna en un conglomerado incomprensible de máximas conectadas por breves diatribas. Pero Pablo, si bien está también dentro de la tradición de sabiduría, cristológica y soteriológicamente ha ido más allá de sus propios horizontes. De esta manera, el pensamiento de Pablo puede ser liberado de las presuposiciones de la historia de las religiones y puede ser interpretado en el contexto de otra manera de pensar. No es posible hacer esto con Santiago. De este modo, el intento tradicional de la teología controversial de interpretar a uno en términos del otro, no hace justicia con ninguno de los dos.[70]

No obstante, a pesar de sus limitaciones, Santiago tiene mucho que decir sobre la vanidad de la fe sin obras y la vitalidad de la fe que obra.

1. La vanidad de la fe sin obras (2. 14-19)

Santiago comienza esta sección con una pregunta retórica: «¿de qué aprovechará?» Casi todas las versiones traducen «¿de qué sirve?». Literalmente el texto dice: «¿qué bien hace?» La expresión aparece solo aquí, en el v. 16 y en 1 Corintios 15. 32 en el Nuevo Testamento, y es un ejemplo del estilo vivaz de la diatriba moral (ver Introducción). En el centro de la estructura está tanto el argumento del oponente (alguien que dice tener fe, v. 14), como la respuesta del autor («¿de qué aprovechará?»), con un ejemplo de la fe puramente intelectual (vv. 15-16), y una conclusión general (v. 17). De ese modo, el que dice tener una fe intelectual no da lo necesario a los demás, de la misma manera en que la fe no puede salvar si los hermanos están desnudos y hambrientos. Lo que Santiago está condenando aquí es la pretensión espuria de la fe. Su pregunta «¿podrá la fe salvarle?» presupone una respuesta negativa.

En esta primera aproximación al tema, Santiago no está negando el valor de la fe, sino que le quiere dar a ésta el sentido bíblico, especialmente el significado veterotestamentario de fidelidad ('emet). Es necesario recordar que jesed (misericordia) y 'emet (verdad, fidelidad) son términos que aparecen juntos en muchos textos del Antiguo Testamento (e. g. Sal. 89. 14). De esta forma, Santiago introduce muy sagazmente el tema de la justicia interhumana, pero sobre la base del juicio de Dios.[71] Es interesante que el autor especifique el sexo femenino en el v. 15, cuando dice: «Si un hermano (adelfos) o una hermana (adelfē)», pues el primer vocablo se usaba regularmente para designar a ambos sexos. Este hecho lleva a Elsa Tamez a concluir: «Es muy probable,

---

70 U. Luck, «Der Jakobusbrief und die Theologie des Paulus», *ThuGl* 61 (3, 1971): 161-179.
71 Pietrantonio, «¿Está la justicia?» pp. 116-117.

pues, que los necesitados eran comúnmente mujeres; de lo contrario, tomando en cuenta la procedencia del ambiente patriarcal de la carta, la palabra *adelfos* hubiera sido suficiente».[72]

«Desnudos» no quiere decir completamente desnudos, sino sin la ropa suficiente (ver Mt. 25. 36-43; Jn. 21. 7; Hch. 19. 16). De igual modo, la necesidad de mantenimiento es del pan diario. En ambos casos, de todos modos, se trata de personas que están pasando por una situación de pobreza absoluta, ya que carecen de elementos esenciales para la subsistencia. Nótese que se trata de miembros de la iglesia (son hermanos en la fe) y no de personas extrañas que vienen a la comunidad de fe. «Id en paz» es un saludo judío común (Jue. 18. 6; 1 S. 1. 17; 20. 42; 2 S. 15. 9), que fue usado por Jesús (Mr. 5. 34; Lc. 7. 50). Los imperativos medios directos «calentaos» y «saciaos» son una burla. En lugar de ropas abrigadas y una comida caliente sustanciosa, los pobres solo reciben palabras vacías y deben arreglárselas por sí mismos. Las palabras son cálidas, pero las acciones son frías.

Pero, «si la fe sigue sin tener obras», está interior y exteriormente muerta. Es una fe «completamente muerta» (NA). De este modo, Santiago afirma la necesidad primordial de la fe, pero rechaza la pretensión de una fe puramente verbal o teórica. El autor habla como un moralista, para quien el concepto de «obra» involucra toda actitud de vida inspirada por la fe. Antes de atacar a Pablo el teólogo, Santiago aquí está hablando probablemente contra judíos cristianos laxos, que trataban de justificar su inercia o conducta equivocada con su pretendida «fe».[73]

En este punto (vv. 18-19), Santiago introduce un interlocutor imaginario, que se opone a su argumento diciendo: «Tú tienes fe, y yo tengo obras». Quizás la pregunta del interlocutor haya sido simplemente «¿Tú tienes fe?» (BJ). A lo que Santiago responde: «Pues yo también tengo obras». Este es un oponente irónico porque recita el credo doctrinal, pero se mofa de él al enfatizar las obras vacías de contenido. Entonces Santiago continúa retrucando a su objeción diciendo: «Muéstrame tu fe sin tus obras». El punto está en el vocablo *jóris* («sin»), que no significa «sin» sino más bien «aparte de» (He. 11. 6). El autor reclama las obras que pertenecen propiamente a la fe y que la caracterizan. Santiago desafía a su objetor a mostrar una fe así, si es posible, mientras que él se ofrece a mostrarle su fe por sus obras.

Santiago sigue con su respuesta en el v. 19 y toma el mero credo aparte de las obras. La creencia en que Dios existe y es uno, es una doctrina fundamental, pero no significa que quien la sustenta crea y confíe en Dios. Puede tratarse solamente de una confesión intelectual o racional sin efecto alguno sobre la vida y la conducta. Una doctrina correcta es algo bueno. Pero lo mismo hacen los demonios. La «fe» del objetor y de los demonios es de la

72 Tamez, *Santiago*, p. 42.
73 J. Cantinat, «La foi vivante et salutaire s'accompagne d'oeuvres: Jc. 2, 14-18», *Assemblées du Seigneur* 55 (1974): 26-30.

misma clase (nótese en ambos casos el uso del verbo *pisteuô*, creer). Los demonios jamás dudan de la existencia de Dios, y sin embargo, «tiemblan»; es decir, a diferencia del objetor, hacen algo más que creer un hecho: se estremecen por ello.

Santiago escribe a los que dicen profesar la fe de Cristo, entre quienes hay algunos que no dan evidencias de poseer y vivir esta fe. Su exhortación es que una fe divorciada de la acción concreta de amor no tiene sentido ni valor. Su tesis es que la fe real obra en la vida del que la posee. Podemos profesar los credos y dogmas más tradicionales y sublimes. Podemos orar y cumplir con todos los requisitos del culto formal. Pero si la fe no está acompañada por obras de amor es inútil y está muerta. Así, pues, Santiago enseña con igual autoridad y verdad que Pablo, que la fe que hace una profesión elocuente pero jamás expresa su energía y vida a través de buenas obras, es una fe muerta, que queda sola y carece de valor.

La fe que no actúa

En un continente que vive sumido en una angustiante situación de opresión, la fe cristiana no puede ser entendida aparte de una praxis que la exprese. En su carta, Santiago nos llama a una praxis cristiana que se haga sentir a través del testimonio de cada creyente y la comunidad de fe como un todo. Como señala Elsa Tamez: «Según parece, para Santiago los cristianos se reconocen no por su ser sino por su hacer, pues son sus frutos los que los identifican».[74] Santiago, pues, describe en términos claros la vanidad de la fe sin obras.

Primero, *la fe que no obra no trae salvación*. Pablo afirma que «el hombre es justificado por fe sin las obras de la ley» (Ro. 3. 28), mientras Santiago escribe que «el hombre es justificado por las obras, y no solamente por la fe» y que «la fe sin obras está muerta» (2. 24, 26). Pablo enseña que Abraham fue justificado por la fe (Ro. 4), mientras que Santiago dice que fue por las obras (2. 21). Pablo trata la cuestión exclusivamente sobre la base de nuestra justificación, y afirma que las obras no tienen parte en ella, que la justicia legal está absolutamente y para siempre excluida como fundamento y causa de nuestra reconciliación y aceptación con Dios. Santiago trata con la evidencia de la realidad y energía de nuestra fe. Pablo rechaza el mérito humano como parte de nuestra justificación delante de Dios. Santiago rechaza la ortodoxia descarnada que *dice*, pero nunca *hace*; que pretende ser verdadera y leal, pero que

74 Tamez, *Santiago*, p. 71.

abiertamente se rehusa a alimentar a los hambrientos y vestir a los desabrigados; que semanal o diariamente recita un credo perfectamente elaborado, pero que no se expresa en una auténtica devoción de vida y servicio de corazón. Pablo habla de la causa, y Santiago del efecto de esa causa. El tema de Pablo es el árbol, el de Santiago el fruto. Pablo dice que la fe justifica sin las obras, es decir, solo la fe nos justifica y no las obras. Santiago agrega que es la fe, pero no una fe sin obras. Para ponerlo en una sola frase: solo la fe justifica, pero no la fe que está sola.

Es por esto que la pregunta retórica de Santiago en el v. 14 no solo demanda una respuesta negativa por razones gramaticales, sino básicamente por razones teológicas. Categóricamente, según Santiago, la fe que no actúa no trae salvación, porque en definitiva, como dijera Juan Racine, el poeta trágico francés: «La fe que no actúa. . . ¿puede llamarse sincera?»

Quizás como reacción a una religiosidad formalista y ritualista, propia del catolicismo imperante, los evangélicos hispanoamericanos han caído en el otro extremo. Buena parte de la religión evangélica consiste en la declamación de una teología fundamentalista y una ética pietista, sin mayor relación con las realidades del mundo en que están inmersos. La agenda teológica y ética de la fe de muchos no tiene nada que ver con la agenda de supervivencia de un contexto plagado de necesidades y urgencias. Una fe así no salva a nadie: ni al que dice tenerla, ni al incrédulo que todavía no la conoce.

Segundo, *la fe que no obra no ayuda a los necesitados*. Si en el caso anterior la pregunta de Santiago «¿Podrá la fe salvarle?» presuponía una respuesta negativa: «no», aquí nuevamente la pregunta «¿de qué aprovecha?» demanda por respuesta otra negación: «nada». Como pastor en Jerusalén, Santiago había sido testigo muchas veces de esta actitud por parte de algunos hermanos en tiempos de crisis y necesidad (Hch. 11. 28-30). Estos creyentes tenían la idea pervertida de que una profesión de fe era garantía suficiente para la salvación personal, sin importar la conducta de la persona. Sin embargo, el mero recitado de la fe no hace aceptable al pecador delante de Dios.

Decir a los que padecen hambre y frío «Id en paz» es una burla si no hay acciones de amor solidario que acompañen esas palabras. Nadie puede vestirse con buenas palabras, ni saciarse con una despedida amable. Es fácil hablar bien, escribir correctamente, enseñar la sana doctrina; lo difícil es obrar. Alberto Schweitzer, quien obtuviera el Premio Nobel de la Paz en 1952, escribió: «Decidí hacerme médico para poder actuar sin palabras. Durante muchos años invertía mis fuerzas en la palabra. Es verdad, cumplía alegremente con mi profesión de profesor de teología y de predicador. Sin embargo, me impuse una nueva labor; no la de hablar de la religión del amor, sino simplemente la de realizar el amor». Fue con esta motivación básica que el destacado teólogo, pastor, médico, músico y filántropo francés fundó el célebre hospital de Lambarene, en Gabón.

Es cierto que el creyente no gana su salvación con las obras. Pero alguien que de veras está comprometido con Cristo seguramente dará evidencias de su fe por medio de acciones de amor y misericordia. No hacerlo sería un repudio enfático de su profesión de fe en Cristo, cuya vida total se caracterizó por un servicio compasivo y de amor a los pobres (cp. 1 Jn. 3. 17). Este principio de que la conducta personal hacia el prójimo está basada en nuestra relación con Dios, corre a lo largo de toda la Biblia (ver Dt. 10. 18-19). Jorge P. Howard ha dicho: «La fe no es un vago sentimiento poético ni una hueca emoción. Es acción resuelta e inmediata». Habría que agregar que esta acción en nuestra América no puede ser otra que en favor de los pobres y necesitados. Como dice Elsa Tamez: «Si Dios escogió a los pobres para ser ricos en fe y herederos del reino, los hermanos de la fe han de mostrar más bien preferencia por ellos y no por los ricos, como parece que se da en la práctica en algunos miembros de las congregaciones».[75]

Tercero, *la fe que no obra no tiene vida*. Según Santiago, la fe que no lleva implícita la acción, está muerta. Es un verdadero cadáver. ¿Está vivo un cuerpo que no respira? Puede estar intacto y parecer que la persona está durmiendo. Tiene su corazón, pulmones, hígado y otros órganos. Puede parecer un cuerpo vivo, pero sin el espíritu está muerto (v. 26). Así la fe, puede tener todos los ingredientes que le den apariencia de ser algo real y vivo, pero si no tiene obras, es un cadáver religioso, nada más.

Los primeros lectores de Santiago tenían dificultades para entender esto. Antes de su conversión, esta gente había estado profundamente metida en la observancia meticulosa de las regulaciones interminables de la religión judía. Cuando se les enseñó que no habían sido justificados por las obras de justicia que hubieran hecho, sino por la gracia gratuita de Dios en Jesucristo, se relajaron y se transformaron en religiosos ociosos. Vigorosamente Santiago los exhorta para que su fe se traduzca en la más grande de todas las obras, para que no resulte en una fe cadavérica.

Nuestro mundo hoy necesita de una teología práctica y no de una ortodoxia seca y muerta.

Hispanoamérica necesita de Cristo, pero no del Cristo que va por las calles «flaco y enclenque», según lo pinta Rubén Darío. Es deber admitir con Emilio Antonio Núñez, que «con su aparente actitud de indiferencia hacia los muchos conflictos que afligen a nuestra sociedad», muchos protestantes iberoamericanos «pueden haber dado la impresión de que para ellos toda dificultad económico-social debe dejarse para que Cristo la resuelva en el más allá y que poco o nada deben hacer ellos en favor del mundo en que ahora viven».[76] Una fe así, por fundamentalista o conservadora que sea, por más fundada que esté en la Biblia y por más que se exprese en una severa piedad personal, será una fe muerta si no tiene algo que decir y hacer frente a la desesperante situación de los pobres y menesterosos.

Afortunadamente, según Núñez, «el Cristo del protestantismo conservador ha empezado a abrir sus labios para decir el mensaje que ha callado sobre los problemas sociales del hombre latino-americano. Tiempo era ya que se le dejase hablar».[77] Falta ahora que este Cristo comience a actuar a través de quienes se dicen ser fieles exponentes de su doctrina.

Cuarto, *la fe que no obra no da seguridad delante de Dios*. Es inútil que se declame el más ortodoxo de los credos monoteístas. Posiblemente, los lectores de Santiago todavía repetían todos los días la gran confesión de Deuteronomio 6. 4-5, conocida como el *shema*. Los judíos ortodoxos eran sumamente cuidadosos de estas palabras. Las enseñaban a sus hijos y las colocaban en unas cajitas llamadas filacterias junto a la puerta principal de sus casas y las llevaban cerca del corazón y sobre la frente. La declaración «Dios es uno» había llegado a transformarse en una fórmula casi mágica para muchos judíos, y quizás también para algunos de los lectores de Santiago.

Santiago no niega el valor de esta confesión, ya que la unicidad y existencia de Dios es una verdad tanto cristiana como judía (1 Co. 8. 4; Ef. 4. 6; 1 Ts. 1. 8). Para los paganos que venían del politeísmo, el monoteísmo ético cristiano era fundamental. Jesús lo llamó el mandamiento más grande de la ley, y Santiago lo aprueba al decir a su oponente: «Bien haces». Pero esta confesión, por ortodoxa y buena que sea, no agota el significado de la fe cristiana. Es necesario reconocer y confesar el señorío de Cristo como unigénito

---

76 Emilio Antonio Núñez, *El Cristo de Hispanoamérica*, Seminario Teológico Centroamericano, Guatemala, 1979, pp. 18-19.

77 *Ibid.*, p. 19.

Hijo de Dios, y sumar a esa confesión una vida de buenas obras que sean evidencias de la verdad de la confesión que se pronuncia. Como dice José Ingenieros, el escritor argentino, en su libro *El hombre mediocre*: «Creencias firmes, conducta firme; ése es el criterio para apreciar el carácter: las obras». De otro modo, no hay esperanza en medio de la pobreza y la opresión que nos rodea, ya que «el puente que une la experiencia de opresión y la esperanza escatológica es la práctica de la fe».[78]

En este sentido, los demonios son consistentes con su teología. Ellos también creen que Dios es uno, pero esta teología ortodoxa los hace temblar. Los demonios tiemblan porque saben quién es el Dios verdadero (Mr. 1. 24; Mt. 8. 28-32; Lc. 4. 41). No obstante, esta «fe» de los demonios no ha operado ningún cambio en ellos para salvación ni les ha dado seguridad de vida eterna. En su confesión hubo la aceptación de una verdad, pero no una nueva vida de obediencia.

El miedo hace que los demonios tiemblen, como se sacuden las lanzas de dos ejércitos enemigos mientras se entrechocan, o como se mueven los brazos de los jóvenes en un concierto de rock'n roll. Pero tal temblor tampoco les sirve para darles seguridad de salvación. Por el contrario, es expresión de su convicción de que están condenados, a pesar de su excelente confesión teológica. Los demonios están muertos de miedo porque saben que a pesar de tener una teología ortodoxa carecen de una fe salvadora.

Sin embargo, a pesar de ello, es probable que los demonios tengan más fe que ciertos «creyentes» que se jactan de una «sana doctrina», pero que están lejos de ponerla en evidencia a través de buenas obras. Santiago declara que la fe de los tales es pura vanidad. Es oportuno citar aquí las palabras de Ignacio de Antioquía: «El árbol se manifiesta por su fruto, así todos cuantos se profesen cristianos, se manifestarán por sus obras. Porque la obra no consiste en la profesión de fe, sino en la virtud activa de la misma, si uno quiere ser hallado perfecto hasta el fin. Más vale callar y ser [cristiano] que hablar y no serlo... Quien posee la palabra de Jesús en verdad, puede oír también su silencio para su perfección, a fin de que obre conforme a lo que habla, y sea reconocido aun por lo que calla».[79]

78 *Ibid.*, p. 82.
79 Ignacio de Antioquía, *Carta a los Efesios,* 14b-15.

2. La vitalidad de la fe que obra (2. 20-26)

En este pasaje, Santiago introduce un nuevo argumento («quieres saber»), como lo hace Pablo en Romanos 13. 3. El autor quiere convencer («quieres convencerte», NA) a su oponente y demolerlo con su argumentación. En su contestación al segundo oponente, Santiago hace un resumen sobre el carácter integral de la fe y las obras. Su argumento está perfectamente estructurado en el estilo de la inclusión. En los extremos se halla la integración de la fe y las obras (v. 20 y v. 26). En el centro, el autor coloca la palabra de la Escritura que resalta la fe de Abraham (v. 23). «Hombre vano» destaca el vacío y carencia moral de quien discute la vitalidad de la fe que obra. Sin obras, la fe se desactiva, queda inmóvil y sin resultados, como el dinero sin interés o la tierra sin cosechas (cf. 2 P. 1. 8; Mt. 12. 36).

A diferencia de los interrogantes de la sección anterior, que presuponen respuestas negativas, aquí Santiago dos veces (vv. 21 y 25) encabeza sus preguntas con *ouk*, lo que anticipa una respuesta afirmativa. «¿No fue justificado por las obras?» viene del verbo *dikaioô*, que significa declarar justo, justificar (ver Gálatas y Romanos). Al entregar a su hijo Isaac en sacrificio, la fe de Abraham cooperó con esa acción («actuó juntamente», *synêrgei*), y así se «perfeccionó» (*eteleiôthe*), es decir, fue llevada hasta su fin y completamiento (como el amor en 1 Jn. 4. 18). Santiago cita Génesis 15. 6 como prueba de su argumento en el v. 21, de que Abraham tenía obras junto con su fe. Este es el mismo pasaje que Pablo cita en Romanos 4. 3 para demostrar que la fe de Abraham fue anterior a su circuncisión y fue la base de su justificación. Tanto Santiago como Pablo están acertados, si bien cada uno ilustra una cuestión diferente.

Nótese que «Abraham creyó a Dios» (v. 23). Santiago no dice que creyó *en* Dios, como si fuera una fe intelectual, sino que destaca la fe como fidelidad. El creer le dio una actitud de obediencia. La fe aparece así como sujeto, mientras que las obras como objeto. En todo caso, la fe meramente intelectual está muerta si no tiene alguna manifestación concreta, y ambas cosas (fe y obras) producen el sentido último de la vida cristiana: la fidelidad.[80] Como destaca Warren Wiersbe: «Por la fe, él fue justificado *delante de Dios* y su justicia fue declarada; por las obras él fue justificado *delante de los hombres* y su justicia fue demostrada».[81] Dios declaró justo a Abraham y dejó registrada su justicia. Más de veinticinco años más tarde, las obras de Abraham justificaron sobre la tierra lo que ya había sido anunciado en el cielo.

La aplicación del epíteto «amigo de Dios» a Abraham en el v. 23 en relación con el sacrificio de Isaac (v. 21) presupone un recurso exegético temprano, que otorga a la frase de Génesis. 22. 12 la connotación más amplia

---

80 Según Pietrantonio, es en este sentido de fidelidad que Santiago entiende el concepto de justicia. Pietrantonio, «¿Está la justicia?», pp. 117-118.

81 Warren W. Wiersbe, *Be Mature,* Victor Books, Wheaton, 1982, p. 83.

tanto de amor como de temor. Por otro lado, la conexión que se hace en los vv. 21-23 entre Gn. 15. 6 y Gn. 22 refleja una interpretación del versículo que se encuentra también en 1 Macabeos 2. 52 y en Sabiduría 44. 20-21. El Pseudo-Filón en *Antigüedades bíblicas* 18. 5 ilustra de qué manera un exégeta judío en este período ligaba a Gn. 22 con Gn. 15 y 18. [82]

En v. 24, Santiago vuelve al sujeto plural como en 2. 14. «Es justificado» (*dikaioutai*) no debe traducirse como «ser hecho justo», sino como «se muestra que es justo». Santiago está discutiendo aquí la prueba de la fe y no el acto inicial de ser justificado delante de Dios (que es la idea de Pablo en Ro. 4. 1-10). La frase «y no solamente por la fe» clarifica el significado de Santiago. Es esta fe vital la que todos debemos tener (v. 18). Solo que debe demostrarse en acciones concretas, como ocurrió con Abraham.

A pesar de haber abandonado su vida de pecado, Rahab no perdió su título de «ramera» en el registro bíblico. El argumento de Santiago quizás sería más fuerte sin el ejemplo de Rahab (Jos. 2. 1-21; 6. 17, 22-25; Mt. 1. 5; He. 11. 31), ya que no hay en la Escritura palabra alguna que hable de su justificación como en el caso de Abraham. No obstante, parece que Santiago da por sentada la fe de Rahab y que, siguiendo la predicación judía tradicional, la toma como un prototipo de la fe que se expresa en obras.[83] Es notable que Santiago coloque a Rahab, la prostituta pagana, a la par del patriarca Abraham. Con ello muestra que él es el primero en actuar lo que predica, y en no hacer «acepción de personas» (2. 1), sino que por el contrario, destaca el afecto de Dios por los marginados. En la Midrash se cuenta que Rahab se casó con Josué y que fue antepasada de Jeremías y Ezequiel. Los «mensajeros» (*tous aggelous*, lit. ángeles) que ella recibió son llamados «espías» en Hebreos 11. 31.

En síntesis, Santiago sostiene que la justicia o salvación, o aun la justificación, no se hacen realidad por medio de una fe intelectual o doctrinal, ni tampoco por medio de la mera acción sin contenidos motivantes. Ambos elementos —fe y obras— deben interactuar, cooperar y perfeccionarse para producir fidelidad, la cual a su vez lleva a la justicia. En razón de los ejemplos que Santiago presenta en su texto, queda claro que la justicia a la que apunta es la justicia interhumana y la misericordia hacia los desprovistos de bienes (ver v. 13).[84] Es sobre esta base que el autor insiste en que «la fe sin obras está muerta» (v. 26). Con esto, Santiago llama a los cristianos a radicalizar su compromiso social, de modo tal que éste sea la expresión de esa fe religiosa que se manifiesta también en un culto externo rico, variado y entusiasta. Esta exhortación tiene una relevancia muy especial para nuestros días y más que

---

82 Ver Irving Jacobs, «The Midrashic Background for James II. 21-23», *NTS* 22 (4,1976): 457-464.

83 Laws, *HNTC*, p. 138.

84 Pietrantonio, «¿Está la justicia?», p. 119.

ninguna otra cosa, constituye el desafío de la hora presente para nuestra situación en Hispanoamérica.[85]

Justificados por la fe para las obras

La justificación por la fe ha sido y es el gran grito de batalla de la Reforma. El primer clamor resonó en el propio pecho del atribulado Martín Lutero. Desesperado por una profunda conciencia de culpa y queriendo acallar los reclamos de su corazón, Lutero probó todos los recursos que la iglesia de sus días le ofrecía para obtener la paz espiritual. Hizo un viaje a Roma, pero lejos de encontrar paz se escandalizó del estado moral de la Ciudad Eterna. Años más tarde, cuando ya la luz del evangelio había entrado en su corazón, Lutero comentaba así su experiencia:

> Con ardiente anhelo ansiaba comprender la Epístola de Pablo a los Romanos y sólo me lo impedía una expresión: 'la justicia de Dios', pues la interpretaba como aquella justicia por la cual Dios es justo y obra justamente al castigar al injusto. Mi situación era que, a pesar de ser un monje sin tacha, estaba ante Dios como un pecador con la conciencia inquieta y no podía creer que pudiera aplacarlo con mis méritos. Por eso no amaba yo al Dios justo que castiga a los pecadores, sino que más bien lo odiaba y murmuraba contra él. Sin embargo, me así a Pablo y anhelaba con ardiente sed saber qué quería decir. Reflexioné noche y día hasta que vi la conexión entre la justicia de Dios y la afirmación de que 'el justo vivirá por la fe'. Entonces comprendí que la justicia de Dios es aquella por la cual él nos justifica en su gracia y pura misericordia. Desde entonces me sentí como renacido y como si hubiera entrado al paraíso por puertas abiertas de par en par. Toda la Sagrada Escritura adquirió un nuevo aspecto, y mientras que antes, la 'justicia de Dios' me había llenado de odio, ahora se me tornó inefablemente dulce y digna de amor. Este pasaje de Pablo se convirtió para mí en una entrada al cielo.[86]

Este pasaje no fue solamente la entrada al cielo para Lutero, sino que llegó a ser también el lema de la Reforma. Desde aquel entonces la doctrina de la justificación por la fe ha sido la creencia

85 R. S. Bressán, «Culto y compromiso social según la Epístola de Santiago», *RB* 34 (1, 1972): 21-32.

86 Citado por Roland H. Bainton, *Lutero*, Editorial Sudamericana, Buenos Aires, 1955, p. 67.

fundamental de los evangélicos. Sin embargo, Santiago parece afirmar algo diferente al decir que el ser humano pecador es «justificado por las obras» (vv. 21 y 25). Esta frase es la que muchas veces se ha tomado como en oposición directa a la declaración de Pablo en Romanos 4. 1-5, donde el apóstol claramente dice que fue la fe de Abraham (Ro. 4. 9) la que le fue contada por justicia, y no sus obras. Pero Pablo está hablando acerca de la fe de Abraham con anterioridad a su circuncisión (4. 10), como base de su justificación para con Dios, lo cual la circuncisión vino a simbolizar.

Santiago también es bien claro en lo que quiere decir, al afirmar que Abraham fue justificado «cuando ofreció a su hijo Isaac sobre el altar». Pablo y Santiago utilizan las mismas palabras, pero están hablando de cosas diferentes. Santiago señala al ofrecimiento de Isaac sobre el altar (Gn. 22. 16-18) como prueba de la fe que Abraham ya tenía. Pablo, por su lado, discute la fe de Abraham como la base de su justificación, y no su circuncisión. No hay contradicción entre Santiago y Pablo. Ninguno le está respondiendo al otro ni están discutiendo entre sí. Por el contrario, ambos estuvieron juntos en el concilio de Jerusalén (Hch. 15; Gá. 2). Por eso, no hay contradicción entre lo que dice Pablo: «el hombre no es justificado por las obras de la ley, sino por la fe de Jesucristo» (Gá. 2. 16), y lo que enseña Santiago en estos versículos. Los dos subrayan la vitalidad de la fe que obra.[87] Santiago presenta dos ejemplos.

El primer ejemplo es el de Abraham. *Abraham mostró una fe vital por medio de sus obras*. Pablo, en Romanos 4. 2, 3, 13 habla de la justificación de Abraham por medio de la fe. Pero esto fue el comienzo de su vida de fe. Pablo tiene presente el material bíblico de Génesis 12. 1-3 y 15. 4-6. Todo esto aconteció antes de que el patriarca tuviera la prueba de aquella gloriosa fe suya. Abraham creyó a Dios y fue justificado.

Santiago, por el contrario, habla de Abraham cuando iba a ofrecer a su hijo Isaac en sacrificio a Dios (Gn. 22. 1-18). La referencia de Santiago tiene que ver con Abraham unos veinte años después del relato de Génesis 15. En Santiago vemos cómo la fe de Abraham fue probada y pasó la prueba. El hecho de obedecer a Dios después de su confesión de confianza en él, fue la demostración real de su fe.[88] Santiago diría también que cada persona que posee una fe auténtica va a demostrarla a través de la superación de la prueba. Así será «justificado» delante de Dios y de los

---

87 Ver la discusión de C. Burchard, «Zu Jakobus 2, 14-26», *ZNW* 71 (1980): 27-45.
88 Ver el interesante artículo de R. B. Ward, «The Works of Abraham: James 2. 14-26», *HTR* 61 (1968): 283-290.

hombres. El que ha aceptado la nueva vida en Cristo, andará y actuará conforme a la nueva vida que goza. Es imperativo que la iglesia de Jesucristo muestre una fe vital a través de sus obras de amor. La iglesia que pastoreo en el centro de la ciudad de Buenos Aires ha experimentado un notable crecimiento en los últimos años. En buena medida, creo que está relacionado con el hecho de que la iglesia está siendo renovada por el Espíritu Santo. Esta vitalidad espiritual se expresa no solo en una evangelización más agresiva, una espiritualidad más profunda y un discipulado más intensivo, sino también en un programa de servicio cada vez más comprometido. Cada mediodía, un total de más de doscientos niños del barrio reciben una comida sustanciosa en nuestro Comedor Infantil. Una clínica atiende a las innumerables familias necesitadas prestando un excelente servicio médico y odontológico, además de asistencia sicológica, sicopedagógica y jurídica.

La iglesia está abierta a varios otros servicios comunitarios como la provisión de ropas y alimentos y el Programa Nacional de Alfabetización. Entre los proyectos para el futuro figura una escuela secundaria de oficios y la organización de una empresa en un rubro de gran capacidad de absorción de mano de obra, a fin de ofrecer una alternativa de vida a miles de adolescentes y jóvenes que ahora no ven un futuro para ellos. Se está considerando también la posibilidad de organizar una cooperativa de consumo, para que familias de escasos recursos puedan comprar alimentos y ropas a precios de costo. Un hogar de niños, otro para ancianos y una casa para madres solteras son algunos otros sueños que se espera hacer realidad con la ayuda del Señor y la cooperación de la comunidad. Es la convicción de la congregación que de nada sirve una «sana doctrina» si no va acompañada de «buenas obras».

El segundo ejemplo es el de Rahab.

Rahab mostró una fe vital por medio de sus obras. La historia en cuestión se encuentra en Josué 2 y 6. Los hebreos habían escapado de la esclavitud en Egipto. Después de cuarenta desérticos años, por fin estaban en condiciones de entrar en la tierra. Moisés había muerto y Josué era el nuevo comandante de Israel. Mandó a dos espías a recorrer la tierra y preparar un informe acerca de los moradores de Jericó. Estos fueron recibidos por Rahab, una ramera. El rey del lugar se dio cuenta de la presencia de los forasteros en la ciudad y en la casa de Rahab. Pero cuando los emisarios del rey llegaron a su casa, la mujer ocultó a los espías, y desorientó a los pesquisas diciéndoles que ya se habían ido. Los dos hombres descendieron por una ventana exterior de la casa de Rahab y regresaron al campamento de Israel sanos y salvos. Más tarde, cuando los israelitas tomaron Jericó y la destruyeron, Rahab y su familia no solo fueron salvados del desastre, sino que se quedaron a vivir con el pueblo de Israel.

Expresado así, el relato no pasa de ser una historia de espionaje y suspenso. Pero Rahab conocía y creía en las maravillas del poder de Dios antes que los espías la visitaran (Jos. 2. 10-12). La prueba de su fe fue su aceptación de los dos hombres de Dios, a pesar de los riesgos que corría. Su fe fue genuina, y al encontrar una oportunidad para expresarse, lo hizo conforme a los eternos designios de Dios. A pesar de ser mujer, prostituta y pagana (un ser humano totalmente marginado según los criterios de todos los tiempos y lugares), Rahab supo poner en acción su fe y hacerlo en la dirección correcta. Esto significó la salvación no solo de ella, sino también de todos sus seres queridos y sus bienes, cuando más tarde los israelitas irrumpieron en Jericó (Jos. 6. 22-25; He. 11. 31). Además, y quizás debido a ello, se menciona a Rahab como antepasado de Jesús, el Mesías (Mt. 1. 5). Así es la fe vital.

Oportuno es recordar aquí lo que el *Pacto de Lausana* dice sobre la responsabilidad social cristiana:

> Aunque la reconciliación con el hombre no es lo mismo que la reconciliación con Dios, ni el compromiso social es lo mismo que la evangelización, ni la liberación política es lo mismo que la salvación, no obstante afirmamos que la evangelización y la acción social y política son parte de nuestro deber cristiano. Una y otra son expresiones necesarias de nuestra doctrina de Dios y del hombre, nuestro amor al prójimo y nuestra obediencia a Jesucristo.... Cuando la gente recibe a Cristo, nace de nuevo en Su reino y debe manifestar a la vez que difundir su justicia en medio de un mundo injusto. La salvación que decimos tener debe transformarnos en la totalidad de nuestras responsabilidades, personales y sociales. La fe sin obras es muerta.[89]

La fe vital es la que confía plenamente en Cristo, y sigue actuando y obrando sobre este fundamento en el quehacer diario de la vida cristiana. Todo aquel que ha depositado su confianza en Cristo como Salvador y Señor, y que como fiel discípulo sigue sus pisadas, es alguien que posee esta fe viva y vital. Una fe que por propia naturaleza busca expresarse a través de la acción, manifestándose en obras, que son obras de fe.

IV. El poder de la lengua (3.1-12)

El contenido de la carta de Santiago tiene que ver básicamente con la ética cristiana. El interés del autor es más ético que doctrinal, y su énfasis está en la práctica del cristianismo. Su carta se caracteriza por un mensaje que domina todo su contenido desde el principio al fin: la necesidad de buenas obras. Plantea una protesta contra un cristianismo teórico que no produce resultados. Todo esto está bien ilustrado con su enseñanza acerca de la lengua.

A. La ocasión de la amonestación (3.1-2)

En estos versículos, Santiago denuncia el mal uso de la lengua dentro de la iglesia. Habla de dos niveles: el liderazgo (v. 1) y los creyentes en general (v. 2). Santiago comienza con su ya conocida expresión, que abre un nuevo tema: «Hermanos míos» (1.2; 1.16; 1.19; 2.1; 2.5; 2.14, etc.) Su exhortación es: «Que no haya muchos entre ustedes que pretendan ser maestros».[1] Con esta frase, Santiago no está desalentando el ejercicio de la enseñanza, sino advirtiendo contra aquellos que quieren enseñar sin entender bien lo que enseñan ni la responsabilidad que ello involucra. En la iglesia primitiva el oficio de maestro era tenido en alta estima (es mencionado junto a los profetas en Hch. 13.1). De allí que no eran pocos los que querían obtener esta posición, ya sea que tuviesen o no la capacidad para ella. Esto creaba un problema, porque la iglesia tenía que discernir quién era un maestro verdadero y quién era falso.

En este pasaje, entonces, el autor está denunciando a gente que quería postularse como maestros en razón de los privilegios y beneficios que esa posición representaba. Esto generaba conflictos dentro de las comunidades de fe. El autor quiere maestros sabios (vv. 13-18) y no necios. Los maestros son

---

1 Davids, *NIGTC*, p. 136; cf. Mussner, *HTKNT*, p. 159.

necesarios, pero gente incompetente e indigna puede hacer mucho daño.[2] De allí que pese sobre ellos «un juicio más severo» (BJ). La pretensión de conocimiento aumenta la responsabilidad y condenación del maestro. Nótese que el autor se incluye entre los maestros y reconoce el alto grado de responsabilidad moral que este ministerio impone sobre quien lo ejerce. El también será juzgado por su enseñanza (ver 1 Co. 9.27).

Luego de exhortar al liderazgo (v. 1), Santiago exhorta a los creyentes en general (v. 2). En este caso también el autor se incluye en la exhortación. «Todos ofendemos en muchas cosas». Sobre «ofender» ver 2.10. Toda la expresión no es tanto una confesión humilde como una observación proverbial que pretende advertir al maestro de tener cuidado en virtud del juicio venidero. Este carácter proverbial de la frase aparece en muchos escritores tanto judíos como paganos. Santiago pasa a mencionar el pecado específico contra el que advierte a los maestros y también a cada creyente: el mal uso de la lengua.

Si no lo hace en palabra (*en logôi*), como puede hacerlo un maestro irresponsable, tal persona es un varón perfecto (*teleios anêr*). Es decir, es alguien capaz de «dominar toda su persona» (NA). La cuestión del dominio de sí mismo a partir del control de la lengua era un tema típico de los moralistas griegos y de la sabiduría hebrea (ver Eclesiástico 28.13-26).

Elsa Tamez dice: «Para Santiago, el elemento medular de la praxis es la integridad, o sea la coherencia entre el oír-ver-creer-decir y el hacer. Se trata de una integridad personal y comunitaria. Las iglesias para Santiago deben ser signos del Reino, modelo diferente de los valores del mundo».[3] Es por esto que el autor exhorta a sus lectores a que no luchen por obtener los mejores puestos dentro de la iglesia, pretendiendo colocarse por encima de sus demás hermanos.

Los vicios de la lengua

¿Se ha preguntado alguna vez por qué cuando uno va al médico, una de las primeras cosas que éste hace para realizar su diagnóstico es pedirnos que le mostremos la lengua? Es que la lengua puede indicar cuál es el estado del organismo. Algo así es lo que hace Santiago en un sentido moral. El llama la atención sobre el estado de la lengua como indicador del carácter del creyente, sea éste maestro o discípulo en la comunidad de fe.

Si tenemos en cuenta que normalmente pronunciamos más de treinta mil palabras por día, podremos reconocer el poder del lenguaje humano para comunicar la verdad, levantar dudas, es-

2 Davids, *NIGTC*, p. 136.
3 Tamez, *Santiago*, p. 76.

tablecer o destruir la reputación de otros, y lograr innumerables y diversos resultados en las vidas de las personas. Con la lengua podemos expresar amor u odio, podemos ennoblecer o amargar la vida humana, y prolongar o acortar la existencia de otros. La lengua, al igual que nosotros, puede funcionar en los más variados ámbitos: en el hogar, la escuela, la iglesia, los foros políticos, etc. Miguel de Cervantes Saavedra nos dice: «Es tan ligera la lengua como el pensamiento y si son malas las preñeces de los pensamientos, las empeoran los partos de la lengua». En su exhortación sobre la lengua, Santiago tiene una palabra de advertencia para todos los componentes de la comunidad de fe, sean estos maestros o discípulos.

Por un lado, *Santiago amonesta a los líderes de la comunidad*. Seguramente los maestros a los que se refiere Santiago ocupaban, en las sinagogas cristianas de sus días, el mismo lugar de privilegio que los rabinos en las sinagogas judías. En la iglesia primitiva el trabajo de los maestros estaba bien establecido como un ministerio residente (Hch. 13.1), si bien había también maestros viajeros. La posición de maestro era la función de una persona especialmente dotada, y no un mero cargo por nombramiento. Si alguien era considerado lo suficientemente competente para la tarea, podía ser designado y colocado al frente de la responsabilidad docente.

Santiago advierte sobre el peligro moral que involucra el ministerio docente en la iglesia. Quienes somos maestros recibiremos una sentencia más grande que aquellos que no lo son. Nuestro deber de vivir conforme a la doctrina que conocemos, profesamos y animamos a otros a seguir, es más grande. Mucho mayor será la condenación de aquellos que, sin ser llamados ni estar calificados para tal servicio, se meten a enseñar a otros o a censurarlos con sus amonestaciones. Más severa todavía es la condenación para quienes se colocan en la posición de instruir a otros por fanatismo, deseo de notoriedad, espíritu controversial o manía de encontrar faltas en la vida de los demás.

Es interesante que Santiago comience su amonestación señalando la realidad de que hay mucho pecado que se produce por palabras buenas dichas por hombres malos. El problema no está tanto en el contenido del mensaje como en el carácter del mensajero. El ministerio docente en la iglesia requiere ante todo la necesidad de vivir lo que se enseña. El maestro no solo enseña a través de su palabra, sino mucho más mediante su ejemplo. Por eso, cuando el testimonio de vida del maestro o predicador no acompaña a sus palabras, el resultado es catastrófico. Quienes nos escuchan también nos ven, y lo que ven tendrá en sus vidas tanto o más efecto que lo que oyen.

Además, el maestro debe ser alguien que conozca bien lo que enseña. Para ello, quien aspira a enseñar a otros, debe pagar el precio de ser primero un discípulo. Como bien indicara el rey Alfonso el Sabio, «decípulo debe ante seer el escolar que quisiere haber honra de maestro».[4]

En el plano de la fe, tal conocimiento no es simplemente una información abundante, sino una comprensión cabal de la doctrina cristiana. Lamentablemente, en América Latina, el ochenta por ciento de los pastores y obreros cristianos carece de una adecuada preparación teológica. Afortunadamente, en los últimos años y gracias a nuevos métodos educativos, un mayor número de líderes evangélicos tiene mejores oportunidades para capacitarse. No obstante, nunca es suficiente todo lo que se haga por entrenar a aquellos que habrán de enseñar a otros «la sana doctrina».

Ser maestro no es solo un gran privilegio sino también una enorme responsabilidad. Sobre todo, es el deber de aprender primero y enseñar después, lo mejor. José Hernández en su *Martín Fierro* llama la atención al hecho de que,

Hay hombres que de su cencia
Tienen la cabeza llena;
Hay sabios de todas menas,
Mas digo, sin ser muy ducho:
Es mejor que aprender mucho
El aprender cosas güenas.

Si el maestro está «bien enseñado» sus discípulos estarán «bien educados». Como decía Domingo Faustino Sarmiento, el prócer argentino: «Los discípulos son la biografía del maestro».

Por otro lado, *Santiago amonesta a los miembros de la comunidad.* Si el pecado de los maestros consiste en enseñar lo que no viven, el pecado de los discípulos es hablar lo que no conviene. Lo que dice Santiago en el v. 2 parece haber sido escrito desde el mundo hispano, donde la palabra y la ofensa que ella puede provocar tienen un valor característico. Hay dos corrientes históricas y culturales que permanecen identificables en nuestro ambiente a pesar de todos los esfuerzos por producir una síntesis, y éstas son la corriente europea y la indígena. Incluso los grupos mestizos que han resultado de la mezcla de lo ibérico y lo indígena

4 Alfonso el Sabio, *Las partidas,* partida II., título XXXI, ley IX.

permanecen culturalmente ambivalentes, apareciendo a veces como europeos y otras como indígenas.

En este contexto cultural, el valor del hombre está en su «ser» y no en su «llegar a ser». Incluso su llegar a ser, cuando ocurre, es entendido como una serie de momentos existenciales. La mejor expresión de este «ser» está en la «palabra», su escudo es el «honor» y su corona es el «orgullo». Para el español, como para el latinoamericano, la palabra es el comienzo de todas las cosas. «En el principio era la Palabra, y la Palabra era con Dios, y la Palabra era Dios» (Jn. 1.1). La palabra es Dios, o al menos es la expresión de Dios. Es un verdadero don del cielo el poder hablar y hablar por horas, como poseído por la divinidad. Es por eso que en Hispanoamérica para ser líder en la comunidad hay que saber hablar, ser un orador. Esto no solo es válido en el mundo de la política, sino también en el terreno religioso. Cuando una iglesia está buscando un pastor, no investiga su conducta y aplicación al trabajo, sino que lo invita a predicar. Si habla bien, ésa es base suficiente para que se lo invite a ser líder de la congregación.

Es que no es lo que uno hace lo que cuenta, sino lo que uno dice, especialmente si está bien dicho. Esta es una característica especialmente hispanoamericana. El honor está puesto en la palabra. Por eso, las acciones no agregan ni quitan al honor y reputación de una persona, mientras sus palabras suenen bien. De igual modo, el orgullo también descansa sobre la palabra. No importa si hoy no se dice lo mismo que ayer, ya que el «ser» latinoamericano es una serie de momentos existenciales, y lo que se es hoy puede no coincidir con lo que se era ayer. Una persona es honesta y auténtica no si lo que dice hoy es lo mismo que dijo ayer, sino si lo que dice hoy refleja su ser de hoy. De allí que muchos políticos que jamás cumplieron lo que prometieron en sus campañas electorales, siguen gozando del apoyo y seguimiento de las masas populares.

Además, los hispanoamericanos hablamos tanto como podemos, incluso si no tenemos audiencia, aunque lo hacemos como si la tuviéramos. Nuestro discurso no es una mera comunicación de ideas, sino una entrega de nosotros mismos, porque para nosotros las ideas de una persona son su yo. Por eso, para los latinoamericanos, hablar no es tan solo un intercambio de ideas, sino un intento de convencer, de hacer proselitismo y también de no permitir que se nos convenza. Esta es una de las razones por las que, aquí como en España, las ideas religiosas y políticas han producido tanto derramamiento de sangre. Cuando las palabras no son suficientes, la pólvora o el acero pueden resultar más convincentes.

Siendo la palabra un elemento de tanta importancia en nuestra cultura, su potencialidad ofensiva es tanto mayor. Y debemos confesar con Santiago que en esto «todos tropezamos una y otra vez». Todos caemos en pecado (Ro. 3.9,23), y en ningún aspecto es esto más cierto que en el uso de la palabra. Jesús Ben Sirá se pregunta: «¿quién no ha pecado con su lengua?» (Eclesiástico 19.16, BJ), para luego afirmar, «Muchos han caído a filo de espada, mas no tantos como los caídos por la lengua» (Eclesiástico 28.18, BJ).

Por el contrario, cuando una persona es capaz de controlar su lengua y dar a su palabra un fundamento de realidad, podrá responder mejor a cualquier demanda de la fe cristiana. Será, como dice Santiago, un «varón perfecto»; es decir, una persona plenamente desarrollada y madura. Cualquier persona puede tropezar, pero de todas las faltas y pecados, los relacionados con la lengua son los más difíciles de evitar. Por eso, la energía moral que hace falta para controlar («refrenar») la lengua, es más que suficiente para manejar cualquier otro impulso pecaminoso. Una vez logrado lo más difícil (el control de la lengua) cualquier otra área de la vida resultará más fácil de controlar.

B. La razón de la amonestación (3.3-12)

Jesús Ben Sirá advierte: «El golpe del látigo produce cardenales, el golpe de la lengua quebranta los huesos» (Eclesiástico 28.17, BJ). Santiago compara la lengua con el fuego que es capaz de incendiar un gran bosque (vv. 5-6). Cualquiera que logre manejar ese pequeño miembro, la lengua, tendrá control sobre todo su cuerpo, como quien le pone freno y cabestro a un caballo indómito (v. 3). De manera práctica y realista, Santiago reconoce que la lengua generalmente sirve para mal y «hace arder todo el ciclo de la vida humana» (v. 6, NA) con el fuego que proviene del infierno. Podemos domar a las bestias salvajes, pero no podemos dominar a la lengua, que «es un mal que no se deja dominar y que está lleno de veneno mortal» (v. 8, VP).

Pero Santiago no pinta solamente un cuadro negativo, por temor a desalentar las voluntades que quiere animar. Si bien es verdad que podemos maldecir a los seres humanos que están hechos a la imagen de Dios, también es cierto que con la lengua podemos bendecir al Señor y Padre. Pero esta ambigüedad no debe ser así. El autor presenta luego otros ejemplos: el de la fuente, que no puede emanar agua dulce y amarga al mismo tiempo; el de la higuera, que no puede producir aceitunas, y el de la vid que no puede fructificar higos (ver Mt. 7.16); y el del agua salada, que nadie puede hacerla dulce (vv. 9-12).

Sin entrar en la cuestión sobre el origen de estos dichos y expresiones (bien sea que provengan de la escuela estoica o de la tradición judía), lo que tenemos aquí es un saber proverbial popular. Esta sabiduría popular mira a la vida de frente y encara sus problemas de manera vívida, discutiendo las cosas con naturalidad y firmeza, sin buscar mayores argumentos religiosos, pero bien interesada en la eficacia moral. Un lenguaje «moralizador» de este tipo era posible en labios de un judío o de un gentil. Sin dudas, el autor adopta el estilo de la instrucción moral típico de su tiempo y toma prestadas algunas imágenes bien conocidas, sin esforzarse mucho por profundizarlas a través de argumentos específicamente cristianos.

A la luz de estos versículos, el evangelio de Santiago queda aparentemente muy reducido. Parece como que todo lo que hace falta para ser un «varón perfecto» es controlar la lengua (v. 2). Pablo demanda mucho más y presenta motivos más profundos (Ro. 12.11-21). Pero no debe olvidarse que Santiago presenta aforismos individuales y nos urge a ponerlos en práctica. Así, pues, con una elocuente serie de ilustraciones, el autor enfatiza la necesidad de controlar la lengua. La manera en que él lo expresa hace que su lenguaje «sea más que pintoresco; suena como la transcripción de una experiencia amarga».[5]

1. El poder de la lengua (3.3-6)

La lengua es un pequeño músculo, pero terrible en su poder. Juan Calvino decía: «Nada hay más resbaloso o suelto que la lengua».[6] Para demostrar su enseñanza, el autor presenta ilustraciones muy descriptivas de cosas pequeñas pero poderosas en sus efectos. La expresión «he aquí» (*ei de*) es típica de los escritores semíticos, y Santiago la utiliza seis veces en su carta, siempre para introducir una ilustración vívida. Como si alguien de su auditorio no comprendiera cómo es posible que un miembro pequeño del cuerpo, como es la lengua, pueda ejercer tanta influencia, Santiago presenta tres ilustraciones que muestran la manera en que cosas pequeñas afectan poderosamente cosas muy grandes. Los ejemplos que cita no son originales, pero sí resultan muy efectivos para su argumento.

La primera ilustración tiene que ver con «los caballos». La palabra aparece solo aquí y en Apocalipsis. En el griego aparece al principio de la oración para resaltar plásticamente el cuadro. El freno se coloca con el propósito de que los caballos obedezcan y se los pueda dirigir. De esta manera, el pesado y fuerte cuerpo del caballo sigue a su boca, controlada y guiada por el cabestro. Este es un claro ejemplo de cómo un miembro pequeño del cuerpo, como la lengua, puede influir sobre todo el cuerpo. Lo que vale para los caballos, es cierto también respecto de los seres humanos.

Algo parecido ocurre con «las naves». El vocablo *idou* («mirad») expresa el asombro por lo curioso del hecho. En tiempos de Santiago, algunas embarcaciones eran muy grandes. El barco con el que Pablo fue a Malta llevaba 276

---

5 Moffatt, *MNTC*, p. 49.
6 Citado por John Blanchard, *Gathered Gold*, Pitman Press, Bath (Inglaterra), 1984, p. 299.

personas (Hch. 27.37). No obstante, estos barcos «son dirigidos mediante un pequeño timón» (NA), incluso en medio de fieras tormentas o cuando «los vientos que los empujan son fuertes» (VP). La doble figura del control del caballo y del barco se encuentra con frecuencia en los escritores griegos tardíos.[7]

La tercera ilustración es la de «un pequeño fuego», que es suficiente para «incendiar un gran bosque» (NA). Tal es la capacidad destructiva de la lengua. En tiempos de Santiago no había manera de controlar un incendio de bosques. Una pequeña chispa puede poner fuego a una gran cantidad de madera (*hylên*).[8] La frase «se jacta de grandes cosas» traduce una expresión en griego compuesta de dos palabras (*megala aujei*). La primera significa «grande» y la otra «levantar el cuello». Literalmente quiere decir que la lengua mantiene la cabeza en alto debido a las grandes cosas que hace, aun cuando es un órgano pequeño.

«La lengua es un fuego» es una metáfora bíblica característica (Pr. 16.27; 26.18-22; Sal. 120.3-4; Eclesiástico 28.22). La expresión «un mundo de maldad» (*ho kosmos tês adikias*) es difícil, tanto para el traductor como para el exégeta. El sentido general del v. 6 es claro, pero los eruditos no se han puesto de acuerdo en cuanto al significado detallado del mismo o su estructura gramatical.[9] Si se coloca la coma después de *pyr* («fuego») en lugar de ponerla después de *adikias* («maldad»), entonces la frase es el predicado con *kathistatai* (colocarse, establecerse, presentarse, «está puesta»). Una forma de traducir esta oscura expresión es: «La lengua es un mundo de maldad colocado entre nuestros miembros» (cp. VP, NA). De todos modos, no está claro el significado de *kosmos*, si bien el genitivo *tês adikias* no permite otro significado que el de 1.27.[10]

La lengua inflama «la rueda de la creación»; es decir, todo el ciclo o el curso de la vida humana, en cada una de sus diferentes relaciones. Esta frase ha sido muy discutida por los comentaristas.[11] La expresión puede haber sido tomada de la literatura de los misterios órficos griegos y se refiere al mundo creado.[12] El origen de semejante fuego provocado por la lengua se encuentra en «el infierno» (*geennês*), que mantiene a la lengua al rojo vivo. El participio presente pasivo de *flogizô* (*flogizomenê*, «inflamada») señala a la fuente

7 Dibelius, *James*, pp. 185-190.

8 Ver el interesante comentario sobre la traducción de *hylê* («bosque») en L.E. Elliot-Binns, «The Meaning of *hylê* in Jas. III.5,» *NTS* 2 (1955-1956): 48-50.

9 Según Davids ha habido tres aproximaciones diferentes a la cuestión. Ver *NIGTC*, pp. 141-144. Ver también Laws, *HNTC*, pp. 148-149.

10 Davids sugiere que Santiago (al igual que Jesús) está diciendo aquí que la lengua contamina todo el cuerpo; en el sentido judío, a toda la persona. Ibid., p. 143. Sobre la interpretación de *kosmos* en v. 6, ver A. Carr, «The Meaning of *ho kosmos* in James iii,6», *Expositor* 7,8 (1909): 318-325.

11 Ver Dibelius, *James*, pp. 193-198; y Ropes, *ICC*, pp. 235-239.

12 Ver la discusión de Davids, *NIGTC*, p. 143; y Laws, *HNTC*, pp. 150-151.

continua que alimenta el fuego de la lengua. El Gehena (o Hades) era considerado como el lugar de castigo en el que eran encarcelados y atormentados los malos espíritus. Aquí Santiago se refiere a este lugar como la fuente del mal (cp. Ap. 9.1-11; 20.7-8). De esta manera, y por primera vez, el autor refiere la maldad en una persona a su fuente original: Satanás.[13]

La lengua: lo mejor y lo peor

Se cuenta de un filósofo griego que había invitado a cenar a unos amigos. Para la ocasión, había ordenado a su siervo que preparara lo mejor que pudiera encontrar en el mercado. El plato que éste presentó consistió en varios trozos de lengua, cocinados de varias maneras. Enojado con su sirviente, el sabio lo recriminó: «¿No te dije que compraras lo mejor que había en el mercado?» El sirviente contestó: «Te he traído lo mejor que había en el mercado. ¿No es la lengua el órgano de la elocuencia, de la cortesía, de la adoración?» Su amo le ordenó: «Quiero que mañana me traigas la peor cosa que encuentres en el mercado». Nuevamente el siervo volvió a preparar cuatro o cinco trozos de lengua. El filósofo estaba ahora muy contrariado. «¿No te dije que trajeses la peor cosa del mercado?» De nuevo el sirviente contestó: «Y lo hice. ¿No es la lengua el órgano de la blasfemia, de la difamación, y de la mentira?»[14]

Este sirviente le enseñó a su amo una gran lección, que es válida también para nosotros, porque la lengua es capaz de lo mejor y de lo peor. Alguien dijo que «el más feroz de los monstruos en el mundo tiene su cueva justamente detrás de nuestros dientes». Lo que Lutero llamó un pedacito de carne entre las mandíbulas es un arma envainada, pero peligrosa y mortal. Pero también es cierto que la lengua puede ser de gran utilidad. Todo depende de la manera en que la usemos. Es esto lo que Santiago tiene en mente cuando afirma que «la lengua es un miembro pequeño, pero se jacta de grandes cosas» (v. 5).

«Pequeña pero fuerte» es la frase que, según Santiago, resume el poder de la lengua. Al considerar con Santiago esta cuestión podemos notar dos cosas en cuanto a la lengua: su pequeñez y su jactancia.

En primer lugar, *notemos su pequeñez.* La lengua es un órgano pequeño (v. 5). ¿Cuánto puede medir? Su longitud y anchura no

---

13 Davids, *NIGTC,* p. 143; Laws, *HNTC,* p. 152.
14 *Ibid.,* p. 155.

pasa de unos pocos centímetros. ¿Cuánto pesa? Apenas unos gramos. La lengua es pequeña y liviana, pero muy importante para el desarrollo de la vida. Santiago enfatiza este punto mediante tres ilustraciones. El énfasis está sobre el poder de las cosas pequeñas para el bien o para el mal. El contraste está entre la pequeñez de lo pequeño y la grandeza de los resultados.

La primera ilustración es la *del freno y el caballo* (v. 3). Nótese que tanto el freno como la lengua están asociados con la boca. Con los seres humanos ocurre lo mismo que con los caballos: si se controla su boca será posible controlar todas sus acciones. Si bien el jinete es inferior al caballo en cuanto a su energía y fuerza física, éste puede controlar al animal más díscolo con la ayuda del cabestro. A pesar de ser pequeño, el freno puede manejar no solo la cabeza del caballo sino todo su cuerpo y determinar su dirección, velocidad y porte en el andar, cuando es usado debidamente.

La segunda ilustración es la *de la nave y el timón* (v. 4). ¿Cómo es posible que embarcaciones de enorme calado puedan desplazarse surcando los mares, enfrentando tormentas y vientos fuertísimos, sin perder su rumbo y llegando al destino propuesto? Tienen un pequeño timón, que hace que se muevan en una u otra dirección según lo que el piloto desee. El timón es insignificante si se lo compara con el tamaño de la nave. No obstante, el curso de la navegación está determinado por esa pieza, aun en medio de fuertes tormentas y contra los vientos más recios. La lengua es así: es insignificante, pero tiene un poderoso alcance.

La tercera ilustración es la *del fuego y el bosque* (v. 5). Una pequeña chispa puede iniciar un incendio de bosques, que puede quemar cientos de miles de árboles. La potencia de una pequeña llamita, un fósforo o una colilla de cigarrillo en un bosque, puede provocar una verdadera catástrofe. En 1870, la ciudad de Chicago se vio envuelta en llamas. Todo comenzó en un granero, donde una vaca pateó accidentalmente una lámpara, que encendió la paja allí guardada. Así es la lengua. Su potencia es espantosa. Ella es solo una pequeña parte del cuerpo, pero puede causar desastres que afecten «el curso de nuestra vida» (RVA).

Además, el fuego de la lengua es indicador de serios problemas morales y espirituales en la vida del individuo. Cuando el médico desea conocer la temperatura del organismo, coloca el termómetro debajo de la lengua de su paciente. Si la temperatura es alta, ello es indicio de la presencia de un proceso infeccioso en el cuerpo. De igual modo, si uno quiere saber qué grado de salud moral y espiritual tiene una persona, debe tomar la temperatura de su lengua. Si ésta quema como un fuego, ello es señal de la presencia contaminante del pecado.

En segundo lugar, *notemos su jactancia*. Santiago no solo contrasta lo pequeño de la lengua con la fuerza de sus efectos, sino también presenta el contraste implícito en su jactancia de grandes cosas. El órgano es pequeño (*mikron*), pero la jactancia es grande (*megala*). Ahora bien, el texto no especifica el carácter de las grandes cosas de las que se jacta la lengua. El contexto indica la posibilidad de cosas buenas («bendecir a Dios», v. 9), o cosas malas («maldecir a los hombres», v. 9). De modo que aquello de lo cual la lengua se jacta puede ser un gran bien o un gran mal, dependiendo esto de lo que se dice o hace. «La muerte y la vida están en poder de la lengua» (Pr. 18.21). De allí que la exhortación de Santiago en 1.26 resulte oportuna (ver Sal. 55.21). Calderón de la Barca se lamentaba, diciendo:

¡Oh, qué desigual fortuna!
¡Que la lengua ponga menguas
en mil honras, y en mil lenguas
no puedan dar sola una!

Jesús fue bien claro al señalar la verdadera raíz de la multitud de cosas malas de las cuales se jacta la lengua, cuando denunció a los fariseos, diciendo: «¡Generación de víboras! ¿Cómo podéis hablar lo bueno, siendo malos? Porque de la abundancia del corazón habla la boca» (Mt. 12.34). El rey Alfonso el Sabio, en *Las Partidas,* dice: «El seso del home es conoscido por la palabra.» De allí que sea necesaria la oración de David: «Pon guarda a mi boca, oh Jehová; guarda la puerta de mis labios» (Sal. 141.3). Y esta es una oración que cada uno de nosotros puede pronunciar con su lengua.

2. La perversidad de la lengua (3.7-12)

«Toda naturaleza» (*fysis*, naturaleza, especie, clase) se refiere al orden natural (Ro. 1.26), tanto animal como humano (cp. 2 P. 1.4). Las «bestias» son los animales salvajes en general (fieras, Mr. 1.13). Las cuatro clases que el autor menciona vienen de Génesis 1.30 y 9.2. Los animales están agrupados en dos pares mediante el uso de «así como» con los dos primeros y los dos segundos (cp. Hch. 10.12; 11.6). Todos estos animales se pueden domar; es decir, dominar (latín *dominus*). El tiempo presente da la idea del proceso continuo, a lo largo de los tiempos, por el cual el ser humano ha ido sometiendo a los animales, a través de una lucha continua. El uso del perfecto pasivo del indicativo del mismo verbo indica el estado de conquista respecto de algunas especies, que han sido puestas al servicio del hombre, según la promesa de Génesis 1.28 (animales domésticos, por ejemplo).

Pero nadie, por sí mismo, puede dominar su propia lengua, que es un «mal turbulento» (BJ, BA) o «incontrolable» (RVA). La palabra «mal» tiene que ver con la naturaleza de una cosa. Se refiere a un mal que está escondido o dormido, pero que en cualquier momento puede lanzarse (como una serpiente venenosa) y hacer un daño irreparable. Además, la expresión «mal que no se deja dominar» (VP) es muy descriptiva. El vocablo *akatastatos* significa inquieto, agitado, inestable, que no tiene descanso ni se queda quieto («un flagelo siempre activo», NA). Nótese que la lengua es mala cuando es «inflamada por el infierno» (v. 6), y no mala en sí misma. La lengua muestra su naturaleza demónica cuando es inestable y carece de estabilidad y paz. No se trata de que la lengua jamás habla lo bueno, sino que ella tiene la capacidad de hablar lo malo también (vv. 9-10).[15] Cuando es mal usada, resulta venenosa, «llena de veneno mortífero» (BJ), como en Salmo 140.3. *Ios* (veneno) puede significar también flecha. La lengua es una flecha mortal que «lleva a la muerte». Es como la lengua del áspid, que se mueve rápidamente antes de la picadura mortal.

Santiago ilustra la versatilidad de la lengua para lo bueno o para lo malo. En este punto, el autor deja de lado las metáforas y aclara lo que quiere decir en cuanto a la inestabilidad de la lengua. La lengua es usada para acciones que son totalmente incompatibles entre sí. Con ella es posible bendecir (*eulogeō*) a Dios, es decir, pronunciar una buena (*eu*) palabra (*logos*) en relación a Dios (Lc. 1.64; Ef. 1.3). Esto es lo más grande que la lengua puede hacer. Pero también, la lengua puede maldecir a los seres humanos, que han sido creados a imagen de Dios (Gn. 1.26; 9.6). La conexión es simplemente que uno no puede pretender bendecir la persona (Dios) y lógicamente maldecir la representación de esa persona (un ser humano). Pretender algo así es ilógico e inmoral.[16] Es, pues, necesario, conveniente y útil prestar atención a la contradicción. «Esto no debe seguir así», es la conclusión de Santiago. Este es el único intento en todo el pasaje (vv. 3-12) de exhortar al control del mal uso de la lengua, que es antinatural. Es una incongruencia moral que la bendición y la maldición salgan de la misma boca. Más que nada, lo que Santiago está condenando aquí es todo tipo de maldición.[17]

Santiago ilustra su punto con una serie de tres cuadros tomados de la naturaleza (o dos si el v. 12b es una condensación del v. 11). En la pregunta del v. 11, el uso de *mēti* («acaso») presupone una respuesta negativa a la misma. El agregado de *ti* acrecienta el repudio a lo que es inconcebible o inimaginable. La presencia de los artículos definidos antes de «dulce» y

15 Davids, *NIGTC*, p. 145.
16 *Ibid.*
17 Mayor, *St. James*, p. 123.

«amarga» en el griego distingue claramente las dos cosas. La pregunta del v.
12 presupone también una respuesta negativa (ver Mt. 7.16).

Lenguas de muerte en América Latina

Entre las armas mortales que los poderes opresores del mundo
han utilizado sistemáticamente para someter a los pueblos pobres
del Tercer Mundo, está el uso demoníaco de la lengua. Esto ha sido
y es particularmente cierto respecto de Hispanoamérica. En los
últimos veinte años, oficiales militares latinoamericanos han recibido entrenamiento especial en el Pentágono norteamericano sobre
«La utilización y contenido de los rumores». Se trata de un curso
completo sobre el uso de la así llamada «propaganda blanca, gris
y negra», pero con énfasis sobre la última. El propósito del curso
es combatir la «subversión». De hecho, las técnicas enseñadas han
sido utilizadas para censurar la prensa, crear temor y desconfianza
en la población civil, y lavar los crímenes de los militares. El gobierno
de Somoza en Nicaragua y las dictaduras militares de Uruguay y
Argentina han aplicado muy efectivamente las enseñanzas aprendidas en «La utilización y contenido de los rumores».

El Congreso Norteamericano sobre América Latina ha publicado una copia de este curso, en un estudio a fondo sobre la
penetración militar norteamericana en América Latina.[18] Copias de
éste y otros cursos dictados en la Escuela de las Américas en la
Zona del Canal en Panamá han aparecido también en la revista
jesuita *Diálogo Social*, publicada en la ciudad de Panamá. El
objetivo del curso es enseñar la dinámica de la diseminación de
rumores, a fin de utilizarlos como recursos tácticos y estratégicos.
Según el curso, se define el rumor como «una proposición específica o generalizada, que hace que alguien crea en algo sin que
haya una prueba concreta. Su difusión es generalmente verbal, por
la palabra oral».[19] Con ello se pretende provocar temor y terror, y
de ese modo desmoralizar a la población; crear falsas esperanzas
y complacencia; y, crear desunión interna a fin de debilitar toda
oposición.

El veneno de los rumores ha sido sistemáticamente inyectado
en la conciencia colectiva latinoamericana, especialmente en aquellos países más sumidos en la opresión. De esta manera, el uso

18 Ver «The Pentagon's Protégés», Enero 1, 1976, resumido por Lernoux, *Cry of the People*, pp.
   471-473.
19 Citado por Lernoux en *ibid.*, p. 472.

inteligente —casi científico—de la lengua para mal, ha resultado en una verdadera maldición para sociedades enteras. El clamor desesperado de Santiago es: «¡Esto no debe ser así!»

Pero más grave todavía es el hecho de que el mismo uso demoníaco de la lengua se verifica dentro de la comunidad de fe, que se supone debe ser un modelo de integridad moral. En este sentido, ¡no debemos permitir que esto sea así! Frente a estas realidades, el mensaje de Santiago es pertinente y necesario.

Si bien la lengua no es necesariamente mala y puede ser un órgano que pronuncie bendición, en este pasaje Santiago está hablando del mal potencial que está en una lengua incontrolable. El autor describe la perversidad de la lengua de dos maneras.

Primero, Santiago dice que *la lengua es indomable*. Es como una bestia sin domesticar (v. 8). Cuando Dios creó al ser humano le ordenó que se enseñoreara de toda la creación (Gn. 1.28). Santiago hace referencia al éxito del hombre en este sentido (v. 7). Pero nadie ha podido hacer lo mismo con la lengua. El contraste es muy marcado. Mediante el uso de los recursos propios de su naturaleza humana, y gracias a su condición de ser creado «a imagen de Dios», el hombre ha puesto a su servicio los diversos órdenes del reino animal. En cambio, todo su poder humano no ha sido suficiente para dominar la lengua y ponerla al servicio del bien común. Mientras los animales sirven a la humanidad como alimento, fuerza de trabajo, compañía o adorno, la lengua tiene la capacidad destructiva de hacer «arder todo el curso de la vida» (v. 6, VP).

Las fieras, las aves, los reptiles y los peces han sido dominados mediante la aplicación inteligente de la voluntad humana. A pesar de su fragilidad física, el hombre se ha impuesto aun sobre animales de mayor peso, fuerza, agilidad y agresividad. Más todavía, el ser humano ha logrado controlar la conducta de los animales a través de la impronta. La etología —ciencia que estudia el comportamiento animal— explica la impronta diciendo que los animales sacados de su medio natural desde su más tierna infancia sufren un cambio drástico y definitivo en sus esquemas mentales o cognoscitivos, tanto mayor cuanto menor sea su edad. Mediante la impronta, el animal se «humaniza».

Quizás más que en ningún otro animal, la impronta está presente en el perro, perfecto compañero del hombre, y el primero en ser domesticado. El fenómeno de la impronta, o impregnación mental de animales derivado del contacto con el ser humano, no es un hecho nuevo. Por el contrario, tiene sus antecedentes en la prehistoria, en algún oscuro momento entre el paleolítico y el neolítico. Desde entonces y hasta el desarrollo de las modernas teorías sobre el comportamiento animal, que le valieron a Konrad Lorenz el Premio Nobel en 1973, todas las especies animales «han sido domadas por la naturaleza humana» (v. 7).

Sin embargo, el ser humano no ha tenido el mismo éxito con la lengua. Uno puede hacer los mayores esfuerzos, aplicar las técnicas más sofisticadas, castigarla o rehusarle el derecho de hablar, pero inevitablemente su naturaleza humana y pecadora se inflamará y lanzará los chispazos de su lenguaje dañino. No hay poder, dentro de los recursos de la naturaleza del ser humano, capaz de domesticar o dominar la lengua. El único poder que puede con ella es el poder de Dios. Por eso, San Agustín, el gran cristiano del siglo cuarto, explica este pasaje señalando que Santiago «no dice que nadie pueda domar la lengua, sino que ningún hombre puede hacerlo; de manera que cuando es domada, confesamos que esto ha sucedido por causa de la misericordia, la ayuda, y la gracia de Dios».[20]

Además, la lengua es como una serpiente mortal, es decir, «un mal que no puede ser refrenado, llena de veneno mortal» (v. 8). El cuadro que Santiago pinta aquí es el de una serpiente venenosa lista para lanzarse sobre su víctima. Así es la serpiente de cascabel o crótalo, una de las más venenosas en nuestro continente. Cuando está lista para el ataque, el extremo de su cola, que es un apéndice córneo, se agita rápidamente produciendo un sonido parecido al sonar de cascabeles. Su cuerpo está tenso, su mirada calcula la distancia hasta el objetivo y su boca cerrada encierra dos poderosos colmillos cargados de veneno mortal. Si el objeto que la perturba se acerca lo suficiente, la cascabel saltará con violencia y sus colmillos se hincarán en su víctima para inyectar su veneno. Este ofidio relativamente pequeño (no mide más de dos metros), puede poner fin a una vida. ¡Qué figura terrible de una lengua indomable!

Segundo, Santiago dice que *la lengua es inestable*. Se caracteriza por acciones contradictorias. Las afirmaciones de Santiago en el v. 9 tienen que ver con la naturaleza variable del obrar de la lengua. Pero debe notarse que la lengua no puede ser aislada de la voluntad del individuo. La contradicción resultante es meramente una objetivación del mal producido por el uso de la lengua. Con ella podemos bendecir a Dios o maldecir a los hombres. Bertold Brecht, en su libro *Escritos sobre teatro,* dice que «el lenguaje es lo más intrascendente, superficial e inestable, y su encanto se desvanece por completo cuando se advierte la intención de su manejo».

20 Citado por R. J. Knowling, *The Epistle of St. James,* Methuen, Londres, 1904, p. 78.

Santiago señala la contradicción que encierra el hecho de que «de una misma boca proceden bendición y maldición». Alguien ha dicho que hay dos perros dentro nuestro —uno es blanco y el otro es negro—, y ambos ladran por la misma boca. El resultado no puede ser otro que una gran confusión. Bendiciones y maldiciones no pueden amalgamarse, porque son elementos opuestos y contradictorios. No es de sorprender que el autor exclame: «Hermanos míos, esto no debe ser así». Nótese que Santiago está dirigiendo su exhortación a creyentes practicantes. No está escribiendo a incrédulos.

Mírese a sí mismo. Con su lengua usted ora y alaba a Dios. Pero con la misma lengua critica y maldice a los demás, que al igual que usted fueron creados a imagen del Señor. Admitamos que algunos cristianos no son muy semejantes al Señor en el uso de su lengua. Usted puede sentarse en el templo y con su lengua participar del culto (cantando, orando, predicando, etc.), pero antes de dejar el edificio, habla con alguien una palabra poco amable, emite un juicio injusto sobre un tercero, se mete en una discusión doctrinal poco edificante, o humilla a su prójimo con expresiones de sarcasmo. En la naturaleza no existe este tipo de contradicciones. Una fuente no surte por la misma boca agua dulce y amarga. Una higuera no produce aceitunas, ni la vid higos. Los frutos guardan una correspondencia natural con la planta. El universo natural responde de manera uniforme y coherente a la ley natural. El fruto de una planta es la expresión de lo que esa planta es en su naturaleza. Si una fuente de agua tiene sal, el agua que brote de ella será salada. De igual modo, lo que nuestra boca produce o lo que sale de ella no puede ser otra cosa que lo que nosotros mismos somos. Esto es lo que Jesús quería decir cuando señalaba que «de la abundancia del corazón habla la boca» (Lc. 6.45), y que «lo que sale de la boca, esto contamina al hombre» (Mt. 15.11).

Sin embargo, la lengua tiene un enorme potencial. No en vano los poderes dominantes del mundo la han escogido como arma para el sometimiento de los pobres, y los politiqueros de todos los tiempos han hecho de ella su herramienta preferida.

¿Es la lengua algo malo en sí? Ya hemos respondido que no. Todo lo que Dios hizo es bueno, inclusive la lengua. Pero es de suprema importancia que se la mantenga bajo control. La lengua puede hacer una obra constructiva. Las palabras humanas pueden ser palacios de hermosura. La comunicación y el lenguaje son uno de los tesoros más preciados que tenemos los seres humanos. Muchas obras de Jesús fueron realizadas por sus palabras (Jn.

6.68). Sus palabras en el hogar, en la congregación, en el trabajo y en sus horas libres pueden hacer mucho para gloria de Dios.

Pero la lengua necesita estar sometida a Cristo para hacer una obra constructiva. El ser humano no la puede domar, pero Cristo a través de su Espíritu sí. Demóstenes, el gran orador griego, a fuerza de estudio y tenacidad logró superar su tartamudez y adquirir un notable talento de orador. No es necesario hacer un gran esfuerzo. Si usted tiene problemas con su lengua, hay un remedio: Cristo Jesús. El Señor puede domar la lengua más rebelde y porfiada, la más venenosa y diabólica. Es más, él puede sacar a luz el potencial de riquezas y bendiciones que hay en su lengua. El puede hacer que su lengua se transforme en un manantial de dulzura, que resulte de bendición a otros.

V. Los males de este mundo (3.13-5.6)

En esta extensa sección el autor considera algunos de los graves problemas que son propios de las pautas que rigen en el mundo. Su exhortación a los creyentes es oportuna. En 4.4 afirma que «la amistad del mundo es enemistad contra Dios».

Santiago denuncia el deseo existencial humano de encontrar una satisfacción y felicidad hedonista en la relación con otros seres del mundo. El autor advierte contra el error de relacionarse con un orden cosificado y deshumanizado, sin temor de Dios, en lugar de hacerlo con los pobres en el orden de la voluntad divina. Quienes lo hacen son mentes adúlteras, cuyo único fin es satisfacer sus pasiones y consumir sus bienes. Tal es la injusticia del ordenamiento mundano de la sociedad.

Sin embargo, este mundo desordenado no está sólo afuera, entre quienes no son miembros de la comunidad de fe. El mundo también está dentro de la iglesia y de cada creyente en particular. Es lo mismo que con los conflictos de 1.14, que proceden de adentro. Santiago no piensa tanto en términos de atributos morales, sino que opera con un concepto dinámico de relaciones. Para él, la vida cristiana se ensucia y la persona se desintegra (4.8) cuando no participa de la acción generosa de Dios en favor de los de abajo: los pobres, débiles y marginados. Cuando las cosas son así, aparecen los síntomas de la desintegración, las manchas de la contaminación por aislamiento y se yerra el blanco divinamente propuesto para la vida. La parcialidad, la fe sin acción y la acción sin fe, la adulación de los poderosos en la iglesia, las guerras y los pleitos, la murmuración, la perversión de la oración, el interés desmedido por el dinero y la acumulación egoísta de bienes se derivan de la infiltración de los males del mundo en la comunidad de fe. Por eso, Santiago no vacila en señalar algunos de estos problemas.

Cabe destacar el hecho de que Santiago se dirige a grupos minoritarios. Los miembros de las comunidades cristianas a quienes escribe están diseminados en una sociedad que no comparte las pautas del evangelio cristiano. Ellos mismos son objeto constante del marginamiento y opresión del mundo en que viven. Es por eso que para estos creyentes era frecuente la tensión entre aislamiento o asimilación, hostilidad o amistad, resistencia a la tentación de acomodarse o sucumbir en el acomodo a las pautas imperantes en el sistema. Ya el pueblo de Israel había sufrido esta agonía frente a las demás naciones, y cuando fue dispersado en medio de ellas, el pueblo padeció todavía más estas tensiones. Para los primeros lectores de Santiago la confrontación con los males de este mundo no era una cuestión de mera especulación teológica o ética. Era un asunto de vida o muerte.

A. El problema de la violencia (3.13-4.12)

Para muchas personas, violencia significa asesinatos, terrorismo y subversión armada. Sin embargo, la violencia se manifiesta de múltiples formas en el mundo de hoy. Es también violencia el marginamiento social, el hambre, la represión indiscriminada por parte de estados autoritarios, la falta de oportunidades de educación, la carencia de medicamentos, el descuido de los ancianos, el perjuicio racial, el lavado cerebral a través de los medios masivos de comunicación, el armamentismo, el aumento inconsiderado de los precios de los artículos básicos, la aplicación de una carga impositiva desnivelada y opresiva en la que la parte más pesada recae sobre el asalariado, y miles de otros flagelos que agobian a las sociedades modernas.

Según cálculos de especialistas suizos, en las guerras que pudieron computarse hasta ahora en la historia de la humanidad, han muerto cerca de 3.000 millones de hombres. Entre 1820 y 1945 han muerto a causa de la guerra 60 millones de personas, de las cuales 20 millones perecieron en la última guerra mundial. Entre 1949 y 1967 se registraron 16.395.616 casos de aborto solamente en Japón, como consecuencia de las presiones antidemográficas en ese país. De 1960 a 1970 han muerto dos millones de personas en accidentes de carretera en los países desarrollados, debido a una circulación temeraria y mal organizada.[1] Estos son algunos indicadores de la violencia imperante en nuestro mundo.

Lejos de decrecer con el tiempo, la violencia está aumentando significativamente en estos días. Hay un incremento de la violencia espontánea e institucional, física y sicológica, explícita y difusa. Por cierto que la violencia no es un problema nuevo en el mundo. Desde los días de Caín y Abel, hemos estado enredados en una maraña de actos violentos, que han traído sufrimiento y dolor a la raza humana. De una u otra forma, nos las hemos ingeniado para agredirnos unos a otros de las más diversas maneras.

---

1 Ver *Statistical Abstract of the United States: 1986,* Department of Commerce, Bureau of the Census, Washington, D.C., 1987.

Con severidad Santiago discute a fondo el problema de la violencia, después de una reflexión introductoria sobre las dos sabidurías que pretenden orientar al ser humano.

1. Las dos sabidurías (3.13-18)

Después de haber considerado el problema de la lengua, Santiago pasa a tocar el tema de la sabiduría. El uso adecuado de la lengua está basado sobre la verdadera sabiduría. Así, pues, como un remedio para la inestabilidad moral que resulta en desorden dentro de la comunidad, Santiago plantea «la sabiduría que es de lo alto». Con esta sabiduría, el fruto de la justicia se siembra en paz para o por los pacificadores (v. 18).[2] Santiago no está pensando en la «sabiduría» (*sofia*) como un cuerpo de conocimientos acerca del mundo o de la vida en general, sino como un estilo de vida. En este pasaje, la sabiduría es algo que desciende de arriba (es un don de Dios a los creyentes), y produce ciertas virtudes (v. 17).[3] La persona sabia es aquella cuyo buen carácter se pone de manifiesto en sus acciones. El verdadero origen de la sabiduría, como lo han afirmado los escritores del Antiguo Testamento, se encuentra en la obediencia fiel a Dios (Sal. 111.10; Pr. 1.7; Job 28.28). Aquello a lo que el autor se está refiriendo en el v. 13, es la conducta cristiana ideal, en oposición a ese estilo de vida terrenal, natural y diabólico, que se caracteriza especialmente por los celos y el orgullo (vv. 14-15).

Así, pues, Santiago comienza con una pregunta retórica (como Lc. 11.11), típica de la diatriba. Vuelve al tema de los muchos maestros (v. 1). «Sabio» es el maestro práctico, mientras que «entendido» es un experto. Los términos son casi sinónimos (Dt. 1.13,15; 4.6). Las acciones hablan más fuerte que las palabras incluso en el caso de los maestros sabios. Lo que se requiere de los discípulos (1.21), se exige ahora de los maestros («sabia mansedumbre»). La sabiduría es esencial para el maestro. En los vv. 13-18 Santiago está escribiendo al creyente que pretende ser maestro de otros. El autor lo amonesta a no censurar a aquellos que disienten con él, a controlar cualquier motivación egoísta, a doblegar su orgullo y a liquidar toda ambición personal (vv. 13-14).[4] La presencia de la jactancia es evidencia de que no se es sabio.

Santiago está preocupado especialmente por la conducta en la congregación, y las dos condiciones de mente y carácter que resultan más destructivas para esa comunión fraternal son bien marcadas: «celos» y «contención», en los vv. 14 y 16. «Celos» se usa en el Nuevo Testamento en dos sentidos: bueno (Jn. 2.17) y malo (Hch. 5.17). El orgullo por el conocimiento es malo (1 Co. 8.1) y deja un sabor amargo (cp. He. 12.14; Ef. 4.31). La «contención» es el

---

2   J. Cantinat, «Sagesse, justice, plaisirs: Jc. 3,16-4.3», *Assemblées du Seigneur*, 56 (1974): 36-40.
3   Para una discusión más amplia del concepto de sabiduría en Santiago, ver Davids, *NIGTC*, p. 51-56; y especialmente el artículo de J.A.Kirk, ya citado, «The Meaning of Wisdom in James».
4   Brown, *RE*, p.419.

partidismo que solo piensa en el interés personal (Fil. 1.16). Es inútil mentir contra la verdad, si bien con una conducta arrogante uno puede borrar la verdad que enseña (cp. Ro. 1.18-20; 2.18,20). Una enseñanza que no está respaldada por la vida es una imitación de sabiduría, pero no es verdadera sabiduría («la que desciende de lo alto»). La verdadera sabiduría viene de Dios, mientras que la falsa es «terrenal» (*epigeios*), «animal» (*psyjikê*) y «diabólica» (*daimoniôdês*). Una sabiduría egocéntrica es de origen humano y no es un don de Dios. Pero hay una sabiduría divina, que es dada a aquellos que dependen de Dios.

Además de faltar a la verdad, la presencia de los celos y la contención crea un estado de desorden (NBE; NA; RVA; VP; «confusión» BA; «desconcierto» BJ), propicio para «toda clase de maldad». Por el contrario, «la sabiduría que viene de Dios» (VP), es decir, ese estilo de vida que está motivado y controlado por Dios, es descrita con siete características (v. 17). Primero es (en rango y en tiempo) «pura» (*hagnos* de la misma raíz que *hagios*, santo), después «pacífica». Nótese que la pureza (justicia) viene antes que la paz, porque la paz a cualquier costo no vale la pena, y porque no es posible la paz si no hay justicia. Como afirma el autor en el v. 18, el fruto de la justicia germina en la paz. Además, es «amable» («complaciente» BJ; «comprensivo» NBE; «modesto» PB) y «benigno» («dócil» BJ; «abierto» NBE; «tratable» PB; «conciliador» NA). Es una sabiduría que muestra una solidaridad activa hacia los que sufren («llena de misericordia»), y no hace distinciones ni discrimina («imparciales» VP). Por ello mismo, es sin «hipocresía».

El resultado de esta «sabiduría celestial» es la «justicia» (*dikaiosynê*), ese tipo de carácter y conducta que refleja mejor la naturaleza y voluntad de Dios (v. 18). Nótese que la frase «fruto de justicia» es un genitivo de aposición, con lo cual la justicia es el resultado del proceso. Esto es logrado por los «pacificadores», aquellos que en la comunidad (en contraste con los descritos en el v. 16) luchan constantemente por la reconciliación, la pacificación y la unidad, sin las cuales desaparecería la comunión. Solo en el suelo fértil de la reconciliación mutua puede crecer y florecer la justicia.

El ejercicio de la verdadera sabiduría

El autor pregunta: «¿quién es sabio y entendido entre vosotros?» Su pregunta es un desafío a demostrar tal entendimiento. El sabio es el que tiene a Dios en el centro de su vida, que sirve a Cristo como el Señor, y está sometido a la voluntad divina.

Santiago nota que hay dos tipos de sabiduría: la falsa y la verdadera.

Consideremos *la sabiduría falsa*. Santiago describe en detalle el carácter y naturaleza de esta sabiduría. Por un lado, señala que *la sabiduría falsa se expresa en una mala conducta*. Santiago dice que se expresa en celos amargos (v. 14). Los celos son la peor de las pasiones. Son una verdadera enfermedad del espíritu. Montaigne, el moralista y pensador francés del siglo XVI, ha dicho que «los celos son de todas las enfermedades del espíritu aquella a la cual más cosas sirven de alimento y ninguna de remedio». Esta enfermedad espiritual no es muy evidente en la vida de la comunidad de fe, por eso es tan peligrosa. Miguel de Cervantes Saavedra dice que esto «es como la calentura en el hombre enfermo, que el tenerla es señal de tener vida, pero vida enferma y mal dispuesta». Una ilustración clara de la manifestación y brutalidad de los «celos amargos» la tenemos en 1 Samuel 18.1-11.

También se puede ser celoso en la vida religiosa. Tal celo es el más cruel y desastroso. Se trata de ese fanatismo profano que absolutiza los valores y principios religiosos no por lo que ellos representan en sí, sino porque quien los sustenta se considera único depositario de la verdad y custodio de ella contra el error. Tal ha sido la actitud característica de muchos evangélicos latinoamericanos respecto de los católicos romanos. No son pocos los que consideran la fe católica como falsa, idolátrica, supersticiosa y mágica. Sin negar que es posible encontrar estos elementos en el catolicismo corriente, se ha hecho tradicionalmente una distinción entre «religión» y «fe», acusando al catolicismo de ser tan solo una religión más, mientras que la «fe verdadera» es la que sustentan los evangélicos.[5] A veces con razón, pero frecuentemente con generalizaciones poco fundadas en la realidad, se ha considerado al catolicismo como una superstición oscurantista o simplemente como pura expresión de paganismo. De hecho, no se han levantado las mismas críticas respecto de las supersticiones y elementos idolátricos que se encuentran dentro de la religión protestante hispanoamericana.

Agregado a esto, *la sabiduría falsa se expresa también en contenciones* (vv. 14, 16). La contención es el espíritu de rivalidad partidista, que se goza en una actitud inquisitorial y que generalmente termina por destruir la unidad del cuerpo de Cristo. Es cierto que no puede haber una paz permanente en la obra del Señor (Mt. 10.34-35). Pero el énfasis de Santiago es sobre el mal espíritu contencioso, es decir, ese espíritu que se deleita en provocar daño y perturbar la buena marcha de la obra del Señor. Debemos confesar que en Hispanoamérica los evangélicos hemos pecado de

5 W. Stanley Rycroft, *Religion and Faith in Latin America*, Westminster Press, Filadelfia, 1958, p.59; y José Míguez Bonino, «Análisis de las relaciones del protestantismo con el catolicismo romano hasta 1960», en *Lectura teológica del tiempo latinoamericano*, Seminario Bíblico Latinoamericano, San José (Costa Rica), 1979, pp. 195-201.

un espíritu contencioso y controversial. El exagerado denominacio-nalismo ha impedido la presentación de un testimonio efectivo del reino de Dios. El espíritu sectario ha sobredimensionado las diferencias teológicas y estimulado la desconfianza. El separatismo denominacional ha impedido la comunión entre hermanos en Cristo. El orgullo denominacional ha llevado incluso a la competencia y a la preocupación obsesiva por el crecimiento numérico, con miras a destacarse frente a los demás.[6]

Por otro lado, Santiago dice que *la sabiduría falsa es conocida por su origen*. Mediante tres adjetivos precisos, el autor califica esta sabiduría desde la perspectiva de su origen. Primero, dice que es «terrenal». Está limitada por el horizonte terrenal. Se agota en la aspiración de valores que no superan el nivel de este mundo, donde reinan las tinieblas y el pecado. En este sentido, es una sabiduría vana, ya que el que posee muchos conocimientos de este mundo, pero no conoce a Cristo, tiene una sabiduría muy restringida. Como bien dijera fray Luis de León: «La propia y verdadera sabiduría del hombre es saber mucho de Cristo, (que) es la más alta y más divina sabiduría de todas; porque entenderlo a él es entender todos los tesoros de la sabiduría de Dios, que, como dice Pablo, están en él encerrados».

Por otro lado, la sabiduría del mundo es «animal», es la sabiduría del hombre natural, aquél a quien describe bien Judas 19. No es solo una sabiduría carnal, sino aquella que corresponde a las fuerzas naturales del alma, sin contar con los recursos del Espíritu de Dios, y que, en consecuencia, está alejada de él (1 Co. 2.14). El hombre pecador podrá jactarse de una sabiduría así (v. 14), pero tal jactancia es vana.

Además, la sabiduría terrenal es «diabólica». Está asociada con aquel espíritu que anima a los demonios. Al igual que ellos, puede lucirse en la discusión de cuestiones teológicas, e incluso en la defensa de la «ortodoxia», pero no está inspirada por el Espíritu de Dios. Su origen está en el infierno, al igual que la lengua descontrolada (ver 3.6). Gaspar Núñez de Arce, en su poema titulado «Tristezas» (1874), toma esta metáfora al decir:

¿Qué es la ciencia sin fe? Corcel sin freno
a todo yugo ajeno,
que al impulso del vértigo se entrega,
y a través de intrincadas espesuras,

6   W.R. Read; V.M. Monterroso; y H.A. Johnson, *Avance Evangélico en América Latina*, El Paso, Casa Bautista de Publicaciones, 1070, pp. 350-351.

desbocado y a oscuras
avanza sin cesar y nunca llega.

Ningún creyente puede jactarse de una sabiduría como ésta, que está tan estrechamente aliada con el mundo, la carne y el diablo.

Pero, consideremos *la sabiduría verdadera*. Santiago se refiere a ella en los vv. 17-18, donde presenta seis características de esta «sabiduría que es de lo alto».

Primero, *es pura*. Es sensible a la contaminación (Mt. 5.8; 1 Jn. 3.3). Es la sabiduría que ejemplificó José con sus actitudes y decisiones (Gn. 39.1-12). Esta sabiduría está limpia de toda mancha de egoísmo y está totalmente dedicada al servicio de Dios.

Segundo, *es pacífica*, pero no al precio de su pureza, o comprometiendo la verdad, o contemporizando con el mal. Conforme al significado del vocablo hebreo (*shalom*) habría que decir que es «armoniosa». Es el polo opuesto de la contención y las peleas (Pr. 3.13, 17). Vasco Núñez de Balboa, el conquistador español, naufragó cerca de Panamá. Los nativos le contaron de un gran mar al oeste de las montañas del istmo de Panamá. En septiembre de 1513 salió a buscarlo. Después de un penoso viaje de tres semanas, por fin descubrió el Mar del Sur, que más tarde Magallanes llamó Pacífico. Pero ocurre que el Pacífico no es tan pacífico como le pareció a Magallanes. Así es la sabiduría de este mundo: parece pacífica, pero no lo es. La sabiduría que Dios da, por el contrario, no puede ser otra cosa que pacífica.

Tercero, *es amable y benigna*. No es obcecada, ciega, que se ofusca fácilmente. Tiene consideración de los demás. Es gentil, ya que no insiste sobre sus propios derechos, sino que con razonabilidad toma en cuenta los sentimientos del prójimo. Hay moderación en toda su conducta. Quien tiene esta sabiduría, puede ser persuadido a la reconciliación. No es cabeciduro o terco como una mula. No se rehusa a hacer algo porque otro lo haya sugerido. Por el contrario, es sumiso, tratable y conciliador.

Cuarto, *es misericordiosa y llena de frutos*. Lejos de mostrar envidia y odio, se caracteriza por la compasión y el amor. En lugar de producir amargura, confusión e ira, su fruto es la disponibilidad, la bondad, el gozo y una vida más plena. Es paciente con los débiles y caídos, y ejercita el don de la compasión.

Quinto, *es invariable*. No hay incertidumbre en ella, no cambia ni vacila. No es como el camaleón, que va cambiando sus colores conforme a las circunstancias y el medio en que se encuentra. Esta sabiduría no es víctima de la indecisión, sino que genera profundas convicciones.

Sexto, *es sin hipocresía*. No tiene dos caras, como el dios griego Janus. No tiene nada que esconder, ni pretende ser lo que no es. Es honesta y sincera. ¡Cuánta falta hay de creyentes que vivan esta sabiduría en nuestra Hispanoamérica!

En su comentario del Nuevo Testamento, Bonnet y Schroeder dicen que todos «estos rasgos unidos forman una imagen de la verdadera sabiduría».[7] La sabiduría de Dios puede ser nuestra si dejamos que él ponga en nosotros estas características cristianas de la verdadera sabiduría. Por cierto, nosotros no podremos lograr esta sabiduría por nuestros propios esfuerzos, pero Cristo sí puede hacerlo por nosotros. El puede porque él mismo es «sabiduría de Dios» (1 Co. 1.30-31).

2. Las causas de la violencia (4.1-5)

El lenguaje fuerte de este pasaje ha sido un problema para predicadores y exégetas. Las acusaciones de guerras, pleitos y aun muertes parecen excesivas en relación con una comunidad cristiana. No hay posibilidades de corregir lo que Santiago escribió ni de espiritualizarlo. Tampoco es posible decir que el autor se refiere a la humanidad en general, porque esto crea dificultades con el resto de la carta. Una solución posible es decir que Santiago se está dirigiendo a convertidos del nacionalismo zelote, que no ven la incompatibilidad entre su ideología y la fe cristiana, y que piensan en el terrorismo como una manera de apresurar el establecimiento del reino de Dios. Cuando la epístola de Santiago fue escrita (55-60), el movimiento zelote contaba con un buen apoyo popular en Palestina. Si éste es el trasfondo de la carta, Santiago está señalando a sus lectores que su deseo de alcanzar sus propios fines y sus propios placeres haciendo uso de sus propios medios violentos (por justificados que estos parezcan), es una violación del gobierno de Dios en la historia.[8]

La mención de la paz en 3.18 lleva al autor a considerar la violencia como el resultado de aquellos pecados y pasiones que prevalecen en el mundo. Así, pues, Santiago comienza este pasaje preguntando sobre el origen de las guerras y peleas. Su actitud de levantar preguntas es típica de la diatriba. Con los dos términos que utiliza («guerras» y «pleitos») cubre todo tipo de conflictos. Es difícil una respuesta sobre el origen de los conflictos humanos. Pero Santiago

---

7 Luis Bonnet y Alfredo Schroeder, *Comentario del Nuevo Testamento*. Vol. 4: *Hebreos-Apocalipsis*, Junta Bautista de Publicaciones, Buenos Aires, 1952, p.194.

8 Sobre el particular ver Michael J. Towsend, «James 4.1-4: A Warning Against Zealotry?», *ET* 87 (7, 1976): 211-213.

mete el dedo en la llaga al decir que vienen del deseo de obtener lo que no se tiene y se desea fervientemente (1 P. 2.11).

No está mal desear algo (de *epi* y *thymos*, ferviente deseo por), porque Jesús sintió este tipo de deseo (Lc. 22.15). Lo malo está en desear algo que no se puede tener y en utilizar cualquier medio para lograrlo («matáis»). Quizás corresponde poner un punto después de «matáis». El crimen es el resultado de codiciar y no tener. Luego, viene la segunda situación, que es envidiar y no alcanzar, y como consecuencia, combatir y luchar (ver NA, BJ, especialmente BA). Esta puntuación concuerda con el v. 1 y evita el anticlímax entre matar y arder de envidia.[9]

El problema gira en torno a cómo se pide. Si el servicio a Dios es lo supremo en la vida, entonces todos los deseos serán conforme a su voluntad y él podrá responder a nuestras oraciones (Sal. 37.3,4; Mt. 6.31-33). Pero si el pedido es egoísta, con un propósito hedonista (placeres), Dios no va a responder. El elemento clave son las «pasiones» o «deleites» (*hêdonais*, vv. 1,3), no necesariamente sexuales, sino la autoindulgencia en el sentido más amplio de la palabra. Esto es lo que produce los conflictos y los pleitos, e incluso puede resultar en el asesinato (v. 2).

La expresión «almas adúlteras» (*moijalides* es femenino) no es claro si es literal (como en Ro. 7.3) o figurada.[10] En el segundo caso se referiría a los creyentes infieles (Jer. 2.2; Ez. 16.32). Ver BA margen, BJ nota, PB nota («gente infiel» VP). La palabra «adúltera» es utilizada figurativamente en la Biblia en relación con el pueblo de Dios como infiel a él, y evoca la imagen tradicional de Israel como una esposa de Jehová infiel. Escribas antiguos, tomando la palabra en su sentido literal (femenino) agregaron el masculino *moijoi* («adúltero»), y así se lee en el *Textus Receptus*.

Esta infidelidad resulta de la «amistad con el mundo» (BJ). Ser amigo del mundo significa ser enemigo de Dios; las dos lealtades son completamente irreconciliables. No es posible dividir los afectos ni la lealtad (Mt. 6.24). Amar aquello que se opone a la voluntad divina (mundo) nos constituye en enemigos de Dios, mientras que vivir conforme a la voluntad de Dios nos hace enemigos del mundo (Jn. 15.19).

Para Santiago, «el mundo» es la humanidad aparte de Dios, no simplemente la gente indiferente a él, sino activamente opuesta a él. Por lo tanto, no

---

9 La sintaxis, puntuación y significado exacto del v. 2 no son fáciles de determinar. Ver Robert G.Bratcher, «Exegetical Themes in James 3-5», *RE* 66 (4, 1969): 407, nota 9; Mayor, *St. James,* pp. 134-137; Davids, *James,* pp. 157-159.

10 John J. Schmitt, «You Adulteresses! The Language in James 4.4» *NovTes* 28 (4, 1986): 327-337. Este autor explica el uso que hace Santiago del sustantivo femenino «adúlteras». Si bien la lectura original del texto es incuestionable, la tradición textual y varias traducciones han caído en la tentación de suavizar la opción por el género femenino. Según Schmitt, Santiago fue influido por la imagen de la adúltera en la versión de los LXX de Proverbios. Santiago la recuerda debido a su vivacidad, particularmente Pr. 30.20.

puede haber compromiso alguno con el mundo: el discipulado y la entrega a Cristo significan el repudio del mundo y sus valores.

Para reforzar su argumento, el autor cita una «escritura» (v. 5). La fuente de esta *grafê* («escritura») es desconocida y difícil de identificar. Algunos eruditos sugieren que Santiago no cita ninguna escritura, sino que está haciendo un comentario de carácter parenético o didáctico.[11]

Puede ser que esté citando una versión del Antiguo Testamento que nos es desconocida, si bien Santiago suele citar la LXX. Quizás esté citando una obra apócrifa, o puede ser que se esté refiriendo a Deuteronomio 32.11-19 según la LXX.[12] Lo que está detrás del versículo es el celo con que Dios amó a Israel, como a una esposa (Jer. 3.1-11; Os.2.3). Reminiscencias de esta idea aparecen en varios pasajes (Gn. 2.7; 6.3-5; Is. 63.8-16; Ez. 36.27; Gá. 5.17,21; Ro. 8.6,8). Quizás la expresión «la Escritura» tenga que ver con la cita de Proverbios 3.34 en v. 6, y las frases que siguen son un paréntesis que hace Santiago.

La frase «anhela celosamente» (*pros fthonon epipothei*) es de difícil traducción e interpretación. No está claro si *pros fthonon* (celosamente) va con «dice» (*legei*) o con «anhela» (*epipothei*). Además, no está claro si *to pneuma* (el espíritu) se refiere al Espíritu Santo como el sujeto de *epipothei* o al espíritu humano como el objeto de *epipothei*. La interpretación de esta cita varía según si «el espíritu» es un acusativo, el objeto del verbo *epipothei*, o es entendido como un nominativo, el sujeto del verbo. En este segundo caso, «el espíritu» sería el espíritu humano o divino, y el objeto implícito del verbo sería «nosotros» o «Dios». Hay, pues, dos posibles interpretaciones de la cita. La primera sería: «El (Dios) celosamente anhela el Espíritu que ha hecho morar en nosotros» (BA).[13] La segunda sería: «El espíritu que Dios colocó en nosotros está lleno de fuertes deseos» o «Tiene deseos ardientes el espíritu que él ha hecho habitar en nosotros» (BJ).[14] Según Sophie Laws, el examen de Santiago 2.8; 4.6; 2.23 y 2.11 sugiere que, allí donde Santiago cita un pasaje como *grafê*, lo cita siempre de la LXX, y lo cita con exactitud. Para un autor que conoce la LXX, el uso de *ephipotei* en 4.5 en relación con Dios sería inadmisible. Además, tomar *pneuma* como significando el espíritu humano parece hacer más justicia al lenguaje y corresponde mejor a su uso en 2.26. Si podemos ver *pneuma* como el sustituto santiagueño de *psyjê* (alma), de modo

---

11 Ver Dibelius, *James*, pp. 220-223; J. Cantinat, *Les Epîtres de Sain Jacques et de Saint Jude*, Sources Bibliques, París, 1973, p. 203; y especialmente Sophie Laws, «Does Scripture Speak in Vain?: A Reconsideration of James IV 5» *NTS* 20 (2, 1974): 214-215

12 Para un resumen de los posibles orígenes de la cita, ver Davids, *NIGTC*, p. 162. Ver también C. Brushton, «Une 'aux interpretum', Jacq. 4.5», *RthQR* (1907): 368-377; (1974): 214-215.

13 Así lo interpretan Ropes, *ICC*, p. 263; y Dibelius, *James*, pp. 223-224. Burton S. Easton explica el problema asumiendo que la cuestión es de origen estoico, y que fue adoptado o adaptada por un moralista judío, de quien el autor cristiano de la carta tomó prestado el material. Easton, *IB*, pp.52-54.

14 Mayor, *St. James*, pp. 141-145.

de encontrar en Santiago 4.5 una alusión al Salmo 84.2, parece posible colocar al versículo en la secuencia de un argumento lógico y hacer justicia a su referencia a *grafê*, a la luz de la práctica característica del autor. [15]

El problema de la violencia

La violencia que prevalece en el mundo hispanoparlante no puede ser atribuida a una sola causa. Las raíces de la violencia son múltiples y están interrelacionadas. Se encuentran profundamente arraigadas en varias condiciones e influencias. Hay factores personales relacionados con la violencia. Aparentemente, el ser humano no tiene un instinto innato que oriente la agresión en una dirección determinada. Desde su nacimiento, el ser humano es potencialmente violento, pero tiene también la capacidad para la actividad creativa y constructiva. La violencia de algunos individuos es el resultado de una perturbación mental o emocional, o una estructura biológica anormal. Es por ello que se puede hablar de una violencia instintiva, patológica y criminal. Sin embargo, los expertos concuerdan en que la mayoría de las personas que cometen violencia, criminal o no criminal, no son diferentes de otras personas en su modo de ser básico. Su comportamiento es el resultado de la interacción compleja del metabolismo corporal, el medio ambiente y la voluntad personal.

En América Latina encontramos tres tipos de violencia:

La violencia extremista. Las organizaciones subversivas y extremistas abogan por el uso de la fuerza y la violencia como la única metodología revolucionaria posible. Tales movimientos pugnan por todos los medios por interrumpir la ley y el orden institucional, atribuyéndose una misión de carácter mesiánico en la sociedad. No siempre lo que se tiene por «orden» o «legitimidad» es lo justo en términos cristianos. Pero la violencia irracional entronizada por el terrorismo solo puede generar mayor violencia y no garantiza el establecimiento de una sociedad más justa y en paz. Por otro lado, *la violencia institucionalizada y represiva* del estado, con su pretendida defensa del «orden», la paz interior, la defensa de la soberanía nacional o del «estilo de vida occidental y cristiano», no es menos demoníaca que la anterior. La «doctrina de la seguridad nacional», que ha sido aplicada sistemáticamente en la represión del pueblo latinoamericano, ha resultado en un factor provocador de un estado

15 Laws, pp. 210-215.

de violencia monstruosa, que ya ha cobrado cientos de miles de víctimas a lo largo y a lo ancho del continente.

La violencia liberadora es la que trata de obtener la liberación del hombre y de la sociedad. No es la violencia por la violencia, sino la violencia al servicio de la justicia. En el caso de la violencia asistemática, ésta se busca por sí misma, sin necesidad de apoyarse en ninguna justificación precisa. Frente a estas dos, generalmente aparece la violencia represiva. Quienes están instalados en el poder, tanto en las sociedades capitalistas como en las marxistas, o poseen una situación privilegiada en los llamados grupos de presión, defienden con violencia sus posiciones, por simple egoísmo o para no perder sus privilegios.

Santiago plantea el problema de la violencia a partir del contexto de la comunidad de fe, que muchas veces no es ajena a ella. Aborda el problema de manera directa, para descubrir sus causas, y llega a la conclusión de que la violencia nace de dos factores.

En primer lugar, la violencia viene de los deseos pecaminosos. Pablo describe estos deseos pecaminosos a la luz de su propia experiencia (Ro. 7.18-24). Santiago los enumera. Tal enumeración nos resulta familiar, cuando la leemos a luz del contexto de violencia en el que vivimos en Hispanoamérica. Esta violencia institucionalizada es la que llevó al arzobispo Oscar Arnulfo Romero a clamar desde lo profundo de su corazón: «Queremos que el gobierno considere seriamente el hecho de que sus reformas no sirven para nada si continúan dejando al pueblo tan ensangrentado. ¡En el nombre de Dios, y en el nombre de este pueblo sufriente cuyo clamor se eleva a los cielos cada día en gran aflicción, les imploro, les suplico, les ordeno en el nombre de Dios: terminen con la represión!»[16]

Según Santiago, la violencia nace del deseo de placer (v. 1). El deseo de placer tiene su campo de acción en el cuerpo. Estas «pasiones» son una de las características de nuestro siglo. Claro que es bueno tener comodidades y satisfacciones. Pero lo malo es hacer de estos valores inferiores un dios o ídolo que controle la vida. Jon Sobrino lo explica así: «¿Qué queremos significar por ídolos? Por ídolos quiero significar realidades históricas, cosas que existen y que demandan víctimas para sobrevivir... A veces nosotros los cristianos, al menos algunos de nosotros, hemos pensado que lo opuesto a Dios es negar la existencia de Dios, y lo opuesto a la fe es la incredulidad. Pero no pienso que esto sea exactamente así. Lo opuesto a Dios son los ídolos, y ellos existen. Y lo opuesto a la

16 Romero, op. cit. p. 404.

fe no es simplemente la incredulidad, sino la idolatría, y esto también existe».[17] ¡Qué contraste con la actitud de Moisés! (He. 11.25). Incluso este deseo de placer puede llevarnos a invocar a Dios (v. 3). Uno puede orar a Dios pidiéndole cosas para gastar sus bendiciones en la satisfacción egoísta del yo. Alguien en un momento de aprietos oró: «Oh Señor, sácame de esta situación, y no te molesto más». Así es la oración de la persona que está dominada por el deseo de placer.

Pero también es cierto que la violencia *nace del deseo de poseer* (v. 2a). Samuel Smiles, en su libro *Thrift*, ha señalado: «Riqueza y corrupción, lujo y vicio, tienen entre sí estrechas afinidades. Cuando la riqueza cae en manos de hombres débiles, sin principios fijos, sin imperio sobre sí mismos y sobre sus pasiones, no es más que una tentación y una celada, la fuente quizá de desdicha infinita para ellos y frecuentemente para los demás». Santiago conocía bien los estragos que el deseo de poseer podía provocar en el seno de la iglesia, en la vida de cada creyente y en la sociedad como un todo. Pablo advierte a Timoteo sobre este pecado (1 Ti. 6.9-10). No hace falta recorrer mucho el mundo para darse cuenta que las riquezas han aniquilado más almas que el hierro cuerpos.

Es evidente que en Hispanoamérica la riqueza de los ricos se ha construido a costa de la pobreza de los pobres. Es el deseo pecaminoso de poseer de las naciones ricas el que ha pauperizado al pueblo hispanoamericano. En América Central, las inversiones estadounidenses en las últimas décadas han sido impresionantes, y han gravitado en el desarrollo de la miseria, y en consecuencia, de la violencia. Hace ya muchos años (en 1950), tres cuartas partes del total del comercio de la región estaba en manos de los Estados Unidos. Un 70% de las compañías que operan en Honduras hoy se establecieron entre 1950 y 1968, con algo más de la mitad de las inversiones proviniendo de los Estados Unidos. En 1982 estaban operando en Honduras 31 compañías multinacionales, con 71 subsidiarias. Las inversiones norteamericanas en ese país crecieron de un 4.6% del producto bruto nacional en 1943 a un 32% en 1971.[18]

Estas inversiones norteamericanas han resultado y resultan en la aniquilación de la producción orientada al mantenimiento de la población, al cambiar la estructura interna de la región. La coalición de los militares, la oligarquía, los tecnócratas, y los grupos in-

17 Jon Sobrino, «Poverty Means Death to the Poor», *Cross Currents* 36 (3, 1983): 268.
18 Ver Víctor Meza, *Honduras: pieza clave de la política de Estados Unidos en Centro América*, CODEH, Tegucigalpa, 1986, pp. 63, 126.

dustriales en torno al «proyecto de modernización», ha tenido consecuencias desastrosas para el pueblo. Desde 1952 a 1965 en América Central, la producción de arroz y frijoles —alimentos básicos para el pueblo— ha declinado en volumen en un 8% y un 18% respectivamente. En el mismo período, la producción de café (para exportación) se ha incrementado en un 2.440%. El sector elitista exportador ha expandido rápidamente su capital, mientras que los pobres tienen cada vez menos alimentos.

Además, *la violencia nace del deseo de poder* (v. 2b). Miguel de Cervantes Saavedra decía: «¡Oh envidia, raíz de infinitos males y carcoma de las virtudes! Todos los vicios traen un no sé qué de deleite consigo; pero el de la envidia no tal sino disgusto, rencores y rabias». El deseo de poder es dañino. El mismo Cervantes agregaba: «Pocas o ninguna vez se cumple con la ambición, que no sea con daño de tercero». Pero también el deseo de poder es insaciable. El historiador romano Tácito afirmaba que «para quienes ambicionan el poder, no existe una vía media entre la cumbre y el precipicio». Nadie está exento de este flagelo del espíritu. El deseo de poder puede entrar en la obra del Señor. Este deseo nació entre los discípulos (Lc. 22.24), y Jesús tuvo que reprenderlos severamente (Lc. 22.25-26). Es cierto que en la comunidad de fe alguien tiene que ocupar el lugar de líder, pero lo malo es luchar por obtener ese lugar (3 Jn. 9). Es por eso que el deseo de poder es contrario a la voluntad de Dios (Gn. 11.4).

En Hispanoamérica hoy el deseo de poder encuentra agentes en las más variadas esferas. Este es el deseo que domina a muchos líderes políticos y militares; que contagia a las oligarquías terratenientes y a los caudillos regionales; que se infiltra en el corazón de líderes eclesiásticos tanto católicos como protestantes; que corrompe a jueces y compra la voluntad de algunos oprimidos para que traicionen a sus hermanos; que anima a más de una organización guerrillera y es la bandera de las grandes corporaciones multinacionales; que motiva tanto a los imperialistas foráneos como a los movimientos revolucionarios locales. Estos deseos de poder llegan a transformarse en «poderes» que controlan y dominan la vida, las instituciones, y las relaciones entre los seres humanos. Contra estos poderes es que los cristianos tenemos una lucha en la que no podemos claudicar (Ef. 6.10-12).

En segundo lugar, *la violencia viene de una devoción equivocada*. En la lápida de la tumba del evangelista Dwight L. Moody están grabadas estas palabras: «El que hace la voluntad de Dios vive para siempre». Esta es una devoción santa, beneficiosa. Pero Santiago habla de otra devoción, la del mundo. La violencia que se genera dentro o fuera de la iglesia, encuentra su raíz en esta espuria devoción al orden de cosas que se opone a la voluntad de Dios, y que Santiago llama «mundo».

La devoción al mundo significa *enemistad contra Dios* (v. 4). La vinculación íntima con el mundo y su sistema de valores es un verdadero adulterio espiritual. Así califica la Biblia el alejamiento del pueblo de Israel del cuidado amoroso de Dios. Dios les había advertido sobre la infidelidad (Ex. 34.12). Pero el pueblo terminó siendo infiel a Dios (Jer. 3.20). Dios quiere la fidelidad total de sus hijos y de su iglesia. No hay otra alternativa posible. ¿Qué pensaría usted si su esposa o esposo le fuese fiel sólo el 85% de su tiempo? El creyente debe vivir en un santo desapego de los valores, prácticas y estilos de vida imperantes en el mundo no redimido. Es cierto que estamos en el mundo, y Jesús vivió bien insertado en la realidad de sus días (Lc. 15.2). Pero no debemos enamorarnos del mundo ofreciéndole nuestra lealtad y amistad.

Sobre todo, debemos hacer una opción definitiva entre la vida y la muerte, entre el Dios de la vida y los ídolos de la muerte. Como lo predicara Oscar Arnulfo Romero, «o creemos en un Dios de vida, o servimos a los ídolos de la muerte».[19] «En El Salvador», decía él, «conocemos de antemano el destino de los pobres: desaparecer, ser capturados, ser torturados, reaparecer como cadáveres».[20] La muerte «es la señal del pecado, y el pecado la produce tan directamente entre nosotros: violencia, asesinato, tortura... Todo esto es el reino del infierno».[21] Un auténtico cristiano no puede permanecer neutral frente al ídolo de la muerte. Hacerlo sería ofrecer su alianza al reino de las tinieblas y colocarse del lado de los enemigos de Dios.

Además, la devoción al mundo significa *indiferencia contra el Espíritu Santo* (v. 5). Este es el pecado que Pablo denuncia en Efesios 4.30. La devoción al mundo trae como consecuencia el brote de la violencia en todas sus formas. Por el contrario, la devoción al Espíritu de Dios produce la unidad y la paz. En la Biblia se describe al Espíritu Santo como una paloma. El es el símbolo y el agente de la paz (Ef. 4.3). Esta es la imagen que la iglesia de Jesucristo debe proyectar hoy sobre el sombrío paisaje hispanoamericano. La muerte y la destrucción han devastado nuestro continente durante décadas. América Central, Perú y otros países están arrasados por la violencia. Miles mueren en combates que

19 Romero, *Voice of the Voiceless*, p. 185.
20 Romero, *A Martyr's Message of Hope*, (versión original: *El Mensaje de Esperanza de un Mártir*), p. 163.
21 Romero, *Voice of the Voiceless*, p. 453.

parecen interminables. En la década de 1980 más de 60.000 personas fueron asesinadas en El Salvador, más de 5.000 han desaparecido, los campos de refugiados están llenos, y más del 20% de la población ha dejado el país.[22] Hispanoamérica necesita del poder amoroso del Espíritu Santo, que trae paz y reconciliación. Los cristianos no podemos permanecer indiferentes al deseo divino de hacer germinar la paz en nuestra tierra por la obra de su Espíritu. «El Espíritu está dispuesto»; no permitamos que una equivocada devoción al mundo y su sistema de valores debilite nuestra carne.

¿Hay violencia entre nosotros? ¿Hay violencia en su hogar? ¿Hay violencia en su vida privada? ¿Se encuentra inmerso en un contexto social violento? Santiago dice que estas formas de violencia tienen su origen en los deseos pecaminosos: los deseos de placer, de poseer y de poder; y también en una devoción equivocada: la devoción al mundo y sus tentaciones. Conociendo el problema y sus causas, estamos en condiciones de aplicar el remedio. Abramos nuestro corazón al Señor, demos lugar a su Espíritu, para que en lugar de la violencia reine la paz y la unidad en nuestra vida, en nuestra familia, en nuestra iglesia y en nuestra sociedad.

3. El remedio para la violencia (4.6-10)

La violencia no es un mal incurable. Por el contrario, Dios da «mayor gracia» en razón de una demanda mayor (Ro. 5.20-21). Nótese que es Dios quien hace esto. Como texto de prueba, Santiago cita Proverbios 3.34. Por eso, hay que someterse a él (*hypotagête* es un término militar, 1 P. 5.5). Esta «gracia», este favor o bondad que Dios manifiesta hacia los humildes, en contraste con su resistencia a los soberbios, es la base de los mandatos que siguen (vv. 7-10). Es interesante notar que en los vv. 7-10 hay diez imperativos aoristos, lo cual denota la idea de urgencia.[23] Es interesante que la sección termina con el verbo «humillaos» en v. 10, que corresponde con el adjetivo cognado *tapeinos* («humildes») en el v. 6. Lo que Santiago está demandando solo puede ser satisfecho por aquellos que reconocen su propia insuficiencia y descansan completamente en la gracia de Dios.[24]

Respecto del diablo, el acusador y adversario del ser humano, hay que «resistirlo», es decir, «plantársele en contra». Santiago no ve al diablo como el invencible señor del mal, sino como alguien que puede ser resistido con éxito. Como resultado de tal resistencia, éste escapará (1 P. 5.8-9; Ef. 6.11-18; Lc. 10.17). Esto se logra, por supuesto, cumpliendo con ciertos requisitos.

22 Spykman, *et al.*, *Let My People Live*, p. 32.
23 El aoristo es un pretérito indefinido de la conjugación verbal griega.
24 Bratcher, *RE*, p. 407.

Primero, hace falta un decisivo acercamiento a Dios, quien a su vez se acerca a aquellos que vienen a él. Así, pues, es necesario tener una estrecha relación personal con Dios, «acercarse» a él como él se acercó a nosotros (Mt. 3.2), y como se acercaron a él los sacerdotes en la antigüedad (Ex. 19.22). Segundo, hace falta un arrepentimiento sincero y auténtico, porque todos nosotros somos «pecadores» y de «doble ánimo» (v. 8). La doblez de ánimo *dipsyjoi* es la condición de alguien que deliberadamente pretende ser leal a dos señores diferentes, o alcanzar dos metas irreconciliables, y está motivado por dos deseos incompatibles. Es lo opuesto de esa «pureza» de una sola pieza, que es la primera característica de la «sabiduría» celestial (3.17). Con un lenguaje que recuerda a los profetas del Antiguo Testamento, Santiago desafía a sus hermanos a «limpiar las manos» de todo pecado, y a «purificar los corazones» de toda deslealtad a Dios. «Manos limpias y un corazón puro» (ver Sal. 24.4) involucran la totalidad del ser humano, su conducta externa y su carácter interno (ver Eclesiástico 38.10). La limpieza de las manos aquí no es ritual (Ex. 30.19-21; Mr. 7.3,19), sino simbólica (Sal. 24.4). Lo mismo es con la purificación del corazón: no es ceremonial (Hch. 21.24, 26), sino moral (1 P. 1.22; 1 Jn. 3.3). Limpiarse las manos es dejar de obrar mal.[25]

Finalmente, hay que asumir una actitud de santa aflicción «delante del Señor», lo que Pablo llama «la tristeza que es según Dios» (2 Co. 7.10). Hay que afligirse (Ro. 7.24), lamentar (Mt. 5.4), llorar (Mr. 16.10; Lc. 6.25), y humillarse (Mt. 18.4). Cuando esto ocurre hay exaltación (1 P. 5.6).

Con un lenguaje simple y sin complicaciones, carente de razonamiento teológico o de análisis sicológico, el autor exhorta fervientemente a su gente a poner en práctica lo que ellos ya saben que tienen que hacer. En sujeción completa a Dios (v. 7a), en humildad delante de él (v. 10a), los creyentes arrepentidos y sinceros recibirán la victoria y la recompensa.[26]

La respuesta del cristiano a la violencia que existe

Todo planteamiento ético con relación al problema de la violencia debe partir del hecho que la violencia *ya* existe en nuestra sociedad. En otras palabras, estamos considerando una realidad y no una mera cuestión teórica. El reconocimiento de esta violencia, en sus variadas formas y matices, es fundamental como primer paso hacia una solución del problema. Los cristianos no siempre hemos sido transparentes en este reconocimiento. Encerrados en las cuatro paredes de nuestros templos, nuestra tendencia ha sido

---

25 Davids, *NIGTC*, p. 167.
26 Bratcher, *RE*, p. 408.

la de considerar el problema de la violencia no como nuestro problema, sino como un problema «del mundo».

Sin embargo, nadie puede abstraerse de la violencia, ya sea que se la considere insita en la estructura económico-social del continente, o como «violencia institucionalizada», ejercida para la defensa del «orden» establecido o como represión a fin de perpetuar estructuras injustas y opresivas. En el plano ético, entonces, surgen dos corolarios de la situación, que deben ser tomados en cuenta. Primero, no existe neutralidad frente al problema de la violencia, porque éticamente ya estamos implicados en el uso de la misma. Segundo, si lo dicho es cierto, es imposible suprimir la violencia existente, sea en su forma de violencia institucional o de contraviolencia revolucionaria, sin tomar seriamente en cuenta las causas que la engendran. De allí que, para el cristiano, no solo el problema de la violencia es importante, sino también el de la injusticia y la opresión en que se ve sumido el mundo hispanoamericano.

¿De qué manera, entonces, podemos responder al problema de la violencia desde nuestra fe cristiana? ¿Qué orientación podemos encontrar al considerar la situación en la que se desarrolla nuestra fe? ¿Qué tiene Santiago para decirnos sobre el remedio al problema de la violencia? Según él, hay seis elementos a tomar en cuenta.

El primer elemento es *la gracia de Dios* (v. 6a). Dios es un Dios de gracia. La gracia es el acto gratuito e inmerecido por el cual Dios restaura a la comunión con él al ser humano perdido. Se trata del amor de Dios que quiere salvar al pecador, aun cuando éste no lo merece (Ro. 5.8). La gracia es la actitud personal de Dios hacia el ser humano, su acción e influencia sobre él. La gracia es también el amor ayudador de Dios (2 Co. 12.9). Es la gracia divina la que nos ayuda aun a pesar de nuestras claudicaciones. Como cantara Luis de Góngora, el poeta español que fuera figura excepcional de las letras de su país:

> Si no fuera por ti, ¿de mí qué fuera?
> Y a mí mismo de mí, ¿quién me librara
> Si tu gracia la mano no me diera?

Pero Dios es un Dios de gracia abundante. El no es mezquino sino generoso. No hay problema que su gracia no pueda solucionar. A través del Espíritu Santo, la gracia divina es el poder operativo de la influencia personal de Dios que crea, despierta y enriquece nuestras potencialidades y nos mueve hacia lo que Dios quiere que seamos (1 Co. 15.9-10). Esto es lo que D. M. Baillie llama la paradoja de la gracia: «Su esencia reside en la convicción que posee el hombre cristiano, de que cada cosa buena que hay en él, cada cosa buena que él hace, de alguna manera no es producida por él sino por Dios. Esta es una convicción altamente paradójica, porque mientras lo adscribe todo a Dios no abroga la personalidad humana ni renuncia a la responsabilidad personal».[27]

El segundo elemento es *la humildad* (vv. 6b, 10). Es un hecho que el orgullo y la jactancia aumentan las contiendas y son combustible de la violencia. Como dijera Augusto Comte: «Mucho más que el dinero, es el orgullo quien nos divide». El sabio reconoce que «la soberbia concebirá contienda» (Pr. 13.10). Por el contrario, la humildad reduce los problemas. Juan Bautista Alberdi, el padre de la Constitución argentina, reconocía que «por el arma de su humildad, el cristianismo ha conquistado las dos cosas más grandes de la tierra: la paz y la libertad». Es que el humilde sabe que depende de su prójimo (Ro. 14.7) y valora lo que éste es y hace (Fil. 2.3). Por eso, como señalara Hillel el Sabio: «Mi humillación es mi exaltación, y mi exaltación es mi humillación». Según Santiago, la diferencia la hace la intervención de Dios en la vida de aquel que se humilla «delante del Señor».

No es extraño que Dios dé gracia a los humildes. Esta ha sido y es su opción preferencial. El ha elegido a los pobres para ser ricos en fe y herederos del reino (2.5), y él también es quien les da gracia y los exalta (4.6b,10).[28] Es bien claro de qué lado se coloca Dios y a favor de quiénes lucha.

El tercer elemento es *la sumisión a Dios* (v. 7a). La Biblia nos dice que debemos someternos a Dios, porque Dios resiste a los soberbios (Pr. 3.34). Esto es lo que pasó con Herodes (Hch. 12.21-23).

Francisco de Quevedo dice que «ruin arquitecto es la soberbia; los cimientos pone en lo alto y las tejas en los cimientos». Es por eso que la soberbia engendra pleitos y contiendas. Diego de Saavedra Fajardo afirma al respecto: «La pompa engendra soberbia y la soberbia ira». Además, debemos someternos a Dios también porque él es soberano de nuestras vidas, de la iglesia y del mundo. No es posible que él sea el Señor mientras la soberbia ocupe el trono de la vida. Las puertas de los cielos no están arqueadas tan altas como la de los palacios reales. Quienes desean entrar por ellas deben hacerlo con humildad, caminando sobre sus

---

27 D.M. Baillie, *Dios estaba en Cristo*, La Aurora, Buenos Aires, 1961, p. 107.
28 Luis A. Schökel, «Santiago 5.2 y 4.6», *RB* 54 (1973): 73-76. Ver también J.A. Findlay, «James iv.5,6», *ExpTim* 37 (1926): 381-382.

rodillas. Si esto ocurre no habrá contiendas ni la violencia tendrá razón de ser.

El cuarto elemento es *la resistencia al diablo* (v. 7b). No hay lugar a dudas: el diablo es el generador de la violencia. El se rebeló contra Dios desde un principio (Ez. 28.16). El fue el instigador de la desobediencia de Adán y Eva. El sigue incitando las contiendas y todo tipo de violencias entre los seres humanos (1 P. 5.8). Carlos Marx decía que «la violencia es la partera de la historia». Pero habría que agregar que el diablo es el partero de la violencia. Sin embargo, el diablo puede ser vencido. El ya ha sido vencido por Cristo en la cruz. De modo que lo que el creyente debe hacer ahora es resistirlo. Hay una resistencia pasiva (no darle lugar, Ef. 4.26,27), y una resistencia activa (presentarle batalla, Ef. 6.11). Si se le aplica resistencia, el diablo no tendrá más remedio que huir.

El quinto elemento es *el acercamiento a Dios* (v. 8a). Dios desea una comunión íntima con nosotros. La Biblia está llena de ejemplos como el de Enoc (Gn. 5.24) de hombres y mujeres que supieron disfrutar una profunda amistad con el Señor. Cuando esto no ocurre, la contención se hace presente. La violencia viene por estar lejos de Dios. Pero el espíritu contencioso termina cuando estamos cerca del Señor. Así pasó con los discípulos de Jesús (Mr. 9.33-34). Cuando nos acercamos a Dios, él se acerca a nosotros, y el resultado es la comunión con Dios. Nadie puede ser ni mostrarse violento en la presencia del Dios vivo.

El sexto elemento es *la pureza* (vv. 8b-9). Hace falta una pureza interior, porque es de dentro del ser humano de donde salen todas las maldades, incluida la violencia (Mr. 7.15,23). Los judíos de la antigüedad solían lavarse las manos y el cuerpo para mantenerse ceremonialmente puros. Pero olvidaron que la pureza es moral y no ritual (Sal. 24.3-4). La pureza de corazón, según la definió Soren Kierkegaard, «es desear una sola cosa», vale decir, el Bien en verdad.[29]

En uno de sus versos, Francisco E. Estrello nos desafía a una vida de pureza:

Echa a andar tu pureza sin temores,
Y entonces vivirás...

Pero la pureza debe verse reflejada también en una actitud de profundo arrepentimiento por el pecado. El autor habla de aflicción lamento, lloro, tristeza. El llanto que necesitamos es aquel que

---

29 Soren Kierkegaard, *Purity of Heart*, Harper, Nueva York, 1948. Este libro es una hermosa y amplia meditación de Santiago 4.8.

resulta de la profunda vivencia del pecado personal y de la santidad de Dios. Este dolor purificante neutralizará los impulsos violentos, que quieren descargar sobre otros la condena que pesa sobre nuestras conciencias. Será propicio que surja de nuestros labios una confesión como la de Alonso de Ercilla, el poeta épico y militar español del siglo XVI, en su poema *La Araucana*:

> Y yo que tan sin rienda al mundo he dado
> el tiempo de mi vida más florido,
> y siempre por camino despeñado,
> mis vanas esperanzas he seguido,
> visto ya el poco fruto que he sacado,
> y lo mucho que a Dios tengo ofendido,
> conociendo mi error, de aquí adelante
> será razón que llore y que no cante.

La violencia es como un cáncer en la vida personal, familiar y social. Es una enfermedad que llega a afectar también la vida de la comunidad de fe. Un médico no trata un tumor canceroso con una simple aspirina. Hace falta cirugía. Así hace Santiago. Su receta para el problema de la violencia no es una tisana o un emplasto casero. Su exhortación inspirada apunta el bisturí divino a la raíz espiritual del problema. Si respondemos afirmativamente a los imperativos que él presenta vendrá la curación y habrá salud y alegría.

4. La violencia de la murmuración (4.11-12)

La realidad que debe predominar en la comunidad cristiana es la relación que se denota con la palabra «hermanos». Este hecho fundamental, que somos hermanos en el cuerpo cristiano, determina nuestras actitudes y acciones entre unos y otros. ¡El hermano no está llamado a constituirse en juez! Solo Dios, que es tanto Legislador como Juez, y que es el único que puede salvar o destruir (Sal. 75.7), tiene el derecho de plantear una sentencia final sobre nosotros.[30]

La frase «no habléis mal unos de otros» (BJ) puede ser una prohibición del mal hábito de hacerlo así o una exhortación a dejar de hacerlo. Se trata de hablar mal del prójimo en su ausencia. Santiago vuelve a la cuestión de la lengua (1.26; 3.1-12), a la que retornará otra vez en 5.12. El juicio del hermano recuerda las enseñanzas de Jesús (Mt. 7.1; Lc. 6.37). Esta actitud pone al murmurador por sobre la ley, lo cual el autor condena con severidad. Santiago tiene en mente la ley de Dios, pero su argumento es válido para cualquier ley bajo la cual vivamos. No podemos elegir como se nos da la gana las leyes que

---

30 Bratcher, *RE*, p. 408.

queremos obedecer, sin transgredir la ley de Dios, y con ello violentar nuestra propia conciencia.

«Uno solo» es decir, solo Dios es el «legislador» (BJ, NA, VM, VHA) y el «juez». También es uno solo el que «puede salvar y perder» («salvar y destruir» NBE, VHA, RVA). Este es un cuadro común del poder de Dios (Mt. 10.28), típico del Antiguo Testamento (Dt. 32.39; 1 S. 2.1-6; 2 R. 5.7). Nótese el contraste entre quién es Dios (Legislador, Juez) y la pregunta retórica «¿quién eres tú?» (NBE) en la que el pronombre «tú» va adelante en el griego para énfasis (como en Ro. 9.20; 14.4). De este modo, la exhortación de evitar hablar mal en contra de otros, tal como la plantea Santiago, presenta una motivación más completa y más teológica a un viejo principio.[31]

Los sicólogos dicen que una de las mejores maneras de aprender es por la repetición. De esta manera es como aprendemos de memoria muchos versículos bíblicos e himnos. En realidad, el método es muy viejo (Is. 28.10). Esta es una manera de aprender bien algo. Santiago aparentemente conocía el método y lo puso en práctica. Ya en el capítulo 1 habla extensamente sobre la lengua. La mitad del capítulo 2 está dedicada al mismo tema. La primera mitad del capítulo 3 habla específicamente del asunto. Y la cuestión aparece otra vez en el capítulo 4. Parece que el problema del mal uso de la lengua era agudo entre sus lectores, y nos preguntamos si Santiago, con tanto repetir, habrá tenido éxito en su mensaje. Me pregunto si con tanto repetir lo que Santiago dice, nosotros también aprenderemos la lección.

El abuso de nuestras lenguas

Santiago dirige su exhortación a creyentes («hermanos») que tenían el vicio de la murmuración, es decir, de criticarse unos a otros incluso haciendo uso de la calumnia. En su argumentación, el autor nos da las razones por las cuales debemos cuidarnos de no criticar a aquellos que, junto con nosotros, forman parte de la comunidad de fe.

Primero, *no debemos criticarnos porque somos hermanos.* Esta condición de nuestra relación mutua, gracias a la fe en Jesucristo, no solo es un gran privilegio sino también una seria responsabilidad. El juicio de Dios condena severamente la murmuración entre hermanos en la carne (Sal. 50.20); cuánto más entre hermanos en el Espíritu. Dietrich Bonhoeffer, quien en este siglo ha reflexionado quizás más que nadie sobre el carácter de nuestra hermandad, dice: «La hermandad cristiana no es un ideal que nos incumbe

---

31 G.C. Bottini, «Uno solo è il legislatore e giudice (*Gc.* 4, 11-12)», *Studii Biblici Franciscani Liber Annuus* 37 (1987): 99-112.

realizar, sino que es una realidad creada por Dios en Cristo, en la que se nos permite participar».

Somos hermanos en Cristo, y esto implica una profunda relación espiritual. Somos hijos de Dios y hermanos espirituales los unos de los otros. Esta es una relación que trae bendición al alma (Sal. 133.1-2). Y es también una relación que el Señor nos demanda (Mt. 23.8). El veneno de la murmuración pone en peligro la vida de esta relación fraternal. Vicente de Paul, el sacerdote francés célebre por su caridad, nos advierte que «el vicio de la murmuración es un lobo rapaz que arruina y destruye el ganado en que entra». Es que el golpe de la sartén, aunque no duele, tizna. Cualquier herida puede curarse, pero la que se produce por la estocada de una lengua murmuradora, es mortal. La famosa estrofa del poema gauchesco *Martín Fierro*, nos advierte:

Los hermanos sean unidos
Porque esa es la ley primera
Tengan unión verdadera
En cualquier tiempo que sea
Porque si entre ellos pelean
Los devoran los de ajuera.

Y ya sabemos quién es el Devorador (1 P. 5.8), que instiga a la murmuración, para lograr su propósito de hurtar, matar y destruir la vida del creyente y del cuerpo de Cristo (Jn. 10.10). Nada ha resultado más devastador para el testimonio de la presencia del reino de Dios en nuestros países hispanoamericanos, que los conflictos fratricidas en que tantas veces nos hemos involucrado los evangélicos.

De manera inmadura hemos permitido polarizaciones teológicas, que no tienen nada que ver con nuestra situación. La mayor parte de las controversias que nos han separado como hermanos han sido importadas de otras latitudes. Generalmente, han sido problemas teológicos irrelevantes para nosotros, pero cuya discusión nos ha llevado a no cooperar los unos con los otros en dar un testimonio cristiano común. Un exagerado denominacionalismo y un espíritu sectario nos han llevado a excluirnos mutuamente. Lejos de hacer el esfuerzo por entendernos en nuestras particulares tradiciones y maneras de comprender la fe, hemos exagerado nuestras diferencias. Por supuesto, cada uno se ha considerado poseedor absoluto de la verdad y ha criticado duramente a quienes piensan y actúan de otra manera. Nuestros proyectos denominacionales han sido más importantes que el desarrollo del reino de Dios en el continente. Por correr detrás de nuestros énfasis institucionales, hemos desarrollado un concepto estrecho del reino de Dios y una imagen pigmea de la misión que nos cabe como pueblo de Dios.

Segundo, *no debemos criticarnos porque esto es violar la ley de Dios*. La crítica involucra una transgresión de la ley y un repudio de la misma. Quien hace violencia a su prójimo con la calumnia también hace violencia a la ley divina, pues la considera muy exigente, innecesaria, poca cosa o inadecuada. La ley de Dios es una ley de amor y no de crítica. Esta es la ley del Rey de reyes (Lv. 19.16). Es la ley real que nos impone el amarnos unos a otros (2.8). Pero el murmurador considera que está por arriba de la ley del amor. Sin embargo, éste es el gran semáforo en el camino de la vida. Cuando murmuramos los unos de los otros, la luz va pasando del verde de hablar bien del hermano, al amarillo de pensar mal de él, al rojo de criticarlo. Paralelamente, la vida espiritual personal y colectiva va siguiendo la misma progresión: del verde de marcha, al amarillo de peligro, para terminar en el rojo de alto (muerte).

Además, si no obedezco la ley de Dios es que me estoy constituyendo en su juez. Me coloco en la posición de juez al tenerla en poco. Este fue el pecado de la nación de Judá (Am. 2.4). También me hago juez de la ley al no obedecer algo que Dios me ordena (Ec. 12.13), y al no medir las consecuencias que mi desobediencia acarrea. Estas actitudes no son propias de un creyente. En verdad, la murmuración misma es propia de los incrédulos, incluso de aquellos que se oponen a la fe en Cristo (1 P. 2.12; 3.16).

¿No hemos cometido este pecado como pueblo de Dios? Cualquier hermano que haya participado de reuniones o conferencias interdenominacionales sabe cuánta crítica irresponsable y murmuración cáustica corren por los pasillos y en las conversaciones entre sesiones. Casi puede decirse que cuanto más celoso custodio de la verdad revelada se considere alguien, tanto más crítico será de sus hermanos en la fe. Es como si existiese una relación de necesidad entre defender la verdad de la Biblia y sostener la homogeneidad de interpretación de la misma. A la luz del mensaje de Santiago, la contradicción de esta actitud es evidente. Quienes de manera fanática se constituyen en defensores de las Escrituras, terminan por violarlas, al no respetar con amor la libertad de sus hermanos de aproximarse al registro de la revelación de manera diferente de la propia. ¿Acaso no sostenemos, como un punto importante de nuestra tradición protestante, la libre interpretación de las Escrituras bajo la guía del Espíritu Santo? Sin embargo, buena parte de nuestra murmuración contra nuestros hermanos gira en torno al hecho de que algunos de ellos no interpretan la Biblia como lo hacemos nosotros. Con ello, no solo negamos nuestros propios principios, sino lo que es más importante, desobedecemos la ley de Dios, el mensaje de toda la Biblia. Lejos de confiar en la sabiduría y poder del Espíritu para guiar a la verdad (a nosotros y a nuestros hermanos), nos hemos constituido en los auténticos intérpretes de la verdad y poseedores absolutos de ella. Este es un pecado que Dios no va a pasar por alto.

Tercero, *no debemos criticarnos porque Dios es el Legislador*. Juzgar al hermano significa colocarse en el lugar que solo le corresponde a Dios, como dador de la ley. En nuestra arrogancia, creemos saberlo todo y por eso juzgamos a otros. Debemos reconocer que lo malo de nuestros juicios sobre el prójimo, las más de las veces, consiste en que no contamos con todos los elementos para un juicio objetivo. Michel Quoist confiesa: «Al reflexionar, me doy cuenta de que frecuentemente mi juicio sobre las personas está influenciado por muchos otros elementos. Pocas veces soy plenamente objetivo».[32] La verdad es que solo Dios sabe todas las cosas (1 Co. 4.4-5), y cada uno dará cuenta de sí ante él (Ro. 14.10,12). Nuevamente el consejo de Martín Fierro a sus hijos es oportuno:

Procuren, si son cantores,
El cantar con sentimiento
No tiemplen el estrumento
Por sólo el gusto de hablar
Y acostúmbrense a cantar
En cosas de jundamento.

Además, juzgar al hermano significa poner tropiezo en su vida (Ro. 14.13). El daño que esto produce puede ser irreparable. Como expresara Alfonso el Sabio, rey de Castilla y León (siglo XIII): «Daño muy grande viene al Rey e a los otros homes cuando dixeren palabras malas e villanas e como non deben, porque después que fueren dichas non las pueden tornar que dichas no sean». Esto último trae a la memoria los refranes que Gonzalo Correas anota en su *Vocabulario*: «Palabra y piedra suelta no tienen vuelta»; «La palabra que sale de la boca, nunca más torna»; y «Palabra echada, mal puede ser retornada».

Cuarto, *no debemos criticarnos porque nosotros también tenemos defectos*. ¿Quiénes somos para juzgar a otros? El que critica a otros no hace más que expresar sus propios pecados (Ro. 2.1) y condenarse a sí mismo. Si Dios nos midiera con la medida con que

32 Michel Quoist, *Cita con Jesucristo*, 2a. ed., Ediciones Sígueme, Salamanca, 1974, p. 69.

nosotros medimos y nos juzgase con la severidad con que nosotros juzgamos, ¡no tendríamos ninguna esperanza! En tal caso Dios debería condenarnos a todos (Ro. 3.23; Mt. 6.12; 7.11; 18.24; Mr. 10.28).

La amonestación de William Shakespeare era: «Abstente de juzgar, porque todos somos pecadores». José Ingenieros en su genial obra *El hombre mediocre*, ha escrito: «El que ve los defectos y no las bellezas, las culpas y no los méritos, las discordancias y no las armonías, muere en el bajo nivel donde vegeta con la ilusión de ser un crítico». Pero también es cierto que el que critica a otros no hace más que pecar en ese mismo acto (Lc. 6.37).

Lo más grave de la murmuración es que no solo emite juicio sobre las acciones de los demás sino sobre sus motivaciones. Si no podemos juzgar los hechos por carecer del conocimiento suficiente de todos los detalles, ¿cómo podremos evaluar los motivos que están detrás de esas situaciones? Criticar motivaciones es actuar con un espíritu de total injusticia. Jesús condenó severamente este pecado del juicio apresurado de los demás, precisamente porque su agente es siempre un pecador lleno de orgullo (Mt. 7.1-5; 18.23-35).

No podemos evitar formarnos una opinión en cuanto a nuestros hermanos, pero ésta no debe ser injusta o arbitraria. La palabra «juzgar» no tiene en este contexto el sentido que se da en la Lógica o la Psicología de «formarse una opinión» o «considerar una cuestión». Santiago no está en contra de que nos formemos una opinión de las cosas o de las personas, ni que consideremos o evaluemos un asunto o las circunstancias que nos rodean. Tampoco se trata de abolir la administración de la justicia pública. Lo grave de este pecado de constituirse en juez de los demás es que pretende decidir el destino eterno de una persona y si pertenece o no al reino de Dios. Su ponzoña consiste precisamente en que «condena» al hermano (Lc. 6.37) sin darle oportunidad de defensa. Lo que Santiago nos está advirtiendo es que no adelantemos el juicio final.

La amonestación de no actuar como jueces del prójimo nace, en primer lugar, del hecho de que el juicio es prerrogativa exclusiva de Dios. Nadie tiene derecho de prescribir o calcular el destino final de otro ser humano. Solo Dios puede juzgar, condenar o absolver. En segundo lugar, Dios juzga con misericordia, o más bien, Dios perdona en Jesucristo. Si hemos sido perdonados sin merecerlo, ¿cómo nos atreveremos a condenar a nuestro prójimo con nuestra murmuración?

De todos modos, si bien podemos formarnos una opinión sobre

nuestro hermano, sea ésta buena o mala, debemos cuidarnos de expresarla. Más bien, debemos hacer nuestra la oración del salmista: «Sean gratos los dichos de mi boca» (Sal. 19.14). Santiago condena el pecado del murmurador, que hace violencia al prójimo con su lengua y sus críticas no fundamentadas. Pero esta enfermedad espiritual tiene raíces muy hondas, incluso en la vida de los creyentes. ¿Cómo curar este mal? Es necesario volver al v. 6: «Pero él da mayor gracia». Sin su ayuda no puede haber sanidad del mal de la murmuración.

B. El problema de la jactancia (4.13-17)

Con rigor, Santiago condena la arrogancia que se manifiesta en una actitud presuntuosa con relación al futuro. Esta es la actitud de la persona que hace sus planes sin tomar en cuenta a Dios. El futuro es un don de Dios a los seres humanos. No debemos tomar el tiempo por sentado. La persona que así lo hace peca de arrogante, y en términos prácticos, es atea. No debemos presumir de la continuación de nuestra existencia, porque la vida es una tenue neblina que desaparece tan rápido como aparece. De allí que los planes para el futuro deben hacerse con la condición explícita: «Si el Señor quiere» (v. 15).

En esta sección, Santiago dirige su exhortación especialmente a los comerciantes cuya jactancia y soberbia constituían un índice de su identificación con los valores del mundo y su olvido de Dios. El autor increpa a estos mercaderes viajeros, probablemente judíos cristianos, que decidían y actuaban como si Dios no existiera. Nótese que estos comerciantes forman parte de la comunidad cristiana, si bien gozan de una posición económica más holgada, casi como la de los ricos. Curiosamente, a estos cristianos Santiago no los llama «hermanos» como al resto de la congregación (v. 11), ni tampoco los llama «ricos» como a aquellos que aparentemente no integraban la comunidad de fe (5.1). El autor los llama: «los que decís» (*hoi legontes*). Es evidente que estos individuos eran parte de la comunidad cristiana porque Santiago los reprende por no consultar al Señor al hacer sus planes para el futuro, y porque no comparten con los pobres sus ganancias.[33]

Santiago destaca la puntualidad y precisión de los planes de esta gente: «hoy y mañana», «a tal ciudad», «un año», «traficaremos y ganaremos» (v. 13). Tal arrogancia es condenada por la Biblia (Pr. 27.1; Lc. 12.16-21). Lo peor de todo en estos comerciantes arrogantes es que carecen de un adecuado concepto de sí mismos. Son incapaces de reconocer la fragilidad y transitoriedad de su existencia. «¿Qué es vuestra vida?» (*poia hê zôê hymôn*), es decir, ¿cuál es el carácter de la vida? (*poia*).

La respuesta de Santiago a esta pregunta fundamental es que la vida

---

humana es «vapor» (*atmis*), es como la niebla matinal sobre el campo, que se esfuma en cuanto aparece el sol (ver Sabiduría 2.4). Por eso, «en lugar de» (*anti*) decir lo que Santiago registra en v. 13, estos jactanciosos deberían decir: «Si el Señor quiere» (*ean ho kyrios thelêsê*). La expresión es rara en las fuentes judías contemporáneas a Santiago, pero es común en la literatura griega y romana.[34] La frase aparece con frecuencia en el Nuevo Testamento (Hch. 18.21; Ro. 1.10; 15.32; 1 Co. 4.19; He. 6.3). El peligro de usar una declaración así es que se puede degenerar fácilmente en una fórmula mágica, no muy diferente en significado y efecto a «¡Cruzo los dedos!» o «¡Abracadabra!» Pero esta frase no debe ser repetida como una fórmula mágica, sino que debe expresar una actitud mental y espiritual (Hch. 18.21; 1 Co. 4.19; 16.7; Fil. 2.19,24; He. 6.3).

Sin embargo, los interlocutores de Santiago no solo hablan con jactancia, sino que se jactan de ello. Sus palabras son expresión de la satisfacción que sienten de considerarse con el poder de controlar su propio destino. Tal soberbia (*alazoniais*) o «fanfarronería» (BJ) opera en un plano totalmente imaginario e irreal, y por lo tanto es mala (*ponêra*).

Santiago cierra el pasaje con una máxima que tiene profundas derivaciones éticas y teológicas. «Al que sabe hacer lo bueno, y no lo hace, le es pecado» (v. 17). Este versículo no tiene una conexión obvia con lo que precede y lo que sigue. Quizás la partícula *oun* («pues», BA, BJ), con la cual comienza en griego se refiere a un contexto diferente y original, del que este aforismo fue tomado.[35] De todos modos, es un buen resumen de la ética cristiana, presentado negativamente. Para el cristiano, el pecado no es solo hacer y decir aquello que viola la ley de Dios y daña a su prójimo. El pecado consiste también en el fracaso de usar todas las oportunidades para hacer el bien. La inacción puede ser un pecado mortal, y el silencio un error funesto. Ignorar la demanda divina de justicia, amor y humildad (Mi. 6.8) y no ponerla en práctica constituye un pecado en sí. Para quien sabe cómo hacer una buena acción y no la hace, pesa el juicio de pecar por omisión (Mt. 23.23).

Qué hacer con nuestros mañanas

Una persona entró a una tienda, y al ver que el dueño de la misma no se hallaba presente, sugirió al empleado una maniobra de carácter dudoso. El empleado respondió: «Perdone usted, pero mi Señor está siempre presente». Los creyentes no podemos excomulgar a Dios de nuestras vidas. No obstante, parece ser que

---

34 Ver Davids, *NIGTC*, p. 173; Easton, *IB*, p. 60; Mayor, *St. James*, pp. 151-152; y especialmente G. Adolf Deissman, *Bible Studies*, T. & T. Clark, Edimburgo, 1901, p. 252, para fórmulas similares en los papiros.

35 Ver Davids, *NIGTC*, p. 174.

algunos cristianos en los días de Santiago pensaban que podían hacerlo. Amaban sus planes y proyectos futuros y se jactaban de ellos. En un sentido, su pecado continuaba siendo el resultado de un uso inadecuado de la lengua. Con arrogancia decían cosas que no debían decir. El autor los acusa de cometer un gran error, y nos exhorta también a nosotros haciendo cuatro cosas.

Primero, *Santiago hace una admisión: podemos jactarnos del futuro.* Así ocurrió con los interlocutores de Santiago y así puede ser nuestra costumbre ahora. El pasaje no significa que no debamos planear para el futuro, y hacerlo cuidadosamente esperando alcanzar ciertos fines con nuestro trabajo. Pero sí significa que no debemos jactarnos de lo que vamos a lograr dentro de un año o diez años, porque nadie sabe si estaremos vivos en el próximo minuto. Así de frágil es la vida. Como dijera el padre Martín de Roa Francés, en su obra *Fiestas y santos de Córdoba*:

> La vida dudoso bien es y fugitivo;
> rocío que en breve se seca;
> marea, que si un poco recrea,
> poco dura.

Nuestras vidas están en las manos de Dios, y todo lo que hagamos será conforme a su ordenamiento. De allí que deberíamos repetir una y otra vez como los latinos *Deo volente* (si Dios quiere), y hacer de esta frase algo más que una simple abreviatura formal («D.V.») al final de nuestras cartas. Sin embargo, Santiago nos lleva a pensar que la jactancia que él denuncia es más frecuente entre nosotros de lo que pensamos.

Podemos planear nuestra vida, diciendo «hoy y mañana». Suponemos que habrá un mañana. Pero esto es solo una suposición necia, sin mayor fundamento cierto. Es que jactarse del futuro es una insensatez (Is. 56.12). Agendar las páginas del calendario que todavía no hemos recorrido, con la presunción de que por el mero hecho de hacerlo podemos garantizar lo que ocurrirá, es una loca fantasía. Significa hacer lo que aquella famosa lechera de la fábula de Félix María de Samaniego, que hacía grandes planes para el futuro con lo que habría de obtener de la venta de su leche. Pero su cántaro se quebró contra el suelo, y con el derramamiento de la leche se fueron todos sus sueños.

> ¡Oh loca fantasía,
> qué palacios fabricas en el viento!
> modera tu alegría,
> no sea que, saltando de contento,
> al contemplar dichosa tu mudanza,

quiebre su cantarillo la esperanza.
No seas ambiciosa
de mejor y más próspera fortuna,
que vivirás ansiosa,
sin que pueda saciarte cosa alguna.
No anheles impaciente el bien futuro,
mira que ni el presente está seguro.

Podemos planear nuestro destino, y decir «iremos a tal ciudad». Los antiguos eran grandes comerciantes y viajaban mucho, pero no había seguridad en el camino. Hoy tenemos más seguridad, pero no podemos garantizar nuestro destino. Si ni siquiera podemos presumir de poder salir de nuestra casa, ¿cómo podemos jactarnos de llegar a alguna parte? El apoyar el dedo índice sobre un mapa, marcar una ruta, tener una hoja de viaje, o definir en detalle cada escala no nos asegura la salida ni la llegada.

Podemos planear nuestro calendario, y establecer que «estaremos allá un año». Pero para Dios el tiempo no existe, y él no se rige por nuestros calendarios humanos (Sal. 90.4). Séneca decía que «nadie puede prometerse nada del futuro». Nuestros días ya están contados (Sal. 39.5), y la vida no es tan larga como para que con holgura podamos disponer de ella según nuestro mejor parecer. Gustavo Adolfo Becquer nos llama la atención sobre la transitoriedad de nuestro vivir:

Al brillar un relámpago nacemos,
y aun dura su fulgor cuando morimos:
¡tan corto es el vivir!

De allí que necesitemos evaluar mejor el término de nuestros años de vida, conforme a la voluntad de Dios y no sobre nuestra soberbia (Sal. 90.12).

Podemos planear nuestro trabajo, y ser tan cuidadosos como para decir: «Estaremos allá un año, y traficaremos». Esta presunción fue el pecado de Babel (Gn. 11.4). Su necedad está en la presuposición de contar con la vida, las fuerzas y las oportunidades que son necesarias para el cumplimiento de los planes que se hacen. Pero todos estos elementos no son de factura humana, sino divina. Es Dios quien da la vida, las fuerzas y las oportunidades. No tomar esto en cuenta es olvidar que la muerte puede poner fin a todo. Como bien cantara Jorge Manrique en sus recordadas *Coplas*:

Nuestras vidas son los ríos
que van a dar en la mar,
qu'es el morir;
allí van los señoríos
derechos a se acabar
e consumir;
allí los ríos caudales,
allí los otros, medianos
e más chicos;
allegados, son iguales
los que viven por sus manos
e los ricos.

Podemos planear *nuestras inversiones,* y con entusiasmo y gran excitación exclamar: «¡Y ganaremos!» No hay nada de malo en las ganancias obtenidas con honestidad. Pero lo malo es jactarse de ganancias que solo existen en el mundo de la fantasía. Esta fue la necedad del rico insensato (Lc. 12.18-20).

Segundo, Santiago hace una advertencia: ignoramos lo que pasará mañana. El futuro es incierto e impredecible. El misterio lo rodea y no nos ha sido dado el saber lo que vendrá. En realidad, no podemos jactarnos del mañana, porque hay dos cosas básicas en cuanto al tiempo que viene que ignoramos.

Por un lado, *no sabemos si mañana viviremos.* La muerte viene en cualquier momento y no avisa. Nadie puede apresar en sus manos la vida y el futuro (Sal. 144.4). Juan Ruiz de Alarcón, el gran dramaturgo mexicano, nos confiesa: «Hoy vivo: esperanza es vana la de mañana, y no doy las certidumbres de hoy por las dudas de mañana». La Biblia está llena de metáforas que nos hablan sobre el carácter incierto de la existencia humana: la vida es una sombra que se va (Sal. 102.11), un suspiro o un soplo (Job 7.7), una nube que se desvanece (Job 7.9), o una flor silvestre (Sal. 103.15).

Por otro lado, *no sabemos si mañana vendrá el Señor.* Santiago afirma su convicción de que el Señor vendrá y que su venida se acerca (5.7-8). La verdad es que el Señor puede regresar en cualquier momento. Así lo indicó él (Mt. 24.36-39, 42) y esta promesa se repite reiteradamente en las páginas sagradas. Quien se jacta del mañana no solo pretende armar su propia agenda humana sino también determinar la agenda divina.

Tercero, *Santiago hace una apelación: debemos someternos a la voluntad divina.* Nuestro vocabulario debe incluir la frase «Si Dios quiere». Esto no debe hacerse de una manera vulgar o mecánica, porque cometeríamos el pecado de tomar el nombre de Dios en vano (Ex. 20.7). En Hispanoamérica la expresión es tan común, que incluso se ha transformado en un cliché carente de sentido. Como ocurrió con aquella señora a quien invité a recibir a Cristo como Salvador en su corazón, y respondió: «Si Dios quiere, pastor, voy a hacerlo tan pronto como pueda». «¡Pues, si eso mismo es lo que Dios quiere!» le respondí.

Es posible pasarse el día repitiendo como una letanía «Si Dios quiere», pero esto no pasará de ser una evidencia de paganismo más que de fe. No está mal hacer planes para los hijos, el trabajo, la iglesia, la vida personal. Jesús nos enseña que tal actitud es expresión de prudencia y sabiduría (Lc. 14.28-32). Pero todo lo que pensemos, proyectemos o produzcamos debe ser referido a la voluntad de Dios. Pablo hacía planes detallados en relación con su ministerio, pero sometía todo a la voluntad de Dios (Hch. 18.21).

Por eso, si nuestro vocabulario no incluye la frase «Si Dios quiere» estaremos pecando. Sería un indicio de que nos consideramos autosuficientes y que no necesitamos de Dios. Una actitud así nos aleja del Señor y nos pone a distancia de su amor perdonador y de su providencia. Las consecuencias de este alejamiento son espiritualmente letales (Ro. 1.21-22,28).

Cuarto, *Santiago hace una aplicación: debemos procurar hacer lo bueno en el día de hoy.* Solo el presente nos pertenece y es nuestra mejor oportunidad para servir al Señor. Ralph W. Emerson decía: «Grabad esto en el corazón: cada día es el mejor del año». ¡Cuánto más cuando se trata del servicio al Señor y al prójimo!

Quizás lo bueno hoy puede ser aliviar a alguien que sufre. El sufrimiento de muchos en nuestras tierras no puede esperar. El hambre, la miseria, la injusticia, el dolor que padecen millones de hombres, mujeres y niños en nuestro continente no puede ser agendado para mañana. No obrar hoy para aliviar el sufrimiento ajeno puede significar perder la única oportunidad posible de hacerlo. A la luz de esta urgente realidad, ¿dónde queda nuestra jactancia? Alonso P. Rodríguez, jesuita y escritor ascético español del siglo XVI, en su obra *Ejercicio de perfección y virtudes cristianas*, nos levanta la misma pregunta: «¿De qué nos ensoberbecemos y engreímos? ¿De qué nos viene vanagloria, viendo que, si con atención nos examinamos y nos tomamos cuenta a la noche qué tal ha sido aquel día, hallaremos en nosotros una profundidad de miserias, males y faltas que habemos hecho en hablar, obrar y pensar y bienes que habemos dejado de hacer?»

Quizás lo bueno hoy puede ser aceptar a Cristo como el Salvador y Señor de la vida. La esencia del pecado es vivir sin Cristo. Es andar recorriendo la existencia sin arrepentimiento ni entrega al Señor, que siempre hace lo bueno por nosotros. Para iniciar una vida realmente buena es necesario entregarse a Cristo. Santiago esperó como treinta años para reconocer en Jesús a su Mesías y Salvador. Después de la resurrección de su hermano, se dio cuenta de su vanagloria tonta y se humilló hasta reconocerse como su «siervo».

C. El problema de las riquezas (5.1-6)

La primera guerra del oro, que nos relata la Biblia sin indulgencias (Ex. 32.1-20), habría cobrado unas tres mil vidas. Desde el becerro de oro hasta el Gold Exchange han pasado casi cuatro mil años, pero a pesar de la denuncia mosaica de la idolatría del oro, ésta no ha cesado de inspirar matanzas. ¿Qué queda del piso de oro de los templos de Machu-Pichu, de las placas de oro de los frontones de Persépolis, del trono de oro de Iván el Terrible? Nada más que polvo desleído en agua y sangre (Ex. 32.20), que el pecado —más vengativo aun que Moisés— ha obligado a beber a los humanos.

Las riquezas han sido y siguen siendo uno de los problemas más serios que ha confrontado la humanidad. Los cristianos no hemos estado exentos de sus peligros. Más de una vez hemos pretendido excusar los males de la riqueza aduciendo que es «el amor al dinero» el verdadero problema, cuando la Biblia nos advierte con frecuencia de los riesgos de ser ricos. Y para tranquilizar la conciencia de los que poseen mucho, hemos exaltado la «pobreza de espíritu» mientras justificamos el goce ilimitado de bienes de este mundo. Pero esa pobreza de espíritu no ha pasado de ser una «piadosa decoración de una vida copiosa», según la expresión de Romano Guardini.

Nuestro enfoque del problema de la riqueza, las más de las veces, es más burgués y capitalista que cristiano. El nacionalismo, el respeto por el orden establecido, una moral individualista y legalista han sido algunos de los puntos de enfoque que hemos usado en la discusión cristiana del problema de las riquezas, cuando tal debate debería haberse hecho conforme a las pautas del reino de Dios.

No nos engañemos: el ideal cristiano no son las riquezas, sino la pobreza. A través de toda la Biblia la pobreza presenta un doble aspecto, aparentemente antitético: por un lado es un hecho escandaloso, que se estigmatiza severamente; pero por otro constituye una especie de estado religioso hasta confundirse la palabra «pobre» con la de «piadoso». Pero en nuestro mundo alienado la pobreza evangélica brilla por su ausencia, y nuevamente estamos levantando el becerro de oro predicando la prosperidad, el bienestar y el progreso material como frutos principales de la gracia divina. ¡Esto es idolatría!

Somos culpables de estar pervirtiendo los principios del reino de aquél que por amor a nosotros «se hizo pobre» (2 Co. 8.9). Lejos de construir nuestras economías en función de necesidades a satisfacer, dando prioridad a las de aquellos menos favorecidos, hemos caído en la trampa diabólica de la economía del lucro, que utilizan los más poderosos. Esta economía afirma que el crecimiento de la abundancia general elevará el nivel de vida de los pobres, pero la verdad es que este sistema económico hace que los ricos se tornen cada vez más ricos, y los pobres se vean forzados a comerse su propia miseria, sumidos en mayor y más profunda pobreza.

Esta cuestión, al ser abordada al estilo de Santiago, adquiere para nosotros en Hispanoamérica una actualidad enorme. En esta sección de su carta, el autor parece estar hablándonos casi con nuestro mismo lenguaje contemporáneo.[36]

1. Condenación de los ricos (5.1-3)

A la manera de un profeta hebreo, Santiago denuncia con causticidad a los ricos. El tono de todo el pasaje hace probable que aquí, como en otras partes de esta carta, tenemos lo que originalmente fue un mensaje oral. La pregunta es si estos ricos eran miembros de la iglesia o gente fuera de ella.[37] El cuadro que se pinta de ellos como culpables de explotación, indulgencia, lujo, e incluso asesinato, hace difícil creer que eran cristianos. En general, parece ser que Santiago en ningún contexto se refiere a los ricos (*plousioi*) como parte de la comunidad de fe, o por lo menos el autor no cree que deben pertenecer a ella. En este pasaje (como en 2.6) evidentemente estos ricos son opresores, y en 1.11 se los condena duramente posiblemente debido a su opresión. Parece ser que en las comunidades pobres a las que Santiago escribe, los ricos estaban comenzando a ingresar y a ejercer su influencia y dominio, cosa que el autor no ve con buenos ojos.[38] Para él, los pobres «son los miembros potenciales naturales de la comunidad de fe».[39] En todo caso, frente a esa creciente e inevitable incorporación de estratos sociales más altos en el seno de la iglesia, Santiago insiste en que la vocación de la iglesia, su misión, son los pobres, ricos en fe y herederos del reino (2.5).

La denuncia que plantea Santiago se hace en términos generales, y todos los ricos son condenados como culpables por los mismos pecados. Así como los profetas hebreos tronaban contra los pecados de los reyes y naciones paganos, Santiago pone al descubierto la avaricia, codicia e injusticia de los

---

36 Ver el interesante artículo de George Peck, «James 5.1-6», *Int* 42 (3, 1988): 291-296. Peck enfatiza la importancia de comprender el género y contexto del pasaje para entender su enseñanza sobre la relación entre pobreza y piedad. Según él, no hay ninguna base para un programa humano de ecualización de la riqueza. Considera que las advertencias contra los peligros y males de la riqueza son todavía significativos y relevantes en el mundo contemporáneo.

37 Según Davids, *NIGTC*, p. 174, se trata de «la clase terrateniente que claramente está fuera de la comunidad". Cf. Mayor, *St. James*, p. 153. Elsa Tamez es de la opinión de que estos ricos no pertenecían a la comunidad cristiana. Tamez, *Santiago*, p. 49.

38 Sobre la situación social en la iglesia primitiva, ver Martin Hengel, *Property and Riches in the Early Church*, Fortress Press, Filadelfia, 1974, pp. 63-65.

39 Laws, *HNTC*, p. 104.

ricos de su tiempo, que son denunciados como clase social en su conjunto y sin excepciones. Aparentemente el autor considera a todos los ricos como necesariamente pecadores.[40]

Santiago comienza con una interjección exclamativa (*age nun*), como en 4.13, para dirigirse directamente a los ricos como una clase social específica (como en 1 Ti. 6.17). Aparentemente no es el propósito del autor distinguir entre creyentes (como en 1.10-11) o incrédulos (como en 2.1-6), sino que se refiere a los ricos como grupo social diferenciado. Su palabra no es un reclamo de reforma, sino una advertencia del juicio que caerá sobre ellos.[41] En tiempos de Santiago las riquezas consistían mayormente de tierras (v. 4), alimentos, vestidos y por supuesto de metales preciosos (oro y plata). El autor, como profeta inspirado, habla de lo que habrá de ocurrir como si fuese una realidad presente. La forma perfecta de los verbos en los vv. 3-4a es un ejemplo típico del así llamado «perfecto profético» bíblico, en el que un evento futuro es descrito como ya cumplido. Los cereales y el aceite almacenados se van a podrir y los vestidos guardados se van a apolillar. Incluso los metales preciosos, a pesar de su nobleza, se van a herrumbrar completamente. Esto ocurre no porque estos elementos son corruptibles, sino porque de manera egoísta se los retiene sin usar. Para los ricos, la pérdida que les espera es una verdadera desgracia. «Llorad y aullad» es lo que deben hacer con terror frente al inminente juicio divino. El verbo *ololyzô* («aullar») aparece solo aquí en el Nuevo Testamento. Este vocablo onomatopéyico describe vívidamente los alaridos de rabia y dolor de los condenados (ver Is. 13.6).

Finalmente, la corrupción pasará de las cosas que se poseen a la persona que las posee. Santiago advierte a los ricos, mediante un atrevido giro de lenguaje, no solo que sus riquezas son transitorias, sino que el mismo poder destructivo que opera en la aniquilación de sus riquezas terminará por destruirlos a ellos mismos en el día del juicio. Será como el fuego del infierno. El hecho de que la herrumbre «devore del todo las carnes como fuego» muestra hasta qué punto el rico egoísta está identificado con las cosas que posee. Su vida se «cosifica» como sus bienes. Su persona se contagia de este cáncer letal, que nace de la acumulación materialista. Lo que Santiago condena no es la posesión de tierras, alimentos, vestidos o metal precioso, sino el acaparamiento y la acumulación egoísta de los mismos, que deja a otros sin nada. El verdadero pecado de estos ricos está en haber «acumulado tesoros para los días postreros». La perspectiva que hace relevante y válida la advertencia de Santiago es que el mundo está a punto de terminar, y que ya están sobre los ricos los «días postreros». Estos ricos están amontonando riquezas, que esperan les

40 Easton, *IB*, p. 63.
41 Según José Miranda, Santiago «impugna a todos los ricos, no solo a aquellos que lo son por haber defraudado a los obreros». José Porfirio Miranda, *Communism in the Bible*, Orbis Books, Maryknoll, 1982, p. 54. Según Peck, la denuncia está dirigida a los ricos de la comunidad como un todo. Peck, «James 5.1-6», p. 294.

garanticen la seguridad en el futuro. Pero, ¿de qué les servirán si no va a haber futuro? No solo que estas riquezas no les proveen de protección, sino que realmente se constituyen en el instrumento de su destrucción. Como ganado engordado, lo que estos ricos están haciendo es engordarse para el día de la matanza (v. 5).

Los males del capitalismo

Si aplicáramos la condena de Santiago contra los ricos opresores al sistema económico imperante en nuestra Hispanoamérica hoy, diríamos que el autor está denunciando los males del capitalismo. El capitalismo es ese sistema económico dentro del cual los medios de producción y el aparato de distribución de bienes están en manos de algunos poseedores, los capitalistas, y son manejados a su arbitrio, con fines de lucro. El modo y la medida en que se utiliza el aparato económico dependen así de las posibilidades de lucro del momento. El capitalismo es conocido también como economía libre, economía de mercado o de libre empresa. Produce sin planificación y para un mercado anónimo, en el cual se entrechocan las competencias de los diversos capitalistas. Está implícito en él un impulso especulativo. El empresario afronta el riesgo de una pérdida de capital o de una bancarrota, mientras que el obrero está amenazado por la desocupación. Forma parte del panorama capitalista la aparición de un proletariado que nada posee y que vive de la venta de su capacidad de trabajo.

Los defensores del sistema económico capitalista dicen que no todo es malo en él, según indican sus críticos. Recuerdan sus grandes conquistas en el desarrollo de la economía y alegan que una burocracia estatal no es capaz de reemplazar la iniciativa de los empresarios y el efecto saludable de la competencia. En su opinión, hay en el capitalismo un mecanismo de equilibrio que reside en el libre juego de las fuerzas económicas que participan. Que siempre se restablece la armonía y el equilibrio en el mercado. Que, al fin de cuentas, el interés del capitalista se confunde con el bien común. Se dice también que el capitalismo asegura la libertad individual y las tendencias políticas libres, mientras que la planificación lleva a restringir las libertades, especialmente las libertades individuales.

Los impugnadores del sistema, por su parte, cuentan con argumentos de peso para exponer y desvirtuar las afirmaciones que se hacen en defensa del mismo. Pero quizás el peor mal del capitalismo sea lo que Santiago denuncia: la acumulación egoísta de bienes, que deja a muchos sin lo necesario para vivir una vida humana digna. Santiago denuncia la maldad de la acumulación desenfrenada, y lo hace señalando tres sentencias muy fuertes.

Primero, *para el que acumula para sí mismo vendrá juicio* (v. 1). Las palabras de Santiago en el v. 1 fueron un clamor profético, que en un sentido se cumplió en el año 70 con la destrucción de Jerusalén. Pero su denuncia sigue vigente como crítica cristiana al sistema económico internacional injusto que predomina en nuestro hemisferio. Desde los foros más diversos del mundo se ha denunciado al presente régimen capitalista como el responsable de la miseria y pobreza del Tercer Mundo. Mohammed Bedjaoui ha calificado a la situación en términos de «orden internacional de la miseria y miseria del orden internacional». Según él: «El desorden del planeta afecta a todos los sectores. En él prolifera este 'orden internacional de la miseria', regido por unos mecanismos implacables que convierten nuestro mundo en una jungla. Secularmente, los países ricos han basado su enriquecimiento constante en el empobrecimiento progresivo de los países subdesarrollados».[42] Hace casi dos mil años Santiago pensaba de manera similar.

El juicio viene porque el que atesora para sí mismo transforma las riquezas en su dios y abandona al Dios verdadero (1 Ti. 6.10). La acumulación de bienes se transforma en un fin en sí mismo, y como tal, adquiere el carácter de idolatría. Todo esto genera una grave situación de conflicto. Las impresionantes desigualdades, que permiten a unos pocos disponer de lo superfluo e impiden a los demás conseguir lo necesario, socavan inexorablemente la paz del mundo. La idolatría capitalista de los países industrializados ha creado una asimetría aberrante y unas diferencias dramáticas. Al tercio de la humanidad, integrado por los países en desarrollo más pobres, no le corresponde sino el 3% del ingreso mundial global.[43] El juicio viene también porque la acumulación capitalista de bienes es causa y motivo del empobrecimiento de muchos. Toda la Biblia condena la riqueza en cuanto ella misma se convierte en causa de la existencia de la pobreza. Elsa Tamez aclara que «la razón por la que la Biblia se opone a los ricos no es porque son ricos, sino porque ellos han adquirido sus riquezas a expensas de sus prójimos».[44] Ronald J. Sider aclara que Dios no tiene enemigos de clase, sino que odia y castiga la injusticia y marginación de los pobres. «Y los ricos, si aceptamos las repetidas advertencias de la Biblia, frecuen-

---

42 Bedjaoui, *Nuevo orden económico*, p. 21.
43 E. Laurent, ed., *Un monde à refaire: débats de «France culture»*, Paris, 1977, p. 81.
44 Elsa Tamez, *Bible of the Oppressed*, Orbis Books, Maryknoll, 1982, p. 73.

temente son culpables de ambas».[45] No se trata de una condenación del bienestar como tal, ni mucho menos de una canonización de la pobreza, como reverso de la condición social de la riqueza. Por el contrario, la misma condenación de la riqueza no se entiende si no se considerara a los pobres como un escándalo social.

A esta altura, es posible inferir dos puntos en cuanto a la pobreza según la Biblia. Primero, la pobreza es considerada como algo totalmente negativo. Es una «condición escandalosa» y la manifestación de «una condición humana degradante».[46] Segundo, esta situación de pobreza no es el resultado de circunstancias históricas inevitables ni es producto del azar, sino la consecuencia directa de las acciones injustas de los opresores.[47] Por el contrario, la ética bíblica está permeada por un fuerte sentido socializador. Los bienes terrenos deben ser distribuidos equitativamente. Por eso se condena toda estructura social que impida esta justa distribución. La riqueza, por consiguiente, es considerada en la Biblia en su aspecto de estructura social monopolística u oligárquica, tal como se expresa en tiempos contemporáneos en el sistema capitalista.

Lejos de favorecer la mejor distribución de los bienes terrenos entre todos los seres humanos, el capitalismo organiza la economía mundial a partir de la relación asimétrica entre el «centro» dominador y la «periferia» dominada. Este sistema, basado en la teoría del desarrollo de los unos en función del subdesarrollo de los otros, es denunciada hoy con gran vigor. El subdesarrollo asola las tres cuartas partes del planeta.[48] Lejos de significar una etapa en su evolución hacia el desarrollo, el subdesarrollo se ha transformado en la condición endémica de los países del Tercer Mundo. La teoría del desarrollo ha venido a ser parte del embaucamiento de la ideología burguesa y encubre fenómenos de explotación, saqueo y avasallamiento. Hablar de «países subdesarrollados» o «países en desarrollo» significa falsificar la realidad, porque se reduce el desarrollo exclusivamente a un factor temporal. Esto suscita la peligrosa ilusión de que esos países padecen un simple retraso en su

---

45 Ronald J. Sider, *Rich Christians in an Age of Hunger: A Biblical Study*, InterVarsity Press, Downers Grove, 1978, p. 73.

46 Gustavo Gutiérrez, *Teología de la Liberación: perspectivas,* Salamanca, Sígueme, 1972, pp. 370-371.

47 *Ibid.,* pp. 292-293; y Tamez, *Bible of the Oppressed,* pp. 1-55.

48 Se entiende por subdesarrollo «un conjunto de fenómenos complejos y recíprocos, que se traduce por desigualdades flagrantes de riqueza y pobreza, por el estancamiento, por el retraso con respecto a otros países, por una potencialidad de producción que no progresa tanto como sería posible y por una dependencia económica, cultural, política y tecnológica». Y. Lacoste, *Geografía del subdesarrollo,* Barcelona, 1977, p. 45.

desarrollo, y se pasan totalmente por alto las relaciones de dominación que encadenan a los estados víctimas.

Segundo, *para el que acumula para sí mismo vendrá pérdida* (vv. 2-3). Es que los bienes materiales no son eternos. Jorge Manrique, en las coplas que compuso en ocasión de la muerte de su padre, nos recuerda:

Ved de cuán poco valor
son las cosas tras que andamos
y corremos;
que, en este mundo traidor,
aun primero que muramos
las perdemos.

Además, los bienes materiales no pueden llevarse al cielo. Esta es la advertencia de Jesús en su célebre enseñanza sobre los tesoros en el cielo (Mt. 6.19-20). Esto fue lo que el rico insensato de la parábola de Jesús no entendió (Lc. 12.13-21). Ramón Campoamor en sus *Humoradas* nos habla de esta actitud estúpida, por la cual pretendemos transferir a la eternidad lo que tiene la esencia misma de lo temporal. «Cual la hormiga», dice él, «juntamos el dinero, y luego... esparce Dios el hormiguero».

Pero más serio todavía es que los bienes materiales acumulados se pierden porque son incompatibles con el reino de Dios. En el relato del joven rico (Mt. 19.16-30), Jesús admite en principio la incompatibilidad esencial entre las riquezas y el reino de Dios. El Señor afirma que despojarse de ellas es una condición necesaria para ser «perfecto» (Mt. 19.21), y que salvarse con ellas es muy difícil (Mt. 19.23-24). Sin embargo, la renuncia a las riquezas no tiene como meta la pobreza, sino la distribución de las mismas entre los pobres (Mt. 19.21).

Tercero, *para el que acumula para sí mismo vendrá condenación* (v. 3). Así como el moho y el fuego destruyen las riquezas, así será condenado el que pone su vida en ellas. Esto sucederá cuando el Señor venga. De allí la necesidad de hacer tesoros en el cielo (Mt. 6.20-21). En este caso, la condenación de los ricos capitalistas no es solo la de haber acumulado de manera egoísta sus bienes, sino de haberlos acumulado en el lugar equivocado. Guardaron sus riquezas en la tierra en lugar de haberlo hecho en el cielo.

Estos bienes mal acumulados «testificarán» contra sus propietarios. Este testimonio condena las riquezas en el hecho de que éstas «ahogan» la expansión de la propia personalidad humana. La parábola del rico insensato (Lc. 12.16-21) nos puede servir de ilustración de este asunto. En una primera visión de la parábola parecería que el amontonar riquezas carece de valor porque, en definitiva, la muerte trunca este afán de acaparamiento. La palabra de Dios menosprecia la planificación y especulación económica tanto como la exaltación de la pobreza romántica. Ambos extremos pueden ser formas de idolatría, en las que la acumulación del dinero y la falta de él adquieren proporciones demoníacas.

El dinero se convierte en «poder» precisamente cuando se intenta una acumulación egoísta de espaldas a las necesidades de los demás. En una palabra, el dinero se convierte en dios cuando se encarna en individuos o grupos que monopolizan egoístamente los bienes que deberían ser comunes. En una sociedad donde impera el dios Dinero, el ser humano pierde su libertad y viene a ser considerado como cosa, como instrumento de producción. Es por ello que quienes se asocian a este esquema diabólico no pueden esperar otra cosa que la condenación eterna en el juicio final. Dom Helder Cámara, el conocido arzobispo brasilero que ha dedicado su vida a procurar justicia para los pobres, señala los peligros de las riquezas, cuando dice: «Cuando era niño solía pensar que Cristo debía haber estado exagerando cuando advertía acerca de los peligros de las riquezas. Hoy conozco mejor. Sé cuán difícil es ser rico y no obstante conservar la leche de la bondad humana. El dinero tiene una manera peligrosa de poner vigas en los ojos, una manera peligrosa de congelar las manos, ojos, labios y corazones de las personas».[49]

José Míguez Bonino nos ayuda a sintetizar la enseñanza de este pasaje, al decir:

> La mejor palabra para describir la actitud del cristiano hacia los bienes de la vida es 'desapego'. Otras religiones enseñan que el religioso debe abandonarlo todo y abrazar la absoluta pobreza: renunciar al amor y el matrimonio, a tener una morada propia, a cualquier manjar agradable, etc. A veces en el Cristianismo se ha caído en un ascetismo semejante. Pero en realidad el Cristianismo no condena ninguna de estas cosas, sino que sostiene más bien que debe disfrutarse de ellas —son parte de la creación de Dios y por lo tanto buenas (Mat. 11.16-19)—, pero manteniéndolas siempre en un lugar subordinado y siempre listos a perderlas o renunciar a ellas si es necesario. La pregunta fundamental no es: ¿qué es lo que

49 Helder Cámara, *Revolution Through Peace*, Harper and Row, Nueva York, p. 1977, pp. 142-143.

tengo? sino: ¿estoy dispuesto a dejar todo cuanto tengo si es la voluntad de Dios que así lo haga? La gran regla para la vida de 'desapego' del cristiano respecto de todos los bienes (materiales, culturales o familiares) la indicó Pablo a los Corintios: 'los que tienen... sean como si no tuviesen' (1 Cor. 7.29-31).[50]

2. El clamor de los oprimidos (5.4)

Santiago comienza llamando la atención sobre la enorme injusticia que se está cometiendo con los pobres. Su manera de hacerlo es usando un semitismo («He aquí», «mirad»). En este versículo los «obreros» son cualquier persona que trabaja, pero se refiere especialmente a trabajadores rurales, agricultores, campesinos de la tierra (Mt. 9.37). Estos *ergatoi* están viviendo en la miseria a causa de la opresión a la que se ven arbitrariamente sometidos. Nótese que estos obreros venden su trabajo a otros por un salario, ya que la tierra que cultivan no es la suya propia. Lo más grave es que estos trabajadores que producen pan con su labor, no reciben lo suficiente para obtener su propio pan. Peor todavía es el hecho que su jornal (cf. Mt. 20.8) «no les ha sido pagado» aplicando técnicas fraudulentas («defraudado por ustedes» NBE, «fraudulentamente... retenido por vosotros» RVA). Los propietarios o terratenientes pueden pagar el salario, pero lo retienen a fin de obtener mayor ganancia. Varios textos leen *apesterêmenos* que significa «robar», mientras que otros leen *afysterêmenos* que significa «retener».[51] Esta retención de la paga no es una mera demora, sino un total incumplimiento del compromiso contraído con el trabajador. Cualquiera de las dos lecturas apunta a una misma realidad: el trabajador se queda sin su salario y sin su medio de vida y subsistencia.

El Antiguo Testamento prohíbe de manera explícita la retención de la paga de los jornaleros. El obrero debe ser debidamente remunerado al final de su jornada de trabajo, porque ésa es la única seguridad que tiene. No pagarle significa violar la ley. Por vivir al día, el jornalero no tiene reservas o ahorros de los que pueda echar mano en caso de necesidad. Retener su paga es un verdadero asesinato (Eclesiástico 34.22).[52] Incluso, en tales condiciones, el esclavo estaba más protegido que el jornalero, porque por lo menos contaba con los alimentos y el techo que le proveía su dueño. Pero los jornaleros dependen totalmente de sus salarios.[53]

---

50 Miguez Bonino, *Mundo nuevo de Dios*, p. 57.

51 Davids, *NIGTC*, p. 177.

52 Bratcher, *RE*, p. 410. Dice Tamez: «Retener el salario del trabajador es atentar contra su vida misma». Tamez, *Santiago*, p. 36.

53 En tiempos de Jesús había más jornaleros que esclavos. Estos ganaban por término medio un denario, incluida la comida, lo cual era un salario sumamente bajo. Por eso, «para un jornalero era catastrófico no encontrar trabajo» o que no se le pagara. Ver Joaquim Jeremias, *Jerusalén*

Esta violación de la voluntad divina (Lv. 19.13; Dt. 24.14-15; Jer. 22.13; Mal. 3.5) no puede quedar impune. El mismo «jornal» de los trabajadores reclama venganza, junto con el clamor de los jornaleros trampeados. Según Tamez, «Santiago personifica el salario, lo ve como la sangre misma del trabajador explotado que grita desgarradoramente, al igual que el mismo campesino. Este muere porque se le vacía el aliento de vida en el trabajo sin que el fruto retorne a él. No puede recuperar sus fuerzas porque los ricos le retienen su salario. Por eso Santiago acusa a los ricos de condenar y matar al justo (5.6)».[54]

Este clamor de los oprimidos no cae en el vacío. Los gritos que ellos lanzan parecen incoherentes y desesperados. En la literatura griega el término *boai* («clamores») se usa en relación con los aullidos de los animales salvajes.[55] Pero por grotescos que parezcan, estos gritos encuentran eco en los «oídos del Señor de los ejércitos» (*Kyriou Sabaôth*). La cita es de Isaías 5.9 (ver Ro. 9.29), y translitera la palabra hebrea para «ejércitos», que señala la omnipotencia de Dios. Dios oye los gritos de los trabajadores oprimidos aun cuando los patrones sean sordos a sus reclamos. Los gritos desgarradores de los campesinos como signo de protesta e impotencia, de desesperación y denuncia de la injusticia, reclaman venganza al único que puede ejecutarla: el Señor de los ejércitos.[56] En 1.6 y 4.3 Santiago señala maneras equivocadas de orar, que no van a encontrar respuesta de parte del Señor. Sin embargo, Dios está presto para escuchar las oraciones de los oprimidos. Dios no es sordo al clamor de los campesinos explotados. El oye el grito de los segadores cuyo salario retienen sus patrones terratenientes. «Este es un grito espontáneo que surge del hambre y del dolor de la explotación. Es una oración que pone al descubierto la incoherencia injusta de los opresores que prometen pagar salario y no lo hacen. Esta oración amarga sí es escuchada por Dios; el capítulo 5.1-6 forma parte de la respuesta a la oración del trabajador».[57]

Según José Miranda, «lo que este versículo hace es explicar el origen de las riquezas. Su intención no es referirse a *algunas* personas ricas particularmente perversas, que han cometido picardías que otras personas ricas no cometen. El ataque de la carta es contra *todos* los ricos».[58] La retención de la paga de los obreros no es circunstancial, sino que es así como funciona el sistema. En este sentido, la explotación es sistemática y «legal», porque la ley está del lado de los explotadores (2.6). Según Santiago, la única manera de acumular riquezas es mediante la expropiación del producto del trabajo de los

en tiempos de Jesús, Ediciones Cristiandad, Madrid, 1980, p. 186.
54 Tamez, *Santiago*, p. 36.
55 Adamson, *NICNT*, p. 186.
56 Davids, *NIGTC*, p. 177.
57 Tamez, *Santiago*, p. 91.
58 Miranda, *Communism in the Bible*, p. 55.

obreros. Lo que el autor condena, pues, es la riqueza que se acumula como resultado de la ganancia obtenida en el proceso mismo de producción.[59]

El clamor de los pobres
de nuestras tierras

El problema grave de la acumulación desenfrenada de los ricos es que su bienestar y opulencia son el resultado de la miseria de los pobres y oprimidos. Benito Pérez Galdós, el gran exponente de la novela española, pone en boca de Guillermina Pacheco, la «madre de los pobres» de su celebrada obra *Fortunata y Jacinta*, su condena de los ricos insensatos: «¡Qué hombres éstos! Todavía quieres más, y están derribando una manzana de casas viejas para hacer casas domingueras y sacarles las entrañas a los pobres».

El desequilibrio entre los países ricos y los países pobres da vértigo. El aumento de las disparidades alcanza un nivel impresionante. Según Lazar Mojsov, la población de los países en desarrollo, que equivale a más de las tres cuartas partes de la humanidad, solo recibe el 6,5% del ingreso mundial. El ingreso por habitante es dieciocho veces inferior al de los estados desarrollados, considerados en su conjunto. El Tercer Mundo posee el 80% de las materias primas, pero la proporción que le corresponde en la producción global es inferior al 7%.[60]

Uno de los indicadores de los agudos desequilibrios de hoy es el problema de la vivienda. Con ello nos referimos al mínimo espacio vital cubierto y privado, que todo ser humano necesita para vivir y desarrollar con dignidad su vida personal y familiar. El artículo 25 de la Declaración Universal de los Derechos Humanos, aprobada por las Naciones Unidas el 10 de diciembre de 1948, entre otros señala el derecho a la vivienda. Pero en la práctica este derecho no se respeta. A los agentes de la opresión no les interesa resolver el problema de la vivienda. Todo lo contrario: parecen empeñados en generar una serie de crisis para especular con la tierra, con los materiales de construcción, con la mano de obra, con los alquileres y con la disponibilidad de unidades de vivienda.

Roberto McNamara, quien fuera presidente del Banco Mundial, ha informado que en el Tercer Mundo hay 250 millones de seres humanos que se hacinan en tugurios, y hay nada menos que 1.300 millones que no tienen acceso a agua potable y servicios sani-

59 *Ibid.*
60 Citado por Bedjaouri, *Orden económico,* p. 24

tarios.[61] En América Latina el problema de la vivienda es alarmante. Para 1950 se calculaba que el déficit era de 20 millones de unidades. Para 1966 el déficit habitacional trepó a 31 millones, y para 1975 ya se estimaba que hacían falta 45 millones de viviendas. Enrique Peñalosa, quien fuera ministro de agricultura de Colombia y secretario general de la Conferencia sobre el Habitat, que se llevó a cabo en Vancouver en 1976, declaró que «el 70% de los pobres del mundo no pueden pagar ni siquiera las viviendas más baratas construidas por los organismos públicos».

Millones de seres humanos en el mundo claman a toda hora porque no tienen un techo. ¿Quiénes son los responsables de esta situación? Si se toma en cuenta que el costo de un avión supersónico para uso militar, incluidos los estudios, investigaciones, pruebas y demás gastos es de unos 6.500 millones de dólares, y que con ese dinero en el Tercer Mundo se pueden construir 2 millones de viviendas para 7 millones de seres humanos, no es difícil responder a la pregunta. Durante la década de 1980 aumentó notablemente el número de familias sin vivienda en el mundo. Sin embargo, solo en 1983 el aumento de los gastos militares en dólares corrientes creció en un 6.5%, llegando a un total de US$ 810.000 millones. Esta suma dedicada a la destrucción de la vida trepó a un total de US$ 940.000 en 1985.[62]

De manera muy concreta, Santiago denuncia la explotación a que los pobres son sometidos por los ricos. El clamor de los pobres en América Latina es ahora «claro, creciente, impetuoso y, en ocasiones, amenazante».[63] Este clamor arranca de una situación de injusticia, que Santiago califica como un verdadero fraude.

Según Santiago, *el fraude del rico consiste en engañar al pobre*. Este ha sido y es el drama de América Latina. Desde 1950, el 90% de los créditos a largo plazo concedidos a América Latina por el Export Bank de Washington ha beneficiado con un 52% a los trusts y carteles norteamericanos. Por regla general, los convenios de préstamos llegan a los resultados siguientes: (1) las mercancías americanas se entregan a un precio superior al vigente en los Estados Unidos; (2) los préstamos benefician a los monopolios establecidos en los países ayudados; (3) las mercaderías llegan en barcos americanos, son aseguradas por compañías americanas y

61 Robert S. McNamara, en *World Development Report 1977*, World Bank, Washington, D.C., 1978, pp. 7-8.
62 U.S. Arms Control and Disarmament Agency, *World Military Expenditures and Transfers 1985*, The Agency, Washington, 1985, p. 3.
63 *Documento de Puebla*, p. 75.

las operaciones bancarias se efectúan por intermedio de bancos americanos.

La repatriación de los beneficios y las fluctuaciones del curso de las materias primas desorganizan la economía latinoamericana. La balanza de pagos depende de la exportación de uno o dos productos solamente. Pero, el precio internacional de los productos básicos no deja de bajar, mientras que el de los productos elaborados que se importan no cesa de aumentar. Los precios de los productos vendidos por América Latina a los Estados Unidos disminuyeron en más de un 20% en los últimos años, mientras que los artículos que esos países compraban a los Estados Unidos subieron en más de un 10%. Estas condiciones reducen a nada la ayuda que los organismos internacionales acuerdan a América Latina. Lo único que se consigue con estas políticas económicas internacionales opresivas es aumentar la recesión doméstica y distorsionar el comercio regional.

En los primeros años de la década de 1980, América Latina logró acumular un total de US$ 74.000 millones a favor en su balanza comercial exterior, no tanto debido a un incremento de las exportaciones, sino a cortes drásticos en las importaciones. El valor total de las exportaciones de 1984 fue inferior a las de 1981, si bien el volumen de aquéllas fue mayor. En el mismo período los pagos por el servicio de la deuda externa totalizaron unos US$ 109.000 millones. Dinero fresco e ingresos por exportaciones totalizaron US$ 148.000 millones, lo que significó que US$ 39.000 millones se gastaron en servicios y de este modo se volatilizaron de la región o se agregaron a las reservas internacionales.[64]

La ayuda brindada en términos de préstamos para el financiamiento de proyectos de desarrollo ha probado ser la trampa más diabólica jamás urdida. Lejos de fomentar el desarrollo esta ayuda ha provocado el endeudamiento de los países latinoamericanos, que ahora se encuentran en una vergonzosa situación de dependencia de los Estados Unidos, sin posibilidades de salida. Por más que produzcan, los países del continente jamás podrán saldar los montos pendientes de pago, ya que los intereses arbitrariamente establecidos absorben en muchos casos la totalidad del producto bruto nacional.

En el momento cumbre del «milagro» brasileño, la deuda externa de ese país aumentó de 6.424 millones de dólares en 1972 a unos 45 mil millones de dólares en 1979. Esta cifra astronómica

---

64 Declaración de Norman A. Bailey ante el Committee on Foreign Affairs, citado en *What Changes Are Needed*, p. 215.

representa el total de las exportaciones de Brasil multiplicado por cuatro. Para empeorar las cosas, los financistas europeos y norteamericanos aumentaron la tasa de interés de préstamos anteriores de acuerdo a los riesgos de la situación y a la devaluación del dólar, como sucedió en octubre de 1978 (de 7.5% a 12%). De este modo, los países latinoamericanos se van endeudando sin haber comprado nada.

Michael Harrington considera que la situación es un círculo vicioso:

A causa de las pérdidas sufridas por los términos desfavorables del intercambio y el flujo de ganancias y regalías a las economías avanzadas, el Tercer Mundo se encuentra falto de efectivo. Nótese que esto no es porque hayan fallado en producir riquezas sustanciales. Las han producido. Solo que la estructura del mercado mundial es tal que, por medios perfectamente legales, se substraen miles de millones de las riquezas de estos países. Así que tienen que pedir prestado. En 1970 los países subdesarrollados tenían un ingreso de capital de 2.600 millones de dólares, pero pagaron 7.900 millones de dólares sobre inversiones extranjeras. En resumen, perdieron 5.300 millones.[65]

Un ejemplo del fraude de los ricos sobre los pobres es el de las gestiones de la Gulf & Western Co. en la República Dominicana. Un estudio realizado por cuatro entidades religiosas norteamericanas que son accionistas de la referida empresa, cuestiona la afirmación hecha por la misma de que paga salarios suficientes. «La compañía tuvo treinta y tres dólares con noventa y dos centavos ($33.92) de lucro por tonelada de caña de azúcar, descontados el procesamiento y otros costos; el operario ganó un dólar con cincuenta y nueve centavos. Más adelante discutimos lo que hizo la compañía con esos lucros. Pero usó muy poco de ellos para aumentar los salarios de los trabajadores».[66] El estudio verifica que los salarios reales de los cortadores de caña bajaron sustancialmente desde que la Gulf & Western llegó a la isla.[67] Estos beneficios negados a los trabajadores de la caña, que entre 1976 y 1980 sumaron 193 millones de dólares, son hoy cuatro veces mayores

---

65 Michael Harrington, «'The Development of Underdevelopment': Why Poor Nations Stay Poor», *Christianity and Crisis* 37 (octubre, 1977): 217.

66 Henry J, Frundt, *Objeciones de accionistas cristianos contra la Gulf & Western República Dominicana*, Publicaciones Estudios Sociales, Santo Domingo, 1980, p. 37.

67 *Ibid.*, p. 107.

que la inversión original, lo cual le permite a esta empresa extender su imperio a otras actividades y a otros lugares del mundo.

Según Santiago, *el fraude del rico será castigado por Dios*. Jesús fue bien claro cuando dijo: «El obrero es digno de su salario» (Lc. 10.7). Pero esta justicia es subvertida por el orden económico impuesto en Hispanoamérica por los intereses de los grandes consorcios transnacionales. La gran incorporación de la fuerza de trabajo en el proceso productivo inducido por el capital transnacional depende del precio de esa misma fuerza de trabajo en cada lugar. El poder que poseen las empresas transnacionales de determinar las relaciones salariales, así como de escoger el lugar de implantación de sus subsidiarias en diversos países o áreas, confiere al capital transnacional ventajas y flexibilidad de opciones sin precedentes, superiores a las de los capitales locales y muy superiores a las opciones que los trabajadores poseen. En las negociaciones salariales entre empresarios y trabajadores, influyen muchos factores de acuerdo con el país y la región del país. Pero la lógica que orienta la determinación de las remuneraciones en el capitalismo se basa en la reducción de la fuerza viva de trabajo a un simple factor de producción, cuyo precio debe ser tanto más bajo cuanto más lucros se desea extraer de la actividad productiva.

Esta injusticia básica instalada en el sistema capitalista imperante no quedará impune. El castigo de Dios pesa sobre estos «poderes y potestades», que desde el anonimato de sus estructuras trampean al obrero robándole sistemáticamente el producto de su trabajo. El Señor todopoderoso no es ajeno a las maquinaciones de los ricos opresores. El conoce muy bien sus artimañas, la intencionalidad impía de sus gestiones, y qué se proponen con sus especulaciones sobre el trabajo del pobre. El es testigo de su maldad, como es testigo de sus resultados en la vida de los explotados. Pero además, el Dios omnipotente es el único depositario de los gritos desesperados de quienes padecen miseria. El «ha oído la reclamación de esos trabajadores» (VP) y no va a dejar de darle respuesta. La situación de explotación y pobreza en que están sumidos los pobres es contraria a la voluntad de Dios. Pobreza, muerte y violación de la voluntad de Dios están íntimamente relacionadas, según Jon Sobrino. «Los pobres son aquellos que están destinados a morir antes de tiempo. Esto es lo que clama al cielo. Por lo menos esto es lo que conocemos de la voluntad de Dios: él no quiere esta situación. ¿Por qué? Porque arruina y amenaza la propia creación de Dios».[68]

---

68 Jon Sobrino, «Poverty Means Death to the Poor», *Cross Currents* 36 (3, 1983): 268.

Los ricos opresores se van a encontrar cara a cara con Jehová de los ejércitos en el juicio. Entonces no podrán resistir el peso de la justicia divina. Se invertirán los papeles, y quienes actuaron como explotadores del prójimo y manipuladores de la justicia, se verán sometidos a un Juez incorruptible y confrontados a un poder que no podrán igualar. Entonces se hará justicia.

3. Las raíces del subdesarrollo (5.5-6)

Los ricos opresores a quienes Santiago denuncia habían vivido lujosamente («regaladamente» BJ, «en placeres» RVA, ver Lc. 7.25), placenteramente («se habían dado la gran vida» NBE, ver 1 Ti. 5.6), e irresponsablemente («habéis cebado vuestros corazones» VM, HA). Todo esto lo habían hecho de manera egoísta, pensando en sí mismos y en sus propios intereses y satisfacción.

Peor todavía era lo que estos ricos insensatos habían hecho en relación con el prójimo pobre y marginado. Lo habían condenado (cf. Hch. 25.15). Los ricos controlaban las cortes de justicia y tomaban ventaja de esa posición de poder para explotar todavía más a los pobres. En algunos casos, su pecado les llevó al crimen (*efoneusate ton dikaion*, «asesinaron al inocente» NBE). El vocablo «justo» aquí es usado de modo genérico. No se hace referencia a alguien en particular, si bien ilustra la muerte de Cristo y también el próximo martirio del autor de la carta, quien era llamado el Justo.[69] La frase recuerda la acusación de Esteban a los miembros del Sanedrín (Hch. 7.52).

Por el contrario, la actitud del justo oprimido es diferente: «él no os hace resistencia» (*ouk antitassetai hymin*). Es posible que esta frase sea una pregunta: «¿no los va a resistir?» (cp. «¿no les va a enfrentar Dios?» NBE, ver 4.6). En este caso, siendo que *ouk* espera una respuesta afirmativa, y el sujeto es Dios, la condena es que en el juicio final estos explotadores se las verán nada menos que con el Señor. Si se elimina la interrogación, la expresión muestra tan solo la no resistencia de la víctima (*ton dikaion*).

Subdesarrollo: La otra cara del desarrollo

La expresión «países en desarrollo» se presta a definiciones muy diversas. Hoy en día se la está dejando de lado porque encubre una falacia que ya ha probado su falsedad: aquella que dice que el subdesarrollo de los países pobres es una cuestión de una etapa en su evolución histórica. Lejos de ser así, ha quedado demostrado

---

69 Eusebio de Cesarea, *Historia eclesiástica*, ii:23.

en las dos últimas décadas que los países periféricos se han tornado cada vez más pobres, mientras los países centrales se han enriquecido.

Como ha dicho Guy de Lacharrière, en el plano jurídico ser subdesarrollado supone poseer una «categoría particular», gracias a la cual la desigualdad en punto a la potencia económica tiene que traer consigo una desigualdad compensadora en las relaciones jurídicas. Por lo mismo, el hecho de afirmar el propósito de liberarse de un pasado caduco para recuperar el retraso con respecto a los estados industrializados y conquistadores permite formular una definición sociológica de los países subdesarrollados. Por último, cabe manejar el vector ideológico para asimilar el subdesarrollo económico y el no alineamiento político.[70]

Estos países constituyen también lo que se llama el Tercer Mundo. Esta expresión, empleada por primera vez por Alfred Sauvy, en 1955, ha tenido una gran aceptación, sin haber recibido hasta ahora una definición satisfactoria. Los chinos nos han dado la teoría de «los tres mundos», el primero de ellos constituido por la doble hegemonía americano-soviética, el segundo integrado por países tales como China, los estados de Europa occidental, Japón, Canadá y Australia y el último representado precisamente por los países subdesarrollados, que se califican también de Tercer Mundo.

Cabe definir éste recurriendo a una panoplia de criterios tales como la política (se trata de un grupo de estados que no están vinculados ni al campo capitalista ni al bloque comunista) o la economía (son países cuya condición común es el subdesarrollo) o los dos a la vez (zonas geográficas explotadas todavía de diversas formas por el imperialismo capitalista). Como lo hace Edmond Jouve, se puede abordar el problema del Tercer Mundo a la vez como una realidad geográfica compleja, como una expresión esencialmente operatoria o como un «concepto de dominante variable», según la perspectiva ideológica, política, sociológica, económica e incluso sicológica que se adopte.[71]

En el plano geográfico, se trata ante todo de los estados de Africa, Asia y América Latina, es decir, de los países de la «zona de los temporales», como cabe designarlos aludiendo a las turbulencias que han padecido y a sus combates en pro de su liberación nacional y su independencia económica. Así, pues, el Tercer Mundo es un concepto geopolítico, basado a la vez en la pertenencia a una zona geográfica —el hemisferio sur—, a un

70 Citado por Bedjaoui, *Orden económico*, p. 22.
71 Ver Edmond Jouve, *Rélations internationales du tiers monde*, Paris, 1976.

período histórico —la colonización— y a una situación económica, esto es, el subdesarrollo. De todos modos, el mínimo común denominador de estos países es el contexto de dominación imperialista o neocolonialista en el que se hallan inmersos, con el subdesarrollo como consecuencia inevitable.

A pesar de la enorme distancia histórica entre Santiago y nosotros, el autor inspirado puede ayudarnos a comprender las verdaderas raíces del subdesarrollo que tanto nos aflige hoy en nuestra América Latina.

El subdesarrollo de los países pobres tiene su raíz en el hedonismo de los países ricos. Según Santiago, los «deleites» de los ricos se daban al costo del trabajo no remunerado y la miseria de los pobres. Vivían una vida de placeres y refinamientos, de lujos y extravagancias. Eran como el rico de la parábola que relató Jesús (Lc. 16.19). El confort en el que vivían era excesivo, y se tornaba tanto más cruel cuanto que se hacía posible gracias al sufrimiento de los pobres. Para esta gente, el placer y la felicidad material constituían el valor más alto del esfuerzo humano. Por eso, este pecado tiene que ver con el estilo de vida que se vive.

El grave pecado de las naciones ricas hoy es que su afán por lo superfluo se satisface a costa de la carencia de lo necesario en los países pobres. En buena medida, la creciente deuda externa latinoamericana ha servido para cubrir los déficits presupuestarios norteamericanos o mejorar la calidad de vida en ese país, especialmente durante las administraciones de Ronald Reagan. Hasta 1980, las tasas de interés reales por préstamos en dólares en el mercado internacional habían estado bajando. Esas tasas, que eran de alrededor del 3% entre 1961 y 1967, cayeron a un 2% en los cinco años siguientes y a un 1% entre 1973 y 1980. En 1980 hubo un giro brusco en la tendencia decreciente, que resultó en que, en el período 1981-1985, las tasas reales promediaron casi el 8%, un verdadero récord. Al mismo tiempo, la caída de los precios de las exportaciones de América Latina entre 1981 y 1984 (-4.6% anual) agregó un factor agravante a la situación de crisis económica del continente. En 1985 el valor unitario de las exportaciones latinoamericanas cayó en un 6.6%. A pesar del enorme esfuerzo de nuestros países por aumentar el total de las exportaciones (la tasa de 1980-1984 fue superior a la de 1970-1980), el valor de éstas en términos corrientes en 1985 fue un 5.5% menor que en 1984.[72] La gravedad de la situación que reflejan estas cifras se puede entender

72 *Economic and Social Progress in Latin America: 1986 Report*, Inter-American Development Bank, Nueva York, 1986, pp. 6-10.

mejor si se tiene en cuenta que las exportaciones latinoamericanas se han convertido en casi la única fuente de divisas para los países del continente. ¿Quién se quedó con la diferencia?

El subdesarrollo de los países pobres tiene su raíz en el despilfarro de los países ricos. Según Santiago, los ricos a quienes acusa son responsables de haber sido «disolutos». Su vida era una vida de derroche, de gastos incontrolados, de una voluptuosidad insensible. Mientras afuera los pobres hambrientos, avasallados y engañados gemían por su lamentable condición pidiendo lo que les correspondía por su trabajo, adentro los ricos despilfarraban sus ganancias mal habidas en fiestas suntuosas.

En nuestros días, mientras el mundo se muere de hambre, en los países ricos se tira la comida o se destruyen cosechas enteras para mantener precios favorables. Más grave todavía es que los seres humanos en el Tercer Mundo están privados de los alimentos necesarios para su subsistencia, no solo debido a que los seres humanos de los países ricos comen más de lo necesario, sino también debido a sus animales. El consumo de alimentos de los animales en países ricos es atendido con prioridad al consumo humano de los países subdesarrollados. Los animales de los países «adelantados» consumen la cuarta parte de la producción mundial de cereales, o sea, el equivalente del consumo humano de la China y de la India juntas, unos 1.800 millones de personas. La producción de la industria alimentaria para perros en los Estados Unidos supuso en 1967, para cada perro norteamericano, aproximadamente el ingreso medio por persona en la India. En Francia, el consumo de calorías de sus 8 millones de perros y 7 millones de gatos equivale al de toda la población de Portugal. Lo que tiran a la basura en un año los norteamericanos por considerarlo superfluo podría alimentar por sí solo durante un mes a todos los países del inmenso continente africano. Hoy en día, en el primer mundo, los animales domésticos tienen lo que no tienen muchos seres humanos: peluqueros, sastres y restaurantes especializados, y casitas con aire acondicionado.[73]

Este es uno de los aspectos más sórdidos de la mayor violencia jamás infligida al ser humano, en su dignidad eminente, y del mayor escándalo de la organización de nuestro mundo. No es extraño que Santiago sea duro en denunciarlo.

El subdesarrollo de los países pobres tiene su raíz en la irresponsabilidad de los países ricos. Según Santiago, los ricos de su tiempo eran culpables de haber «engordado sus corazones como

---

73 Bedjaoui, *Orden económico*, p. 27.

en día de matanza». Lo que en realidad está diciendo el autor es que estas gentes irresponsables estaban «engordando como ganado» (VP), mientras sus obreros pasaban hambre. No obstante, este engorde «forzado», como el de un animal antes de carnearlo para una fiesta, iba a terminar el día de la matanza. Este día es el día del juicio final, cuando Dios pague a cada uno conforme a sus obras.

¿No es esto lo que ocurre en nuestro mundo hoy? La mayoría de los seres humanos vive en un estado de hambre endémica, pero la población de los Estados Unidos, que sólo equivale al 6% de la población mundial, consume el 55% de todos los recursos naturales del planeta. La desigualdad ante el hambre es una de las más intolerables que padece la humanidad. Según los cálculos de la Organización de las Naciones Unidas para la Alimentación y la Agricultura (FAO), 15 de cada 100 seres humanos están demasiado alimentados, mientras que 1 de cada 10 muere de hambre. La Conferencia Mundial sobre la Alimentación, celebrada en Roma en noviembre de 1974, ya ponía de manifiesto que una persona de cada seis padecía de malnutrición, y que su número aumentaría a 5 para el año 2000 si no se hacía algo para subsanar la situación.[74]

Pero el mundo rico es totalmente insensible a esta realidad. Con increíble irresponsabilidad, los países desarrollados continúan consumiendo mucho más de lo necesario, mientras los países pobres no tienen qué comer. Susan George, quien se ha ocupado detalladamente del problema del hambre en el mundo, ha dicho en uno de sus libros que «si hacen falta seis horas para leer este libro, cuando usted haya terminado la última página se habrán muerto de hambre, o de una enfermedad cualquiera debida a la malnutrición, en algún lugar del mundo, 2.500 personas».[75]

El subdesarrollo de los países pobres tiene su raíz en la violencia de los países ricos. Al denunciar a los ricos de haber «condenado y dado muerte al justo», Santiago está señalando la actitud de éstos de usar su influencia y posición en la sociedad para humillar y destruir al pobre, incluso pervirtiendo el curso de la justicia. Los pobres son víctimas indefensas, que no tienen a su disposición los medios para resistir tal atropello. Precisamente por su indefección es que los opresores se aprovechan de ellos con violencia.

La miseria de los países pobres es el resultado de la violencia impuesta en el mundo por los países ricos y poderosos. La enver-

---

74 Ibid., p. 24.
75 Susan George, *How the Other Half Dies: The Real Reasons for World Hunger*, Allanheld, Osmun, Montclair, N. J., 1977, p. xix.

gadura de las sumas dedicadas a la carrera armamentista es fenomenal. En 1962, los gastos militares de todo el mundo ascendieron a unos 120.000 millones de dólares, es decir, el 8 ó 9% de la producción mundial anual de todos los bienes y servicios. Esta cifra equivalía a las 2/3 partes del ingreso nacional global de todos los países subdesarrollados.[76] En 1967, su monto fue de 182.000 millones de dólares. En 1974, esta locura humana demandó 210.000 millones de dólares, lo cual equivalía al ingreso nacional de la mitad más pobre de la humanidad, y era unas 20 veces superior a la ayuda que se prestaba en aquel entonces a los países en desarrollo. En 1975 los gastos militares se acercaron a la cifra de los 300.000 millones de dólares, suma que contrasta patéticamente con los 9.000 millones que fue el total de los prestamos hechos al Tercer Mundo por los seis principales países industrializados de occidente en ese mismo período. En 1976, según Kurt Waldheim, entonces Secretario General de las Naciones Unidas, los gastos militares mundiales ascendían a 350.000 millones de dólares.[77]

Amadou-Mahtar M'Bow, ex Director General de la UNESCO, estimaba que en 1980 el monto de los gastos militares había subido por arriba de los 500.000 millones de dólares. En 1984 los gastos militares mundiales fueron de 859.000 millones de dólares, o sea 110 dólares por habitante en el mundo.[78] En ese mismo año, el total mundial del comercio de armas en valores constantes fue de 27.000 millones de dólares. La mayor parte de los países recipientes de armamentos estaba en el Tercer Mundo, donde se invirtieron más de 20.000 millones de dólares en la compra de armas. En 1989 el presupuesto total para la defensa de los Estados Unidos fue de alrededor de 300.000 millones de dólares.[79] En las industrias vinculadas a la promoción de la muerte trabajan más de medio millón de científicos, es decir, la mitad de todos los que hay en el mundo. En general, en el siglo XX ha habido un aumento vertiginoso y sin precedentes de los gastos militares y de la carrera armamentista. Se ha calculado que desde principios de siglo, el mundo ha gastado más de 8 billones de dólares, es decir, el equivalente a algo más de 2.500 dólares por habitante del mundo hoy; o lo que gana por término medio un ciudadano de la India durante toda su vida.[80]

76 Naciones Unidas, *Consecuencias económicas y sociales del desarrollo*, Naciones Unidas, Nueva York, 1962, p. 3.
77 Bedjaoui, *Orden económico*, p. 41.
78 Amadou-Mahtar M'Bow, «Military Expenditures», *The UNESCO Courier* 34 (3, 1982): 23-25.
79 Fuente: *The World Almanac and Book of Facts: 1990*.
80 Benjaoui, *Orden económico*, p. 41.

No obstante, no debe pensarse que los ricos opresores son solo estadounidenses o europeos que viven en sus respectivos países y que monitorean sus negocios de ultramar a control remoto. Si bien esta es una realidad, no son solo ellos los que forman parte de esta red gigantesca y poderosísima; también están los ricos criollos, que funcionan con iguales criterios que los internacionales, y con los cuales por lo general hay algún tipo de vínculo. Esta situación, si bien data de los tiempos mismos de la colonización de nuestros países, hace el problema mucho más complejo y difícil de confrontar. En ambos casos, es decir, en el de los capitalistas foráneos, como en el de los capitalistas criollos, la táctica es la misma: sacar el dinero fuera de los países donde se produce, convertido en moneda dura que resista cualquier proceso inflacionario y reinvertir lo menos posible dentro del país. Esto ha significado, por ejemplo, que mucha de la industria de los países hispanoamericanos, como la industria del cobre, del petróleo, del hierro, del banano use maquinaria anticuada, reparada vez tras vez por los mismos operarios, usando muchas reces recursos rudimentarios e improvisados. Con ello, se da el resultado de todos conocido: los pobres siguen siendo pobres, y los ricos más ricos. Las riquezas que generan nuestros pobres países se traducen en pequeños impuestos que no llegan a constituir un flujo capaz de solventar los daños a la tierra, a la salud del trabajador y al costo social que tales industrias generan.

Por otra parte, las fortunas amasadas por los carteles de la droga, que supone representan capitales latinoamericanos, han superado en algunos casos los presupuestos globales de las naciones donde operan.

Colombia sigue siendo la capital mundial de la producción de la cocaína. Estados Unidos lo es como centro consumidor. Ante los cambios que se han venido dando en el control de la producción y exportación a los centros de consumo, los carteles han venido introduciendo variantes funcionales que no dejan de llamar la atención.

Refinerías instaladas en otros países, corredores que forman caprichosas figuras en el mapa mundial buscan solo un fin: llegar con la droga a los centros de consumo, donde la demanda sigue en aumento, pese a todo. Alrededor de 14.5 millones de norteamericanos gastan unos US$ 100,000,000.000 anualmente en la droga. En todo esto, pareciera que los más afectados son los pobres de los países ricos. Los ricos de los países pobres siguen siendo los principales opresores de los pobres de los países ricos.

La arbitrariedad de los ricos y la injusticia con que marginan al pobre a una condición de vida infrahumana y oprimida, no quedará impune. Los ricos no tendrán la última palabra ni se saldrán por siempre con la suya. Su hedonismo, despilfarro, irresponsabilidad y violencia llegarán a su fin. Por ahora parecen aprovechar de su posición de ventaja, explotando al pobre que «no hace resistencia». Sin embargo, estos ricos explotadores se olvidan de Aquel que es el defensor de los pobres y quien les hará justicia. Según la NBE, «¿no les va a enfrentar Dios?». Los creadores del subdesarrollo humano tendrán que vérselas nada menos que con el Señor como Juez. Todo su dinero y prestigio no serán suficientes para sobornar su justicia ni para comprar su favor.

La sentencia ya está dada y es condenatoria de los ricos explotadores.

El Señor de los ejércitos, que ha hecho su opción preferencial por los pobres, está de su lado. El igualará todas las cosas, y los que no hacen resistencia «recibirán la tierra por heredad» (Mt. 5.5; ver Mt. 5.39). El va a dar vuelta las cosas y los valores. Los explotados de hoy serán los liberados mañana, mientras que los explotadores pasarán a ser esclavos de su propia miseria moral y espiritual (Lc. 1.52-53).

VI. El valor de las virtudes cristianas (5.7-20)

Santiago llega a la última sección de su carta. Deja los males de este mundo y su efecto sobre los creyentes, para dirigirse una vez más a sus «hermanos» en la fe animándolos a sobrellevar tales problemas mediante el ejercicio de algunas virtudes cristianas. En un contexto eminentemente escatológico, el autor se propone estimular en sus lectores un estilo de vida cristiano. El Señor viene, y esta realidad de la fe lleva a Santiago a destacar el valor de la paciencia en medio de las pruebas, el valor de la palabra honesta en medio de tanta palabra hueca, y el valor de la comunidad de fe en medio de un mundo perdido.

A. El valor de la paciencia (5.7-11)

Como un corolario directo (*oun*, «por tanto») del juicio venidero sobre los ricos opresores (5.1-6), el autor llama a sus lectores a ejercitar la virtud cristiana de la paciencia. La realidad exige de mucha paciencia por parte de los oprimidos, ya que el juicio de los ricos no parece venir nunca. Siempre se salen con la suya y parece que su maldad los corona de éxito. Pero la paciencia no dejará a los creyentes sin recompensa (Sal. 37.7-9).

Nuestra generación puede ser calificada de muchas maneras, pero no hay mejor manera que denominándola «impaciente». Siempre andamos a las apuradas. No podemos esperar pacientemente por nada. Queremos resultados inmediatos. Santiago tiene una exhortación para nosotros en esta sección de su carta. Este pasaje es tan relevante para nosotros como cualquier otro de su libro. El propósito básico del autor es consolar a los oprimidos por los ricos, a quienes exhorta a la paciencia cristiana. La venida del Señor está cerca, y ésa es la razón por la que deben ser pacientes.

1. La paciencia y el retorno de Cristo (5.7-9)

En su carta, Santiago utiliza dos palabras que son casi sinónimas: *makothymia* (5.7,10) y *hypomonê* (1.3,4; 5.11). Ambas se traducen como «paciencia» en varios lugares del Nuevo Testamento. El verbo *makrothymeô* (tener paciencia) viene de *makros* (largo) y *thymia* (enojo), es decir, dejar pasar un largo tiempo antes de enojarse. Esto involucra el control de sí mismo y ser capaces de responder a las circunstancias y no meramente reaccionar ante ellas.

Juan Crisóstomo, el gran predicador del cuarto siglo, calificaba a la paciencia como la reina de las virtudes, y distinguía entre estas dos palabras. Según él, la primera describía a quien podía vengarse pero no lo hacía. La segunda caracterizaba al individuo que no podía vengarse. Su opción era sufrir la agresión con paciencia o sin ella, pero escogía lo primero. Ricardo Trench no concuerda con la distinción que hace Crisóstomo. Según él, el primer vocablo se refiere a la paciencia respecto de las cosas, mientras que el segundo a la paciencia con relación a las personas.[1]

Ambos vocablos son términos estrictamente militares, y se usan como metáforas en conexión con las batallas de la vida.[2] Sin embargo, si es posible hacer alguna distinción en este contexto, parece ser que *makrothymia* es la paciencia en el sentido usual, mientras que *hypomonê* connota la idea de perseverancia frente a las circunstancias adversas (1.3-4; 1.12; 5.11). La paciencia a la que Santiago exhorta en este pasaje tiene un matiz propio, el cual consiste en no desesperarse, en contenerse, en aguardar un evento que se sabe que está por llegar. El vocablo aparece en el contexto de la venida del Señor y del Juez.[3] El término no es activo como *hypomonê*, pero tampoco es pasivo en el sentido tradicional negativo. La actitud es de aguardar en posición de alerta. No se trata de resignación frente a la opresión, sino «más bien de hacer lo posible por no desesperarse a pesar de su situación desesperada, afirmándose en el futuro que pondrá fin a sus sufrimientos».[4] Por eso, lo opuesto a la paciencia es la ira y la venganza.

El ejercicio de esta virtud debe extenderse «hasta la venida del Señor» El vocablo *parousia* es el que usan también Pedro, Pablo, Juan y el mismo Jesús para referirse a la venida de Cristo en gloria. Santiago ilustra su punto con imágenes rurales. El campesino espera alegremente con paciencia el fruto que sabe que llegará como resultado de sus esfuerzos. No hay nada que él pueda hacer para adelantar el proceso natural de germinación y desarrollo de la planta. Este proceso tiene su tiempo determinado. «Así, la comunidad oprimida de Santiago sabe que su situación difícil va a cambiar, que el juicio ha sido

1 Richard Trench, *Synonyms of the New Testament*, Eerdmans, Grand Rapids, p. 198.
2 Colin Brown, *Dictionary of New Testament Theology*, Zondervan, Grand Rapids, 1977, 2:764.
3 Tamez, *Santiago*, pp. 74-75.
4 *Ibid.*, p. 76.

pronunciado en favor de los que sufren, por lo tanto es importante que no se desesperen sino que 'sigan sembrando' y 'cuidando de los plantíos', lo que para Santiago equivaldría a seguir la ley de la libertad y llevar una vida íntegra».[5]

La lluvia temprana caía en octubre o noviembre y servía para la germinación del grano. La lluvia tardía caía en abril o mayo y servía para la maduración del grano (Dt. 11.14; Jer. 5.24; Jl. 2.23, etc.). Estas lluvias indispensables para la agricultura no eran tenidas como meros fenómenos meteorológicos, sino como dones gratuitos de Dios (Mt. 5.45), de los que dependían los agricultores. La expresión «afirmad vuestros corazones» (*stêrixate tas kardias*) significa estabilizar o confirmar la confianza en que el Señor vendrá pronto («refuercen el ánimo» NBE, «manténganse firmes» VP). La venida del Señor «se acerca» (*êggiken*), al igual que el fin de todas las cosas (1 P. 4.7), si bien no es posible ponerle fecha. Es por eso que no debe haber murmuraciones (ver Mt. 7.1-5). El Señor está ahora parado delante de la puerta (*pro tôn thyrôn hestêken*, perfecto del indicativo activo de *histêmi*, ver Mt. 24.33 y Mr. 13.29).

La paciencia militante

La Biblia habla una y otra vez de la segunda venida de Cristo al mundo. Por sus páginas tenemos la certeza de su retorno como el Rey de la gloria. Esta doctrina es cardinal para los creyentes. «La fe cristiana», según señala Emil Brunner en su libro *Nuestra fe*, «se diferencia de toda otra en que sabe que Dios viene». Karl Barth decía que «los cristianos tenemos el privilegio de saber y de ver con los ojos abiertos la luz que resplandece: la luz de la *parousia*».

Cuando el Señor regrese, vendrá con victoria y triunfo sobre sus enemigos, y será el día de juicio para la raza humana. Ricardo Miró, el poeta y escritor panameño, nos describe aquel glorioso día en estos términos:

> ...Ya se asoma
> en el oriente el alba de Jesús. La paloma
> prestigiará de nuevo su símbolo, ¡y el día
> se acerca ya del triunfo y la armonía!

También las Escrituras afirman el hecho de que el Señor vendrá inesperadamente, como un ladrón en la noche. Nadie sabe cuándo se producirá el majestuoso evento. «Todo el propósito de Cristo con

5 *Ibid.*, p. 75

respecto a la promesa de su Segunda Venida, toda su esperanza y estímulo se hubieran perdido si al partir Cristo hubiera fijado la fecha exacta de su regreso». Así afirma Billy Graham, y agrega: «Es porque no sabemos a qué hora vendrá por lo que debemos tener nuestras casas espirituales siempre preparadas». Sin embargo, es esta demora sin plazo lo que hace que muchos duden de su venida o especulen con su aparente retraso (2 P. 3.4).

Frente a esta actitud, Santiago procura animar a los hermanos, especialmente a aquellos que están pasando por pruebas y peligros. El Señor está viniendo, aunque parezca que tarda. Mientras tanto, es el deber de cada creyente aguardarlo con paciencia. Para ayudarnos a responder positivamente al imperativo de la paciencia, Santiago nos ofrece dos ejemplos que ilustran la dirección de su exhortación.

Por un lado, *consideremos la paciencia del labrador*. Para los lectores de Santiago el ciclo agrario y sus tiempos eran mucho más conocidos que para la mayoría de los hispanoamericanos que vivimos en algunas de las ciudades más populosas del mundo. De todos modos, hoy como ayer la vida del trabajador de campo no es liviana ni fácil. Especialmente quien está dedicado al cultivo de la tierra se encuentra ligado a ella y a los procesos naturales que la rigen. Si va a obtener de la tierra los mejores resultados, debe completar un ciclo delicado, complejo y bastante riguroso. Comenzará preparando el terreno, roturando la tierra, limpiándola de piedras y malezas si fuere necesario, abonándola y dejándola en condiciones de recibir la semilla. Luego vendrá la siembra, que deberá hacerse con cuidado para que la distribución de las semillas sea pareja y cubra adecuadamente toda la superficie cultivable sin desperdicios. Seguirá entonces un período de espera hasta que la semilla germine, pero no inactivo, ya que hay que regar los sembradíos, cuidarlos de las aves que se comen las semillas y de los animales que pisotean los cuadros sembrados. Con expectativa aguardará las lluvias oportunas y la temperatura necesaria para la germinación. Recién entonces vendrá la cosecha.

El labrador trabaja con la esperanza de recibir frutos. Por eso su paciencia no es ciega. Aguarda siempre lo mejor, porque conoce las posibilidades de su tierra, la calidad de la semilla, y la pericia de sus labores. En consecuencia, el fruto que cosecha es «precioso»; la vida de su familia depende de él. De igual modo, el creyente sabe que Cristo será fiel a su promesa de regresar en busca de su pueblo. Y si bien el tiempo de espera parece largo, el cristiano aguarda con paciencia y expectativa el «precioso» día del reencuentro.

Así como el labrador desconoce el día exacto en que caerán las lluvias de octubre o las de abril, si bien las aguarda con confianza, el creyente espera el regreso de su Señor aun cuando no pueda poner fecha al evento. Su certidumbre despeja toda duda. En tiempos de pruebas, no se desespera. Por el contrario, manifiesta una paciencia confiada, como la del labrador. Es con esta expectativa del retorno de su Señor, que se mantiene firme en su fe, a pesar de los conflictos.

Sin embargo, nótese que lo que se exige del creyente fiel es paciencia y no resignación. En nuestro contexto latinoamericano se han confundido con demasiada frecuencia estas dos actitudes. Se ha entendido la paciencia como una actitud pasiva y de sumisión. Se la ha visto como la única salida frente a situaciones que parecen irremediables. Esta interpretación ha sido perjudicial para la vida del creyente y de la comunidad de fe, ya que los ha impulsado a la resignación, a la falta de compromiso con sus realidades concretas, y a «conformarse a este siglo» (Ro. 13.1). «Santiago no se refiere de ninguna manera a esta clase de paciencia. El exhorta a que se tenga una paciencia militante, heroica y que sabe aguardar los momentos propicios».[6]

Por otro lado, *consideremos la paciencia de la iglesia*. Mientras espera el regreso de su Señor, la iglesia debe ejercer la paciencia. Nótese que Santiago está demandando paciencia en medio de condiciones adversas, a gente que está siendo oprimida, y aparentemente carece de recursos para hacer valer sus derechos. No es difícil ser paciente cuando todo marcha bien. Pero se requiere de un creyente disciplinado para ejercer la paciencia cuando todo el tránsito viene de contramano. Solo los peces muertos se dejan arrastrar por la corriente. Los peces vivos luchan contra ella y con tesón esperan superar los obstáculos y alcanzar las nacientes, donde depositar sus huevos.

Además, mientras espera el regreso de su Señor, la iglesia debe estar unida. Debe ser una colonia del cielo donde reinen el amor, la fraternidad y la comprensión. No obstante, la experiencia dice que no siempre es así. Suele haber quejas en la iglesia. La murmuración que menciona el autor es la de aquellos que se quejan de su suerte adversa y de sus problemas de manera crónica. «La miseria busca compañía» dice un refrán. Con su admonición del v. 9, Santiago no solo anima a sus lectores a soportar con paciencia la adversidad, sino a hacerlo sin quejarse.

Santiago vuelve a presentar aquí el problema de la lengua y su efecto pernicioso en la vida de la comunidad. Es interesante que

6 *Ibid.,* p.72

Leonardo da Vinci, como Santiago, relaciona la paciencia con la murmuración, cuando dice: «La paciencia obra contra las injurias como los vestidos contra el frío: si multiplicas los abrigos según la intensidad del frío, éste no podrá perjudicarte; así, frente a las injurias, redobla la paciencia, y ellas no podrán alcanzarte».

La murmuración ocurre cuando la iglesia está ocupada en cualquier cosa menos en aguardar a su Señor trabajando, como él desea encontrarla. Es por eso que hay un juicio pendiente sobre la comunidad de fe. Nótese que el Señor viene como Juez, y que juzgará a los creyentes (2 Co. 5.10). El Señor castigará severamente a los que provocan disención en su cuerpo y permiten que los males del mundo se infiltren en la iglesia. En uno de sus famosos himnos, Bernardo de Claraval nos advierte:

El mundo es muy malo,
Los tiempos envejecen,
Sé sobrio y vigilante:
El Juez a la puerta está.

2. La paciencia y los ejemplos bíblicos (5.10-11)

El vocablo «ejemplo» (*hypodeigma*) viene de la misma raíz que *paradeiga*, de donde deriva nuestra palabra paradigma. El verbo significa copiar, de manera que el «ejemplo» es una copia que debe ser imitada (Jn. 13.15), un «modelo» (BJ, NBE, NA). En este sentido, los profetas son un modelo de sufrimiento (*kakopathia*; para el uso del verbo ver v. 13; 2 Ti. 2.3,9) y de paciencia (*makrothymia*). Estos hombres hablaron con la autoridad del Señor («en nombre del Señor»).

Según Santiago, los que sufren son felicitados, es decir, son considerados felices (*makarizomen*, cf. Lc. 1.48). El vocablo *makarios* aparece tres veces en Santiago (1.12; 1.25; y 5.11 donde está verbalizado). La alegría no se encuentra en el sufrimiento en sí, sino en la combinación de éste con la paciencia en la expectativa escatológica de la liberación. Se trata de una bienaventuranza apocalíptica que va dirigida a quienes habrán de ser liberados en el juicio final. Estos son los que participarán en el nuevo mundo de Dios porque han permanecido fieles a él, a pesar de sus muchos sufrimientos y dolores.[7]

Santiago hace alusión a la paciencia (*hypomonên*) de Job. Aquí «paciencia» es la virtud de aquél que no sucumbe frente al dolor y la opresión; el temple de aquél que sobrelleva el sufrimiento con heroísmo. En el libro de

---

7   Sobre los diferentes tipos de macarismos en la Biblia, ver Klaus Koch, *The Growth of the Biblical Tradition: The Form-Critical Method*, Charles Scribner's Sons, Nueva York, 1969, p.7.

Macabeos, que relata la resistencia judía frente a los griegos, se utiliza el vocablo *hypomonê* más que en ningún otro libro del Antiguo Testamento. Allí se habla de «el coraje y la paciencia de la madre de los héroes y sus hijos» (4 Macabeos 1.11). En Apocalipsis también aparece el vocablo una y otra vez con el mismo sentido. En general, el vocablo expresa la actitud del creyente que vive a la luz de los últimos días y se alimenta de la esperanza.[8] En este sentido, la paciencia de Job no fue pasiva en lo absoluto. Job no se quedó ni quieto ni callado frente al dolor por el que pasó. No dejó de plantear su causa frente a sus interlocutores y frente a Dios mismo. Cuanto más sufría, tanto más maduraba en su comprensión de sus propios pecados y de la providencia divina. Job se plantó frente al sufrimiento y la muerte, y Dios lo liberó.

Los lectores de Santiago «habían oído» de Job en las sinagogas judías (cp. Mt. 5.21, 27, 33, 38, 43). Job se quejó, pero no renunció a Dios (Job 1.21; 2.10; 13.15; 16.19; 19.25-27). Su vida es un ejemplo evidente («habéis visto») de una fidelidad inquebrantable y de cómo el Señor obró en su caso (Job 42.12). La acción del Señor demuestra que él es «muy misericordioso y compasivo» (Sal. 103.8). Santiago utiliza el ejemplo de paciencia militante de Job para alentar a sus lectores. La situación de opresión por la que estos estaban atravesando era realmente difícil y necesitaban una actitud valiente de perseverancia; es decir, una paciencia militante como la de Job.

La paciencia es una virtud típicamente cristiana. La Biblia la describe como parte integrante del fruto del Espíritu (Gá. 5.22). Es el uniforme de la vida cristiana que cada creyente debe vestirse diariamente (Col. 3.12). Además, no es una virtud de carácter estacional, pasajero o circunstancial. Según Santiago, la paciencia debe adornar la vida del hijo o hija de Dios «hasta la venida del Señor»; es decir, su segunda venida en gloria. La expresión *kai to telos kyriou eidete* («habéis visto el fin del Señor») se refiere a la *parousia*.[9] Es el deseo del Señor que el creyente le esté aguardando con paciencia, y que puestos sus ojos en el Rey que viene, corra con paciencia la vida que tiene por delante (He. 12.1).

---

8 Brown, *DNTT*, 2:774.

9 Ver R.P. Gordon, «*Kai to telos kyriou eidete* (Jas. v. 11)», *JTS* 26 (1, 1975): 91-95. Según Gordon, cuando se consideran ciertos paralelos extrabíblicos de la cláusula *kai to telos kyriou eidete* (e.g. Testamento de Benjamín 4.1; Testamento de Gad 7.4), es necesario recordar que *kyriou* en Santiago 5.11 es un genitivo subjetivo. Una haggadah sobre el éxodo de Egipto, ampliamente atestiguada, utiliza la expresión "el fin del Señor" (e.g. targumes palestinos de Ex. 13.17). El éxodo, como el fin señalado de los sufrimientos de los israelitas en Egipto, se correspondería con la parousia como el *terminus ad quem* de la opresión de las comunidades cristianas a las que Santiago escribe. Ver A. Bischoff, «*To telos kyriou*», *ZntW* 7 (1906): 274-279.

Ejemplos de paciencia militante

Santiago cierra su exhortación al ejercicio de la virtud cristiana de la paciencia con sendos ejemplos de sufrimiento y de paciencia militante. Una sola ilustración concreta vale por mil abstracciones, y la mente semítica de Santiago es bien consciente de esto. Por eso sigue el patrón de sus antepasados y nos presenta un ejemplo colectivo y otro individual para respaldar su argumento.

Consideremos la paciencia de los profetas. El autor no especifica a algún profeta en particular. Prácticamente todos ellos pasaron por experiencias similares. El ejemplo de los profetas nos muestra claramente su actitud como un acto heroico. Por sus hechos, estos hombres y mujeres sufrieron la opresión y en algunos casos el martirio. Sin embargo, por su misma acción definida en favor de los oprimidos y débiles, fueron declarados bienaventurados. Consideremos en detalle las circunstancias en que los profetas ejercitaron su paciencia.

Primero, *los profetas fueron perseguidos*. Jesús lo indicó así (Mt. 23.37). Esteban mencionó este hecho en su discurso antes de morir (Hch. 7.52). Jeremías es una ilustración de esto. De todos los profetas, probablemente él fue el más recordado y el más perseguido. Para los judíos del primer siglo, Jeremías ejemplificaba todo lo que un profeta debía ser. Era el modelo de los profetas. Durante su carrera fue golpeado y encarcelado, colocado en el cepo y arrojado a una cisterna. No obstante, en medio de todo esto, mantuvo un interés y amor apasionado por aquellos que lo perseguían. Mateo Alemán, el novelista clásico español, que vivió en México desde 1608, nos enseña que «paciencia y sufrimiento quieren las cosas, para que pacíficamente se alcance el fin de ellas».

Los profetas sufrieron persecución no por ser profetas, sino por haberse puesto del lado de los que padecían injusticia y eran oprimidos. Tal es el caso en Hispanoamérica hoy. Al ponerse del lado de los pobres, profetas hispanoamericanos como Oscar Romero padecieron persecución. Sin embargo, no todos los sacerdotes católicos fueron perseguidos ni todas las instituciones eclesiásticas de El Salvador fueron atacadas. ¿Por qué? Porque como Romero mismo lo explicó, había en El Salvador en operación un corrupto principio de atrocidad selectiva:

Ha sido atacada y perseguida esa parte de la iglesia que se colocó del lado del pueblo y salió a la defensa del pueblo. Aquí encontramos nuevamente la misma clave para la comprensión de la persecución de la iglesia: la defensa del pueblo. Aquí encontramos nuevamente la misma clave para la comprensión de la persecución de la iglesia: los pobres.[10]

Segundo, *los profetas fueron pacientes*. En este punto de su texto Santiago utiliza la segunda palabra para paciencia, *hypomonê*, que se traduce mejor como «constancia» (NBE). El que soporta con constancia es llamado feliz. Es un individuo dichoso, que merece ser felicitado. Raimundo Lulio, el gran misionero a los musulmanes de Africa del norte, señalaba que «la paciencia comienza con lágrimas y, al fin, sonríe». Quien se ha ejercitado en esta virtud es digno de figurar en la galería de aquellos hombres y mujeres de fe, que honraron al Señor con sus testimonios de vida (He. 11). Pero nótese que la constancia se hace evidente con el tiempo. Como decía Leonardo da Vinci: «La constancia no está en empezar, sino en perseverar».

¿Es posible, para los profetas modernos, encontrar alegría en medio de una praxis de liberación? ¿Es posible cosechar alegría a la vista del dolor y miserias del pueblo oprimido? ¿Cómo experimentar satisfacción espiritual interior, cuando como siervos de Dios confrontamos cotidianamente la realidad de la pobreza y sus secuelas? Es más, ¿cómo remontar el sentido de frustración frente a lo poco que uno puede hacer para paliar situaciones de injusticia monstruosamente abrumadoras?

Cuando contemplo a los niños que comen un plato de comida caliente en el Comedor Infantil de mi iglesia, a pesar del dolor que me produce su condición de pobreza absoluta, no dejo de alentar en mi pecho la esperanza de que llegarán a conocer a Aquel que es el Pan de Vida. Entonces siento también que todo lo que pueda hacer por ellos y para ellos, por poco que parezca en términos humanos, es una siembra que no carecerá de cosecha, y que la esperanza de tal cosecha es un anticipo feliz de la alegría desbordante de la redención final (Sal. 126.5-6).

Consideremos la paciencia de Job. Santiago evoca ahora otra ilustración de las páginas del Antiguo Testamento. Esta vez es específico al citar el caso de un hombre en particular. Se refiere a la constancia de Job, y presupone que sus lectores están familiarizados con el caso del patriarca. Job no fue un hombre perfecto.

10 Romero, *Voice of the Voiceless*, p. 182.

Por más que reclamara ser inocente, era culpable del pecado de no considerarse pecador delante de Dios. Además, no es su auto-control lo que Santiago quiere destacar aquí, ya que no lo ejerció mucho en su diálogo con sus amigos. Lo bueno de Job es que se propuso soportarlo todo sin perder su confianza en Dios. La experiencia de Job tiene algunas cosas para enseñarnos en términos de una paciencia militante.

Primero, *notemos sus pruebas*. Job lo perdió todo. Perdió su propiedad (Job 1.14-17). Perdió su familia (Job 1.18-19). Perdió su salud (Job 2.7-8). Perdió su buen nombre (Job 2.11-13). En realidad, lo único que no perdió fue su confianza en el Señor. Se hundió en lo más profundo de la desesperación y casi llegó a acusar a Dios de su suerte, pero se levantó por encima de sus compañeros en alas de una fe triunfante. Sobrevivió al dolor y el sufrimiento para entender que el Señor está lleno de misericordia para aquellos que perseveran en él. Bien señala un proverbio chino: «El diamante no puede ser pulido sin fricción, ni el hombre perfeccionado sin pruebas».

¿No es así la situación de las masas oprimidas de nuestro continente? Ellos lo han perdido todo. Desde hace siglos se les está robando sus tierras. Primero fueron los conquistadores portugueses y españoles; luego los ingleses y las oligarquías locales; más tarde los norteamericanos; y más recientemente las enormes corporaciones multinacionales. Los pobres no pueden casarse y formar un hogar, porque carecen de un medio de vida y una vivienda digna donde criar a sus hijos. La medicina es un lujo para ellos, y cuando recurren a los remedios ancestrales se los acusa de ignorantes o se los reprime. Los campesinos son tenidos por perezosos e indolentes, sin que se considere el hecho de que sus faltas de fuerzas físicas son el resultado de la enfermedad y desnutrición. Se los estereotipa de «vagos», «ladrones», y «haraganes». Por carecer de educación, se los tiene solo para las tareas más rústicas y trabajosas. Los pobres en América Latina no pueden contratar abogados que defiendan sus derechos, médicos que curen sus enfermedades, maestros que eduquen a sus hijos, arquitectos que construyan sus casas, bancos que les presten dinero a bajos intereses, y pastores que les aconsejen y animen. Su único refugio es el Señor. Y en él, aquellos que lo han perdido todo y que son indigentes absolutos, pueden encontrar su esperanza y verdadera liberación.

Segundo, *notemos su paciencia*. Cuando perdió su propiedad y su familia, Job respondió: «Jehová dio, y Jehová quitó; sea el nombre de Jehová bendito» (Job 1.21). Y la Biblia testifica: «En todo esto no pecó Job, ni atribuyó a Dios despropósito alguno» (Job 1.22). Cuando perdió su salud, su mujer lo tentaba diciéndole: «Maldice a Dios, y muérete» (Job 2.9). El respondió: «¿Recibiremos de Dios el bien, y el mal no lo recibiremos?» Y la Biblia agrega: «En todo esto no pecó Job con sus labios» (Job 2.10). Cuando perdió su buen nombre, Job guardó silencio (Job 2.13). Estas actitudes pusieron de manifiesto su paciencia.

¡Cuántas instancias negativas vivimos cotidianamente en nuestro continente! ¡Cuántas ocasiones propicias para perder la paciencia y caer presa de la reacción demente e irracional! ¡Cuántas oportunidades para renegar de Dios e intentar un proyecto liberador sin su dirección! Sin embargo, el creyente fiel sabe que más allá de las condiciones de vida negativas por las que atraviesa, la historia no se ha escapado de las manos de Dios. Por el contrario, él está activo construyendo su reino aun en medio de las miserias que nos rodean. Es más, es a partir del barro del dolor y sufrimiento de los pobres y de la fe de su pueblo que él está creando un mundo nuevo bajo su voluntad soberana.

Tercero, *notemos su recompensa*. La Biblia es cuidadosa en detallar la manera en que Dios recompensó la constancia de Job. Le fue restituida su propiedad (Job 42.12). Le fue restituida su familia (Job 42.13-14). Le fue restituida su salud (Job 42.16). Le fue restituido su buen nombre (Job 42.17). La paciencia frente a la aflicción nos ayuda a comprender que lo que nos parecen ser velados cirios funerales pueden ser las distantes lámparas del cielo. Además, como dijera Carlos H. Spurgeon: «El Señor obtiene sus mejores soldados de las colinas de la aflicción».

Esta es la razón por la que los que sufren son tenidos como «bienaventurados». Los oprimidos padecen todo tipo de atropello y dolor, pero al estar preñados de esperanza, son declarados bienaventurados. Job padeció no por haberse puesto del lado de los pobres y oprimidos, sino que sufrió inocente y arbitrariamente. Pero como resistió y protestó al Señor, éste lo restituyó. Es importante notar que en el caso de Job se observa «el juicio visible de Dios el cual consiste en el final feliz de un período de sufrimiento y no, como algunos piensan, en la recompensa del próximo mundo».[11] Por paradójico que parezca, es posible para el creyente fiel encontrar alegría en medio de la opresión. Como señala Elsa Tamez: «Cuando Santiago afirma que Dios es compasivo y misericordioso, introduce un elemento más en la alegría que se experimenta en la praxis, y es la participación de Dios como dador de

11 Dibelius, *James*, p. 246.

la alegría. La alegría en el sufrimiento es también paradójicamente producto de la práctica y de la gracia de Dios. Además, en la medida en que se sabe y afirma que Dios es compasivo y misericordioso, se nutre enormemente la esperanza».[12]

La vida no es un lecho de rosas. De hecho, Cristo no prometió a sus seguidores que serían llevados a los cielos en alas suaves y gloriosas. Por el contrario, les advirtió que se prepararan a sufrir el rechazo y la oposición del mundo por su causa y por el reino. Pero también les prometió que en medio de las pruebas y luchas de la vida, él habría de estar a su lado, compartiendo con ellos cada gota de dolor. Con Amado Nervo, el creyente que ejercita la virtud de la constancia puede decir:

> Pero crece mi fe junto a mi cuita,
> y digo como el Justo de Idumea:
> Así lo quiere Dios ¡bendito sea!
> el Señor me lo da y El me lo quita.
>
> Que medre tu furor, nada me importa:
> puedo todo en AQUEL que me conforta,
> y me resigno al duelo que me mata;
>
> Porque roja visión en noche oscura
> Cristo va por mi vía de amargura,
> agitando su túnica escarlata.[13]

B. El valor de la palabra honesta (5.12)

Nuevamente Santiago vuelve a abordar la cuestión de la lengua. No cabe duda que éste es el problema que más le preocupa («pero sobre todo», es decir, especialmente), ya que lo introduce sin ninguna conexión con lo que venía diciendo, si bien no está fuera de lugar (1 P. 4.8). El versículo suena como algo que se le ocurrió más tarde al autor, y casi no merece la importancia que él le atribuye al decir: «sobre todo».

Después de censurar tres manifestaciones diferentes del espíritu de la mundanalidad en 4.1-5.11, Santiago condena el juramento en el v. 12 como reflejo de mundanalidad en una de sus formas más repudiables. Quizás su exhortación sea una alusión a las palabras de Jesús (Mt. 5.33-37; 23.16-22). Es interesante notar que la sentencia se repite en la *Apología* de Justino Mártir (I, 16.5). Quizás Santiago y Justino han preservado una forma más antigua del

12 Tamez, *Santiago*, p. 57.
13 Amado Nervo, *Obras completas de Amado Nervo*, vol. 1, *Perlas negras-místicas*, Biblioteca Nueva, Madrid, 1927, pp. 171-172.

mandamiento que Mateo. Esta forma anterior está orientada directamente hacia el juicio escatológico. Cualquier desviación en la veracidad en el hablar, cualquier deseo de usar la palabra para engañar a otra persona, es apadrinada por el diablo y/o coloca al que así habla bajo el juicio final de Dios. La comparación con varios otros textos del Nuevo Testamento muestra que esta enseñanza concuerda plenamente con las pautas adoptadas por la iglesia primitiva. Hay también evidencia de que este mandamiento jamás fue considerado como una cuestión casual o secundaria. La aparición de la máxima en escritos judíos y griegos refuerza su importancia estratégica. Finalmente, en una cultura oral-aural, la comunidad depende profundamente de la integridad total y absoluta de sus maestros.[14]

Santiago prohíbe el hábito o la práctica del juramento en sus varias formas. El juramento en cuestión consiste en usar el nombre de Dios o de algún objeto sagrado para garantizar la verdad de lo que hablamos (declaración, promesa o voto). La admonición del autor tiene que ver con la honestidad en el hablar. Según el autor, el uso continuo de juramentos frívolos e innecesarios es una forma de mundanalidad que cae bajo el juicio de Dios.[15] El juramento es *prima facie* evidencia de que cuando no se usa el juramento, las palabras de quien habla no deben ser creídas. Por lo tanto, el juramento sirve solo para minar la confianza mutua, sin la cual la comunidad —especialmente la iglesia— no puede sobrevivir como una comunión vital e íntima. El judío piadoso jamás juraría por el nombre de Dios, lo cual era considerado como una impiedad, pero sí lo hacía por el «cielo» o por la «tierra», o por cualquier otra cosa. El juicio de Dios está en contra de esta práctica. Según Santiago, todo lo que el creyente debe decir y tiene necesidad de decir es un simple sí y un lacónico no. Por eso, su recomendación es que el «sí sea sí» (*nai nai*) y el «no sea no» (*ou ou*), y nada más (Mt. 5.37). De otro modo, uno se hace acreedor de la condenación de Dios sobre aquellos que desobedecen su justa voluntad. El significado es similar a la frase al final del v. 9, «para que no seáis condenados».

«La palabra humillada»[16]

En un intento por interpretar el alma hispanoamericana, el gran escritor mexicano Octavio Paz ha establecido una serie de interesantes contrastes entre la concepción de vida de este continente y la norteamericana. Según él, los latinoamericanos somos capaces

---

14 Ver P.S. Minear, «Yes or No: The Demand for Honesty in the Early Church», *NT* 13 (1, 1971): 1-13.

15 D.E. Hiebert, «The Worldliness of Self-serving Oaths», *Direction* 6 (4, 1977): 39-43.

16 Este es el título de una obra por Jacquess Ellul, Ediciones S.M., Madrid, 1981, que trata de la idolatría y a la vez de la trivialización de la palabra

de mentir para dar rienda suelta a nuestra fantasía o para sobreponernos a una vida sórdida, mientras que los norteamericanos generalmente insistirán en que siempre hay que decir la verdad. El latinoamericano se emborracha para poder confesar sus cuitas, mientras que el norteamericano lo hace para olvidarlas.[17]

En general, en círculos hispanos, la palabra carece de la fuerza y firmeza que la caracteriza en otras latitudes. No es extraño que, como en ninguna otra parte del mundo, la palabra autorizada de un diccionario como el de la Real Academia Española sea tan celosamente respetada, al tiempo que los vocablos de uso común y popular se multiplican a velocidad meteórica en todo el continente. Nuestra lengua española todavía sigue caracterizándose en algunos círculos por la superficialidad temática y el estilo barroco. Hasta Rómulo Gallegos y su novela *Doña Bárbara,* muy pocos escritores latinoamericanos se dieron cuenta de que podían escribir acerca del mundo en el que vivían. Es como si quisiéramos ocultar el verdadero rostro de la realidad detrás de la máscara de nuestro lenguaje.

Arturo Capdevilla, el escritor argentino contemporáneo, pinta muy bien este uso engañoso del lenguaje:

> Me fui por la vida. Y andando
> he oído palabras dispersas.
> Quien decía justicia; quien, gloria;
> quien nombraba muy bien las estrellas.
> Quien decía palabras muy altas;
> quien decía palabras muy cuerdas.
> He oído palabras... Las cosas
> no supe lo que eran.

Nuestra manía de acompañar lo que decimos con un gran despliegue de gestos y movimientos ampulosos de manos y brazos, no deja de ser una manera de reforzar la abundancia de nuestras palabras. Da la impresión que lo que decimos carecería de sustancia si no lo hacemos así. Lo que en otros lugares requiere de una frase, entre nosotros demanda un discurso. Tal parece que, como ocurre con nuestras monedas, también nuestra palabra es víctima de la inflación. La palabra en el mundo latino se cotiza muy bajo en la bolsa de los valores esenciales de la vida. De allí que la exhortación de Santiago a la palabra honesta resulte sumamente opor-

---

17 Octavio Paz, *El laberinto de la soledad*, 2da ed., Fondo de Cultura Económica, México, 1959, pp. 21-22.

tuna para nosotros. El escritor inspirado tiene dos cosas para decirnos:

Primero, *Santiago nos advierte sobre lo que no debemos decir.* El pecado siempre encuentra su camino de expresión a través del habla y la conversación. Aquí Santiago denuncia la lengua deshonesta, que siembra la desconfianza. Cuando la palabra está inflacionada por la desconfianza, se apela a la garantía del juramento, y éste se multiplica en la medida en que la palabra sea de menor valor. Es más, este juramento puede ser manipulado de tal manera mediante los artificios del lenguaje, que aun cuando resulte impresionante y convincente, no sea obligatorio para el que lo pronuncia (Mt. 23.16-22).

El Antiguo Testamento permite el uso de juramentos, incluso usando el nombre de Dios (Dt. 6.13; Is. 65.16; Jer. 12.16). No obstante, insiste en que un juramento solemne debe ser cumplido con igual solemnidad, y condena severamente el quebrantamiento irresponsable de la palabra dada (Dt. 5.11). Pero en el Nuevo Testamento los juramentos están terminantemente prohibidos (Mt. 5.34-37). Para el ciudadano del reino de Dios no hay otra palabra posible que no sea la verdad. No hay para él grados de confiabilidad o medias verdades. Además, el juramento es una reliquia de la religión mágico-pagana y una profanación del nombre de Dios. Si bien a lo largo de la historia de la iglesia la práctica del juramento ha sido considerada como aceptable e incluso como necesaria para los creyentes, tal práctica no debe ejecutarse en la iglesia de Jesucristo. Tal es el sentido de la exhortación de Santiago.[18]

El cristiano no debe jurar por Dios, es decir, no debe poner a Dios como garantía de su palabra. Para muchos, este es el juramento más firme de todos, porque pone a Dios como testigo de la verdad de lo que se dice. Pero invocar a Dios como garantía de una mentira es incurrir en un terrible pecado. Por eso hay quienes juran «por el cielo», dado que es el lugar de la morada de Dios, o «por la tierra», que es el estrado de sus pies. Estos giros del lenguaje no restan la responsabilidad de involucrar a Dios como respaldo de la frágil palabra humana. Tal conducta es de todos modos hipócrita y pecaminosa. Francisco de Quevedo lo entendía así: «Todos los pecadores tienen menos atrevimiento que el hipócrita, pues ellos pecan contra Dios, pero no con Dios ni en Dios; mas el hipócrita peca contra Dios y con Dios, pues lo toma por instrumento para pecar».

En nuestros días el uso de juramentos en la conversación

---

18 J. Blank, «Schwört überhaupt nicht», *Orientierung* 53 (9, 1989): 97-99.

cotidiana no es muy frecuente, pero esto no significa que la advertencia de Santiago no sea aplicable a nosotros. Un juramento era un artilugio que pretendía asegurar la verdad de una declaración. Santiago dice que no debemos jurar por jurar, sino que nuestra simple palabra debe ser tan firme y comprometedora por sí misma como si se la reforzase con un juramento. El equivalente contemporáneo del juramento es un acuerdo firmado, quizás con testigos que lo certifiquen. Nuestra palabra pronunciada debe ser tan confiable como si firmásemos un convenio o contrato formal. Esto no quiere decir que como cristianos no debemos firmar contratos o establecer compromisos escritos. Pero sí significa que no es necesario que reforcemos esos compromisos con juramentos, que debiliten la integridad de los compromisos que asumimos. La palabra del creyente o su firma de un documento debe ser tan sólida, que los demás las tomen como garantía definitiva de cumplimiento. Las personas deben poder decir de nosotros: «Confío en su palabra, porque es un cristiano»; o «No dudo que va a cumplir con el compromiso asumido, porque es un cristiano».

No obstante, esta prohibición explícita del juramento ha llevado a muchos creyentes a negarse a jurar un código de ética profesional al recibir su diploma académico, a jurar el cumplimiento de su gestión de gobierno o administración con honestidad, a jurar decir la verdad en una corte, o a jurar lealtad a la bandera y a la patria sirviendo en las fuerzas armadas. Si bien en la sociedad moderna estos son casi los únicos casos en los que se espera que alguien pronuncie un juramento, es dudoso que Jesús o Santiago hayan tenido en mente situaciones así cuando impartieron su enseñanza sobre los juramentos. El juramento que se hace en una corte es un medio adecuado para poner a todos los testigos bajo la ley que condena el perjurio.

Segundo, *Santiago nos anima sobre lo que sí debemos decir.* La generalización de la práctica del juramento produce tres consecuencias negativas. Por un lado, hace de la confiabilidad de la palabra personal algo irrelevante, a menos que se la acompañe de la muleta de un juramento. Por otro lado, lleva a la introducción de una distinción entre los juramentos que son de cumplimiento obligatorio y aquellos que no lo son. Con esto, el juramento puede transformarse en una trampa para engañar a incautos, antes que un medio para garantizar la verdad de una declaración. Además, jurar por Dios es un gesto de irreverencia hacia su persona. Invocar su nombre o utilizar un lenguaje religioso para asegurar la honestidad de transacciones comerciales o profanas es un pecado que no puede ser pasado por alto.

Debe haber una correspondencia exacta entre lo que decimos y la realidad. El sí debe ser sí y no otra cosa; el no debe ser no y esto debe ser suficiente. Cualquier otro mecanismo de lenguaje es una mentira, y como tal debe ser repudiado. El creyente solo debe decir la verdad. Según el concepto hebreo, la palabra de una persona era una proyección de su carácter. El creyente no necesita agregar algo a su palabra para que ésta sea creíble. Lo que dice debe ser un fiel reflejo de lo que él es. Su carácter debe hablar por sí mismo. Como enseñaba don Miguel de Unamuno: «Verdad es aquello que intimas y haces tuyo; solo la idea que vives te es verdadera».

Sin embargo, no es fácil decir siempre la verdad a secas. La transparencia en el hablar no es una virtud que goce de demasiados adeptos en nuestro mundo hoy. Vivimos en un contexto social donde parece que las verdades se toman como mentiras y las mentiras como verdades. Pero la única esperanza de integridad en las relaciones interpersonales, en las transacciones comerciales y en la administración del estado está en obedecer el consejo simple de Santiago. De otro modo, el resultado será catastrófico porque a la corta o a la larga la mentira pasa la factura de sus servicios, y el saldo a cobrar no es otro que el que Santiago anticipa: «condenación».

Además, la exhortación a que «el sí sea sí» nos llama la atención sobre la necesidad de un hablar positivo. Hay tanta conversación negativa a nuestro alrededor. La atmósfera está saturada de pesimistas, cuyo hablar negativo agrega un peso difícil de soportar a la ya pesada carga de dolor que nos toca padecer en nuestro continente. Los medios masivos de comunicación nos bombardean cotidianamente con sus noticias negativas de catástrofes, crímenes, desastres económicos y dolores sociales. Las estadísticas sobre divorcios, violaciones, abuso y abandono de niños son más frecuentes que los datos sobre parejas que se casan, número de besos y abrazos que se dan y reciben por día con amor, número de niños deseados y recibidos como frutos del amor, y otros acontecimientos profundamente humanos como estos. Es necesario hablar del hambre en nuestro continente, ¿pero no es igualmente importante destacar a aquellos que han aprendido a partir y compartir el pan? Es vital señalar el aumento de la enfermedad y la muerte entre nosotros, ¿pero no es de mayor bendición dar oportunidad a los testimonios de vida y sanidad que el Señor provoca en medio de su pueblo? Hay mucha gente sin techo y sin trabajo en nuestras tierras, ¿pero no son muchos los que pueden hablar del cuidado providencial del Señor por sus hijos?

Necesitamos más voces a favor del SI en Hispanoamérica. Esto no significa caer en la ingenuidad de un discurso ilusorio, que niegue la realidad del dolor y el sufrimiento de los pobres y oprimidos. Pero sí significa abrir los labios para pronunciar la voz de esperanza en medio de la opresión. Hay una palabra positiva que predicar. Hay una realidad poderosa del amor de Dios en acción, que debemos conjugar en medio del dolor. El pueblo de Dios debe gritar el Sí de la liberación divina a través de Jesucristo con tantas fuerzas, que esta palabra positiva se imponga por sobre los ruidos sórdidos de la muerte y la injusticia que retumban en todos los rincones de nuestro continente.

Pero también el texto nos exhorta a que el «no sea no». Por cierto, no se trata de la actitud negativa que mencionamos en párrafos anteriores, sino de la expresión firme de resistencia, fe y compromiso con el señorío de Jesucristo.

El relativismo ético y teológico no es cristianismo. La firmeza en cuanto a las convicciones y los valores que se sustentan no pueden negociarse al precio del poder, el prestigio, la moda, la fama o cualquiera otra expresión que se oponga a la soberanía plena del Señor del reino.

Por otro lado, la ética y teología cristiana deben ser el resultado de una práctica concreta y no al revés. Miguel de Unamuno señala: «Nuestras doctrinas suelen ser el medio que buscamos para explicar y justificar a los demás y a nosotros mismos nuestro propio modo de obrar». Y repite: «Es que nuestras doctrinas no suelen ser sino la justificación *a posteriori* de nuestra conducta, o el modo como tratamos de explicárnosla para nosotros mismos».[19] Sin embargo, como señalara el gran maestro vasco: «Es la conducta, la práctica, la que sirve de prueba a la doctrina, a la teoría».[20] En este sentido, entonces, habrá momentos en que la práctica responsable de la fe impondrá la necesidad de decir «No», aun cuando la ética y la teología parezcan indicar lo contrario. Tal es el caso de la actitud de los cristianos hacia el Estado. Es el deber del creyente someterse a las «autoridades superiores» (Ro. 13.1-7). Pero cuando esa autoridad se torna en una dictadura y avasalla los derechos humanos, o se transforma en un agente de opresión y pretende la lealtad *absoluta* de los ciudadanos, es el deber del creyente decir «No». Tal debe ser su categórica respuesta a todo poder o autoridad que pretenda un sometimiento y obediencia que solo el Señor de señores merece.

19 Unamuno, *Del sentimiento trágico de la vida*, pp. 250, 128.
20 *Ibid*, p. 251.

C. El valor de la comunidad de fe (5.13-20)

El Espíritu Santo está levantando una nueva iglesia en Hispanoamérica. Sobre la base de la autoridad del Nuevo Testamento y la rica herencia recibida de quienes nos precedieron en la fe, el pueblo de Dios está elaborando nuevas formas de ser iglesia en el mundo hoy. El cuerpo de Cristo va tomando el color variado de la piel hispanoamericana. Su vida se va adaptando a su multiplicidad de climas, paisajes, costumbres y vivencias. Las comunidades locales van absorbiendo lo mejor de lo recibido de los misioneros, pero van también desechando lo que no encaja en el contexto propio por su marcado sabor a contexto ajeno y a circunstancias históricas y culturales que no son las propias.

Hombres y mujeres, ancianos y niños, van aprendiendo a vivir en comunidad el testimonio de su fe en Jesucristo, lo expresan con sus palabras, lo viven con sus propias imágenes de la realidad, lo cantan con su música y su arte, lo aplican a sus particulares circunstancias de vida. El evangelio se está tornando más pertinente, el mensaje es más efectivo, y las respuestas al mismo no solo sorprenden por su peso numérico sino también por su profundidad cualitativa.

Frente a un mundo cargado de violencia y sumido en la opresión, la iglesia de Jesucristo adquiere un valor incalculable. Santiago termina su carta llamando la atención sobre el valor de la comunidad de fe. Y al hacerlo, pinta un cuadro magistral de la riqueza que ésta encierra para el desarrollo de la vida cristiana. Sus palabras nos presentan un verdadero modelo de lo que una congregación cristiana debe ser.

1. Una comunidad doxológica (5.13)

Esta sección (vv. 13-19) parece continuar el pensamiento de los vv. 10-11. Luego de considerar el sufrimiento de los profetas (v. 10), Santiago considera ahora a sus lectores. ¿Qué deben hacer en caso de sufrir? La respuesta es orar; así de simple y de breve. ¿Y si, por el contrario, están felices? Entonces que canten alabanzas. En los vv. 13 y 14, Santiago pasa del sufrimiento al gozo y vuelve al sufrimiento. La desgracia del «afligido» en v. 13 no es una enfermedad, sino las circunstancias físicas o las situaciones personales que provocan aflicción en la vida.[21] Los afligidos a los que se refiere Santiago son también aquellos que son oprimidos por los ricos y los que están socialmente marginados.

El estilo de la diatriba (ver Introducción) está ilustrado en los interrogantes de Santiago. El autor anima a continuar orando frente a la aflicción o alabando en la alegría (los verbos son imperativos presentes). Seguramente, el autor no quiere decir que solo se debe orar en tiempos de aflicción. El no pretende desarrollar una teología cristiana de la oración, sino que está considerando la

---

21 Davids, *NIGTC*, p. 191.

difícil cuestión práctica de qué debe hacer un creyente cuando está sufriendo.[22]
Oración y alabanza se integran en la adoración. La adoración no depende del
estado de ánimo, sino que en toda ocasión encuentra motivo para expresarse,
bien sea en oración o en alabanza. El verbo *psallô* (cantar alabanzas) originalmente se refería a tañer las cuerdas de un arpa; aquí a cantar alabanzas a Dios
con o sin instrumentos (1 Co. 14.15; Ro. 15.9; Ef. 5.19).

Iglesia hispanoamericana: comunidad adorante

La iglesia debe ser una comunidad doxológica, que le dé a Dios
la gloria debida a su nombre. En otras palabras, la congregación
local debe ser una comunidad que adora. Las iglesias que no
adoran —al igual que las personas— están espiritualmente muer-
tas. Se hunden por debajo de ellas mismas cuando dejan de adorar
a Aquel que está por encima de ellas. Santiago se refiere a esto al
hablar de la oración y la alabanza, como dos de los componentes
básicos de la adoración.

Según Santiago, el Señor está viniendo y debemos estar preparados para ese evento trascendental, que será la culminación de la
historia humana. El regreso de Cristo terminará con todo lo que
como seres humanos estamos realizando y pondrá fin a todo tipo
de aflicción. En este pasaje, Santiago nos indica qué debemos
hacer antes del retorno de Cristo, y eso es, adorarle a través de la
oración y la alabanza.

Debemos orar cuando hay aflicciones, tal como lo hicieron
Pablo y Silas en la prisión de Filipos (Hch. 16.25). Alejandro Dumas
dice: «Se puede olvidar a Dios en los días felices, pero cuando el
infortunio llega, siempre es preciso volver a Dios». Pero también
debemos alabar cuando hay alegrías. Quizás esto sea más difícil
(Ef. 5.19-20). Las alabanzas deben estar en todo momento en
nuestros labios (Fil. 4.6). Sea como fuere, la adoración debe ser el
quehacer predilecto del creyente y el pueblo de Dios.

Notemos la necesidad de la adoración comunitaria. Necesitamos de la adoración comunitaria porque ella nos instruye (Mi. 4.2),
nos conforta (Lc. 2.36-37), nos fortifica (Is. 37.1, 14), y nos une (Hch.
2.46-47). Martín Lutero, el gran reformador, destacó el valor positivo
de la adoración a través de la alabanza: «El diablo es un espíritu
triste que hace tristes a las personas, dado que él no soporta el
buen ánimo. Por eso se aparta lo más posible de la música, y nunca

22 Bratcher, *RE*, p. 411.

se queda cuando los hombres están cantando, especialmente cuando son canciones espirituales».[23]

Cuando adoramos a Dios, el poder del cielo se mueve a nuestro favor. Las congojas que provocan las circunstancias externas se neutralizan al orar juntos en el culto a Dios. La fuerza disolvente de Satanás y sus huestes parece menos temible cuando el pueblo reunido en adoración festeja la presencia de su Rey. Por eso, como dijera Dwight L. Moody: «Satanás no se preocupa tanto por lo que adoramos, como porque no adoremos a Dios». Si se nos ocurre adorar una idea, una imagen, otro ser humano o una institución, no tendremos problemas con Satanás. Pero él se molesta mucho cuando la adoración encuentra en Dios a su objeto único y exclusivo. Si el enemigo logra neutralizar la adoración de la iglesia, le será mucho más fácil paralizarla en otros emprendimientos.

Uno de los elementos más llamativos de muchas de las iglesias evangélicas hispanas es el fervor de sus oraciones y el entusiasmo de la alabanza. Una consciencia renovada de la presencia real del Señor a través del poder de su Espíritu da al culto evangélico hispanoamericano una vitalidad entusiasta. El estilo espontáneo de adoración que prevalece resulta atractivo para la emotividad latina, con un culto en el que todos pueden participar a su manera.

Notemos la importancia de la adoración comunitaria. La adoración a Dios es la función más alta del alma humana. Aun los ángeles no pueden hacer cosa más importante que adorar a Dios, en cuya presencia viven (ls. 6.2-3). Los creyentes que están en la presencia del Señor no hacen otra cosa que adorar a Aquel que merece toda la adoración de su pueblo (Ap. 5.11-12).

La adoración comunitaria es un mandado del Señor (Sal. 100.-4-5). W.T. Conner, un teólogo bautista muy leído en Hispanoamérica, dice: «El primer negocio, pues, de la iglesia no es la evangelización, ni las misiones, ni la beneficencia; es la adoración».[24] La iglesia es fundamentalmente una congregación de personas que se han unido a Dios en una experiencia de la gracia salvadora de Cristo, fundidas en una unidad por el Espíritu Santo, que adoran a Dios, y crecen en la comunión unas con otras en Cristo. Lo que cuenta más para el Señor no es tanto nuestro servicio, como nuestro amor a él expresándose a través de la adoración y la alabanza de nuestros corazones. Esto es lo que Dios más desea de nosotros (Jn. 4.23-24).

La adoración comunitaria es también un deber del creyente. Ella

23 Citado por R.J. Knowling, *The Epistle of St. James*, Methuen, Londres, 1904, p. 137.
24 W.T. Conner, *El evangelio de la redención*, Casa Bautista de Publicaciones, El Paso, n.f., p.300.

resulta de la acción de la gracia de Dios en la vida humana. Esteban Echeverría, el célebre escritor argentino del siglo pasado, apunta a este deber cuando dice: «Siendo Dios la fuente pura de nuestra vida y facultades, de nuestras esperanzas y alegrías, nosotros en cambio de esos bienes le presentamos la única ofrenda que pudiera apetecer: el tributo de nuestro corazón».

Además, la adoración comunitaria está ampliamente ejemplificada en el Nuevo Testamento. Jesús no desatendió el deber de la adoración comunitaria (Lc. 4.16). Los apóstoles hicieron de la adoración una parte importante de sus vidas y ministerios (Lc. 24.52-53). Pablo había hecho de la adoración comunitaria un hábito (Hch. 17.1-3). La Palabra de Dios nos exhorta a no descuidarla (He. 10.24-25).

Notemos las consecuencias de la adoración comunitaria. El primer resultado de la adoración de la iglesia es que ésta *produce satisfacción para el Señor* (Sal. 69.30-31). Dios desea que su pueblo le adore. El desea ser el verdadero y único objeto de la adoración de su pueblo. La adoración es algo sublime, pero la idolatría interfiere en esta experiencia maravillosa. Muchas veces, lo que buscamos en nuestros cultos de adoración es tan solo lo bello o lo hermoso. Este concepto no es neotestamentario. La hermosura nunca fue para los hebreos un fin en sí. A nosotros, que hemos exaltado el valor estético por sobre todos los valores, nos resulta difícil comprender que los hebreos al adorar a Dios tenían como meta un fin religioso y no buscaban producir algo bello. ¿Qué es lo que buscamos en nuestros cultos hoy: una experiencia con Dios o una experiencia con lo bello? Al terminar nuestro culto, ¿quién sale satisfecho: Dios o nosotros?

El segundo resultado de la adoración que compartimos en la comunidad es que ésta *produce bendición para nosotros* (Sal. 84.4). La adoración comunitaria nos ubica en la realidad. Vivimos en un mundo materialista, donde las cosas tangibles tienden a asumir una importancia exclusiva. Necesitamos tener siempre presente que la realidad superior no consiste en las cosas que tocamos y vemos, sino en lo invisible y espiritual. La adoración eleva nuestros ojos del nivel terrenal y los fija en los cielos. En la casa de Dios, al adorar con su pueblo, ajustamos nuestros valores y nos asimos de las riquezas eternas de los cielos.

La adoración comunitaria nos da entendimiento. Dios reserva sus mejores bendiciones para aquellos que le adoran como él quiere. En su presencia hay solución para la ansiedad, el dolor o la duda, cuando adoramos (Sal. 73.16-17). Juan Bunyan en su alegoría *El progreso del Peregrino* cuenta de Cristiano y Esperanza, que se encontraban prisioneros del gigante Desaliento en el Castillo de la Duda. «El sábado cerca de medianoche comenzaron a orar, y continuaron en oración hasta el alba». La liberación vino el domingo por la mañana. ¿No suele ocurrir esto con nosotros?

La adoración comunitaria nos da fortaleza. ¿Hay alguna manera mejor de comenzar la semana que en comunión con el pueblo de Dios en el templo? La semana está cargada de tentaciones y pruebas, que requieren algo más que nuestras fuerzas humanas para enfrentarlas y vencerlas. En los cultos de adoración cargamos nuestras baterías espirituales, de modo que salimos con la ayuda de Dios a enfrentar las demandas que nos esperan. Los caballeros en la antigüedad debían pasar una noche de vigilia delante del altar de Dios como preparación para sus acciones de valor. La Biblia encierra una promesa de gran valor para aquellos que son fieles en su adoración al Señor (Is. 40.31).

La adoración comunitaria nos da victoria. Es bien cierto aquello de que el Señor habita en la alabanza de su pueblo. Encerrados en nosotros mismos o en la soledad de nuestra vida cristiana, fácilmente podemos ser convencidos de que nadie nos acompaña en nuestra lucha por la fe de Jesucristo. Sin embargo, cuando comenzamos a alabar al Señor, muy pronto sentimos que los ángeles se nos unen, y nuestra voz se suma a las de las huestes celestiales. Entonces tomamos consciencia de que la victoria está de nuestro lado, porque el que está con nosotros es más poderoso que el que está con nuestros enemigos.

La adoración comunitaria profundiza la comunión. Los grandes siervos de Dios han sentido un ferviente deseo de comunión con el Señor y su pueblo (1 R. 19.10). Si intentamos cultivar una religión solitaria, nos privaremos de una de las bendiciones más grandes de la vida y viviremos amargados. Pero si nos reunimos con otros hijos de Dios y nos unimos a ellos en adoración, nos sentiremos estimulados a ser mejores cristianos.

2. Una comunidad terapéutica (5.14-15)

Además de la aflicción o la alegría, es posible que uno se encuentre en una tercera situación que no sea de sufrimiento externo ni de gozo interno, sino de ambas cosas; es decir, de una enfermedad. Si bien es cierto que «enfermo» puede indicar una debilidad de cualquier tipo (Ro. 4.19; 1 Co. 8.9; 2 Co. 11.29), el contraste con «aflicción», la necesidad de llamar a los ancianos, el uso de aceite y el uso de los verbos «sanar» y «levantar» indican que se trata de una enfermedad. Santiago aplica el mismo consejo en relación con la enfermedad (vv. 14-15) que el que aplicó en relación con la aflicción o la alegría. La oración recomendada en este caso es la oración de la iglesia, representada por sus ancianos.[25]

El cuidado y atención de los enfermos y débiles (*asthenei*, estar sin fuerzas) es parte de la responsabilidad de la iglesia (1 Ts. 5.14). Esta tarea es eminentemente pastoral y pertenece al área ministerial de los «ancianos (*tous presbyterous*) de la iglesia. Nótese el plural aquí (como en Hch. 20.17; 15.6,22; 21.18; Fil. 1.1). Los «ancianos» mencionados son análogos a los ancianos de las sinagogas judías y se los presenta aquí como teniendo una competencia especial.[26] Solo aquí en la epístola se hace referencia a la iglesia organizada (en 2.2 «en vuestra congregación» significa simplemente «en vuestra reunión»).[27] Nótese que se habla de los «ancianos» como de un grupo formal reconocido dentro de la comunión de la iglesia, y que su papel es dado por sentado. No hay aquí indicio alguno de un individuo solo que ejerce el liderazgo en la iglesia. Los líderes cristianos aparecieron por primera vez en la iglesia de Jerusalén (Hch. 11.30), y parece evidente que el oficio de anciano y su organización fueron tomados de la sinagoga judía, si bien dándoles un carácter cristiano distintivo.[28]

La oración por los enfermos es un imperativo para el trabajo pastoral efectivo («oren por él»). El destacado erudito bíblico del siglo pasado, John Albert Bengel, hace un interesante comentario sobre esto cuando dice que «¡Esta fue la primer Escuela Superior de Medicina de la Iglesia!»[29]

El aceite de oliva como medicina de uso interno y externo era común en la antigüedad. En Hispanoamérica muchos médicos diplomados o populares lo utilizan todavía con frecuencia. Es claro por Marcos 6.13 y este pasaje, que se atribuye un valor medicinal al uso del aceite y que se enfatiza el papel de la oración en el proceso terapéutico. No hay nada aquí que tenga que ver con la práctica de la magia pagana o con el posterior sacramento católico romano de la extrema unción (que se tornó más frecuente a partir del siglo octavo). No obstante, es fácil darse cuenta de cómo la práctica del ungimiento de los enfermos degeneró en un rito *ex opere operato*. La unción de los enfermos con aceite quedó fijada como un rito en la iglesia occidental. Pero el sacramento de la «extrema unción» solo puede fundamentarse en este pasaje de manera incierta.[30] El ungimiento (*aleifô*) en este texto es más bien ceremonial y no una «fricción» como es en la práctica médica.

25 Davids, *NIGTC*, p. 192.

26 Bo Reicke, «L'onction des malades d'après Saint Jacques», *Maison-Dieu* 113 (1973): 50-56.

27 Sobre el origen y función de los «ancianos» (*presbyteroi*) en la iglesia primitiva, ver el artículo de G. Bornkamm en Kittel, *TDNT*, 6: 651-683.

28 Davids, *NIGTC*, pp. 192-193. Según este erudito, los «ancianos de la iglesia» no son cualquier persona de edad, sino oficiales de la misma, «que en este caso es seguramente la congregación local».

29 John Albert Bengel, *Gnomon of the New Testament*, T. & T. Clark, Edimburgo, 1866, 5: 39-40.

30 Para el concepto católicorromano, ver J.P. Arendzen, «Extreme Unction», en George D. Smith, ed., *The Teaching of the Catholic Church*, Macmillan, Nueva York, 1949, 2: 990-1021.

En la Biblia, el ungimiento con aceite acompaña la coronación de un rey (1 S. 10.1; 16.13; 1 R. 1.39; 19.16; 2 R. 9.3; 11.12; 23.30), la consagración de un sacerdote (Lv. 8.12, 30; 16.32), el llamado de un profeta, la consagración de los objetos dedicados al culto (Ex. 29.36; 30.26; 40.10; Lv. 8.11; Nm. 7.1), el tratamiento de los heridos (Is. 1.6; Lc. 10.34; Ap. 3.18), la curación de los enfermos (como en Stg. 5.14), y la preparación para la sepultura (Mr. 16.1). La manera en que la práctica es descrita en Santiago, con un fuerte énfasis sobre la oración en el nombre del Señor, sugiere que la misma debe ser vista como una continuación de las propias sanidades llevadas a cabo por Jesús durante su ministerio terrenal.[31]

En realidad, el ungimiento representa una señal de la presencia del reino de Dios entre los seres humanos. Los estudios exegéticos sobre el significado de los milagros de sanidad como señal del reino y el sentido de Santiago 5.14-15 —clarificado por los usos y creencias del medio ambiente judeo-cristiano en el que el pasaje fue elaborado— proveen la base para evaluar el ungimiento de los enfermos como una señal del reino. El rito en el que está pensando Santiago es un rito de sanidad, presentado a la luz de los milagros obrados por Jesús, y debe ser interpretado en la perspectiva de los textos paulinos sobre el misterio pascual y la identificación del cristiano con el Cristo muerto y resucitado. De este modo, la práctica del ungimiento tiene una doble polaridad. Ordenado para la sanidad en el pleno sentido del término, el rito puede revelar también el significado de la salud como un don de Dios.[32]

La oración de los ancianos debe ser una «oración de fe», es decir, debe ser una oración que esté signada por la fe. Los ancianos deben orar con la fe confiada en que el Señor sanará al enfermo.[33] Toda sanidad es divina. No es la medicina ni el médico quien sana al enfermo, sino Dios. La oración de fe reconoce esta realidad de que siempre es el poder de Dios el que trae sanidad al enfermo. El es el que «lo levantará». Y en el supuesto caso de que haya cometido pecados (muchas enfermedades del cuerpo son el resultado de pecados del espíritu), éstos le serán perdonados (Mr. 2.5-12; Jn. 5.14; 9.2-11; 1 Co. 11.30). La idea de que el Señor restaurará la salud y perdonará los pecados expresa el concepto común en la época de que la enfermedad estaba relacionada con el pecado. De este modo, el Señor no solo cura el efecto (la enfermedad), sino también la causa (el pecado). No obstante, Santiago no

31 Reicke, «L'onction des malades», pp. 50-56.
32 E. Cothenet, «La maladie et la mort du chrétien dans la liturgie: la guérison comme signe du royaume et l'onction des malades (Jc. 5,13-16)», *Esprit et Vie* 84 (4, 1974): 561-570. Según G.S. Shogren el pasaje de 5.14-16 es un verdadero campo de batalla para una hermenéutica sana. No obstante, según él, la función de la unción con aceite no servía a meros propósitos medicinales, ni a razones sacramentales, ni como un refuerzo sicológico, sino que era una señal de la presencia sanadora de Dios. Ver G.S. Shogren, «Will God Heal Us-A Re-Examination of James 5.14-16a», *Evangelical Quarterly* 61 (2, 1989): 99-108.
33 Según Shogren, la oración de fe que los ancianos deben orar en v. 15 espera que la sanidad vendrá como resultado. *Ibid.*, p. 106.

parece estar pensando en términos de causa y efecto, sino más bien en una asociación posible entre pecado y enfermedad.[34]

En síntesis, una exégesis detallada de estos versículos revela, *inter alia*, que la oración es el tema clave. Nótese que los ancianos debían ser llamados como representantes de la iglesia, que la unción con aceite era un procedimiento médico tanto como un rito de contenido religioso, pero que no constituye una parte esencial del ministerio de sanidad de la iglesia. Este pasaje ha sido sometido a una exégesis frecuente y variada. Su enseñanza clara puede ser resumida como sigue. La iglesia tiene que cumplir una función sanadora en todos los casos de enfermedad. Esta función incluye el uso de todas las formas de sanidad a través de aquellos que están profesionalmente calificados y de aquellos que no lo están. Todos los métodos deben ser aplicados y estar respaldados con oración. De esta y otras maneras prácticas, todos los miembros de la comunidad cristiana pueden compartir y participar en la curación de los enfermos. Esta curación de los enfermos no está confinada a la salvación del alma o a la restauración del cuerpo, sino que incluye ambos aspectos en la redención del ser humano total.[35]

Salud y vida abundante

No es sorpresa para nadie si afirmamos que hay más hambrientos, subalimentados, débiles y enfermos hoy que en 1945, cuando en San Francisco, «los pueblos de las Naciones Unidas [proclamaron] su fe en los derechos fundamentales del hombre» y decidieron «promover el progreso social» y «elevar el nivel de vida dentro de un concepto más amplio de la libertad».

Efectivamente, el artículo 25 de la Declaración Universal de los Derechos del Hombre, dice que «toda persona tiene derecho a un nivel de vida adecuado que le asegure, así como a su familia, la salud y el bienestar, y en especial la alimentación, el vestido, la vivienda, la asistencia médica y los servicios sociales necesarios; tiene así mismo derecho a los seguros en caso de desempleo, enfermedad, invalidez, viudez, vejez y otros casos de pérdida de sus medios de subsistencia por circunstancias independientes a su voluntad».

Sin embargo, a pesar de estas buenas iniciativas y nobles conceptos y principios, el problema de la falta de una salud integral

34 Laws, *HNTC*, p. 229.
35 J. Wilkinson, «Healing in the Epistle of James», *Scottish Journal of Theology* 24 (3, 1971): 326-345.

sigue agobiando a nuestro continente. En ciertos países, el 60% de los niños mueren antes de los cinco años de edad.

Al hablar de enfermedad, es necesario afirmar que las enfermedades parasitarias, gastrointestinales, síndromes diarreicos, tuberculosis, etc., son básicamente enfermedades propias de los continentes pobres. ¿Es éste un hecho casual? De ninguna manera. Las causas las encontramos objetivamente dentro del marco económico y social del mundo pobre. Las empresas transnacionales, con sus sistemas irracionales de producción, están ocasionando la polución, la contaminación de los ríos, la destrucción del medio ambiente y de los ecosistemas. Todo esto, junto con otros factores, está llevando a un nuevo fenómeno mundial: la socialización de las enfermedades. En otras palabras, vivimos en un mundo cada vez más enfermo.

¿Cómo responde la iglesia al problema de la falta de salud en el mundo hoy? Para llegar a una respuesta satisfactoria a esta pregunta es necesario hacer dos consideraciones importantes.

Primero, *consideremos el concepto cristiano de salud y sanidad*. Para ello debemos notar una definición de salud y de sanidad. Según la Organización Mundial de la Salud (OMS), salud es «el bienestar total de la persona: cuerpo, mente y espíritu, y no solamente la ausencia de enfermedad». La salud, en términos cristianos, es algo total. Por eso, salud y salvación son términos complementarios en lo que hace a la vida abundante que Cristo trae al ser humano. En 1964, en una Consulta de profesionales cristianos de la salud, llevada a cabo en Tübingen, se declaró: «El carácter específico de la concepción cristiana de la salud y la curación nace de su ubicación en el todo de la creencia cristiana sobre el plan de Dios para la salvación de la humanidad».

La salud es la integración personal entre la vida interior y la vida exterior, dado que hemos sido creados por Dios como personas totales, cuyos cuerpos, mentes y almas están coordinados. La salud significa una correcta relación con nosotros mismos, con los demás, y fundamentalmente con Dios. Nótese la manera en que Santiago combina los elementos físicos y los espirituales en el v. 15. Es por eso que la salud puede compaginarse incluso con la enfermedad, que de todos modos siempre debemos tratar de superar. Cabe notar que Jesús no curó a todos los enfermos de su tiempo. Incluso, la enfermedad del cuerpo puede ser saludable para el espíritu (2 Co.12.7-10).

A la luz de estos conceptos, ¿qué significa entonces sanidad en términos cristianos? La sanidad cristiana busca reestablecer la armonía total del ser humano, que le permita alcanzar un estado de salud. La sanidad cristiana produce *shalom*, que es la plena armonía del ser humano con la naturaleza, consigo mismo, con los demás, y básicamente con su Creador. El término bíblico *shalom* significa «un estado de bienestar total con el humano y con Dios».

El concepto cristiano de sanidad comienza a partir del lugar que ésta tuvo en el ministerio de Jesús. Las sanidades practicadas por Jesús fueron un signo de la irrupción de los poderes del reino de Dios en la vida humana y el destronamiento de los poderes del mal (Lc. 7.18-23). La salud que resultó de la acción de Jesús no fue algo estático, sino un compromiso moral y espiritual con aquél que había triunfado en su lucha contra el mal (Jn. 5.14).

Segundo, *consideremos la salud en nosotros*. Al hacer esta consideración surgen dos preguntas. Por un lado, *¿cómo podemos ser curados?* ¿Cuál debe ser la actitud de la persona enferma? Lo primero es la autoaceptación madura del estado de enfermedad. Algunos sienten que su enfermedad es un castigo por algo que han hecho o dejado de hacer. Es necesario comprender que Dios no espera seres humanos perfectos, sino que da a cada individuo muchas oportunidades para su desarrollo y es tolerante hacia sus errores. Dios siempre nos acepta en Cristo, sin importar qué tipo de persona somos, siempre y cuando estemos dispuestos a serle fieles y obedientes en todo. El nos da la posibilidad de comenzar de nuevo a vivir una vida plena, no importa cuál sea nuestra situación actual.

Lo segundo es la voluntad de estar bien. Jesús le preguntó al lisiado de Betsaida si quería ser sano (Jn. 5.6). Parece obvio que todo enfermo quiera curarse, pero no siempre es así. Detrás de la enfermedad puede haber motivos sicológicos, económicos, afectivos y otros de variada índole. Hay personas que no quieren recibir la sanidad de otros, o que jamás llamarían a los ancianos de la iglesia para que oren por su situación. Hay quienes hacen de sus aflicciones no una oportunidad para la paciencia y la oración, sino un motivo para llamar la atención y atraer el afecto de otros.

Lo tercero es ejercer una fe que se manifieste y crezca. En un sentido, el enfermo que llama a los ancianos para que oren por él ya está ejerciendo su fe. La fe sanadora es una confianza dinámica en el poder de Dios de hacer nuevas todas las cosas. La fe sanadora no se agota con la recuperación física, sino que sigue obrando hasta la recuperación total de la persona humana (Mr. 9.20-24).

Por otro lado, cabe preguntarse, *¿quién puede curarnos?* Es evidente que, según Santiago, no es la oración de los ancianos ni la fe con que la expresan lo que provoca la curación. «El Señor lo levantará» indica con claridad quién es el agente de la acción. Esto es así porque *él es el Señor*. Nada ocurre en el universo fuera de su control. La enfermedad y la muerte son el resultado de una naturaleza deteriorada por el pecado. Pero forman parte de la experiencia humana porque Dios lo permite, y él lo permite en función de un propósito eterno. Dios no gobierna meramente sobre el mundo material, sino que penetra en él completamente y participa en la muerte de la vida. Dios en Cristo ha asumido también nuestras enfermedades junto con nuestra humanidad (Is. 53.3-5; 1 P. 2.24-25). Cristo tiene poder sobre las enfermedades y la muerte porque él es el Señor.

Además, *él es el Salvador*. La fe sanadora es fe en Cristo como Salvador. Creer que él puede perdonar nuestros pecados como Salvador es también creer que él puede curar nuestras enfermedades (Mr. 2.1-12). Jesús tiene poder para salvar o sanar de manera integral al ser humano, tanto su espíritu como su cuerpo. Por eso Santiago dice que el enfermo se levantará y que sus pecados serán perdonados. El perdón de pecados sin sanidad desatiende la calidad integral de la salvación y hace de ella un proceso puramente espiritual. Este concepto dualista no es cristiano. La gracia de Dios en Cristo salva al espíritu de pecado y al cuerpo de las enfermedades y de la muerte.

Finalmente, *él es el Sanador*. Jesús curó como un signo de quién era él y de su compasión. El era Dios con nosotros, y el poder sanador de Dios se manifestó en él con plenitud. El era el amor de Dios por nosotros, y su compasión por los enfermos dolientes y débiles le llevó a actuar redentoramente en su favor. El Nuevo Testamento no menciona un solo caso de alguien que haya pedido su curación a Jesús y que haya quedado enfermo. Jesús hoy sigue siendo Dios y persiste en amarnos. El es el mismo y no cambia. El sigue salvando y sanando a los que confían en su amor.

Tercero, *consideremos la salud en el ministerio de la iglesia*. La iglesia debe desempeñar una función sanadora en la sociedad, es decir, debe ser una comunidad terapéutica. Por ser apostólica, la iglesia debe cumplir el ministerio apostólico de la sanidad en su doble dimensión: personal y social.

La iglesia debe ser un agente de sanidad para las personas. En el cuerpo de Cristo el poder del Señor para sanar se manifiesta especialmente a través del don de sanidad. Este don fue prometido por Jesús a la iglesia (Mr. 16.18). Y fue ejercido por la iglesia como parte normal de su ministerio de servicio en el nombre de Cristo (v. 14). En 1 Corintios 12.9 se utiliza el plural para referirse al carisma de la sanidad. Esto significa que cada acto de sanidad es un carisma especial, un regalo particular de Dios. De este modo, quien actúa como agente de sanidad depende constantemente del Dador divino para la renovación del don de sanidad. Nadie «tiene» el don de sanidad, sino que «recibe» este don cuando Dios quiere sanar a un necesitado. No hay fórmula ni técnica con la que se pueda dominar el poder de sanidad, que solo le pertenece a Dios.

La iglesia debe ser un agente de sanidad para la sociedad. El mundo en el que vivimos está enfermo y necesitado de Dios. La iglesia desempeña una función sanadora en la sociedad. Esto significa que debe contribuir a cambiar las condiciones en que el ser humano vive. Lo mejor de la civilización occidental es fruto de la influencia cristiana ejercida a través de la comunidad de fe. ¿Qué estamos haciendo en el día de hoy en Hispanoamérica en favor de una vida humana que sea más humana? La iglesia debe imitar a Jesús en su función regeneradora y sanadora de la sociedad (Hch. 10.37-38). La congregación de los santos debe reconocer que su función sanadora también involucra la promoción del ser humano y no solo su evangelización (2.15-16).

Pero esto significa también que la iglesia debe trabajar por cambiar la vida humana misma. El objetivo principal de la iglesia es guiar a los seres humanos a una experiencia directa y personal con Dios. La tarea suprema de la iglesia es la de crear hombres y mujeres nuevos. No es función de los creyentes crear una nueva civilización, sino crear creadores de una nueva civilización. La misión por excelencia de la iglesia es predicar de manera integral el evangelio transformador de Cristo (Mr. 16.15). Esta es la mejor contribución que la comunidad de fe puede ofrecer a la sociedad. Como Pedro, la iglesia debe decir: «No tengo plata ni oro, pero lo que tengo te doy; en el nombre de Jesucristo de Nazaret, levántate y anda» (Hch. 3.6).

3. Una comunidad de oración (5.16-18)

La consideración del perdón de pecados (v. 15) lleva al autor a otra cuestión: la necesidad de la confesión mutua de los pecados y la oración unos por otros para la restauración de la salud (v. 16). El escritor es bien claro y específico: la confesión de pecados es mutua, se aplica a todos los miembros de la comunidad, y no debe ser hecha solo a los ancianos. Las oraciones son también mutuas. El propósito de las confesiones y las oraciones aquí es la sanidad, si bien es evidente que la exhortación de confesar los pecados propios y de orar unos por otros implica algo más que la salud física en la consideración de esta cuestión.[36]

La confesión de los pecados «unos a otros» presupone la confesión previa

---

36 Reicke, «L'onction des malades», pp. 55-56.

a Dios. Pero la confesión pública de ciertos pecados, en el contexto del culto comunitario, puede ser de gran valor, tanto para el penitente como para la comunidad. Nótese que la confesión pública debe ir acompañada de la oración intercesora; de este modo, la salud espiritual y física es resultado de la confesión de pecados y la oración intercesora.

¡Cuán poderosa es la oración efectiva del justo! El participio *energoymenê* («puede») no es fácil de entender y traducir. Dibelius lo entiende como un adjetivo y traduce «la oración vigorosa».[37] Si se toma el vocablo como un participio modal o temporal en voz pasiva, el término significa «dotada de poder», con la idea probable de que Dios o el Espíritu Santo es el agente, es decir, es una oración «llena del poder de Dios».[38] Si la expresión se toma en voz media, significa que la oración es «ferviente», «intensa» o quizás (como algunos lo interpretan) deba traducirse «en su actuación» o «en su obrar».[39] Es probable que el participio señale a Dios como el agente activo: la oración es poderosa, pero no la oración en sí misma, sino la respuesta de Dios a ella.

También es cierto que la oración eficaz («ferviente» BJ, RVA; «perseverante» NA; «intensa» NBE) tiene mucha fuerza cuando obra o cuando es ejercida. Así ocurrió en el caso de Elías, «un hombre débil como nosotros» (NBE), que «oró con insistencia» (RVA) y ocurrió lo que le pidió. Su oración causó una sequía de tres años y medio, y fue su oración la que le puso fin. El Antiguo Testamento (1 R. 17.1; 18.42-45) no especifica la duración de la sequía. Solo dice que terminó «en el tercer año» (1 R. 18.1), es decir, dos años más tarde. Lucas 4.25-26 también especifica los tres años y medio de sequía.

Las demandas y el poder de la oración

Frente a la adversidad, la opresión o los desafíos de cualquier tipo, la iglesia cuenta con el poder inagotable que le da la oración. Bajo el reinado tiránico de Herodes Agripa I, nieto de Herodes el Grande, los cristianos se vieron sometidos a fuertes presiones. La primera víctima de Herodes fue Jacobo (o Santiago), el hijo de Zebedeo, a quien mandó ejecutar. La segunda víctima prominente de esta persecución fue Pedro; sin embargo, Dios tenía otros planes para el apóstol. Mientras éste tranquilamente aguardaba su sentencia, «la iglesia hacía sin cesar oración a Dios por él» (Hch. 12.5). Aquellos cristianos no sabían qué estaba ocurriendo con Pedro, pero sí creían que, como más tarde diría uno de ellos, «la oración del justo puede mucho». Por otro lado, mientras ellos oraban

---

37 Dibelius, *James*, p. 256.
38 Ropes, *ICC*, p. 309; Mayor, *St. James*, pp. 177-179.
39 Ver C.F.D. Moule, *An Idiom-Book of the New Testament Greek*, University Press, Cambridge, 1953, p. 26. Moule traduce «en su efecto». Ver también Adamson, *NICNT*, p. 199.

durante lo que, en la intención de Herodes, iba a ser la última noche de Pedro, sin que ellos lo supieran, sus oraciones estaban recibiendo respuesta.

Este ejemplo de su iglesia en oración no debe haberse borrado de la memoria de Santiago. Es por eso que, con probada experiencia, el autor inspirado nos exhorta a tomar en cuenta la demanda de la oración y el poder que ella encierra.

Consideremos, en primer lugar, *la demanda de la oración*. En estos versículos Santiago habla mucho de la oración, pero no deja de plantear una demanda fundamental para que la misma sea efectiva. Antes de ponernos en oración como comunidad de fe, es necesario que confesemos unos a otros nuestras ofensas. Elsa Tamez señala:

> Esta práctica envuelve un proceso de autocrítica y de purificación personal y comunitaria; requiere de la humildad suficiente en el acto de bajar la cabeza para permitir que el otro ore por uno; implica el valor de ser honesto y de confesar pecados propios y colectivos, sin miedo, con la libertad del amor; en fin, conlleva el abrirse al hermano del mismo modo como uno se abre a Dios en la oración silenciosa. La comunidad que haga suyo este desafío entrará en el proceso hondo de la integridad a la cual se invita.[40]

Dado que, como señalara Karl Barth, «confesión quiere decir: confesión de vida», es necesario hacer algunas aclaraciones sobre la misma.

Por un lado, *es necesario aclarar que la confesión no se hace a un religioso*. La práctica de la confesión auricular está tan internalizada en la concepción y práctica religiosa hispanoamericana, que esta aclaración es válida. La Iglesia Católica Romana ha fundamentado en el v. 16 la práctica de la confesión auricular, por la cual los creyentes deben confesar sus pecados a un sacerdote para recibir la absolución después de hacer penitencia. El uso del texto de esta manera es inadecuado, ya que se refiere a la confesión entre creyentes en general. Calvino dice que «lo que se demanda aquí es la confesión recíproca». En realidad, los únicos sacerdotes que el Nuevo Testamento reconoce no son un clero especial dentro de la iglesia sino toda la comunidad de los creyentes (Ap. 1.6; 5.10; 20.6; 1 P. 2.5-9).

En Hispanoamérica no son pocos los que creen que la con-

40 Tamez, *Santiago*, p. 92.

fesión auricular es la esponja dominical que limpia todos los pecados de la semana. Muchos creyentes evangélicos de origen católico romano tienen todavía el vicio de pensar que la asistencia al culto dominical, la participación en la Cena del Señor, o una conversación con el pastor son gestos suficientes para purgar sus pecados.

Por otro lado, *es necesario aclarar que la confesión debe hacerse primero al Señor.* Al fin y al cabo, es a él a quien ofendemos con nuestro pecado. La confesión es el reconocimiento delante del Dios santo de que le hemos ofendido con nuestras rebeliones. El que confiesa sus pecados al Señor reconoce un estado de cosas sin tratar de encubrirlo o siquiera de discutirlo. Dios manifiesta su fidelidad y justicia para con aquel que reconoce y confiesa su culpa, perdonándole sus pecados (1 Jn. 1.9). La confesión de pecados es señal de arrepentimiento y signo de la nueva vida en la fe. De manera que la confesión pública de los pecados no es otra cosa que un testimonio de que uno ha sido liberado de ellos (Mr. 1.5) y de que ha abandonado aquellas prácticas con las que ha ofendido al Señor (Hch. 19.18).

Además, *es necesario aclarar que la confesión se hace a la persona ofendida.* Este es el espíritu del evangelio, según lo enseñó Jesús (Mt. 18.15-22). A menos que la ofensa sea contra la iglesia como comunidad, no hay necesidad de confesar públicamente, sino al ofendido. Esta era la costumbre en la iglesia morava, que Juan Wesley adoptó para sus primeros grupos metodistas. Solían reunirse dos o tres veces por semana «para confesar sus faltas unos a otros y para orar unos por otros de modo que pudieran ser sanados». La confesión pública de los pecados unos a otros tiene que ver con aquellos pecados que han afectado a unos y a otros en la vida de la comunidad.

San Agustín en sus *Confesiones* dice que «la confesión de las obras malas es el mejor comienzo para las obras buenas». Si de veras deseamos que la oración de la iglesia sea poderosa, debemos comenzar por crear las condiciones espirituales necesarias mediante un ejercicio de la confesión de pecados que genere reconciliación y perdón en la comunidad de fe. Santiago estaba ofreciendo sus consejos a una comunidad oprimida, desorientada, con algunos miembros incoherentes que caminaban desfasadamente en cuanto a su fe y sus obras.[41] Si iban a funcionar como una auténtica comunidad cristiana era necesario que corrigieran lo que había que corregir. Y el primer paso a dar era la confesión mutua de pecados.

[41] *Ibid.*

Consideremos, en segundo lugar, *el poder de la oración*. Santiago afirma: «La oración fervorosa del hombre bueno tiene mucho poder» (VP). El versículo llama la atención al poder de la oración ferviente y constante. Nótese que este tipo de oración no es algo exclusivo de los grandes siervos de Dios, como el profeta Elías, sino que todos los hermanos en la comunidad pueden gozar de este poder. Al fin y al cabo, Elías era un hombre como cualquier otro (v. 17), y no obstante, su oración fue muy poderosa. Hay en estos versículos algunas cosas dignas de notar respecto del poder de la oración.

Primero, *la oración tiene poder cuando es fervorosa*. La oración de la iglesia debe ser ferviente. Así fue la oración que resultó en la liberación de Pedro de la cárcel. Hechos 12.5 dice que «los de la iglesia seguían orando a Dios por él con mucho fervor» (VP). Alejandro Maclaren, el gran predicador y expositor bíblico bautista del siglo pasado, dice sobre este caso: «No es la perseverancia sino el fervor lo que realmente está en la mente del que escribió este relato». Así oraba Jesús en el Getsemaní (Lc. 22.44). Así oró Elías en la cumbre del monte Carmelo (1 R. 18.36-37). La oración fervorosa es la que está inflamada por el fuego del Espíritu Santo. Recuérdese que el aire frío queda abajo, y que solo el aire caliente sube. Así es la oración eficaz. Como nos recuerda Gaspar Núñez de Arce, el poeta postromántico español:

> Envuelta en sus flotantes vestiduras,
> volaba a las alturas,
> virgen sin mancha, mi oración...

Segundo, *la oración tiene poder cuando el que ora es justo*. El adjetivo calificativo que utiliza Santiago ayuda a comprender por qué muchas personas que oran no reciben una contestación definida a sus oraciones. El justo es el que está bien con Dios de una manera práctica y cuya conducta es agradable a los ojos del Señor. Se trata del creyente que guarda sus vestiduras sin mancha de este mundo y huye del pecado. Los oídos del cielo están atentos a la voz del tal, porque no hay barrera alguna que impida su comunión con el Dios que le ama.

Elías era un hombre así, y por eso Santiago lo presenta como el ejemplo de lo que la oración ferviente del justo puede obrar. Aquel que tiene un corazón puro jamás cesará de orar; y aquel que sea constante en la oración, sabrá qué es tener un corazón puro.

Lo que vale de nuestras oraciones no es su aritmética, cuántas sean; ni su retórica, cuán elocuentes resulten; ni su geometría, cuán largas parezcan; ni su lógica, qué calidad de argumentos encierren; ni su método, cuán ordenadas se presenten. Lo que vale es qué tipo de carácter y conducta las sustenta.

Tercero, *la oración tiene poder cuando es constante*. Esta es la exhortación apostólica: «Orad sin cesar» (1 Ts. 5.17). Debemos orar «en todo tiempo» (Ef. 6.18), sin cesar (Col. 1.9), y «siempre» (2 Ts. 1.11). ¿Qué significa esto? No se trata tanto de una secuencia temporal o de un ritmo cronometrable. Es más bien una actitud, es decir, la oración constante es la oración persistente. Así oró el profeta Elías: «insistentemente» (NBE, BJ). Debemos orar «con insistencia» (RVA) no para cambiar la voluntad de Dios, sino para cambiar nuestra voluntad y poco a poco conformarla a la suya, que es perfecta. José Míguez Bonino dice: «La oración no tiene por objeto convencer a Dios de que nos escuche (como creían los paganos) sino presentarnos ante el Dios que nos escucha, porque es nuestro Padre por Jesucristo, tal como somos, con nuestras necesidades».[42]

Además, *la oración tiene poder cuando se dirige a Dios*. Parece ilógico pensar que pueda orarse a otro que no sea Dios. Pero a decir verdad, muchas veces oramos al aire o lo que es peor a nosotros mismos. Dietrich Bonhoeffer dice que es posible hacer de la oración un espectáculo, no para los demás sino para nosotros mismos, «porque es muy tentador salir de nosotros mismos y contemplar nuestras oraciones como observadores... En tal caso estamos orando a nosotros mismos... Queremos decir nuestras oraciones y escucharlas al mismo tiempo, no conformándonos con que Dios las escuche y nos muestre a su tiempo que nos ha escuchado».

La oración de la iglesia debe ser a Dios. Oramos a Dios el Padre, en el nombre de Dios el Hijo, y en el poder de Dios el Espíritu Santo. Muchas veces Dios no responde nuestras oraciones simplemente porque no oramos a él sino a los demás. El lenguaje rebuscado, las fórmulas rimbombantes y los clichés espiritualoides son algunas de las pelucas con que pretendemos tapar la calvicie espiritual de nuestras oraciones. Pero, como bien dijera Benito Pérez Galdós: «Ya sé lo que es la oración: una súplica grave y reflexiva, tan personal, que no se aviene con fórmulas aprendidas de memoria; una expansión del alma que se atreve a extenderse hasta buscar su origen». Ramón Gómez de la Serna, a su vez, nos advierte: «En la oración, la elocuencia se arredra y la retórica es un candil sin aceite. Caen sobre nosotros como pesadas piedras las palabras

42 Míguez Bonino, *El mundo nuevo de Dios*, p. 47.

que se exceden y si tenemos conciencia, nos abruma haberlas dicho».

Finalmente, *la oración tiene poder cuando es definida*. Así fue la oración de Elías. El pidió «que no lloviese» y luego pidió lluvias. A veces Dios no responde a nuestras oraciones simplemente porque oramos ambiguamente. No es que él no sepa qué es lo que nos conviene o qué es lo mejor conforme a sus propósitos. Pero sus mejores deseos no se pueden hacer realidad a menos que tengamos una adecuada sintonía de su voluntad para nuestras vidas. La oración eficaz no se entretiene en ambigüedades, sino que va al grano en la presencia del Padre con la confianza que la especificidad del pedido va a encontrar especificidad en la respuesta (Lc. 11.10-12).

Sin embargo, conviene que se tenga presente que una respuesta negativa de Dios a nuestra oración también es una respuesta a la misma. No siempre Dios responde exactamente a lo que pedimos. El nos ama y siempre nos da lo mejor, conforme a su voluntad. La idea de que Dios siempre nos da lo que pedimos, y si así no ocurre es porque no pedimos bien o hay pecado en nuestra vida, es una idea que se halla muy difundida en Hispanoamérica. Este concepto erróneo sobre la eficacia de la oración causa mucho daño, no solamente a la iglesia sino también a los creyentes individuales. El inválido que sigue inválido a pesar de sus muchas oraciones piensa muchas veces que esto es así por su falta de fe. Vale la pena recordar aquí la experiencia del apóstol Pablo (2 Co. 12.7-10) y especialmente el contraste en Hebreos 11 entre los que vivieron y triunfaron, y los que fueron destrozados y murieron, todos por la misma fe. Cuando el ruego es específico siempre tiene respuesta del cielo, cualquiera que ésta sea.

4. Una comunidad profética (5.19-20)

El deber mutuo de ayudar va más allá de la enfermedad física, e incluye también la declinación o defección espiritual. Es el deber de cada creyente traer de vuelta a la comunión al hermano o hermana que se ha apartado de la verdad y está transitando por la senda que lleva al error. Al hacerlo así, el restaurador salvará al enfermo espiritual de la muerte y catalizará el perdón de los pecados.

Siempre ha resultado fácil «extraviarse de la verdad» («se desvía» BJ, NBE, NA, VP), lo cual no es otra cosa que alejarse de Cristo (Jn. 8.32; 14.6). Siempre hay «alguno» que se extravía, pero es necesario que haya también «alguno» que lo haga volver (*episthrefô*) al camino. El verbo no solo se refiere a la conversión del individuo a Cristo, sino a su restauración a la fe en caso de su alejamiento de ella. Se usa en este sentido en Lucas 22.32 con relación a Pedro después de su negación de Jesús.

El «error de su camino» está asociado con el «extravío de la verdad». La palabra «error» en v. 20 (*planê*) viene de la misma raíz verbal que «extraviar» en el v. 19. Error y verdad son contrastados (como en 1 Jn. 4.6). El extraviado es un «pecador» (*hamartôlon*). Hacerlo volver del error significa no solo restaurarlo a una vida cristiana correcta, sino antes que nada restaurarlo a una correcta relación con Dios por medio del perdón y la reconciliación. La cuestión no es meramente ética sino religiosa. La iglesia tiene una misión restauradora y debe actuar como agente de Dios para la salvación y el perdón de las personas.

En el v. 20b no hay mucha certeza en cuanto a la lectura del texto original. La lectura más corta, *sôsei psyjên ek thanatou* («salvará un alma de la muerte») quizás sea la original, si bien está apoyada por manuscritos tardíos. Sin embargo, cualquiera sea la lectura del texto, el sentido es lo suficientemente claro: es el hermano alejado el que será salvado de la muerte. No es tan evidente en su sentido la frase que sigue («cubrirá multitud de pecados»). ¿A los pecados de quién se está refiriendo el autor? ¿Son los pecados del restaurador o los del alejado? En principio, no debemos asumir que Santiago no haya querido significar que una persona, por restaurar a un hermano alejado, gane el perdón de sus propios pecados. Si bien la idea puede resultar repudiable a los evangélicos, es posible que esto sea lo que el texto significa.[43] Pero la manera en que las dos frases están unidas en la oración («salvará de muerte un alma, y cubrirá multitud de pecados») lleva a apoyar la posición de que ambos verbos tienen a la misma persona como objeto. El uso de *hamartiôn* («pecados») claramente parece implicar que la referencia es al *hamartôlon* («pecador») mencionado anteriormente.[44]

Nótese que la epístola no tiene un párrafo de cierre. Esto ha sido utilizado como argumento para demostrar que no estamos frente a una carta, sino a un sermón o serie de sermones (ver Introducción). Sin embargo, la falta de un cierre formal, según algunos eruditos, no es un fenómeno epistolar helenístico fuera de lo común (ver Flavio Josefo, *Antigüedades,* 8.40-54; 1 Macabeos 10.25 sgtes.).[45] Según Francis, hay otras características en las frases finales de Santiago que indican el género epistolar.

---

43 Ver los argumentos de algunos comentaristas sobre este concepto e interpretación: Ropes, *ICC*, pp. 315-316; Laws, *HNTC*, pp. 240-241; Dibelius, *James*, pp. 258-259.

44 Davids, *NIGTC*, pp. 200-201.

45 F.O. Francis, «The Form and Function of the Opening and Clossing Paragraphs of James and I John», *ZntW* 61 (1-2, 1970): 110-126.

Ser iglesia en el mundo

¿Cuál es el papel de la iglesia en el mundo? La respuesta es obvia: el papel de la iglesia en el mundo no es otro que el de ser la iglesia. «Que la iglesia sea la iglesia», así decía la primera redacción del informe presentado bajo el título «La Iglesia Universal y el Mundo de las Naciones» en la Conferencia Ecuménica de Oxford en 1937. El párrafo original en que aparece dicha frase señalaba:

Que la Iglesia sea la Iglesia: que la Iglesia se conozca a sí misma, de quién es y lo que es. Discerniendo claramente su propia posición y naturaleza como la comunidad de la Gracia, órgano del propósito redentor de Dios para con la humanidad, la Iglesia debe llegar a ser, mediante un proceso del más riguroso escrutinio propio, lo que Dios ha querido que sea. Nada menos que eso, ni siquiera algo más. En arrepentimiento y humildad, la Iglesia debe redescubrir el significado y las implicaciones de aquellas palabras que se le dirigen desde las épocas primitivas de su propia historia; ser a la Bondad Eterna lo que la mano es al hombre... Esto significa, en concreto, que la Iglesia se reconozca como la Iglesia de Cristo, el órgano del propósito de Dios en él. Debe ser su constante preocupación el librarse de toda sujeción a una cultura predominante, a un sistema económico, a un tipo social o a un orden político. La Iglesia debe vivir, la Iglesia debe estar en pie frente a todos ellos.[46]

El mensaje de estas palabras es que la comunidad de fe no debe ser una imitadora servil de otros grupos culturales o sociales, sino mantenerse fiel a su propia y particular naturaleza y misión. Entonces, al levantar la pregunta ¿cuándo es la iglesia verdaderamente la iglesia? la respuesta es ésta: cuando la iglesia da testimonio de Dios como agencia para la venida de su reino. Es con estas ideas que Santiago concluye su carta. En los dos últimos versículos, el autor muestra la manera en que la comunidad de fe desempeña una función profética en el mundo.

En el cumplimiento de su función profética, la iglesia dispone de instrumentos únicos para diagnosticar el estado de la sociedad

---

[46] Citado en Juan A. Mackay, *Prefacio a la teología cristiana*, Casa Unida de Publicaciones, México, 1957, pp. 174-175.

y los individuos, y aun su propio estado. ¿Cómo puede la congregación de los santos discernir entre la verdad y el error? ¿Cómo pueden los creyentes darse cuenta cuando uno de ellos se «extravía de la verdad»? ¿De qué manera el cuerpo de Cristo puede detectar los desvíos que se producen en la sociedad?

Desde los días de la Reforma, los evangélicos hemos fundamentado nuestros criterios de verdad y error sobre dos fuentes de autoridad: Palabra y Espíritu. Conforme a la fe protestante, hemos procurado mantener en una tensión dialéctica la fe en la autoridad guiadora de la Biblia, como registro inspirado de la revelación divina, y la operación viva y poderosa del Espíritu Santo, que nos ayuda en la interpretación de ese registro y en su aplicación a la realidad concreta.

La Biblia es el maravilloso tesoro que la iglesia de hoy ha recibido de la iglesia de ayer. La comunidad de creyentes es depositaria y heredera del tratado más grande que se haya escrito sobre la naturaleza humana. «Su mensaje», señalaba Arturo Capdevila, «que es uno solo y uno mismo para todos los pueblos; o sea el múltiple mensaje de la libertad, de la justicia y del amor, como principio de toda organización social, puede y debe resultar particularmente fecundo en esta América de tan bellas tradiciones de democracia y confraternidad».

El Espíritu Santo hace efectiva en la experiencia de cada creyente y de la congregación la realidad de la gracia transformadora de Cristo. La Palabra sin el Espíritu sería letra muerta y caeríamos en el legalismo. El Espíritu sin la Palabra no sería bien entendido y caeríamos en el subjetivismo. Palabra y Espíritu juntos son esenciales para que la iglesia pueda cumplir su misión profética en el mundo.

Además, *en el cumplimiento de su función profética, la iglesia admite ciertas verdades en términos inequívocos.* La iglesia debe reconocer que no solo los extraviados son pecadores, sino que ella misma también lo es. Por eso, la iglesia debe arrepentirse. Especialmente debe hacerlo por haber sido muchas veces un testigo indigno del Señor. Debe sentirse culpable por el estado presente del mundo. Debe pesarle que haya entre sus filas quienes se extravían de la verdad. Debe ser consciente de su propia impotencia e ignorancia frente a la verdad. Debe reorientar su mente y su voluntad hacia Dios, porque si va a ser poderosa como testigo de Dios, es necesario que piense como Dios piensa y desee lo que Dios desea (Jn. 15.5). Antes de hacer volver a otros «del error de su camino», la iglesia debe arrepentirse de sus propios errores.

El *Pacto de Lausana* admite con justicia: «Confesamos con vergüenza que a menudo hemos negado nuestro llamamiento y fallado en nuestra misión, conformándonos al mundo o separándonos de él».[47] En su «Carta al pueblo evangélico de América Latina» los participantes del Segundo Congreso Latinoamericano de Evangelización (CLADE II) señalaban: «Confesamos que como Pueblo de Dios no siempre hemos atendido las demandas del Evangelio que predicamos, como lo demuestra nuestra falta de unidad y nuestra indiferencia frente a las necesidades materiales y espirituales de nuestro prójimo. Reconocemos que no hemos hecho todo lo que con la ayuda del Señor hubiéramos podido realizar en beneficio de nuestro pueblo».

En tercer lugar, *en el cumplimiento de su misión profética, la iglesia señala a los individuos y a las naciones el hecho de que el orden divino del universo ha sido violado por el pecado humano.* En este sentido, la comunidad de fe tiene un mensaje profético similar al de los profetas del Antiguo Testamento. Su voz tiene que sonar como la de Amós, Isaías, Jeremías y tantos otros siervos del Señor (Fil. 2.14-15).

La iglesia debe cumplir su misión profética sin alinearse con ningún partido o facción política, sin desplegar la bandera de ningún grupo o teoría social. El *Pacto de Lausana* dice que «la iglesia es la comunidad del pueblo de Dios, más bien que una institución, y no debe identificarse con una cultura, sistema social o político, o ideología humana en particular». Por el contrario, «la iglesia está en el corazón mismo del propósito cósmico de Dios y es el instrumento que El ha diseñado para la difusión del Evangelio».[48]

La iglesia debe cumplir su función profética señalando aquellas situaciones en que el bienestar humano es objeto de transacciones y en que se violan los principios de la justicia.

El *Documento de Puebla* señala que el Pueblo de Dios es enviado «como Pueblo profético que anuncia el Evangelio o discierne las voces del Señor en la historia. Anuncia dónde se manifiesta la presencia de su Espíritu. Denuncia dónde opera el misterio de iniquidad, mediante hechos y estructuras que impiden una participación más fraternal en la construcción de la sociedad y en el goce de los bienes que Dios creó para todos».[49]

Por otro lado, *en el cumplimiento de su misión profética, la iglesia proclama a los individuos y a las naciones que la única posibilidad de salvación está en Dios.* A los individuos les advierte

---

47 Citado en *Misión* 1 (4-5, 1984): 37.
48 *Ibid.*
49 *Documento de Puebla*, p. 116.

del peligro mortal en que se encuentran, si persisten en transitar por el camino del error. Con ello la iglesia, al igual que el atalaya de la antigüedad (Ez. 3.17-21), cumple un papel restaurador importantísimo y necesario, de cuyo desempeño habrá de dar cuenta.

En el caso de la sociedad, la iglesia advierte a las naciones que la única posibilidad de obtener un orden político estable y digno es por medio del gobierno de Dios. A fin de crear de nuevo a César, debemos descubrir de nuevo a Dios. Por eso, esta fase del papel profético de la iglesia solo podrá cumplirse cuando logre dar a luz una teología adecuada. Sobre el particular, Juan A. Mackay, quien sirviera por varios años como misionero presbiteriano en Perú, dice: «El Evangelio encomendado a la Iglesia no es un gran imperativo, sino un gran indicativo; no consiste, primeramente, en un llamado a realizar ciertos ideales humanos, sino a aceptar ciertas realidades divinas; no invita a los hombres a conquistar algo, sino a recibir algo; pone a su alcance la nueva vida que Dios mismo les ofrece y que puede servir de base para la construcción de un nuevo mundo». Es necesario que la iglesia misma escuche de nuevo la voz de Dios, y que proclame con sencillez el mensaje que ha recibido.

Finalmente, *en el cumplimiento de su misión profética, la iglesia debe resistir todo intento de parte de los poderes seculares de hacer callar su testimonio y de someterla a una ideología o sistema político.* Por eso, la comunidad cristiana debe oponerse a los regímenes totalitarios, que exigen la absoluta adhesión de los ciudadanos. Karl Barth ha escrito sobre el particular:

La comunidad cristiana es la comunidad de aquellos que están llamados a la libertad de los hijos de Dios por la Palabra de la gracia y el Espíritu del amor a su Señor. Aplicándola al orden político, esta afirmación significa que la comunidad cristiana reconoce la libertad como el derecho fundamental que la comunidad civil debe asegurar a cada ciudadano: libertad para que cada uno tome decisiones según su opinión y su elección, en toda independencia; la libertad de vivir en un ambiente determinado, protegido pero no reglamentado por la ley (familia, cultura, arte, ciencia, fe). La comunidad cristiana no se apartará, ni se opondrá necesariamente, a una dictadura práctica —una limitación parcial y temporaria de estas libertades— pero con seguridad se apartará y opondrá a una dictadura establecida como principio de gobierno: un Estado convertido en totalitario.[50]

50 Karl Barth, *Comunidad civil y comunidad cristiana*, La Aurora, Buenos Aires, pp. 66-67.

El *Pacto de Lausana* dice:

> Es un deber señalado por Dios que todo gobierno debe asegurar condiciones de paz, justicia y libertad en las cuales la iglesia pueda obedecer a Dios, servir al Señor Jesucristo, y predicar el Evangelio sin impedimento... Con la ayuda de Dios, también nosotros procuraremos mantenernos firmes contra la injusticia y permanecer fieles al Evangelio cualquiera sea el costo.[51]

Hispanoamérica está aguardando que el Pueblo de Dios asuma, en el poder del Espíritu Santo, su vocación profética. Hoy como nunca la proclamación del Evangelio es necesaria y urgente. El destino histórico y eterno de millones de seres humanos pesa como una enorme carga espiritual sobre la responsabilidad de los creyentes en el cumplimiento de la misión de Dios. El futuro de Hispanoamérica se decidirá según el grado de penetración de la iglesia de Jesucristo en las estructuras del mundo. ¿Seremos capaces, como hijos e hijas de Dios, de «cubrir multitud de pecados» en nuestro mundo hoy, antes del regreso de nuestro Señor? ¡Que la esperanza en el regreso glorioso de nuestro Rey nos anime a retomar con renovado entusiasmo y denuedo la vivencia y proclamación del Evangelio cristiano, que es el único medio para la salvación integral de nuestro mundo!

51 *Misión* 1 (4-5, 1984): 37.

Judas

Introducción general

La Epístola Universal de San Judas Apóstol es un libro pequeño, de tan sólo veinticinco versículos. Su pequeñez hace que muchas veces se pierda de vista entre otros dos libros más grandes al final del Nuevo Testamento (1 Juan y Apocalipsis). Pero su brevedad no debe ser tomada como indicación de su importancia o interés. Su parecido temático con 2 Pedro ha hecho que muchos lectores optaran por la carta del gran apóstol, y dejaran de lado el escrito de Judas. De este modo, Judas ha quedado olvidado dentro del Nuevo Testamento como una copia reducida del escrito petrino. Como señalara Juan Calvino: «Su brevedad, además, no requiere un comentario muy largo sobre su contenido; y casi toda ella es aproximadamente lo mismo que el capítulo segundo de la última Epístola (2 Pedro)»[1]

Así, pues, más que un rechazo abierto, aparentemente la causa el marginamiento de Judas ha sido un olvido inconsciente. Sin embargo, cabe preguntarse de veras cuán inconsciente ha sido este olvido.[2]

Al igual que Santiago, pareciera que Judas ha sido intencionalmente silenciada por aquellos «infiltrados» en las congregaciones, a quienes su palabra suena demasiado cáustica. Es verdad que la denuncia de Judas es muy directa, y también es verdad que a lo largo de los siglos siempre ha habido falsos maestros que han predicado falsas doctrinas o asumido actitudes no cristianas desde dentro de las iglesias, y a quienes la palabra de Judas les ha resultado molesta. Quizás ellos mismos hayan sido los primero responsables de que esta epístola quedara relegada a un olvido negligente.

Desde Hispanoamérica nos preguntamos si vale la pena prestar atención a esta breve epístola; si encierra un mensaje que sea pertinente para cristianos que viven sumidos en situaciones de pobreza y opresión, pero a la vez llenos

---

1   John Calvin, *Commentaries on the Catholic Epistles*, Calvin Translation Society, Edimburgo, 1855, p. 427.

2   Ver Douglas J. Rowston, «The Most Neglected Book in the New Testament», *NTS* 21 (4, 1945): 554-555. Barclay la llama «la carta descuidada». William Barclay, *I, II, III Juan y Judas* en *Nuevo Testamento Comentado*, vol. 15, La Aurora, Buenos Aires, 1974, p. 169.

de esperanza ante las evidencias palmarias de la presencia del reino de Dios. Y cuando con estas dudas pero con oración y dependencia del Espíritu la leemos, descubrimos que su mensaje tiene un valor muy especial para nosotros hoy.

En las páginas que siguen procuraremos desentrañar su enseñanza.

Su lugar en el canon

La carta de Judas ha tenido una trayectoria que no ha sido precisamente heroica. Según algunos eruditos, poco después de su aparición fue incorporada en la carta de 2 Pedro.[3]

Otros, como Martín Lutero, afirman que no tiene nada de peculiar, «excepto que se refiere a la segunda Epístola de San Pedro, de la que ha tomado casi todas sus palabras».[4] Pareciera que Judas siempre pierde al ser comparada con 2 Pedro, y definitivamente no figura en las preferencias de los lectores del Nuevo Testamento.

Sin embargo, para fines del segundo siglo, ya era considerada como canónica junto con otras epístolas católicas, en Roma (Canon de Muratori, 170), en Cartago (Tertuliano) y en Alejandría (Clemente). A mediados del tercer siglo Orígenes la conocía y la usó, pero lo hizo consciente de que algunos tenían dudas en cuanto a su autenticidad. En los siglos que siguieron, cayó bajo sospecha, especialmente por obra de Eusebio y Jerónimo, probablemente por el uso que hace el autor de escritos apocalípticos que eran rechazados como canónicos (vv. 9, 14-15).[5] De este modo, Judas fue ubicada entre los *antilegomena*, o sea, entre aquellos escritos que según Eusebio eran discutidos. Atanasio la incluyó en su famoso canon del año 367 y con esto se aseguró su posición en la lista de libros sagrados. No obstante, las iglesias de habla siríaca no la aceptaron en su canon sino hasta comienzo del siglo VI.[6] Uno de los criterios de canonicidad de la iglesia primitiva (ver Introducción a Santiago) era que el escrito debía ser apostólico; es decir, su autor debía ser un apóstol reconocido o un compañero de los apóstoles (como Marcos o Lucas). El propio autor no solo no afirma una condición apostólica, sino que toma distancia de los apóstoles como algo del pasado (v.17).

---

3 John H. Elliott, *I-II Peter/Jude*, en *Augsburg Commentary on the New Testament*, Augsburg Publishing House, Minneapolis, 1982, p. 161.

4 Martín Lutero, *The Epistles of St. Peter and St. Jude*, Anson D. F. Randolph, Nueva York, 1859, p. 318.

5 Para los testimonios de la carta en los Padres, ver Charles Bigg, *A Critical and Exegetical Commentary on the Epistles of St. Peter and St. Judes*, en *International Critical Commentary*, Charles Scribner's Sons, Nueva York, 1903, pp. 305-310. Ver también J. Chaine, *Les épîtres catholiques: le seconde épître de saint Pierre, les épîtres de saint Jean, l'épître de saint Jude*, en *Etudes Bibliques*, Gabalda, París, 1939, pp. 263-267.

6 J. N. D. Kelly, *A Commentary on the Epistles of Peter and of Jude*, en *Harper's New Testament Commentary*, Harper & Row, Nueva York, 1969, p. 427.

Estos y otros factores tornaron insegura su posición dentro del canon y demoraron su incorporación definitiva al mismo. De todos modos, para el siglo IV ya era parte del canon del Nuevo Testamento en la cristiandad occidental.

En el siglo XVI, eruditos como Erasmo y Calvino dudaron de su autenticidad. «Si bien hubo una disputa entre los antiguos con respecto a esta Epístola», decía el gran reformador de Ginebra, «no obstante, por ser útil la lectura de la misma, y por no contener nada inconsistente con la pureza de la doctrina apostólica, y por haber sido recibida como auténtica con anterioridad, por algunos de los mejores, yo de buena gana la agrego a las demás».[7]

Por el contrario, en 1523 Martín Lutero la consideraba como «nada más que una epístola dirigida en contra de nuestro clero, obispos, sacerdotes y monjes», y los abusos eclesiásticos de sus días.[8] Sus dudas sobre su paternidad y su opinión de que no debía «ser contada entre los libros principales para fundamento de la fe», afectaron la evaluación de muchos desde entonces.[9] Lutero mismo la relegó al apéndice de su Nuevo Testamento de setiembre de 1522, sin asignarle un número en la tabla de contenido. Definitivamente, Lutero no la tenía en buena estima, si bien la incluyó en el canon del Nuevo Testamento. A su vez, el erudito católico Cayetano y el protestante Ecolampadio la consideraban una carta secundaria.[10]

Su autor

El nombre Judas, que es una forma del nombre Judá, era muy común entre los judíos del tiempo de Jesús. Por lo menos siete individuos diferentes aparecen con ese nombre en el Nuevo Testamento. En la lista figuran: (1) Judá, que era uno de los antepasados de José (Lc. 3.30); (2) Judas, que era uno de los hermanos de Jesús (Mt. 13.55; Mr. 6.3); (3) Judas Iscariote (Mr. 3.19; 14.10, 43; Hch. 1.16, 25); (4) Judas hermano o hijo de Jacobo, y uno de los apóstoles (Lc. 6.16; Hch. 1.13); (5) Judas el galileo (Hch. 5.37); (6) Judas, con quien se hospedó Pablo en Damasco (Hch. 9.11); y (7) Judas, de sobrenombre Barsabás, que fue uno de los compañeros de Pablo (Hch. 15.22-34).

¿Qué dice el libro mismo sobre su autor? Dice que fue escrito por Judas el hermano de Jacobo (v. 1). Pero esto no es de gran ayuda, ya que Jacobo o Santiago era un nombre tan común como el de Judas. Si se hubiera estado refiriendo a Santiago el hermano de Jesús y cabeza de la iglesia de Jerusalén, esto le habría hecho medio hermano carnal de Jesús (ver Gá. 1.19; 2.9; 1 Co. 15.7). En tal caso, habría sido razonable que el autor se hubiese titulado «el hermano de Jesús». Esto habría sido una distinción mucho más grande y una

7 Calvin, *Catholic Epistles*, p. 427.
8 Lutero, *St. Jude*, p. 318.
9 Martin Lutero, *Obras de Martin Lutero*, trad. de Carlos Witthaus, vol. 6, La Aurora, Buenos Aires, p. 155.
10 Kelly, *HNTC*, p. 223.

identificación mucho más positiva. No obstante, cabe recordar que Santiago tampoco hace explícita su condición de hermano de Jesús. De allí que algunos eruditos no ven problemas en considerar a Judas como el hermano de Santiago (y de Jesús), que en esta carta está llamando a los judíos cristianos de la diáspora a que se opongan a los apóstatas que se habían infiltrado en su comunidad.[11]

Es posible suponer, entonces, que el autor sea el Judas que se menciona entre los hermanos de Jesús en tercer lugar en Marcos 6.3 y en cuarto lugar en Mateo 13.55. No hay demasiada base para pensar en un caso de seudonimia; es decir, que el autor utilice el nombre de alguien conocido para dar importancia a su escrito, ya que Judas era de todos modos una figura secundaria.[12] A nadie se le ocurriría usar un nombre tan poco importante, habiendo otros de mayor lustre. Tampoco parece plausible que se trate de alguien totalmente desconocido para nosotros. Tal posibilidad no es más cierta que la de atribuir a Judas el hermano de Jesús y de Santiago la autoría de la carta. Y de tener que hacer una opción, siempre es mejor afirmar lo que la tradición ha sostenido con alguna consistencia a través de los siglos.[13]

Por otro lado, al identificarse como «hermano de Santiago», el autor da por entendido que dicho Santiago era bien conocido por sus lectores. En tal caso, este Santiago probablemente sea el líder de la iglesia de Jerusalén y el «hermano del Señor», de quien Pablo habla como la personalidad más representativa de la iglesia de Jerusalén (Gá. 1.19; 2.9).[14] Este Santiago fue martirizado por el año 62 y es el autor de la carta que lleva su nombre (ver Introducción a Santiago). Quizás la identificación con Santiago haya sido uno

11 Simon J. Kistemaker, *Exposition of the Epistle of Peter and of the Epistle of Jude*, en *New Testament Commentary*, Baker, Grand Rapids, 1987, p. 356.

12 José Alonso, «Carta de San Judas», en *La Sagrada Escritura: Nuevo Testamento*, vol. 3, Biblioteca de Autores Cristianos, Madrid, 1967, p. 561. Entre quienes respaldan la seudonimia ver Thomas W. Leahy, «Epístola de Judas», en *Comentario Bíblico «San Jerónimo»*, Ediciones Cristiandad, Madrid, 1986, 4: 314; Johannes Shenider, Die Briefe des Jakobus, Petrus, Judas und Johannes, en *Das Neue Testament Deutsch*, Vandenhoeck und Ruprecht, Gotinga, 1961, pp. 122-137; y Karl Hermann Schelkle, *Die Petrusbriefe, der Judasbrief*, en *Herders theologischer Kommentar zum Nuen Testament*, Herder, Friburgo, 1961. La hipótesis de que Judas es un escrito seudoepigráfico es común en comentarios recientes. Ver A. E.. Barnett, «The Epistle of Jude», en *The Interpreter's Bible*, vol. 12, Abingdon Press, Nueva York-Nashville, 1957, p. 318; Bo Reicke, *The Epistle of James, Peter and Jude*, en *The Anchor Bible*, Doubleday, Nueva York, 1964, p. 191; y Kelly, *HNTC*, pp. 233-234. Ver especialmente R. Heiligenthal, «Der Judasbrief: Aspekte der Forschung in den letzten Jahrzehnten», *Theologische Rundschau* 51 (2, 1986): 117-129. En este estudio sobre la investigación de los últimos años acerca de Judas. Heiligenthal indica que la erudición reciente (E. Käsemann, J. Cantinat, K. H. Schelkle, B. Reicke, J. N. D. Kelly, W. Shrage, S. Schulz, W. Grundman, D. Rowston, V. B. Müller y F. Hahn) ha alcanzado un acuerdo básico en cuanto al carácter seudoepigráfico de la carta.

13 Ver los argumentos de Richard J. Bauckham en favor de la identificación tradicional. Richard J. Bauckham, *Jude, 2 Peter*, en *Word Biblical Commentary*, vol. 50, Word Books, Waco, 1983, pp. 14, 21-23.

14 Bigg, *ICC*, pp. 318-319.

de los factores decisivos para aceptar la carta como canónica en la iglesia primitiva.[15]

También cabe preguntarse si el autor de esta epístola fue apóstol. La tradición antigua, si bien no de manera unánime, así lo afirma.[16] Al denominarse «siervo de Jesucristo», el autor parece considerarse apóstol. Los profetas del Antiguo Testamento eran llamados «siervos de Dios» (Am. 3.7). Este título profético se transformó en un título apostólico en el Nuevo Testamento (Ro. 1.1; Fil. 1.1; Tit. 1.1). Sin embargo, el título de siervo de Jesucristo no está limitado a los doce (Fil. 1.1), y si en un sentido general estuviese restringido a ellos, los hermanos de Jesús estuvieron asociados a los apóstoles según Hechos 1.14. Además, los hermanos de Jesús, y probablemente Judas, llevaron a cabo una importante labor misionera o apostólica (1 Co. 9.5). En este sentido, parece que Judas perteneció al círculo apostólico y su designación como «siervo de Jesucristo» es pertinente.[17]

Sin embargo, otras evidencias indicarían que Judas no fue apóstol en un sentido estricto.[18] La misma epístola de Judas no dice que el autor haya formado parte del grupo apostólico. Por el contrario, el autor parece distinguirse de los doce, al colocar la enseñanza apostólica en el pasado y en tercera persona (v.17). Además, parece que los hermanos de Jesús no fueron apóstoles ya que, tanto en los evangelios (Mt. 12.46-50; Mr. 3.31-35) como en Hechos (Hch. 1.14; cp. 1 Co. 9.5) son distinguidos de los apóstoles. No obstante, si bien no era apóstol, al igual que en el caso de su hermano Santiago, su parentesco con Jesucristo le aseguraba una consideración especial en la iglesia primitiva.

Es probable que Judas haya estado casado, según lo sugiere la pregunta en 1 Corintios 9.5. Según una tradición antigua, dos nietos suyos, que eran simples labradores, fueron llevados a juicio durante la persecución de Domiciano, acusados de pretender ser descendientes de David.[19] La tradición se refiere también a algunos viajes de carácter misionero que habría realizado Judas. Según estas fuentes, predicó primero en Palestina, después en Siria, Mesopotamia, Persia y Arabia. Habría muerto en Edesa.[20]

Pero la pregunta persiste: ¿Fue este Judas el autor de la epístola que estamos considerando? La mayoría de los comentaristas aceptan a Judas, el hermano de Santiago y de Jesús, como el autor. No obstante, hay opiniones en

15 Kistemaker, *NTCom*, p. 355.
16 Orígenes, *ad Romanus*, 5.1; y *De Principiis* III. 2. 1. También Tertuliano, *De cultu feminarum*, I. 3.
17 Barclay, *NTC*, p. 184.
18 José Salguero, «Epístola de San Judas», en *Biblia Comentada*, Biblioteca de Autores Cristianos, Madrid, 1965, 7: 277.
19 Así lo afirma Hegesipo, citado por Eusebio, *Historia eclesiástica*, 3: 19-20. Ver Kelly *HNTC*, pp. 232-233; Bigg, *ICC*, pp. 317-318; y especialmente Bauckham, *WBC*, p. 15.
20 Eusebio, *Historia eclesiástica*, 1.13.

sentido contrario.[21] Una dificultad para aceptarlo es el hecho de que el v. 17 considera a los apóstoles en el pasado. Sin embargo, algunas características de la obra (como veremos) la ubican en la década del año 70 o el 80; es decir, en el primer siglo. Judas probablemente era menor que Santiago, quien murió apedreado por orden del sanedrín en el año 62.[22] Si el orden de los hermanos y hermanas de Jesús no es indicativo de honor o importancia sino de edad, Judas era el tercero o el cuarto.[23] Diez años más tarde, cuando posiblemente escribió la carta, puede haber estado bien activo. En 1 Corintios 9.5, Pablo sugiere que los hermanos de Jesús estaban involucrados en ministerios misioneros; y si tal era el caso de Judas, seguramente al igual que Pablo, bien pudo haber escrito a sus nuevos convertidos sobre los peligros que amenazaban su fe. El trasfondo y tono judío-cristiano de la carta respaldan esta hipótesis, al igual que el gusto del autor por la literatura apocalíptica.[24]

Algunos eruditos se preguntan, sin embargo, hasta qué punto el autor es judío-cristiano. Parece evidente que se trata de alguien muy helenizado, capaz de expresarse en un estilo griego bastante pulido. No hay indicios de que el texto sea una traducción. Al igual que en el caso de Santiago, Judas, como buen galileo, debe haber tenido un manejo avanzado de la lengua griega. Debe recordarse que en aquel tiempo el griego era la lengua franca en todas partes, especialmente en Galilea.[25]

Probablemente sus lectores eran tan diestros como él en el uso del griego. Parece que eran cristianos de origen judío, pero con un trasfondo cultural griego. Prueba de ello es el hecho de que, según algunos, el gnosticismo que parece denunciar hizo mayores estragos en las comunidades judeo-cristianas helenizadas.[26] El gnosticismo significó una grave amenaza para la ortodoxia judía. El monoteísmo ético y la creencia en los ángeles era fundamental en su sistema de fe. No es difícil suponer que un judío que se convertía a la fe cristiana cayese en actitudes libertinas como reacción a su legalismo anterior, y que se sintiese también tentado a rechazar la fe en un solo Dios y en los ángeles. Además, un predicador itinerante, como probablemente era Judas, debe haber tenido múltiples oportunidades para hablar a judíos helenizados. Su pericia en el griego es más retórica que literaria. No es extraño, pues, que en su carta-sermón se exprese con un rico vocabulario griego y un lenguaje bastante pulido.[27]

---

21 Para un resumen de alguna de ellas ver Bigg, *ICC*, pp. 319-320. Según Bigg, estas teorías presuponen que la carta pertenece al segundo siglo.

22 Flavio Josefo, *Antigüedades judías*, 20.9.1.

23 Bigg, *ICC*, p. 317.

24 Kelly, *HNTC*, p. 233. Ver la discusión de Bauckham, *WBC*, p. 14-15, sobre la edad de Judas y la fecha de composición de la carta.

25 Kistemaker, *NTCom*, p. 356.

26 Ver Kelly, *HNTC*, p. 234.

27 Bauckham, *WBC*, p. 15.

Por otro lado, conoce también el Antiguo Testamento, al que cita con frecuencia, y la *haggada* (narración, instrucción) judía. La segunda era la interpretación no prescriptiva de las Escrituras, que se desarrolló en el judaísmo posbíblico. Consistía especialmente del enriquecimiento de los relatos históricos del Antiguo Testamento con folklore, sagas, leyendas, proverbios y parábolas. Judas parece conocer muy bien estas tradiciones judías. Parece evidente, pues, que es un judío-cristiano que escribe a otros judío-cristianos haciendo referencias y alusiones que solo personas con ese trasfondo podrían entender. Su estilo es simple más bien que de un teólogo sofisticado. Estas características encajan bien con Judas el hermano del Señor, a quien se ha atribuido la autoría de la carta.[28]

El trasfondo

Sea cual fuere la opción que se haga en cuanto a la fecha, lugar de origen y destinatarios de la carta, o su relación con 2 Pedro, es evidente el ataque a las falsas doctrinas y falsos maestro. ¿Cuáles eran estas sectas heréticas? ¿Quiénes eran estos «falsos maestros» que amenazaban a las comunidades a quienes Judas escribe?

Desde el principio, la religión cristiana ha sido considerada la religión del Espíritu. Su enseñanza básica es que todos tienen acceso al Espíritu de Dios, y que el Espíritu de Dios comunica a cada individuo sus deseos, preferencias, planes e inspiración. Entre los judíos, se creía que el Espíritu de Dios se comunicaba con el sumo sacerdote en ocasiones bien específicas. También se aceptaba que en tiempos pasados se había revelado a los profetas, quienes, a su vez, habían dado a conocer esta revelaciones al pueblo en la forma de profecías o sermones. No obstante, entre las convicciones judías y las cristianas había una diferencia importante. Mientras los judíos creían que Dios *solo* se revelaba a personas escogidas y en raras ocasiones, los cristianos creían que *cada* creyente era el recipiente de tales comunicaciones, que eran experiencias frecuentes y repetitivas.

Esta doctrina del Espíritu Santo fue apropiada por ciertos grupos y pervertida en una tesis extremadamente peligrosa. Había quienes pretendían contar con la sanción divina sobre hechos sumamente escandalosos, con el argumento de que habían recibido revelaciones interiores de Dios que autorizaban esas acciones vergonzosas. De esta manera, se pretendía la aprobación divina sobre vidas y conductas que estaban totalmente lejos de todo escrúpulo moral. No hay nada peor que el mal cuando éste se disfraza con el ropaje de la santidad.

---

28 Barclay, *NTC*, p. 187. La carta de Judas «no es la obra de un artista literario, sino la de un profeta cristiano apasionado». Donald Guthrie, *New Testament Introduction*, Inter-Varsity Press, Downers Grove, 1970, p. 927.

Según Bauckham, los oponentes de Judas era un grupo que había llegado a las iglesias a las que él escribe. No eran simplemente miembros de las iglesias, sino que eran maestros (vv. 11-13) que asistían a las comidas fraternales (v. 12), donde aprovechaban para impartir sus profecías y enseñanzas. Como otros maestros itinerantes en la iglesia primitiva, ellos también dependían de la hospitalidad y sostén de las iglesias; sin embargo, su presencia generalmente era causa de problemas en las comunidades de fe (Mt. 7.15; 2 Co. 10-11; 1 Jn. 4.1; 2 Jn. 10; *Didaje* 11-12), y su búsqueda de apoyo económico solía terminar en abusos (Ro. 16.18; 1 Ti. 6.5; Tit. 1.11; *Didaje* 11.5-6.120). Su pretensión de poseer el Espíritu en experiencias extáticas y las implicaciones elitistas de esto tienen su paralelo en 1 Corintios, así como la apelación a la autoridad de visiones privadas (2 Co. 12.1-3; ver también Col. 2.18; cp. Ap. 2.24). Su antinomismo es también parecido al de los corintios (1 Co. 5.1-6; 6.12-20; 10.23), y a la enseñanza profética de «Jezabel» y sus seguidores (Ap. 2.14, 20-22). Solo la blasfemia a «las potestades superiores» (v.8) parece no tener paralelos.

Esta herejía artera comenzó a infiltrarse seriamente en las filas cristianas de las iglesias a las que Judas escribe (v.4). El describe a estos infiltrados como «hombres impíos» (vv. 4b, 14-15, 18); personas que han aceptado la gracia de Dios, pero la han pervertido, transformándola en licencia para pecar (v.4c); que niegan a Jesucristo como su único soberano y Señor (v. 4d). Describe también la vida espiritual y ética de estos herejes: son personas inmorales que contaminan sus propios cuerpos, que no reconocen ninguna autoridad superior, y que tienen la audacia de lanzar blasfemias contra los seres angélicos (v. 8); se han rebajado al nivel instintivo de los animales, aunque a diferencia de éstos, que conocen sus límites, aquéllos se están destruyendo a sí mismos (v. 10). En su vida social, han pervertido las reuniones cristianas al comer sin escrúpulos (v. 12). Se comportan pendencieramente, murmurando de otros y criticándolos. Solo buscan los placeres sensuales, se jactan de sí mismos y siempre están tratando de promoverse (v. 16). Se han propuesto dividir la iglesia; por eso mismo no tienen el Espíritu (v. 19).

En otras palabras, están en la iglesia, pero no son de la iglesia, porque han repudiado al Dios trino. Han aceptado la gracia de la salvación, pero piensan que eso les da el derecho de pecar como les venga en gana (v. 4c). Dicen ser seguidores de Cristo, pero al mismo tiempo lo niegan y se burlan de su segunda venida (vv. 4,18). Piensan que tienen el Espíritu Santo, pero su conducta vergonzosa es evidencia de que viven impulsados por sus instintos carnales (v. 19).

Todos estos elementos parecerían señalar una forma primitiva de lo que llegó a ser el gnosticismo en el segundo siglo. Parece evidente que estos grupos divisionistas (v. 19) eran bastante parecidos a los gnósticos que fueron muy influyentes, especialmente a mediados del segundo siglo. (1) Los gnósticos creían que tenían revelaciones especiales de Dios expresadas en lenguaje misterioso (v. 16). (2) Dividían a los humanos en dos clases: los «sensuales» y los «espirituales» (v. 19), clasificándose ellos como los espirituales. (3) Enseñaban que había diferentes dioses, que el Dios verdadero era diferente del Creador del mundo (v. 4), y que Jesús no era verdaderamente humano. Su inmoralidad era el resultado directo de esta teología distorsionada.

No obstante, no aparecen en Judas algunos elementos distintivos del gnosticismo, como el dualismo cosmológico, la existencia de un demiugo o el rechazo de la resurrección de la carne. Lo libertino de los falsos maestros y sus seguidores no parece deberse tanto a su dualismo gnóstico como a su antinomismo. Más que un gnosticismo incipiente, lo que Judas está atacando es el tipo de problemas que ya se había presentado en la iglesia de Corinto (v.g. 1 Co. 6.12-13, 18-20; 11.10,18,21; 12.1-13; 14.37-39; 15.32). Un tipo similar de herejía fue la de los nicolaítas en Asia Menor (Ap. 2 y 3). La conclusión de Green es que «si bien hay mucha oscuridad en cuanto a estos sectarios, al menos es claro que la inmoralidad sexual, el énfasis sobre la *gnôsis*, la participación en fiestas idólatras, y el divisionismo estaban entre sus características principales, posiblemente junto con la cooperación política con Roma».

¿Por qué se las califica de sectas libertinas? Debido a la inmoralidad generalizada que las caracterizaba. Pablo había enseñado que el creyente vive bajo la guía del Espíritu Santo (Gá. 5.16; Ro. 8.1-14) y que podía confiar en él para tener dirección en la vida. Muchos convertidos de las religiones paganas habían vivido vidas sumamente perdidas como paganos, y era muy fácil que abrazaran la nueva doctrina como una justificación para la continuación de su inmoralidad. El nombre de «sectas libertinas» no les fue dado por sus contemporáneos, sino que es la manera en que algunos eruditos modernos las han calificado, en razón de que estos «hombres impíos» convertían «en libertinaje la gracia de nuestro Dios» (v. 4).

La pregunta que uno se hace es si el problema era tan serio como evidentemente le parece al autor. En verdad que lo era. Un estudio de las cartas a los corintios muestra el bajo estado moral de esa comunidad de fe (1 Co. 6.9-11), y también en otras cartas paulinas aparecen discusiones sobre cuestiones morales. Las pautas griegas para la ética personal eran totalmente diferentes de las judías, y ni que hablar de las cristianas, si bien los judíos fueron los más castos y morales en el mundo de sus días. Un griego que se convertía al judaísmo necesitaba alcanzar con su conducta una pauta moral que jamás en su vida había intentado. Pero si se convertía al cristianismo, los requisitos eran todavía mucho mayores y exigentes. Pablo reconocía la brecha enorme entre los dos conceptos de vida, y predicaba la doctrina de que Cristo había hecho una nueva criatura de aquel que aceptaba la fe en Jesucristo (Gá. 6.15; 2 Co. 5.17).

Para quienes se habían convertido y les resultaba difícil alcanzar las pautas éticas cristianas no fue difícil buscar excusas para sus fracasos invocando la autoridad del Espíritu para sus acciones. Una vez que alguien levanta una excusa así es muy difícil condenar sus acciones. Al principio se trató solamente de un problema ocasional, que afectó a unos pocos individuos. Pero con el tiempo, tales personas comenzaron a buscarse, a reunirse, y terminaron formando grupos. Luego pretendieron tener un conocimiento superior del Espíritu Santo y procedieron a vivir por encima de la ley. La carta de Judas nos da una idea general de la naturaleza de estos grupos sectarios, que deben haber sido una amenaza muy real para las comunidades cristianas del primer siglo.

Lugar, fecha y destinatarios

El lugar de composición de la carta es desconocido. Se han sugerido diversos lugares, como Alejandría y Jerusalén, pero sin apoyo consistente.[29] Por su parte, K. Pieper ubica el lugar de composición de la epístola en Jerusalén, en el año 60.[30] Si el autor es Judas, el hermano de Santiago y de Jesús, lo más probable es que se trate de algún lugar en Palestina o Siria. En realidad, los datos que aporta la carta hacen pensar en cualquier sitio.

En cuanto a la fecha de composición, la opiniones de los eruditos están divididas. Según algunos, fue escrita con el propósito de advertir a las comunidades cristianas contra las sectas libertinas que se estaban desarrollando en número considerable. Este tipo de situación compagina con las circunstancias históricas prevalecientes a mediados del segundo siglo. Si bien estos estudiosos admiten la dificultad de fijar una fecha exacta, consideran que una probable sería cerca del año 150.[31]

No obstante, otros estudiosos del Nuevo Testamento son de la opinión de una fecha más temprana. En realidad, no hay una razón de peso para interpretarla en el trasfondo del gnosticismo prevaleciente en el siglo II. Al menos una gran proporción de los destinatarios, como indicamos, eran cristianos de origen judío. Parece plausible, entonces, fecharla no más tarde del año 80, y quizás incluso algo más temprano.[32] Los «hombres impíos» descritos como

---

29 John J. Gunther sostiene la hipótesis del origen alejandrino de la epístola de Judas. Según él, Egipto era la tierra más probable para el florecimiento de los libertinos gnósticos contra los que supuestamente Judas escribe. Allí también habría sido estimada la autoridad de los hermanos de Jesús, entre los convertidos de su enorme población alejandrino-judía. Gunther dice que el texto mismo refleja las condiciones en Alejandría (ver e.g. vv. 12-13) y tiene puntos de contacto con escritos egipcios. Justo, el obispo de Alejandría entre el 120 y el 131, bien puede haberse sentido animado a escribir en nombre de Judas, según la hipótesis de Gunther. John J. Gunther, «The Alexandrian Epistle of Jude», *NTS* 30 (4, 1984): 549-562.

30 Ver nota 1 en Alonso, *SE*, p. 561.

31 Ver Bigg, *ICC*, pp. 312-313. Según algunos eruditos, el trasfondo de Judas es el desarrollo del gnosticismo en las iglesias, con lo cual habría de fechar la carta a mediados del segundo siglo. Ver E. M. Sidebottom, *James, Jude, 2 Peter*, en *New Century Bible Commentary*, Eerdmans, Grand Rapids, 1982, pp. 75-76.

32 H. Eybers, «Aspects of the Background of the Letter of Jude», *Neot* 9 (1975): 113-123.

apóstatas no necesariamente eran gnósticos, como se verá más adelante, y bien podrían pertenecer al primer o segundo siglo.

De todos modos, es evidente que Judas escribe mirando hacia atrás, a la enseñanza apostólica. La cuestión es determinar cuán lejos hacia atrás está mirando.

Con la excepción de Juan, para el año 70 ya todos los apóstoles habían muerto. Aparentemente, el autor presupone una comunidad cristiana integrada por creyentes provenientes del judaísmo y otros del paganismo cuando los exhorta a una «común salvación» (v.3). Además, si Judas es anterior a 2 Pedro, como parece que lo es, la fecha de la segunda carta marca un límite de tiempo para su composición. Si la carta fue usada para escribir 2 Pedro (véanse las similitudes entre 3-18 y 2P. 2.1-18), hay que ubicarla con anterioridad. Según algunos eruditos, fue precisamente por su inclusión en 2 Pedro que Judas ejerció una influencia fuera de proporción a su tamaño. De este modo, permanece como un recordatorio de la lucha contra ese cristianismo ética- mente distorsionado y teológicamente diluido de alrededor del año 90, y a través de 2 Pedro, hasta cerca del año 190.[33]

Pero no es fácil saber cuánto más temprano fue escrita Judas. La fecha sugerida entre el 65 y el 67 es puramente conjetural. Pero parece evidente que la epístola ofrece una visión singular dentro de aquellos círculos cristianos originales, quizás palestinos, en los que los propios parientes carnales de Jesús, como Santiago, eran líderes.[34] De todos modos, si se acepta el hecho de que el autor es Judas, el hermano de Santiago y de Jesús, su composición no pudo haber sido muy tarde en el primer siglo. Si se toman en cuenta todos estos factores, es posible asignarle una fecha entre el 70 y el 90.[35]

33 Rowston, *NTS*, pp. 555-556. R. Kugelman considera la carta como abriendo una ventana sobre el peligro que corría la fe apostólica en algunas comunidades apostólicas hacia fines del primer siglo. R. Kugelman, *James and Jude*, en *New Testament Message*, vol. 19, Glazier, Wilmington, 1980, pp. vi-vii. Ferdinand Kahn arguye que la epístola de Judas se originó entre el 90 y el 120 en una comunidad judeo-cristiana helenista, que estaba orientada hacia el cristianismo pales- tino-judío. El autor habría usado el seudónimo de Judas. Ferdinand Kahn, «Randbemerkungen zum Judasbrief», *TZ* 37, 4, 1981: 213-218.

34 Bauckham, *BC*, p. 13. Según K. Pieper, la carta fue escrita alrededor del año 60, en Jerusalén, en el contexto de las turbulencias ocurridas después del martirio de Santiago, el hermano de Jesús y líder de la iglesia. Cp. Eusebio, *Historia eclesiástica*, 4.22.

35 Alonso, *SE*, p. 561. E. Fuchs y P. Reymond ven la carta de Judas como evidencia de las dificultades que confrontaba la comunidad cristiana hacia fines del primer siglo en cuestiones de moralidad y espiritualidad. Ver E. Fuchs y P. Reymond, *La deuxième épître de saint Pierre*. *L'épître de saint Jude*, en *Commentaire du Nouveau Testament*, Labor et Fides, Ginebra, 1988, p. 19. Ver Barclay, *NTC*, p. 182. Por el contrario, Schelkle, *IITKNT*, p. 120, sostiene que difícilmente la carta puede ser anterior al año 90. Bo Reicke la ubica en el 90 en tiempos de Domiciano, *AB*, p. 192. Hay quienes argumentan que la carta no puede ser posterior al 70 porque de otro modos hubiese hecho mención a la destrucción de Jerusalén. Pero éste no es un argumento definitivo. Ver Salguero, *BC*, p. 279.

La misma incertidumbre que hay respecto del lugar y fecha existe en relación a los destinatarios. La única pista posible puede ser la similitud entre Judas y 2 Pedro, y el parecido de los problemas que se denuncian aquí con los de la iglesia de Corinto. Las iglesias a las que Judas escribe eran aparentemente comunidades judeo-cristianas. Así parecen indicarlo las alusiones y citas del Antiguo Testamento y de los escritos apócrifos. No obstante, el tipo de libertinaje e impiedad que se denuncia parece aludir a un entorno pagano.

Es probable que sus primeros lectores hayan sido judíos cristianos de la diáspora, radicados posiblemente en Siria.[36] Estos creyentes quizás conocían la enseñanza de Pablo y de los apóstoles. Pero la carta pudo haber sido escrita a cualquier comunidad de habla griega en el Mediterráneo oriental. Es probable que Judas no haya fundado las comunidades a las que escribe, pero que sí las haya visitado en sus viajes misioneros. Sea donde fuere que estas iglesias estaban ubicadas, parece evidente que eran predominantemente comunidades judeo-cristianas en una sociedad gentil.[37]

Forma, estructura y contenido

El escrito de Judas en una carta breve, y como tal, se presenta como una obra unificada y consistente. Según Duane F. Watson, «la situación que provocó la redacción de la Epístola de Judas es decididamente retórica»; es decir, tiene tres constituyentes: una situación crítica, una audiencia que es constreñida a la decisión y a la acción, y las obligaciones o demandas que se plantean. Bauckham considera la obra como un «sermón epistolar»; es decir, una obra cuyo contenido hubiese sido presentado como una homilía si Judas y sus lectores hubiesen podido encontrarse.

La *situación crítica* es la infiltración repentina y perturbadora (v. 4) en la iglesia o iglesias de un grupo divergente en doctrina y ética, que ha intentado con algún éxito ganar adeptos (vv. 19, 22-23) para su propio provecho (vv. 11,16). El lenguaje del v. 4 («han entrado encubiertamente») indica que los infiltrados pueden ser profetas o maestros itinerantes; lo cual, como ya se ha dicho, era bastante común en el cristianismo primitivo.

Estos falsos maestros buscaban algún beneficio económico (vv. 11-13), negaban la autoridad de la ley de Moisés (vv. 8-10), y a Cristo mismo (vv. 4, 8), posiblemente sobre la base de supuestas revelaciones proféticas (v. 8; cp. v. 19). Como corolario de este rechazo, tales personas eran inmorales, especialmente en el sentido sexual (vv. 6-8, 10, 16).

Para Judas, el problema era serio. La disidencia era grave y la división que creaba en las iglesias era peligrosa (v. 19). Quienes seguían a los sectarios iban camino a la destrucción eterna junto con ellos (vv. 22-23). La crisis demandaba

---

36 Leahy, *CBSJ*, p. 314.

37 Bauckham, *WBC*, p. 16. Kistemaker sugiere una comunidad de cristianos judíos y gentiles en Asia Menor (*NTCom*, p. 359).

atención y acción inmediatas, porque la falsa enseñanza y la conducta errónea eran precursoras del juicio final (vv. 14-15, 23). Es este juicio final el que pone urgencia en la apelación de Judas (vv. 14-16, 17-19, 21, 23). Tan urgente es la cuestión, que él se concentra en ella en lugar de discurrir más generalmente en el tema soteriológico (v. 3). Sus lectores perciben también la urgencia, porque es evidente que algunos han seguido a los sectarios (vv. 19, 22-23), si bien no es posible medir cuán profundamente el divisionismo había afectado a esta congregación o congregaciones.

No obstante, el problema parece que va a continuar. En realidad, lo que está ocurriendo es un anticipo del fin del mundo, y continuará hasta que ocurra el juicio final (vv. 14-15, 18). Pero es posible cambiar las cosas. El autor quiere convencer a sus lectores de que los sectarios son impíos (vv. 14-19), y que van camino a la destrucción (vv. 5-16). Así, pues, los anima a adherirse a la doctrina tradicional (vv. 3, 20), a reavivar sus vidas espirituales (vv. 20-21), y a convencer activamente a aquellos que han sido persuadidos por los infiltrados a abandonarlos y dejar sus caminos (vv. 22-23). De esta manera, espera poner fin a su influencia y salvar a las congregaciones de su destrucción.

El segundo componente de la situación retórica de Judas es la *audiencia*. Se trata de una comunidad cristiana no específica o de un grupo de comunidades que se han visto infiltradas por un grupo impío (v. 4), que es el responsable de su división (vv. 19, 22-23) y corrupción (vv. 12, 23-24). Esta audiencia está sujeta a la situación crítica, pero es capaz de hacer un cambio. La epístola presupone la capacidad y la voluntad de un cambio favorable (vv. 3, 20-23).

El tercer componente, las *demandas* que se plantean, tiene el poder de dirigir la decisión y la acción necesarias para modificar la situación conflictiva. En Judas, estas demandas se plantean en términos retóricos, con el poder de provocar la decisión y la acción de los lectores a fin de modificar la situación crítica. Las demandas son numerosas. Muchas tienen su origen en la autoridad del propio Judas y en la iglesia que él representa. El autor se presenta nada menos que como el «hermano de Jacobo», el líder de la iglesia de Jerusalén, y en consecuencia, el hermano de Jesucristo (v. 1). Su autoridad personal y reputación como líder en la iglesia se suman al peso de su demanda de cambio en base a la doctrina tradicional de la iglesia.

Debido a su posición, las enseñanzas y exhortaciones de Judas actúan como demandas autoritativas. Su enseñanza de que las sectas serán severamente castigadas por Dios (vv. 10-13, 14-16) y su descripción de este castigo son aterradoras imágenes tradicionales (vv. 5-7, 13, 15, 23), que sirven como una advertencia efectiva contra la asociación con los disidentes. Igualmente efectiva es la promesa de una recompensa para aquellos que obedecen a sus exhortaciones (vv. 21-23, 25). Sus caracterizaciones sirven también como advertencias. Su descripción de la congregación como «los llamados, santificados en Dios Padre, y guardados en Jesucristo» (v. 1) es motivadora, pues les recuerda a los lectores su identidad, la conducta que les corresponde y el privilegio que les cabe de permitirle a Dios que los guarde de corrupción. Además, la quizás algo exagerada descripción negativa de los disidentes sirve para motivar una conducta cristiana. Quienes desean ganar la aprobación divina y una evaluación positiva por parte de Judas, deben cuidarse de no actuar de manera de recibir la condenación anticipada.

Judas agrega peso a sus demandas apelando a un cuerpo sustancial de literatura y tradición oral, que sus lectores evidentemente conocían y consideraban autoritativo (vv. 3, 4, 17-19). Este cuerpo incluye el Antiguo Testamento y la tradición basada en él (vv. 5-7, 11), el *Testamento de Moisés* (v. 9), *1 Enoc* (vv. 14-15), y la tradición apostólica (vv. 17-18). Todo este material era muy apelativo, puesto que contiene profecías que se creía hacían referencia específica a la venida de los falsos maestros y su condenación (vv. 4, 14-15, 17-18).

La relación con 2 Pedro

La cuestión de la relación de Judas con 2 Pedro no solo es importante para fechar la carta, sino también para comprender su trasfondo. En buena medida, es similar al capítulo 2 de 2 Pedro. Ciertas expresiones en sus primeros versículos son similares a los versículos introductorios de 2 Pedro, y la conclusión es casi la misma. Cotéjese, por ejemplo, Judas 2 con 2 Pedro 1.2; Judas 3 con 2 Pedro 1.5; Judas 5a con 2 Pedro 1.12; Judas 5b-19 con 2 Pedro 2.1-3.3; Judas 24 con 2 Pedro 3.14. Si bien Judas no es un mero duplicado de 2 Pedro, ya que contiene varios conceptos independientes y el contexto del tema que comparte con Pedro es diferente, es necesario aclarar la relación que existe entre ambos escritos. El problema ha provocado un vivo debate en la literatura exegética.[38]

Tres son las posibles conclusiones que se pueden sacar.

Primero, Judas es posterior a 2 Pedro y tomó prestado material de esta epístola. Martín Lutero afirma que «nadie puede negar que la epístola de San Judas es un extracto o copia de la segunda epístola de San Pedro, puesto que las palabras son casi todas las mismas».[39] Quienes sostienen esta hipótesis enfatizan la unidad de estilo de 2 Pedro; su uso del futuro en las predicciones de los falsos maestros, a diferencia de Judas que usa el presente (2 P. 2.1-3; 3.3, 17 comparado con Judas 4, 8, 10, etc.); el hecho de que un apóstol como Pedro no copiaría a un oscuro escritor como Judas; la posibilidad de que Judas 17-18 se refiera a la profecía de 2 Pedro 3.2-3; la cita y supuesta interpretación errónea de algunos pasajes de 2 Pedro en Judas (2P. 2.4 en Jud. 6; 2 P. 2.11 en Jud. 9); el hecho de que Judas cite la Apócrifa hace posible que haya citado

---

38 Reicke, *AB*, p. 189. Para las diferencias con 2 Pedro ver Kelly, *HNTC*, pp. 228-231; y especialmente J. B. Mayor, *The General Epistle of Jude»*, en *The Expositor's Greek Testament*, vol. 5, Eerdmans, Gran Rapids, 1961, pp. 211-225.

39 Lutero, *Obras*, 6:155.

también a 2 Pedro; y en razón de la urgencia con que aparentemente escribió, echó mano de cualquier material adecuado a su propósito, como pudo haber sido 2 Pedro.[40]

Segundo, Judas es anterior a 2 Pedro y, en consecuencia, Pedro tomó prestado material de Judas. Quienes apoyan esta hipótesis señalan a la frescura y vitalidad de Judas en comparación con el estilo más reprimido de 2 Pedro, lo cual es un juicio bastante subjetivo. La probabilidad de que el escrito más largo haya copiado al más corto y no al revés, es un argumento más convincente ya que, de ser a la inversa, Judas habría escrito solo unos diez versículos, con lo cual no se hubiese justificado su publicación y preservación. Mayor también llama la atención sobre la divergencia en los énfasis y expresiones doctrinales como indicativa de la prioridad de Judas.[41]

Tercero, Judas y Pedro tomaron prestado de una fuente común el material que comparten.[42] Según Bo Reicke, ésa es la alternativa mejor. La tradición común pudo haber sido oral más que escrita. «Muy posiblemente hubo un sermón modelo formulado para resistir a los sectarios en la iglesia: esto explicaría de una manera satisfactoria tanto las similaridades como las diferencias».[43] No obstante, casi no hay nada en Judas que no aparezca en 2 Pedro, de modo que la fuente común casi sería idéntica. Pareciera que todo lo que el autor de esta carta tuvo que hacer fue agregar el prescrito y la perícopa breve de los vv. 19-25. Surge, entonces, la pregunta sobre si el autor determinó limitarse a hacer tan poco trabajo.[44]

Las tres hipótesis ofrecen argumentos convincentes y tienen puntos débiles. De todos modos, la tercera alternativa parece ser la más aceptable. El argumento de que Judas queda reducido como autor a los primeros tres versículos y a los versículos 19-25 es discutible.[45] No obstante, en comparación con 2 Pedro, se muestra muy preocupado y bastante dramático frente a las circunstancias por las que están atravesando sus destinatarios. Incluso, parece algo duro en sus exhortaciones. A diferencia del autor de 1 y 2 Pedro, Judas se planta firme y se muestra inquebrantable frente a la maldad de los

---

40 Ver la discusión de estos argumentos en Michael Green, *2 Peter and Jude*, en *Tyndale New Testament Commentaries*, Eerdmans, Grand Rapids, 1987, pp. 59-60. R. Heiligenthal afirma que Judas usó material de 2 Pedro y en consecuencia es posterior al año 70. Ver Heiligenthal «Der Judasbrief», pp. 117-129.

41 Mayor, *EGT*, pp. 211-225. Sobre la prioridad de Judas ver también Sidebottom, *NCBC*, pp. 68-69.

42 Green, *TNTC*, pp. 61-64. Ver Sidebottom, *NCBC*, pp. 67-68.

43 Reicke, *AB*, p. 190.

44 Kelly, *HNTC*, p. 226.

45 Cf. Bauckham, *WBC*, p. 142. Ver la conclusión de Green en favor de la tercera hipótesis en *TNTC*, pp. 63-64.

falsos maestros.[46] Además, está mucho más cerca de Pablo que Pedro. Habla el lenguaje paulino y comparte algo de su teología.[47]

Propósito y mensaje

El autor no escribe a las sectas sino a los creyentes, «a los llamados, santificados en Dios Padre, y guardados en Jesucristo» (v. 1). Con esto se refiere a todos los cristianos que están procurando mantener su fe y que guardan incólume su lealtad. La carta no está dirigida a una iglesia en particular, sino que se propone ser un pequeño tratado sobre un problema coyuntural, pero válido para todos los cristianos en todos los tiempos.[48] Su «catolicidad», pues, no está tanto en su carácter circular o su falta de especificidad situacional, como en su aplicación universal a situaciones recurrentes en las iglesias cristianas a lo largo de los siglos. No está compuesta sobre la base de una ficción ni está dirigida a los creyentes en todos los tiempos y en todos los lugares, sino que fue escrita teniendo en mente una audiencia específica y localizada.[49] No obstante, su mensaje es válido hoy también, en la medida en que aborda situaciones humanas reales.

Es el resultado de una situación de crisis y seria emergencia. Fue escrita para defender la fe cristiana de personas inescrupulosas e impías, que amenazaban con corromper la doctrina y práctica de las iglesias. Les dice a sus lectores que había sido su propósito escribirles de la salvación que tenían en común. La situación crítica que se desencadenó lo llevó a ser menos sistemático y más específico en su tratamiento de la cuestión soteriológica. Por eso llama a contender por esa «fe que ha sido una vez dada a los santos» (v. 3). Hacia el final, los anima a edificarse sobre esa «santísima fe» (v. 20), y a mostrar misericordia a aquellos que dudan de ella (v. 22).

El propósito de Judas parece polémico. En el cuerpo de su carta (vv. 4-19) exhorta a los lectores a oponerse a los apóstatas infiltrados. Les advierte contra

---

46 Como señala D. Senior, Judas fue escrita por un pastor preocupado y ansioso por sacudir los hombros de su comunidad, para despertar a sus miembros a los peligros que había en medio de ellos. 2 Pedro también se propone advertir a los creyentes de los peligros dentro de la comunidad, pero su alcance es más amplio que Judas y su contenido a veces es bastante diferente. Ver D. Senior, «The Letters of Jude and Second Peter», *Bible Today* 25 (4, 1987): 209-214.

47 Bigg, *ICC*, pp. 321-322.

48 Bauckham, *WBC*, p. 3, es de la opinión de que Judas es una carta genuina en el sentido de que fue escrita y enviada a destinatarios específicos. No es un tratado sobre la herejía en general, sino un mensaje para una situación específica en la que un grupo de maestros específicos estaba perturbando a una iglesia o grupo de iglesias específicas.

49 *Ibid.* Ver Kelly, *HNTC*, pp. 227-228. Sobre la catolicidad de Judas ha habido bastante discusión entre los eruditos. Según Heiligenthal, el área de mayor controversia ha sido el lugar de la epístola en la historia de la teología cristiana primitiva, especialmente su relación con el «catolicismo temprano». Heiligenthal, «Judasbrief», pp. 117-129. Ver Edwin A. Blum, *Jude*, en *The Expositor's Bible Commentary*, vol. 12, Zondervan, Grand Rapids, 1981, p. 382.

la perniciosa influencia de estas personas impías y les inculca alguna verdades cardinales.[50]

¿Cuál es su mensaje? Judas exhorta a los creyentes a mantenerse firmes en torno a las creencias aceptadas de la iglesia y a no extraviarse detrás de doctrinas extrañas o de maestros que niegan al verdadero Dios y a Jesucristo su único Hijo (v. 4). El juicio divino, según el autor, es bien seguro (vv. 5-11), y los agitadores son bien malvados (vv. 12-18). Los discípulos verdaderos deben seguir el consejo de los apóstoles y continuar firmes (vv. 19-23).

En su concepto de las Escrituras encontramos una de las ideas más interesantes de la carta de Judas. El autor cita con total confianza del libro *1 Enoc* y de *La Ascención de Moisés* (vv. 6, 9, 14) como si fuesen parte de las Escrituras con igual autoridad que cualquiera de los libros del Antiguo Testamento. Estos libros eran escritos religiosos que gozaron de popularidad entre los primeros cristianos, si bien no eran aceptados por los judíos. El uso que hace Judas de ellos muestra que los cristianos estaban comenzando a pensar con cierta independencia con relación a las Escrituras, y éste fue uno de los primeros pasos en dirección al Nuevo Testamento.[51]

El autor dice que había esperado escribir una carta más extensa (v. 3), que seguramente habría sido un tratado más amplio sobre el evangelio cristiano. Y uno desea que ojalá lo hubiera hecho. Pero en lugar de ello, Judas se apura por reunir algunas notas en este pequeño tratado y enviarlo con la esperanza de que pueda ser de ayuda para parar la ola de inmoralidad que estaba inundando la iglesia.

No obstante, no renuncia a su objetivo soteriológico original, es decir, su propósito de tratar sobre la salvación (v. 3). En otras palabras, Judas no hace una opción entre un tratado soteriológico y una carta-sermón de carácter ético. Más bien su «sermón epistolar» ético es un tratado de soteriología, porque la verdadera fe, como bien lo enseñara su hermano Santiago (Stg. 2.14-26), se manifiesta en obras. Además, no es posible separar la ética de le teología. La fe en «Dios, el único soberano» y en «nuestro Señor Jesucristo» es el fundamento de toda conducta y acción cristiana. De allí que al exhortar en favor de una vida cristiana consistente, no puede dejar de lado la cuestión soteriológica, al punto que en el cierre doxológico de su carta alaba «al único y sabio Dios, nuestro Salvador» (v. 25).

¿Cuál es el valor de Judas?

Hay cartas que conservamos porque han hecho una impresión profunda en nuestras vidas. Su lectura nos trae a la memoria buenos consejos y palabras de amor, sueños e ilusiones, amonestaciones o congratulaciones. Volver a esas

---

50 Kistemaker, *NTCom*, pp. 357.
51 Sobre el uso que hace Judas de la apócrifa y seudoepígrafa, ver Mayor, *EGT*, pp. 234-237; Sidebottom, *NCBC*, pp. 76-77; Salguero, *BC*, p. 281.

líneas nos hace sonreír o quizás derramar una lágrima. Pero las guardamos porque significan un hito importante en nuestro peregrinaje.

Al leer la carta de Judas no son pocos los que se preguntan para qué la conservó la iglesia. ¿Cuál es el valor de esta pequeña epístola de tono tan vehemente? Por cierto que llama poderosamente la atención por ciertas características muy originales. Tiene ciertas afinidades con la literatura apocalíptica, denuncia la apostasía con rigor, se parece mucho a 2 Pedro, parece citar libros apócrifos como escrituras (*1 Enoc* y *La Ascención de Moisés*), y presenta la doxología más hermosa de toda la Biblia.

No faltan quienes consideran que las herejías que el autor pretendía combatir en un sentido ya han pasado, por lo menos como fuerzas organizadas y movimientos estructurados. En este sentido, es posible que la carta haya perdido también su relevancia, salvo en la medida en que combate la inmoralidad en general. Además, no son pocos los que creen que parece ofrecer escasa guía moral o inspiración espiritual, si bien hay un pasaje que es tan sublime y hermoso como el mejor en el Nuevo Testamento: la bendición con la que concluye (vv. 24-25).

Sin embargo, el juicio negativo de algunos eruditos sobre el valor de la epístola no se justifica. El autor, definitivamente oriental, hace frente a los falsos maestros de manera muy radical y valiente, aun cuando usa una imaginería inusual. Debemos darnos cuenta de que lo que a nosotros nos parece quizás primitivo sirvió a gente de otra cultura y medios de expresión. Pero precisamente por su radicalismo y coraje, el escrito es también de gran valor para nosotros hoy, en tanto que nosotros también enfrentamos desde afuera y desde adentro de la iglesia los peligros de una fe distorsionada.[52]

Por eso, cuando la carta se lee desde Hispanoamérica, se descubren en ella ciertos elementos de particular interés. El fuerte énfasis sobre el «inspiracionismo», tan característico de buena parte del protestantismo hispanoamericano, hace de Judas una advertencia pertinente. Cuando el balance de la fe de la Reforma entre la autoridad de la Palabra escrita y la actividad del Espíritu no es guardado como corresponde, se cae fácilmente en el legalismo farisaico que se ajusta a la letra impresa o en el subjetivismo inspiracionista que se apoya sobre cualquier revelación por más que sea contraria al mensaje del texto bíblico.

Algunos excesos doctrinales y morales ocurridos en los últimos años en filas evangélicas en Hispanoamérica corroboran la advertencia de Judas de que la tolerancia de falsos maestros y doctrinas termina por relajar la integridad de la fe y la conducta cristianas. No se trata solamente del incremento de las así llamadas «sectas» o grupos religiosos que están fuera del cristianismo histórico (Testigos de Jehová, Mormones, Ciencia Cristiana, *Moonies*, etc.),

52 Ver P. A. Seethaler, «Kleine bemerkungen zum Judasbrief», *Biblische Zeitschrift* 31, 2, 1987: 261-264.

sino de versiones distorsionadas de la fe evangélica. Hay en todos los países del continente grupos religiosos que se autodenominan «evangélicos», pero que son verdaderas expresiones sincréticas en las que se combina la Biblia con elementos de magia y supersticiones populares, muy alejados de la fe evangélica tradicional.

Por otro lado, en tiempos cuando la cultura hispanoamericana enfrenta un serio déficit en su perfil de identidad, el mensaje de Judas a la iglesia es pertinente. Si representa un intento de parte de la iglesia primitiva por permanecer fiel a su herencia teológica en medio de una cultura fragmentada y escéptica, entonces su palabra es pertinente a nuestra presente situación.[53]

Finalmente, ha sido común entre nosotros interpretar la exhortación de Judas como una advertencia contra enemigos ubicados *fuera* de la iglesia, claramente identificables y ajenos a ella misma. No obstante, la carta se torna más elocuente y pertinente a nuestra situación cuando se admite que los «hombres impíos», «soñadores», y «blasfemos» están *dentro* de la iglesia, son miembros de ella, e incluso sirven como líderes. Su pecado es tanto más grave cuando su acción disolvente se lleva a cabo en forma encubierta, solapada, en nombre de la fe cristiana, y recubierta de ortodoxia y piedad.

Lo que torna urgente y dramático el llamado de Judas a «contender ardientemente por la fe que ha sido una vez dada a los santos», es precisamente el hecho de que el peligro que estos impíos representan no consiste en un ataque explícito a esa fe, sino en una taimada negación de la misma a través de los hechos.[54]

En este sentido, Judas está muy cerca de su hermano Santiago en su comprensión de la fe verdadera y de los peligros que la amenazan. Y en este sentido también, su amonestación es vital para nuestras comunidades cristianas. No hay personas más impías que aquellas que diciéndose cristianas, se burlan del Señor y de la fe viviendo de contramano con la voluntad del Señor. Así, pues, Judas no ataca a «inconversos» que viven vidas disolutas y libertinas, sino a creyentes nominales que actúan como si Dios no existiese y el señorío de Cristo fuese opcional. Esto es lo que ocurre con aquellos que creyéndose muy ortodoxos en su doctrina, no aman de veras a su prójimo, especialmente a los más pobres y débiles, sino que por el contrario contribuyen a su explotación, opresión y marginamiento. Como bien lo expresara Justo L.

---

53 Ver Elliott, *ACNT*, pp. 165-166.

54 Según M. Desjardins, la información provista por 2 Pedro y Judas acerca de los «disidentes» no garantiza la conclusión de que sean gnósticos, como sostienen algunos eruditos. Pero esta información sí nos dice algo acerca de las comunidades a las que pertenecía el autor y su percepción del mundo. Estos creyentes esperaban que el fin del mundo acontecería en cualquier momento, no tenían nada que ver con el mundo a su alrededor, y ponían toda su confianza en el liderazgo. En realidad, la disidencia a la que Judas ataca no era tanto un problema externo como interno. Ver M. Desjardins, «The Portrayal of the Dissidents in 2 Peter and Jude: Does It Tell Us More About the 'Godly' Than the 'Ungodly'?» *Journal for the Study of the New Testament* 30, 1987: 89-102.

González: «Le heterodoxia a que se refiere la epístola de Judas no es la de los que niegan el nacimiento virginal de Jesús, o los que niegan algún punto de doctrina, o los que confiesan su dificultad con algún milagro, sino... los que al mismo tiempo que dicen ser cristianos, muchos de ellos perfectamente ortodoxos, se burlan de la fe precisamente desentendiéndose del prójimo, actuando como mejor les conviene, violando a los que parecen ser débiles, como lo hicieron en Sodoma».[55]

En nuestro característico pietismo evangélico hispanoamericano hemos tendido a sobre-enfatizar el purismo ortodoxo de la fe. Nos hemos constituido en celosos guardianes y defensores de la «fe bíblica». Nos consideramos ardorosos paladines de la fe evangélica. Y no cuesta mucho declamar con elocuencia estos artículos de fe que compartimos (ver Stg. 2.19). Más difícil es traducir en una praxis evangélica los contenidos de esa fe «que ha sido una vez dada a los santos». Aquí se encuentra uno de los más serios problemas que afectan a muchos de nuestros hermanos evangélicos. Lo que representa el mayor peligro para nuestra fe no es la heterodoxia sino la heteropraxis; es decir, ser y actuar en formas y maneras que no son consistentes con el evangelio del reino. La gran amenaza para nuestra fe hoy no es dudar sobre quién escribió la epístola de Judas, sino vivir como si no solamente esta epístola sino todo el mensaje evangélico no tuviesen pertinencia para el día de hoy.

Si releemos la carta con contrición, confesión de pecados y fe, bajo la guía del Espíritu Santo, podremos descubrir que este escrito, por largo tiempo dejado de lado, encierra un mensaje poderoso y pertinente a nuestra situación como pueblo de Dios hoy. En este sentido, el valor de la epístola es inapreciable, en cuanto ella nos amonesta con la palabra de Dios.

---

[55] Justo L. González en carta al autor, 9 octubre de 1989.

Bibliografía

Alonso, José. «Carta de San Judas», en *La Sagrada Escritura,* vol. 3, Biblioteca de Autores Cristianos, Madrid, 1967.
Comentario católico conservador, de carácter exegético y breve.

Barclay, Willam. *I, II, III Juan* y *Judas,* en *Nuevo Testamento Comentado,* vol. 15, La Aurora, Buenos Aires, 1974.
El comentario del Nuevo Testamento más difundido en el mundo de habla española. Tiene el valor de hacer que los resultados del estudio erudito de las Escrituras puedan estar al alcance del lector no especializado, en una forma tal que no se requieran estudios teológicos para comprenderlos, haciendo también que las enseñanzas bíblicas sean pertinentes a la vida y el trabajo de los seres humanos contemporáneos.

Bauckham, R.J. *Jude, 2 Peter,* en *Word Biblical Commentary,* vol. 50, Word Books, Waco, 1983.
Posiblemente el comentario más completo sobre la epístola. Representa una perspectiva evangélica y conservadora.

Coder, S. Maxwell. *Judas: los hechos de los apóstatas,* Publicaciones Portavoz Evangélico, Grand Rapids, 1981.
Comentario de tipo expositivo, muy conservador, y con fuerte énfasis escatológico. Presenta el contenido de Judas de manera organizada y bosquejada, inherente al pensamiento progresivo del autor.

Leahy, Thomas W. *Epístola de San Judas,* en *Comentario Bíblico «San Jerónimo»,* vol. 4, Ediciones Cristiandad, Madrid, 1986.
Escrito por un erudito jesuita. Comentario breve, de carácter exegético.

Salguero, José. *Epístolas católicas—Apocalipsis,* En *Biblia Comentada* vol. 7, Biblioteca de Autores Cristianos, Madrid, 1965.
Breve comentario católico de tipo expositivo.

Bosquejo de la Epístola

I. Introducción a la carta (1-4)
    A. Salutación (1-2)
    B. Ocasión de la carta (3-4)

II. Amonestación contra la doctrina falsa (5-16)
    A. El castigo de la apostasía (5-7)
    B. El carácter de la apostasía (8-13)
    C. La condena de la apostasía (14-16)

III. Exhortación a la fe verdadera (17-23)
    A. La fe verdadera es apostólica (17-19)
    B. La fe verdadera es santa (20-21)
    C. La fe verdadera es activa (22-23)

IV. Doxología (24-25)

I. Introducción a la carta (1-4)

Si bien la carta de Judas es uno de los escritos más breves del Nuevo Testamento, no por ello carece de importancia. Por el contrario, su mensaje se caracteriza por una solemnidad grande y grave, que se expresa en su apelación «a los llamados, amados en Dios Padre y guardados en Jesucristo» (RVA). Es una carta católica en el sentido más cabal del término, y su aplicación tiene una vigencia notable para el pueblo de Dios en Hispanoamérica.

Su propósito es evidente. No hace falta mucho tiempo y esfuerzo para descubrir su mensaje, que, por otro lado, es bien definido. Su solemnidad se ve incrementada por el hecho de que el autor afirma que, si bien se había propuesto escribir sobre un tema totalmente diferente, se vio forzado a dejar su propósito original en vista de la necesidad urgente, según su parecer, de hacer una seria amonestación.

Los primeros versículos nos indican, primero, la razón del escrito; segundo, el expreso propósito del autor al escribir; y tercero, antes de entrar a la presentación de su mensaje central, el método que adoptó para su escrito.

La razón de su carta está expresada en el v. 4. Se estaban infiltrando en las comunidades de fe cristianas ciertos «hombres impíos, que convierten en libertinaje la gracia de nuestro Dios, y niegan... a nuestro Señor Jesucristo». Cuando Judas estaba dedicándose con entusiasmo, es decir, preparándose cuidadosamente, para escribir un tratado sobre el tema de nuestra común salvación, nació en su espíritu la inquietud de escribir esta carta. Hicieron su aparición dentro del círculo de la iglesia algunas personas, que habían logrado meterse con subrepción, a quienes los hermanos habían acogido bien y ahora escuchaban con atención, y cuya influencia estaba afectando negativamente la vida de la comunidad.

Con igual claridad, Judas presenta el propósito con el que escribió su carta, al decir: «me he visto obligado a hacerlo con el fin de exhortarlos a combatir por la fe, que de una vez para siempre ha sido transmitida a los santos» (NA). El siente que debe plantear una denuncia firme en contra de los apóstatas, en la esperanza de que esto ayude a la iglesia a ver el peligro de su error y la alerte sobre el juicio venidero. También quiere animar a los creyentes recordándoles que estos burladores aparecen en cumplimiento de la profecía apostólica. En sus últimos párrafos, los llama a ejercer su fe dentro de la doctrina común que recibieron. También alaba a Dios como aquél que es capaz de guardar a la iglesia y a los creyentes de caer. Los cristianos pueden tener la confianza de que el Dios que comenzó la buena obra de salvación en ellos (Fil. 1. 6) los guardará (v. 1) y finalmente los presentará seguros en su presencia gloriosa (v. 24).[1]

El método que sigue el autor en su carta es el de presentar ilustraciones de apostasía, mostrando su naturaleza y resultados. También va a dar algunas exhortaciones animando a la fidelidad. De otra manera, desde un punto de vista diferente y con otro énfasis, el gran tema de esta carta es similar al de la Carta a los Hebreos, cuyos dos valores principales son la revelación de los peligros de la apostasía, es decir, de cómo la apostasía resulta en muerte; y de los poderes de la fe, es decir, de cómo el justo vive por su fe. En ella también subyacen estos dos pensamientos. Así, pues, el tema central de la carta es el peligro de la apostasía.

A. Salutación (1-2)

El nombre *Ioudas* es la forma griega del nombre hebreo *Yehuudaah* (Judá), que significa «esta vez alabaré a Jehová» (Gn. 29:35). Nueve personajes de la Biblia llevaron este nombre. Judas dice que es esclavo (*doulos*) de Jesucristo. El vocablo describe a alguien que está ligado en sumisión a otro, ya que se deriva de un verbo que significa ligar o atar. Sin embargo, el motivo de tal sumisión es el amor y no la coerción. No se trata de un yugo externo, sino de un servicio voluntario.[2] Santiago (1:1) y Pedro (2 P. 1:1) se identifican de la misma manera, solo que el primero agrega «Señor».

Judas escribe «a los llamados» (*klêtois*). El vocablo aquí es el sustantivo del que «santificados» y «guardados» son predicados (ver Ap. 17. 14; Ro. 1. 6; 1 Co. 1. 24).[3] La idea de elección y llamado se deriva del Antiguo Testamento y está abundantemente ilustrada en el Nuevo Testamento (1 P. 1. 2). «Santificados en Dios Padre» es mejor leerlo, siguiendo los mejores manuscritos, como «amados de Dios Padre» (*tois en Theô Patri êgapêmenois*) (BJ).[4] No se refiere al amor de Judas por sus destinatarios, sino al amor de Dios que los abraza. No hay paralelos para el uso de esta expresión. Sin embargo, la preposición «en» es utilizada frecuentemente para expresar la

---

1   Blum, *EBC,* p. 384.

2   Mayor, *EGT,* p. 253

3   *Ibid.,* cp. Archibald T. Robertson, *Word Pictures in the New Testament,* vol. 6, Broadman Press, Nashville, 1933, p. 186.

4   Ver Bruce M. Metzger, *A Textual Commentary on the Greek New Testament,* United Bible Societies, n. l., 1971, p. 725; Mayor, *EGT,* p. 253; Green, *TNTC,* p. 168.

relación íntima del creyente con Cristo. En este sentido, Judas escribe a aquellos que han sido amados por el Padre, y que han sido guardados en Jesucristo de las tentaciones a que otros han sucumbido. Precisamente la razón por la que caracteriza a los llamados como amados y guardados es que tiene en mente a otros que han sido llamados, pero que se han extraviado y han provocado a ira a Dios.[5] Misericordia (*eleos*), paz (*eirênê*) y amor (*agapê*) no son virtudes cristianas, sino consecuencias de la revelación de Dios a los lectores. La misericordia es la fuente (1 P. 1:3), la paz es el efecto subjetivo, y el amor es la relación objetiva por parte de Dios que llama. La misericordia de Dios es el fundamento de la paz, que se perfecciona en la experiencia del amor de Dios. Misericordia y paz aparecen juntas en Gálatas 6. 16, y con gracia en 1 Timoteo 1. 2; 2 Timoteo 1. 2 y 2 Juan 3. La combinación de misericordia y amor aparece otra vez en el v. 21. El deseo del autor es que todo esto sea «multiplicado» (*plêthynthein*) en la vida de sus lectores (1 P. 1. 2; 2P. 1. 2; ver Dn. 6. 25).

En los dos primeros versículos de su carta, el autor se presenta, describe a sus destinatarios y ora por ellos para que reciban las bendiciones más apetecidas. Hay, pues, tres elementos a considerar en la salutación de Judas: el autor, los destinatarios y la oración.

El Autor

Siguiendo el patrón característico de la correspondencia en la antigüedad, la firma del autor precede al cuerpo de la carta. Conforme al estilo tradicional, Judas registra su nombre seguido de sus títulos o identificación personal. Es así que se nos presenta de tres maneras:

1. Nos dice que se llama Judas

Este nombre era tan común entre los judíos y los cristianos primitivos como José o Juan entre nosotros hoy. Sin embargo, a pesar de su hermoso significado («alabaré al Señor»), el nombre Judas tiene para nosotros connotaciones trágicas y negativas. Tanto es así que cada vez que un predicador lee en público esta carta, se ve forzado a aclarar que su autor no es Judas Iscariote, el traidor. Nadie le pondría el nombre de Judas a su hijo.

Es interesante notar que la primera palabra de este libro que nos advierte sobre la apostasía, nos trae a la memoria el nombre del mayor de los apóstatas. Quizás sea providencial que éste sea el nombre de este escrito, que nos presenta como ningún otro el peligro de renegar de la fe verdadera. Un nombre puede ser muy noble, pero en definitiva es nuestro carácter el que lo define. Carlos H. Spurgeon decía: «Un buen carácter es la mejor lápida. Aquellos que te

5 Mayor, *GT*, pp. 253-254.

aman, y fueron ayudados por ti, te recordarán cuando las 'no me olvides' se marchiten. Graba tu nombre sobre los corazones y no sobre el mármol».

El concepto de un «buen nombre» es fundamental en la cultura hispanoamericana. La nobleza del apellido y la integridad del nombre son consideradas como elementos de valor fundamental para la autoestima y la valoración que otros hagan de nosotros. Mantener «limpio» el nombre es parte del esfuerzo al que se dedican muchas energías, con miras a acrecentar el honor personal. El creyente en Jesucristo ha recibido un nuevo nombre (Ap. 2. 17), por el cual debe ser conocido y del cual deriva su honor y gloria. Este nombre es el de «cristiano», seguidor de Jesucristo.

2. Nos dice que es siervo de Jesucristo

Judas se considera esclavo de su Señor. Esta designación de sí mismo expresa su dependencia y consagración absoluta al señorío de Cristo. Su disponibilidad para el servicio del Rey es total. En realidad, a menos que Cristo sea el único Señor de nuestra vida, corremos el riesgo de caer en cualquier doctrina falsa o en actitudes y conductas libertinas. Una de las razones sustanciales de muchos de los conflictos internos y externos que padecen algunas de nuestras congregaciones evangélicas, es la falta de una adecuada comprensión del señorío de Cristo. Debemos tomar muy en serio la confesión surgida de los firmantes del documento del grupo *ad hoc* en el Congreso de Lausana (1974): «Confesamos que... hemos fallado en nuestra obediencia al señorío de Cristo, al no someternos a su Palabra y Espíritu... Tantas veces hemos divorciado a Jesucristo Salvador de Jesucristo Señor».[6]

Además, es imposible comprender la verdad revelada a menos que sea en plena sumisión al señorío de Cristo. Existe una estrecha relación entre la palabra escrita y la palabra encarnada. El Cristo en el que creemos debe ser el Cristo de la Biblia, mientras nuestra comprensión de la Biblia debe tener su eje en Cristo. Emilio Antonio Núñez nos llama la atención al hecho de que «sin lugar a dudas el Cristo de la mayoría de los protestantes latinoamericanos es bíblico, en cuanto a que han llegado a conocerle a través de las Sagradas Escrituras.» Y agrega: «El pueblo evangélico es el pueblo de un libro —la Biblia—, y su doctrina es profundamente cristológica. Cristo es supremo en la teología, la liturgia y el servicio del protestantismo hispanoamericano».[7]

3. Nos dice que es hermano de Jacobo

Llama la atención que Judas no se identifique como hermano de Jesús, si es cierta su relación filial con el líder de la iglesia de Jerusalén y autor de la

---

6 «Implicaciones teológicas del discipulado radical», *Pastoralia* 11, 22, 1989: 50-51.
7 Emilio Antonio Núñez, *El Cristo de Hispanoamérica*, Seminario Teológico Centroamericano, Guatemala, 1979, p. 18.

Epístola de Santiago. Su motivación para no hacerlo sería la misma humildad y modestia puesta de manifiesto por su hermano (ver comentario sobre Stg. 1.1).

De todos modos, Jacobo (Santiago) era bien conocido como para que los lectores supieran quién era el que les escribía. Judas y Jacobo tuvieron muchas cosas en común. Vivieron en el mismo hogar en Nazaret, fueron hermanos de Jesús, crecieron con él, fueron testigos de su ministerio, compartieron su incredulidad, pusieron fe en Jesús como el Mesías después de su resurrección, y se transformaron en sus siervos. Ninguno de los dos es mencionado con los doce ni se califican a sí mismos como apóstoles. Sin embargo, sus cartas guardan cierta similitud: mientras Santiago habla de las buenas obras como evidencias de la fe, Judas habla de las malas obras como evidencias de la apostasía. Y ambos son claros en señalar que estos problemas no son tanto externos como internos, en la comunidad de fe.

La simple mención del nombre de su hermano Jacobo le sirve como tarjeta de identidad y presentación. ¿Cuál es el nombre que nos identifica a nosotros? Una de las características notables del folklore evangélico latinoamericano es el nombre curioso que le da a algunas congregaciones. La dinámica divisionista en ciertas denominaciones ha llevado al agotamiento de los títulos históricos y al ejercicio de una creatividad asombrosa. Es como si designaciones tradicionales, tales como «bautista», «metodista», «presbiteriano», o «pentecostal» ya no fuesen suficientes, y hubiese necesidad de apelar a nombres más pintorescos para marcar la identidad propia. «Iglesia Evangélica de los Llamados por Cristo», «Iglesia Evangélica Apostólica de la Fe Bíblica», «Iglesia Cristiana Evangélica Fundamentalista Bíblica», son designaciones imaginarias, pero reflejan los nombres de algunas congregaciones, que tienen muchas palabras, pero dicen poco.

A Judas le bastó el nombre de su hermano para identificarse. ¿No es suficiente para nosotros el precioso nombre de Cristo para decir al mundo quiénes somos y cuál es la fe que sustentamos?

Los destinatarios

De manera característica, el autor los designa mediante tres vocablos que están ligados cada uno a una de las personas de la Trinidad.[8] En su conjunto, la expresión ofrece una identificación universal no sólo para los primeros lectores de la carta sino para todo creyente en cualquier tiempo o lugar que la reciba como palabra inspirada.

---

8 S. Maxwell Corder, *Judas: los hechos de los apóstatas,* en *Comentario Bíblico Portavoz,* Publicaciones Portavoz Evangélico, Grand Rapids, 1981, p. 12.

1. Los creyentes somos llamados por el Espíritu Santo

Es el Espíritu el que nos ha llamado de manera única, decisiva y profética de una vida vieja a una vida nueva (2 Ts. 2.13-14). Ha sido por la operación del Espíritu Santo que hemos sido introducidos a una nueva relación con Dios. La iniciativa ha sido suya y no nuestra (Ro. 8.28-30). Este llamamiento se basa en su propósito de amor y no en algún mérito del que podamos jactarnos (1 Co. 1.26-29).

La idea de un llamamiento divino es uno de los grandes temas de la Biblia, si bien aparece en diversos niveles. Por un lado, se refiere a un nombre dado a una persona y por el cual es conocida. Jesús fue llamado «Jesús» porque su nombre significa «el Señor salva» (Mt. 1. 21,25). El nombre por el que somos llamados como creyentes («cristianos», Hch. 11. 26) indica nuestra condición e identidad como seguidores de Cristo. Por otro lado, el llamamiento en la Biblia se refiere a la convocación a un deber o responsabilidad. Pablo fue llamado a ser apóstol de Jesucristo (1 Co. 1.1; Ro. 1.1), y era consciente de la dignidad de su oficio. En realidad, el vocablo se refiere a todo lo que Dios nos llama a hacer en la vida y al hecho de que toda nuestra vida debe ser una respuesta a su llamamiento. Por último, el llamamiento en la Biblia es una invitación a algo importante y agradable. Cuando Dios llama a las personas a recibir la vida abundante que él ofrece en Cristo, su invitación expresa su gracia; es decir, su amor por la humanidad. De este modo, la gracia es anterior a todo lo que hacemos, y todo lo que podemos ofrecer es nuestra aceptación y gratitud.

A través del Espíritu Santo, Dios llama a todas las personas, porque el llamamiento divino es para todos, sin distingos de ninguna especie. Pero, si bien «muchos son llamados», según señaló Jesús, «pocos son escogidos» (Mt. 20. 16). La invitación divina debe ser aceptada de todo corazón. Esto es lo que nos hace creyentes (Jn. 1. 12), nos da un nuevo nombre (Ap. 2.17), y nos desafía con una tarea en el mundo (Hch. 1.8).

2. Los creyentes somos amados por el Padre

Este amor del Padre ha sido puesto de manifiesto por el Hijo con su testimonio de vida (Jn. 16.27; 14.23) y con su muerte (Ro. 5.8). Es este reconocimiento el que llevó al autor anónimo del «Soneto a Jesús crucificado» a decir:

No me mueve, mi Dios, para quererte
el cielo que me tienes prometido,
ni me mueve el infierno tan temido
para dejar por eso de ofenderte.
Tú me mueves, Señor; muéveme el verte
clavado en una cruz y escarnecido;

muéveme ver tu cuerpo tan herido;
muévenme tus afrentas y tu muerte.
Muéveme, al fin, tu amor, y en tal manera,
que aunque no hubiera cielo, yo te amara,
y aunque no hubiera infierno, te temiera.
No me tienes que dar porque te quiera;
pues, aunque lo que espero no esperara,
lo mismo que te quiero te quisiera.

De este modo, los amados por el Padre son aquellos a quienes él ha amado con la misma intensidad con que ama a su propio Hijo (Jn. 17. 20,23). Son aquellos que han conocido y creído en el Hijo de Dios por medio de su palabra (Jn. 16.27; 14.23). Es el amor del Padre, puesto de manifiesto en la obra redentora del Hijo (1 Jn. 4. 9-10), el que nos mueve a amarle (1 Jn. 4.19).

3. Los creyentes somos guardados por Jesucristo

El es el guardador del creyente aquí y ahora, y en el futuro también. En el presente, el Señor nos muestra una atención cuidadosa y permanente. El es celoso de su pueblo y se preocupa de que nadie se pierda o caiga en apostasía. Esta fue su ferviente oración al Padre. El rogó que mientras estemos en este mundo, el Padre nos guarde fieles a él y nos custodie de toda defección (Jn. 17:11, 15).

Aunque como creyentes tenemos una nueva esperanza y una herencia gloriosa que nos espera en el cielo, no poseemos todavía todo lo que nos pertenece. En esta vida el cristiano tiene a Alguien que le guarda hasta aquel momento en que recibirá su herencia. Quien protege al cristiano es Dios mismo, ya que los creyentes son «guardados por el poder de Dios» (1 P. 1.5). El ámbito en que el creyente es guardado es Jesucristo mismo (esto es lo que quiere decir «en Jesucristo»); es decir, en la relación íntima con él (Col. 3.3). Por otro lado, la fe y confianza que tenemos en él nos aseguran la protección de Dios hasta aquel tiempo en que el Hijo de Dios estará ante su Padre y se manifestará su salvación definitiva. Hasta aquel día, el creyente es guardado por Aquel que posee todo poder.[9]

Es por eso que la acción guardadora del Hijo tiene también una dimensión escatológica, puesto que apunta al futuro retorno de Cristo (1 P. 1.5; 1 Ts. 5.23).

Aunque la apostasía crezca y la tribulación aumente, contamos con el cuidado continuo y vigilante del Señor(Ap. 3.10).

9   Louis A. Barbieri, *Primera y segunda de Pedro*, en *Comentario Bíblico Portavoz*, Publicaciones Portavoz Evangélico, Grand Rapids, 1981, p. 42.

Pablo se dirige a sus lectores como «amados» y «llamados», pero solo Judas agrega el vocablo «guardados». En este sentido, nos ofrece una respuesta inspirada a la propia oración de Jesús: «Padre santo, a los que me has dado, guárdalos en tu nombre» (Jn. 17.11). En un tiempo de confusión interna y externa en las comunidades de fe, como el que nos toca vivir hoy en Hispanoamérica, la convicción de que somos «guardados en Jesucristo» nos llena de aliento y esperanza.

La oración

Judas, como escritor inspirado, no se contenta con un saludo de cortesía. Sale de la formalidad propia de cualquier saludo epistolar, para elevar una oración rica en buenas intenciones y deseos en bien de sus destinatarios. Judas cierra su saludo con una triple oración, rogando que las tres gracias divinas más importantes se multipliquen en la vida de los creyentes. La oración del autor es de gran valor para nosotros hoy, que vivimos en un contexto de identidades confundidas, y de cierta anarquía y desorden religioso y moral.

1. La multiplicación de la misericordia

Esta actitud divina se expresa en su ayuda decidida en favor de los necesitados. Dios, que es misericordioso, hace una opción preferencial por aquellos que necesitan de su socorro y se acercan a él con fe (He. 4.16). Judas ruega que la preferencia de Dios por los pobres y su afecto especial por ellos se multiplique en nuestra vida. Dios es rico en misericordia (Ef. 2.4), y en su amor está dispuesto a derramar abundantemente de su favor si tan solo reconocemos nuestra carencia y necesidad. En él podemos encontrar la satisfacción suficiente que colme nuestra vida de bendición. Solo nos cabe acercarnos a él por fe, con la actitud de los pobres indefensos que él tanto aprecia (He. 4.16).

2. La multiplicación de la paz

A partir del momento en que hemos recibido a Cristo por la fe, la paz se ha hecho realidad en nuestra vida (Ro. 5.1). Pero este estado de armonía en nuestras relaciones con Dios, con el mundo, con los demás y con nosotros mismos puede multiplicarse y operar mayores cambios en la vida (Fil. 4.6-7).

3. La multiplicación del amor

Nadie puede multiplicar el amor como Dios, puesto que él es amor (1 Jn. 4.8). Judas menciona el amor tres veces en los primeros tres versículos. Es que, en el fondo, la apostasía no es otra cosa que falta de amor a Dios y al prójimo.

El amor es la prueba más convincente de que se es un cristiano verdadero (Jn. 13.34-35).

¡Cuánta falta nos hace la multiplicación de las tres cosas por las que Judas ora! Frente a un continente sumido en pobreza y desolación necesitamos como nunca del favor preferencial de Dios por los pobres: su misericordia. Lo necesitamos como pobres y como agentes del amor de Dios a los pobres. Sin «la misericordia de nuestro Señor Jesucristo» (v. 21), las comunidades cristianas no podrían servir como sal y luz en un mundo en agonía. Mucho menos podrían ser canales de reconciliación en sociedades quebrantadas por la violencia y el desencuentro, si en ellas no se multiplica la paz que solo el Espíritu Santo puede producir (v. 20; Fil. 4. 6-7). Suele ocurrir con demasiada frecuencia que las iglesias que confiesan que «El es nuestra paz» (Ef. 2. 14), son verdaderos campos de batalla de grupos de poder y prestigio. A menos que la paz se multiplique entre nosotros como resultado del imperio de la justicia de Dios (Is. 32.17), por la obra del Espíritu, las iglesias no podrán actuar como agentes de paz y los creyentes como pacificadores (Mt. 5.9). Algo similar ocurre con el «amor de Dios» (v. 21). Si ese amor no abunda, faltará la motivación necesaria para el cumplimiento de nuestra misión como «llamados». Es por amor a él que el creyente y la iglesia están listos para ser siervos de Jesucristo, haciendo frente a los peligros internos y externos que amenazan la fe. Solo un amor abundante puede ayudarnos a mantener el orden, la autoridad, la sujeción, la unidad, la conducta y la fe, que son indispensables para la expresión cabal de nuestra identidad como hijos de Dios.

Nótese que la misericordia, la paz y el amor nos relacionan con Dios el Padre, Dios el Hijo y Dios el Espíritu Santo. En otras palabras, estos dones nos vienen de Dios, y en la medida en que él los multiplique en nosotros, estaremos en mejores condiciones de encarar los problemas que desde adentro y desde afuera nos aquejan.

B. Ocasión de la carta (3-4)

En los v.v. 3-4, Judas indica la naturaleza de la comunicación que ha estado planeando hacer (v. 3a), informa a sus lectores que se vio forzado a escribir la apelación presente para contender por la pureza de la fe (v. 3b), y establece la razón para el cambio de enfoque (v.4).[10]

Se aproxima positivamente a sus lectores al llamarlos «amados» o «queridos» (BJ), como en 3 Juan 2. La expresión se repite en los vv. 17 y 20 (también en 2 P. 3.1,8,14,17; 1 P. 2.2; 4.12; y en Santiago). Dice sentir «gran solicitud», empeño, prisa, (2 P. 1.5); «imperiosa necesidad» de escribir (ver Hch. 17.3; 1 Co. 9.16, donde se usa la misma expresión). Como el autor de 2

---

10 D. Edmond Hiebert, «Selected Studies from Jude. Part I: An Exposition of Jude 3-4», *Bibliotheca Sacra* 142,566, 1985: 142-151.

Pedro (2 P. 3.1), posiblemente encara un segundo proyecto escrito, no totalmente ajeno al primero, pero sí más específico, inmediato y urgente. Nótese que «salvación» (*sôtêria*) y «fe» (*pistis*) están estrechamente ligadas. La experiencia de salvación nos es «común» (*koinos*) a todos (como la fe, Tit. 1:4), mientras que la fe no admite variaciones pues excluye todo tipo de innovaciones (*hapax*, «una vez para siempre» BJ, NBE, NA, BA).

Los creyentes son convocados a «contender ardientemente» por la fe (una sola palabra en griego, *epagônizesthai*, que significa «agonizar por causa de»). En otras palabras, ellos deben contender enérgicamente por el evangelio y sus demandas, sin permitir que nada lo desfigure o pervierta. La expresión «los santos» (*tois hagiois*) es la que se usa generalmente en relación con los creyentes, como aquellos consagrados y llamados a ser santos (1 Co. 1.2; Fil. 1.1). La expresión involucra una apelación a los hermanos a mantenerse firmes frente a las enseñanzas y prácticas de los libertinos e impíos.[11] En el v.3, el autor invoca el principio de la tradición, que volverá a plantear en el v. 20 (ver también v.17). Según algunos eruditos, esta apelación es típica del período postapostólico. Nótese que los oponentes del v.4 son condenados por desviarse de esa tradición, y sus acciones son colocadas y evaluadas dentro del marco referencial del Antiguo Testamento y la historia eclesiástica (vv.14-19).[12] Sin embargo, Judas no parece estar refiriéndose tanto a un conjunto de dogmas establecidos, ni tampoco al sentido original de fe (*pistis* como simple sentimiento subjetivo de confianza), sino a lo que objetivamente se cree (como en v.20), en el sentido de Gálatas 1.23; 3.23 y Filipenses 1.27, o sea, la Verdad del Evangelio.[13]

«Algunos hombres» está en contraste con «los santos», y expresa cierto desprecio. Estos individuos han «entrado encubiertamente» (*pareisedyêsan*); es decir, se han infiltrado furtivamente. Es como si se hubiesen metido secretamente por la puerta de atrás. Sin embargo, estos infiltrados ya han sido descritos de antemano (*prografô*) y hace tiempo (*palai*). La expresión «los que desde antes habían sido destinados» traduce la frase griega *hoi palai progegrammenoi*. El uso de *palai* («recientemente», según traducen algunos) apoyaría la hipótesis de que Judas está refiriéndose a 2 P. 2.1-3 (ver vv. 17-18),[14] Sin embargo, no hay razón para no traducir *palai* en su concepto común de «antes» o «hace tiempo». De ser así, la expresión estaría haciendo referencia a escritos antiguos. La BJ traduce: «algunos que hace tiempo la Escritura señaló ya...» En este caso, los infiltrados ya habían sido descritos, probablemente en las profecías judías (vv. 14-15), como «marcados para esta condenación» (BA; ver 2 P. 2.23). Nótese que el participio perfecto *progegrammenoi* viene del verbo *prografô*, que significa «escribir de an-

---

11 Mayor, *EGT*, p. 255.
12 Kahn, «Randbemerkungen», pp. 210-212.
13 Bauckham, *WBC*, p. 34.
14 Ver la discusión sobre el particular en Mayor, *EGT*, p.256.

temano o antes» (Gá. 3.1; Ro. 15.4). Estos individuos *ya* están condenados como enemigos de Dios. Por eso, los creyentes deben alejarse de ellos, aunque no deben temerlos, porque ellos no pueden cambiar los propósitos de Dios.

Estos hombres son «impíos« (*asebeis*). Esta es la nota clave de la carta (v. 15, ver 2 P. 2.5; 3.7).[15] Lo son: (1) por haberse infiltrado solapadamente en la iglesia; (2) por estar señalados por la Biblia para esta condenación; (3) por ser irreverentes, ya que transforman la gracia de Dios en libertinaje; y (4) por negar a Cristo.[16]

La impiedad de estos individuos consiste básicamente en que han corrompido el mensaje evangélico de libertad, hasta convertirlo en un libertinaje antinomista, y han negado el señorío absoluto de Cristo.[17]

De esta manera, como señala Bauckham: «La palabra es apropiada para el propósito de Judas, porque resume el antinomismo de los falsos maestros: el comportamiento incorrecto surge de un rechazo irreverente de la autoridad moral de los mandamientos de Dios. Ella describe no un ateísmo teórico, sino una impiedad práctica».[18] En este sentido, la enseñanza central de la carta tiene que ver con la apostasía, que define en el v.4. Al decir que Judas define la apostasía, me refiero a la negación de la fe y las prácticas cristianas dentro de la iglesia. Las ilustraciones que el autor presentará más adelante están tomadas de la Biblia y de la historia del pueblo hebreo. En consecuencia, se refiere a una cuestión de principio y no meramente a algún episodio aislado u ocasional.

Fe y apostasía: Temas urgentes en nuestro contexto

A los predicadores nos suele ocurrir a veces que nos vemos forzados a cambiar a último momento el mensaje que vamos a predicar. En lo que a mí respecta, soy de aquellos que dedican

---

15 *Ibid.*

16 Según Busto Sáiz, se puede lograr una comprensión más profunda de los escritos del Nuevo Testamento estudiándolos en el contexto de los escritos judíos contemporáneos. Así, en Judas 4, los impíos, que según él probablemente eran gnósticos, son descritos como (1) destinados al juicio, (2) pervirtiendo la gracia de Dios por su libertinaje, y (3) rechazando al único dueño y Señor Jesucristo. Un examen de esta triple caracterización muestra que la carta de Judas depende directamente de *1 Enoc* y de la *Ascensión de Moisés*, e indirectamente de escritos apocalípticos, los Rollos del Mar Muerto, los textos gnósticos de Nag Hammadi, el Targum Neofiti, y las obras de Josefo. Ver José R. Busto Sáiz, «La carta de Judas a la luz de algunos escritos judíos», *Estudios Bíblicos* 39, 1-2, 1981: 83-105.

17 Leahy, *CBSJ*, p. 316. En 1 Timoteo 1.9 los *asebeis* aparecen relacionados con el antinomismo, y en la *Ascensión de Moisés* 7.1 con aquellos que vendrán cuando «los tiempos terminen» (v. 18; 1 Jn. 2.18). Sin embargo, convencionalmente, la palabra se refiere a los impíos en general. Ver Sidebottom, *NCBC*, pp. 83-84.

18 Bauckham, *WBC*, p. 38.

mucho tiempo a la preparación del sermón. Es mi costumbre ocupar el púlpito con un bosquejo desarrollado, pulcramente mecanografiado y bien estudiado. Sin embargo, ha habido ocasiones en que tuve que abrir la Biblia y predicar sobre un texto dejando de lado las notas preparadas e improvisando un sermón. En tales casos no he tenido otro recurso que la seguridad de que el Espíritu Santo me estaba indicando que había algo claro y urgente que debía comunicar a la luz de circunstancias nuevas. Recuerdo esas ocasiones como momentos de gran tensión, pero de notables bendiciones para mi vida y la vida de mi congregación.

Puedo comprender, entonces, lo que experimentó Judas al verse forzado por las circunstancias a ser más específico en sus planes de escribir sus reflexiones sobre la fe cristiana y abordar el problema de la apostasía. Los hechos precipitaron y aceleraron su propósito de escribir a sus lectores sobre la «común salvación» que compartían. Esta cuestión también nos interpela hoy en nuestro contexto y no podemos eludirla ni postergar su tratamiento. La consideración de las implicaciones teológicas y especialmente éticas del evangelio de la salvación es una demanda urgente que necesitamos encarar con todo ardor. Judas nos ayuda a comprender mejor el asunto lanzándonos un desafío y presentándonos un problema.

1. Consideremos el desafío

Con gran afecto («amados»), Judas nos plantea asumir el compromiso de «agonizar por causa de la fe». En otras palabras, es necesario un esfuerzo intelectual para comprender, enseñar y defender la fe bíblica. De igual modo, el desafío nos convoca a un esfuerzo moral, que nos permita vivir y actuar conforme a esa fe y en obediencia a la Palabra de Dios (1 P. 1.13-16; 2 P. 1.5-8). El desafío levanta dos preguntas:

a. ¿Qué importancia tiene lo que creemos?

Para Judas, la creencia correcta es fundamental. El siente por la cuestión «una gran solicitud». «Deseaba ardientemente» (NA) considerar el asunto, dada la importancia que para él tenía una sana doctrina. Es bastante común oír decir: «No importa qué es lo que tú crees, si eres sincero». Todavía más sutil es esta otra expresión: «Lo que tú crees no es lo importante, sino que lo que realmente vale es cómo vives».

Lo que creemos es muy importante, tanto en el orden temporal como en el espiritual, en el físico como en el metafísico. De hecho, nuestras creencias pueden marcar la diferencia entre la vida y la muerte. Pero la gente está confundida y descuida sus creencias. La mayoría de las personas piensa que es necesario tener una mente abierta a todo y a todos, olvidando que en cuanto a Dios la revelación suya es una e inmutable, como él es uno e inmutable. Por otro lado, si bien la sinceridad es una virtud muy loable, la sinceridad por sí sola no es suficiente, pues una persona puede estar en el error con toda sinceridad.

En este sentido, la fe no es algo puramente subjetivo, emocional, o que se fundamente en «lo que siento». Cecilio Arrastía, conocido predicador evangélico, nos recuerda:

> Hay, en círculos protestantes de América Latina, algunas ideas falsas o erradas en cuanto a la naturaleza de nuestra fe. Una es la idea de que la fe es puramente emocional, y que la conversión es el resultado de un éxtasis puramente emocional. Tal asunción no es bíblica. El énfasis de Pablo sobre el lugar de la razón y de la mente en la perspectiva cristiana es claro y reiterado. La fe, en este esquema paulino, no es un éxtasis —un estar fuera de sí— porque su meta es todo lo contrario: es traer al hombre a sí mismo estando 'en Cristo'.[19]

Judas comparte la misma perspectiva y nos anima a tomar en serio la fe en términos de aquello que creemos, o sea, «la fe que ha sido una vez dada a los santos» (v. 3).

Tan equivocado como el descuido de la creencia correcta es la negligencia en cuanto a un actuar correcto. Hay quienes piensan que se puede vivir la vida con una conducta cristiana, pero sin la fe cristiana. La Biblia misma da gran importancia a lo que el ser humano *es*. Pero también señala que lo que uno *cree* es vital. De hecho, lo que una persona cree puede ser definido como esa convicción que gobierna la decisión, motiva la acción y lo impele a uno a hacer aquello que se propone.

Es por esto que ser sincero no es suficiente, porque si alguien cree lo incorrecto, cuanto más sinceridad tenga tanto más peligroso será. Según Fernández de Oviedo, la convicción sincera de muchos conquistadores era: «¿Quién duda que la pólvora contra los infieles es incienso para el Señor?».[20] Sin embargo, por sincera que haya sido esa convicción, a cinco siglos de la conquista española de

---

19 Cecilio Arrastía, «Teología para predicadores», *Pastoralia* 4, 9, 1982: 55.
20 Citado por F. Morales Padrón, *Manual de historia universal*, vol. 5, *Historia general de América*, Espasa-Calpe, Madrid, 1962, p. 265.

América Latina, todos coincidimos en que tal sinceridad no solo estaba equivocada, sino que era diabólica. La sinceridad en nuestras creencias como cristianos no es suficiente. Esta verdad se aplica en forma particular al reino espiritual. Una creencia correcta es esencial para un vivir correcto. Lo que está en el corazón es vital «porque de él mana la vida» (Pr. 4.23), y porque en el ser humano «cual es su pensamiento en su corazón, tal es él» (Pr. 23.7).

Vuelvo a citar a Arrastía, cuando nos advierte que en América Latina, «otro enfoque incorrecto es el que hace creer que la fe es una especie de sentido especial que le garantiza al hombre la entrada a un mundo de paz y estabilidad. A la luz de esto la fe sería la prerrogativa de un grupo escogido, de una élite de privilegiados. Sería un retorno a la herejía gnóstica».[21] Sin embargo, por más que nos consideremos poseedores de todas las claves que nos den acceso a los misterios de la fe, ésta será vana si no va acompañada de acción (Stg. 2.14-20). De allí que «la tensión no es *revelación versus razón* sino *revelación versus pecado*. El problema no es dialéctico, sino ético. La pregunta que realmente se hace el hombre no es: '¿Qué voy a creer?', sino '¿Hasta qué punto estoy dispuesto a entregar mi vida en las manos de Dios?' No es un problema de especulación, sino de obediencia».[22]

b. ¿Qué lugar ocupan las creencias cristianas en nuestras vidas?

Judas habla de una «común salvación» y de una «fe que ha sido una vez dada a los santos.» En su concepto, estos elementos, que definen la identidad del creyente individual y de la comunidad de fe, deben ocupar un lugar prioritario. Merecen que «contendamos ardientemente» por ellos. Por el contrario, en nuestra cultura predomina una filosofía mundana que dice que no importa lo que uno cree mientras crea en algo. Un falso pluralismo y tolerancia enseña que todas las religiones son iguales y tan buenas o malas unas como otras. O como decía Johann W. Goethe: «Todas las sectas me parecen estar acertadas en sus afirmaciones y equivocadas en sus negaciones».

Además, predomina en el paisaje religioso latinoamericano lo que el conocido antropólogo cristiano Eugenio Nida ha calificado como «Cristopaganismo». Se trata de una mezcla de viejas su-

---

21 Arrastía, «Teología para predicadores», p. 55.
22 *Ibid.*, p. 56.

persticiones y creencias indígenas y las doctrinas y prácticas clásicas del catolicismo romano.[23] Esta forma de sincretismo religioso es fatal para la fe cristiana, que sostiene el carácter central y único de Jesucristo.[24]

Por otro lado, esa manera de pensar en la fe como algo no específico o el resultado de una mezcla de creencias diversas, no tiene apoyo en la Biblia. Allí la religión no es una cuestión de investigación humana, sino de revelación divina (He. 1.1-2). Si esto es así, no podemos pensar que Dios haya hablado con más de una voz o que cambie su manera de pensar (Is. 40.8; 1 P. 1.25). Dios tiene una sola palabra para los seres humanos, y esa palabra está registrada en las Escrituras y encarnada en su Hijo. Esta es la única palabra que debemos creer, porque el destino final de los humanos será determinado por lo que creen (Jn. 3.18).

El Pacto de Lausana es bien claro al afirmar: «Rechazamos también como un insulto a Cristo y al evangelio toda clase de sincretismo y diálogo que implique que Cristo habla igualmente por todas las religiones e ideologías. Jesucristo, el Dios-hombre que se entregó a sí mismo como el único rescate por los pecadores, es el único mediador entre Dios y el hombre. No hay otro nombre en que podamos ser salvos».[25]

El Nuevo Testamento nos enseña que las iglesias primitivas creían con tenacidad ciertas cosas a las que consideraban como prueba de comunión. El hecho mismo de que los cristianos fuesen conocidos como «creyentes« es ilustrativo (Hch. 5.14; 1 Ti. 4.12). Juan declara el propósito de su evangelio diciendo que fue escrito «para que crean que Jesús es el Mesías, el Hijo de Dios, y para que creyendo en él tengan vida» (Jn. 20.31 VP). El Nuevo Testamento nos enseña que el creer fue siempre un requisito para ser cristiano y que el objeto de esa creencia siempre fue Jesucristo (Hch. 16.30-31).

2. Consideremos el problema

Judas indica que frente a la demanda de una creencia correcta está el problema de aquellos que pervierten la fe con su apostasía:

---

23 Eugene Nida, *Understanding Latin American*, William Carey Library, Pasadena, 1974, pp. 106-107.

24 Judas advierte sobre los peligros en la mezcla del error con la verdad. De este modo, su elocuente carta sobre la pureza y verdad de la fe cristiana es necesaria en vista del relativismo y sincretismo tan común en nuestros días. Blum, *EBC*, p. 384.

25 «Pacto de Lausana» *Misión* 1, 2, 1983: 37

a. La apostasía comienza con una decisión de la voluntad

La apostasía no es un problema intelectual sino volicional, si bien está estrechamente ligado a lo intelectual. Puede ser difícil determinar si la apostasía de Cristo, la negación de la fe y darle la espalda al Señor comienzan con la duda intelectual o con la defección moral. El orden en el que Judas lo pone parece revelar la secuencia en que ocurren las cosas. Primero viene la decadencia moral, un acto de desobediencia al Señor, un alejamiento de la gracia de Dios, hasta que finalmente se cae en la negación directa del Señor y Dueño de la vida.

La herejía dentro de la iglesia es casi invariablemente el resultado de la deslealtad a la enseñanza del Señor en algún punto de la vida. Cuando alguien se aleja de la gracia de Dios y consiente la idea de que por estar en la gracia su conducta no es importante, comienza a dar los primeros pasos hacia el abandono de la fe. De este modo, se transforma en el más grande de los apóstatas.

Hubo un momento de la historia del cristianismo cuando esta manera de pensar fue formulada como una doctrina definida. La herejía antinomiana decía que, en razón de que el creyente estaba en Cristo, no podía perderse, y en consecuencia, importaba poco su conducta, porque nada que él hiciera podía separarlo de Cristo.

Nadie puede sostener una doctrina así sin negar al Soberano y Señor. Tal postura es la negación de todo aquello que él enseñó. Es negar el verdadero significado de su muerte; es negar todo el propósito de su corazón al venir a destruir las obras del diablo, a fin de hacer posible al ser humano una vida de pureza. El vino para salvarnos del castigo por el pecado, pero también del pecado mismo. Continuar en el pecado para que la gracia abunde es negar la perfección de su Persona, la pasión de su corazón que lo llevó a la cruz, y su propósito de establecer el reino de Dios en justicia y santidad en todo el mundo.

Nuestras iglesias evangélicas están llenas de personas que creen que porque leen la Biblia, oran, ofrendan, no usan lenguaje obsceno y concurren a los cultos son un dechado de fe. Sin embargo, muchas de ellas no obran con justicia, son mentirosas, no les importa la redención del pobre y de su tierra, pasan por alto la dignidad de los demás, y no luchan por la paz y la reconciliación humanas. Estas personas están en la misma categoría de aquellos infiltrados de quienes habla Judas. En definitiva, lo niegan como «Soberano» y «Señor», porque como afirma el poeta bíblico con definido tono teocéntrico: «La misericordia y la verdad se encontraron; la justicia y la paz se besaron. La verdad brotará de la tierra, y la justicia mirará desde los cielos» (Sal. 85.10-11).

Arrastía agrega:

La justicia, la libertad, la dignidad, la integridad deben ser elementos funcionales en la vida de un país. No es tal en los nuestros. El Evangelio debe proveer los ingredientes que produzcan el milagro necesitado: la redención del pobre y de la tierra que le pertenece, sin el desprecio a la libertad y dignidad de los demás; la realización de una revolución social, que realmente redima y no engañe; la creación de nuevas estructuras que levanten el nivel de vida material, sin aplastar, a valles de fondo sin medida, lo espiritual. Esta es la tarea de la Iglesia.[26]

No cumplir esta misión significa apostatar de la verdadera fe. Es cometer una defección moral, un acto de desobediencia tal, que anule la confesión de los credos más elaborados y ortodoxos, y eche por tierra los reclamos religiosos más encumbrados. Sin obediencia a Dios como soberano todopoderoso y a Jesucristo como único Señor no puede haber una fe auténtica y verdadera.

Una vez que la conducta se ha contaminado con el pecado, el virus de la incredulidad completa su obra y resulta en la negación del Señor. Conviene aclarar aquí que la duda no es apostasía. Hay muchos que pasan por un período de duda honesta, de dificultades y de búsqueda en la presencia del gran misterio de la Persona de nuestro Señor. Estas personas no apostatan de su fe si permanecen fieles a la medida de luz que tienen, y no dejan la gracia de Dios para volverse a la lascivia. En otras palabras, la apostasía según esta primera definición y argumento de Judas no es un error intelectual, sino un fracaso moral de parte de aquellos que invocan el nombre de Cristo.

Sin embargo, la advertencia del autor es seria, y mucho más para nosotros hoy cuando hay tantos que especulan con una fe aparente y una gracia barata. Jesús fue muy duro en su condenación de aquellos que le niegan (Mt.10.33). Pablo no admitió concesiones para quienes niegan al Señor (2 Ti. 2.12). Debemos ser cuidadosos de no jugar con nuestras convicciones y no descuidarlas. Negar al Señor es evidencia de incredulidad, y éste es un pecado imperdonable (1 Jn. 2.22-23).

En estos días en que no son pocos los que niegan el nacimiento virginal de Jesús, sus milagros de poder, su muerte vicaria, su resurrección en la carne, y su promesa de volver otra vez, debemos tomar la amonestación de Judas con temor y temblor. Don Miguel de Unamuno decía que «los que reniegan de Dios es por deses-

26 Arrastía, «Teología para predicadores», p. 58.

peración de no encontrarlo».[27] Podemos tomar sus palabras para afirmar que quienes niegan a Dios es porque no lo han encontrado. La apostasía es el resultado de una carencia: la falta de una experiencia personal de encuentro redentor con Dios el único soberano y nuestro Señor Jesucristo.

b. Apostatar de la fe no es solo negar las doctrinas bíblicas fundamentales, sino también distorsionar el Evangelio en sus implicaciones básicas

El Evangelio que decimos creer y proclamar no es otra cosa que Jesucristo mismo. El es el centro, esencia y sentido de ese Evangelio. No vivir el Evangelio a plenitud es negar a Jesucristo. «El nombre y la persona de Cristo son esenciales a la vida cristiana. El no es un mero 'punto de partida' en la introducción de un sermón, o un punto accidental de referencia. El es el 'lugar' donde Dios y el ser humano se encuentran y coexisten. Lo que conocemos acerca de Dios y del humano, lo conocemos a través de Cristo».[28] Por eso, si el Evangelio del reino no encuentra un seguimiento obediente en nuestras vidas, por más retórica teológica y recitado ortodoxo de doctrinas que practiquemos, el resultado final será apostasía de la verdadera fe. Unamuno dice que la fe «no es en sí ni un conocimiento teórico o adhesión racional a una verdad, ni se explica tampoco suficientemente en esencia por la confianza en Dios». Y citando a Reinhold Seeberg, agrega: «La fe es la sumisión íntima a la autoridad espiritual de Dios, la obediencia inmediata. Y en cuanto esta obediencia es el medio de alcanzar un principio racional, es la fe una convicción personal».[29]

27 Miguel de Unamuno, *Del sentimiento trágico de la vida*, en Obras Maestras del Pensamiento Contemporáneo, vol. 46, Planeta-Agostini, Barcelona, 1985, p. 179. «Observad a los más de nuestros ateos, y veréis que lo son por rabia, por rabia de no poder creer que haya Dios. Son enemigos personales de Dios. Han sustantivado y personalizado la Nada, y su no Dios es un Antidios». *Ibid.*, p. 122.
28 Arrastía, «Teología para predicadores», p. 52.
29 Unamuno, *Del sentimiento trágico de la vida*, p. 183.

II. Amonestación contra la doctrina falsa (5-16)

¿Qué es una herejía? Desde una perspectiva evangélica puede decirse que una herejía es toda expresión doctrinal que en materia de fe sustenta opiniones que son contrarias a las enseñanzas de la Palabra de Dios. El origen, desarrollo y crecimiento de las herejías contemporáneas constituye hoy uno de los fenómenos más importantes de la historia religiosa reciente. La rapidez con que proliferan las sectas pone de manifiesto lo insuficiente de las enseñanzas doctrinales que imparten las iglesias a sus miembros y al mundo.

En Hispanoamérica están representadas casi todas las sectas y herejías que existen en el mundo. Hay doctrinas falsas de todo tipo: pseudocristianas, neopaganas, orientalistas, neognósticas, pararreligiosas, pseudocientíficas, etc. Ahora bien, ¿qué es una secta? En su sentido negativo, la palabra es anterior al advenimiento del cristianismo. El judaísmo rabínico llamó «sectas» a las corrientes que se alejaban de sus tradiciones. Se utilizaba la palabra griega *hairesis* para referirse a estos grupos. Pero en realidad *hairesis* indica más bien una elección, inclinación o preferencia. De allí que el vocablo terminó por señalar una escuela de pensamiento, bajo la autoridad indiscutida de un maestro.

En el Nuevo Testamento la palabra aparece varias veces, con dos sentidos. En Hechos se refiere a grupos o partidos. (Hch. 5.17; 15.5; 24.5, 14; 26.5; 28.22). En los escritos paulinos *hairesis* es lo opuesto de *ekklêsia* (1 Co. 11.19; Gá. 5.20). En general, el término se usa en el sentido peyorativo de «cismático» o separado del común y recto sentir. Es el sentido que le dará Ignacio de Antioquía, y que quedará como clásico en la literatura eclesiástica. Este es también el sentido de la amonestación de Pablo a Tito (Tit. 3.10), en la que el herético es sectario, contumaz, y propaga el error a sabiendas. Así, pues, una herejía es un error en materia de fe, sostenido con pertinacia. Es una doctrina contraria a la doctrina fundamental de la iglesia. Es una opinión tendiente a crear divisiones dentro de la comunidad de fe. La secta, a su vez, surge de una doctrina particular enseñada por un maestro que la halló, que la explicó y que luego fue seguido por un grupo. La palabra proviene del latín *sequi*, que se traduce como «seguir», o de *sectare*, que significa el que corta, se desprende o se desgaja del árbol principal.[1]

En esta sección, Judas pronuncia una severa amonestación contra la doctrina falsa que se traduce en la apostasía de la fe. El autor comienza recordando el castigo de Dios en casos históricos de apostasía. Luego considera el carácter de la apostasía al señalar los pecados de los hermanos falsos. Finalmente, al señalar la relevancia de la profecía de Enoc, declara con firmeza su severa condena de la apostasía.

A. El castigo de la apostasía (5-7)

Esta sección contiene la primera de las citas que hace el autor de ejemplos y profecías relacionados con la gente impía. El primer ejemplo de castigo está tomado de la historia bíblica del desierto (Nm. 14.26-35). El autor se propone recordar (*hypomimnêskô*, ver 2 P. 1.12) algunos casos de apostasía bien conocidos, para advertir a sus lectores sobre el castigo de este pecado.

Según algunos, la expresión es típica de la literatura subapostólica (2 Ti. 2.14; Tit. 3.1; 2 P. 1.12).[2] Sin embargo, «recordar» y «tener memoria» (v. 17) son esenciales para la religión bíblica, que está fundada en la acción de Dios en la historia. Así como los escritores judíos urgían a sus lectores a «recordar» la tradición de la acción liberadora de Dios (especialmente en Deuteronomio) y sus mandamientos (Nm. 15.39-40; Mal. 4.4), de igual modo los primeros escritores cristianos recordaban a sus lectores la tradición del evangelio apostólico (Ro. 15.15; 1 Co. 11.2; 2 Ts. 2.5; 2 Ti. 2.8, 14; 2 P. 1.12; 3.1-2; Ap. 3.3).[3] En este sentido, la expresión «que ya habéis aprendido todo esto de una vez para siempre» (BJ; «aunque ya definitivamente lo sepáis todo», BA), tiene significación teológica. La fe apostólica, en la que los lectores de Judas estaban ampliamente instruidos para el tiempo de su conversión (v. 17), es definitiva y completa. No necesita ser complementada o suplementada. De allí que Judas no necesita agregar mayor información sobre ella, como quizás hacían los falsos maestros, sino simplemente refrescarla en la mente de sus lectores.[4]

Hay problemas con la determinación del texto en cuanto a «Señor». El nombre aparece en la mayoría de los manuscritos, pero algunos manuscritos importantes y versiones tienen «Jesús», otros «Dios», y aun otro «Dios Cristo».[5] De todos modos, queda por determinar si «Señor» se refiere a Dios

---

1 Ver el interesante artículo de Francisco García Bazán, «'Hairesis/secta' en los primeros tiempos cristianos», *Revista Bíblica* 39, 1, 1977: 29-35.

2 Sidebottom, *NCBC*, p. 84.

3 Bauckham, *WBC*, p. 48.

4 *Ibid.*

5 Bauckham favorece la lectura de *Kyrios*. Ver la discusión sobre el particular en *Ibid.*, pp. 43 y

el Padre o al Cristo preexistente.[6] Según Fossum, la dificultad de la lectura es amortiguada cuando se considera que Jesús en el v. 5 es entendido como el Angel del Señor (Ex. 23.20), un ejemplo que anticipa a Justino Mártir en por lo menos 50 años, y que utiliza el nombre de Jesús para el Hijo preexistente (1 Co. 10.4). En este sentido, Judas adapta ciertas tradiciones judías en cuanto a un intermediario divinamente enviado, que no solo condujo al pueblo fuera de Egipto sino que también fue responsable por el castigo del pueblo en el desierto, el encarcelamiento de los ángeles caídos, y la destrucción de Sodoma y Gomorra.[7]

Nótese que todo el pueblo de Israel fue liberado de Egipto (Ex. 12.51), es decir, todos fueron objeto de la gracia de Dios. Pero luego, por su incredulidad, toda esa generación fue destruida en el desierto (Nm. 14.29-30) y no entró a la Tierra Prometida, excepto Caleb y Josué. Este primer ejemplo de Judas no está en 2 Pedro, pero es discutido en 1 Corintios 10.5-11 y Hebreos 3.18-4.2.

El segundo ejemplo de castigo son los ángeles (v. 6). El caso de los ángeles es grave porque ellos «no conservaron su señorío original» (BA), es decir, «no se mantuvieron en su rango» (NBE). Según algunos, «dignidad» (*arjê*) se refiere al primer lugar de poder como en 1 Co. 15.24; Ro. 8.38 («principado» (VHA). Según otros, se refiere a «origen» o «comienzo» («no guardaron su primer estado» RVA, «su origen» PB, «su original estado» VM). Además, hicieron abandono de su morada, es decir, «abandonaron su propio domicilio» (NC; «su propio hogar» VP). Judas hace un juego de palabras con el verbo *têreô* (guardar). Los que no guardaron lo que Dios les confió, ahora son guardados para el castigo eterno. Notemos que es propia de los ángeles malos, en virtud de su origen divino, una libertad de voluntad y decisión. Los ángeles

---

49. Sin embargo, Carroll D. Osburn sostiene que tanto la evidencia interna como la probabilidad en la transcripción coinciden con la información externa en favorecer la originalidad de la lectura *hapax panta hoti Iêsous* (lit. «una vez todo lo que Jesús»). Según este erudito, la referencia al Jesús preexistente concuerda bien con la comprensión cristológica de Judas y con el contexto. Carroll D. Osburn, «The Text of Jude 5», *Biblica* 62, 1, 1981: 107-115. Ver también Jarl Fossum, «Kyrios Jesus as the Angel of the Lord in Jude 5-7», *NTS* 33, 2, 1987: 226-243: y especialmente Metzger, *TC*, pp. 725-726.

6 Ver el interesantísimo artículo de G. Howard, «The Tetragram and the New Testament», *JBL* 96, 1, 1977: 63-83. Según este autor, originalmente se escribió el nombre divino en las citas del Nuevo Testamento al Antiguo y en las alusiones al Antiguo, pero con el correr del tiempo fue reemplazado por sustitutos. Esta eliminación del Tetragrama creó confusión en las mentes de los primeros cristianos gentiles en cuanto a la relación entre el «Señor Dios» y el «Señor Cristo», lo cual se ve reflejado en la tradición de los manuscritos del texto mismo del Nuevo Testamento, e. g. Ro. 10. 16-17; 14. 10-11; 1 Co. 2.16; 1 P. 3. 14-15; 1 Co. 10.9; y aquí en Jud. 5.

7 Fossum, *NTS*, pp. 226-243. Según este autor, *Iêsous* en v. 5 es sin duda la «lectio difficilior» (la lectura más difícil) y puede explicar la identificación de Jesús con el Angel del Señor. Las variantes *Kyrios* y *Theos* pueden explicarse como sustituciones por un copista no familiarizado con esta identificación.

caídos no guardaron el lugar originario que correspondía a su naturaleza y que Dios les había confiado (véase 2 P. 2.4).[8]

El tercer ejemplo de castigo lo constituyen las ciudades de Sodoma y Gomorra. El pecado de Sodoma y Gomorra fue que «se fueron tras una carne extraña», puesto que quisieron abusar de los ángeles (Gn 19.1-11). No obstante, a diferencia de Judas 7, Génesis 19 habla tan solo de un intento *fallido* de los sodomitas de abusar sexualmente de los ángeles enviados a Lot.[9] La fornicación de estas ciudades fue más allá de lo imaginable (nótese en el verbo *ekporneyô*, «fornicar», «prostituirse», el prefijo *ek*); se extralimitaron en sus pecados carnales. Por eso se fueron (*apelthousai*, abandonaron el camino correcto y el mandamiento divino) detrás de sus vicios. Estas ciudades quedaron como muestra (*deigma*, ejemplo) del castigo divino sobre la apostasía.

Después de su declaración del carácter de la apostasía, el autor nos presenta una serie de ilustraciones muy sorprendentes. En Israel, la forma que asumió la apostasía fue la incredulidad, y el resultado de ella fue que la mayoría del pueblo fue destruida. La naturaleza de la apostasía de los ángeles fue la rebelión, porque no guardaron su dignidad sino que se fueron de su lugar de morada para hacer lo que querían. El resultado es que ahora Dios los tiene prisioneros a la espera del juicio final. Sodoma y Gomorra presentan otro caso intrigante, ya que ilustran la manera en que cada nación y cada persona reciben luz, y que los seres humanos son medidos por Dios conforme a la luz que han recibido. La apostasía de Sodoma y Gomorra consistió en que se entregaron a una vida de lujuria y fornicación. El resultado fue el fuego eterno.

Nótese que en estos tres casos no se trató de pecados individuales, sino de decisiones y actitudes pecaminosas de conjunto. Hubo un abandono corporativo de Dios. La consecuencia fue también un castigo colectivo de la apostasía. Además, Judas menciona todos los niveles de seres creados a la imagen de Dios: seres sobrenaturales (ángeles) y seres naturales (hombres) en su doble condición de creyentes (pueblo de Israel) y no creyentes (habitantes de Sodoma y Gomorra).

Apostasía y castigo: Ayer y hoy

Judas nos amonesta sobre el castigo de la apostasía señalando tres cosas que están asociadas con ella y que Dios no deja pasar sin condenar.

8   Heinrich Schlier, *Problemas exegéticos fundamentales en el Nuevo Testamento*, en *Actualidad Bíblica*, vol. 16, Ediciones Fax, Madrid, 1970, p. 206.
9   «No puede responderse a la pregunta de si el autor se apoyaba aquí en tradiciones judías o es que no conocía suficientemente bien su Biblia». W. Schrage, *Die «katholischen» Briefe: Die Briefe des Jakobus, Petrus, Johannes und Judas*, en *Das Neue Testament Deutsch*, vol. 10, Vandenhoeck und Ruprecht, Gotinga, 1961, p. 225.

1. Dios castiga la incredulidad

No hay pecado que el Señor no pueda perdonar. Pero toda su gracia no puede salvar a quien no quiere ser salvado. Su promesa es dar vida abundante a todo aquel que «en él cree». Su obra redentora es de alcance universal, pero su poder liberador requiere la fe del pecador. En el caso de la nación de Israel se ve con claridad la doble actitud de Dios, que es amor y justicia.

a. Dios salva a quien quiere

En sus divinos designios, él escogió al pueblo de Israel para ser su nación santa y agente de sus propósitos. Para ello los liberó de la esclavitud en Egipto, en medio de manifestaciones portentosas de su poder. Lo hizo así, no bajo el imperio de las circunstancias históricas, sino como soberano de la historia, moviendo los acontecimientos hacia el cumplimiento de sus planes redentores para toda la humanidad. En el ejercicio de su voluntad soberana, quiso salvar a todo el pueblo de Israel, y así lo hizo por medio de su siervo Moisés.

Fue por iniciativa divina que Israel se constituyó en pueblo de Dios y objeto de su cuidado preferencial (Ex. 3.7; 5.1; Dt. 33.29). El Señor quiso darles también una tierra propia donde pudiesen establecerse como modelo de una sociedad bajo la soberanía divina (Gn. 15.18-21; Nm. 13.2). Dios también los constituyó en nación al darles una ley y hacer un pacto especial con ellos. En todo esto, como en el caso de cada cristiano hoy, la iniciativa es de Dios. El no está obligado por nadie ni por nada. El salva a quien quiere.

b. Dios destruye al que no cree

El es soberano para salvar y también para condenar. Pero su decisión no es arbitraria. Su propósito eterno es salvar a todo aquel que cree en él. Pero el que no cree, ya es condenado precisamente por no haber confiado en la salvación que el Señor le ofrece (Jn. 3.18).

En el caso de Israel, la incredulidad se expresó como alejamiento de la dirección de Dios, el Pastor de Israel (Sal. 80.1). El pueblo no confió en los planes y propósitos de Dios y se opuso a ellos (Nm. 14.1-2). Dios no puede soportar tal actitud de necia desconfianza y desobediencia. Por eso, decretó la destrucción del pueblo rebelde (Nm. 14.28-29), y aquella generación del pueblo de Israel no pudo entrar a la Tierra Prometida (He. 3.18-19).

La advertencia es válida también para nosotros hoy (He. 4.1). El ejemplo de Israel debe servirnos de amonestación para no cometer el mismo pecado de incredulidad (1 Co. 10.1-12). Vivir experiencias espirituales, leer la Biblia, adorar junto al pueblo de Dios, peregrinar con él, alimentarnos del maná espiritual y beber del evangelio bajo la guía de Dios no significa que entraremos a la Tierra Prometida. Si en nuestras vidas hay codicia de cosas malas, idolatría, fornicación, provocación al Señor y murmuración en su contra, Dios nos destruirá como incrédulos.

2. Dios castiga la rebelión

La cuestión de la rebelión angelical ha dado lugar a numerosas interpretaciones y a las más variadas especulaciones en cuanto al carácter, el tiempo y el lugar de tal rebelión. Muchos cristianos sacan sus conclusiones sobre el particular siguiendo más lo que Juan Milton dice en su obra *El paraíso perdido,* que lo que puedan encontrar en las páginas de la Biblia, que por cierto no es mucho. Sin entrar en una consideración detallada de estas cuestiones, es posible notar dos cosas.

a. La rebelión de los ángeles

Según Judas, tal rebelión fue doble. Primero, los ángeles se rebelaron *contra su posición.* Como seres celestiales, renunciaron a su condición de autoridades o potestades al servicio de Dios como mensajeros suyos. Estos seres rebeldes abandonaron su posición como siervos de Dios. Se resistieron a seguir integrando su corte y a estar delante de su trono esperando sus órdenes. Cabe destacar que, según el testimonio bíblico, los ángeles son «mensajeros» o «enviados» de Dios en el mundo, en el que realizan su voluntad. La dignidad de los ángeles consiste en que están al servicio de Dios actuando como mensajeros suyos a los humanos y especialmente al pueblo de Dios (He. 1.14). Los ángeles existen en relación con el bienestar de los seres humanos, y allí está su dignidad. Como enseñaba Karl Barth, su tarea es la de señalar la presencia del más allá en el más acá del misterio de Dios, en el ámbito de las posibilidades conocidas. Los ángeles rebeldes abandonaron esta posición de privilegio.

b. Los ángeles se rebelaron contra su posición

Al pretender no obedecer a Dios, se les ocurrió irse de su presencia. Después de inflamarse de orgullo y renunciar a su posición como mensajeros de Dios, decidieron dejar el cielo como su lugar de morada permanente para venir a la tierra. Posiblemente Judas tiene en mente lo ocurrido en Gn. 6.1-4. Si es así, la motivación para cambiar de domicilio fue la lascivia. Estos ángeles rebeldes, en lugar de cumplir su misión de mensajeros celestiales, se asociaron en su maldad a los seres humanos pecadores.

Suele ocurrir con frecuencia que cuando un cristiano apostata de su fe, lo primero que hace es abandonar la comunión con el cuerpo de Cristo (e.g. Demas, 2 Ti. 4.10). En otros casos, este alejamiento no es físico sino básicamente espiritual (1 Jn. 2.19). Quien es un auténtico creyente permanece en comunión con aquellos que son hijos de Dios.

Por otro lado, *notemos el castigo de Dios.* La respuesta del Señor a la rebelión angelical es consistente con el carácter de la misma. Dado que estos seres celestiales no guardaron su posición luminosa, *Dios los guarda con oscuridad.* Alejarse de la fuente de luz no puede resultar en otra cosa que no sea en tinieblas. Los seres celestiales rebeldes han caído en «el abismo tenebroso» (PB) de su propio alejamiento de la Luz. Dado que estos seres celestiales han abandonado su propia morada, *Dios los abandona en prisión.* Lejos de Dios, cualquier criatura suya es víctima de sus propios pecados. La libertad sólo es posible en comunión con aquél que es la fuente de la verdadera libertad.

3. Dios castiga la desobediencia

El caso de Sodoma y Gomorra ilustra hasta qué punto puede llegar la desobediencia a Dios, y cuán severo puede ser el castigo de la misma. Estas ciudades ganaron notoriedad por sus pecados. En la memoria colectiva de la humanidad se las recuerda por la vileza de sus vicios y la radicalidad del juicio divino sobre ellas. El grado de desobediencia de estos pueblos se ve en el carácter de su maldad. Los pobladores de estas comarcas eran conocidos por la práctica generalizada de la homosexualidad, a tal punto que le pusieron nombre a este pecado hasta nuestros días: sodomía. Es interesante notar que el pecado de la homosexualidad aparece por primera vez en la Biblia al hablar de ellos (Gn. 13.13; 19.5-11).

El pecado de la homosexualidad es considerado en la Biblia como prototipo de un pecado muy grave, que lleva a la desobediencia y termina en la destrucción (Dt. 29.22-25; Is. 3.9; Jer. 23.14;

Lam. 4.6; Ez. 16.48-50; 2 P. 2.6). Tal situación, por escandalosa que parezca, no es diferente de lo que hoy abunda en cualquier gran ciudad hispanoamericana. La homosexualidad y el lesbianismo se han multiplicado en grado sumo. ¡En Buenos Aires existe incluso una iglesia «cristiana» para homosexuales! No son pocos los pervertidos sexuales que se acercan a las iglesias evangélicas, no para recibir el evangelio arrepentidos de sus pecados, sino para justificar su estilo de vida corrupto y arrastrar a otros tras sus vicios. Estos son, como dice Judas, «hombres impíos, que convierten en libertinaje la gracia de nuestro Dios» (v. 4). Tamaña distorsión de la naturaleza humana y oposición a los propósitos divinos, en el caso de Sodoma y Gomorra, no podía ser castigada de otro modo que no fuese con el «fuego eterno». En días de relativismo moral como los nuestros, conviene tomar con seriedad la advertencia de Judas. Dios no va a dejar sin castigo a quienes hacen de la fornicación un estilo de vida y buscan justificativos para sus «vicios contra naturaleza».

No obstante, si se interpreta el pecado de Sodoma y Gomorra a la luz de lo que dice sobre él Ezequiel 16.44-58, muchos que consideran que la condenación a la que hace referencia Judas no les alcanza, quedarían convictos. En este caso, el pecado grave no fue la homosexualidad, sino la injusticia contra el afligido y el menesteroso (Ez. 16.49). Según la historia de Génesis, lo que los impíos habitantes de estas ciudades estaban haciendo era desobedecer la ley que se refiere a la protección debida a los extranjeros. Su pecado era contra los principios de la hospitalidad hacia los extranjeros. Tamaña injusticia no podía quedar sin castigo. Como no va a quedar impune la injusticia que sistemáticamente se comete contra miles de extranjeros, refugiados y emigrantes en América Latina. ¡Cuántos bolivianos, paraguayos, chilenos y uruguayos son discriminados en Argentina por su condición de tales! ¿No ocurre lo mismo en el sur de Perú en relación con los bolivianos y en el oriente boliviano con los que emigran del Altiplano? ¿Qué decir de la situación de injusticia aberrante que padecen cientos de miles de mexicanos, centroamericanos, haitianos y otros en los Estados Unidos? Este es un pecado de desobediencia que Dios no pasará por alto.

La gravedad de este pecado se ve en el hecho de que los ángeles destruyeron estas ciudades depravadas, «por cuanto el clamor contra ellos había subido de punto delante de Jehová» (Gn. 19.13). Esta expresión se usa en la Biblia en relación con pecados gravísimos, como el homicidio, la usura, la prepotencia contra el pobre y la defraudación del salario de los trabajadores (Gn. 4.10; Ex. 22.25-27; Stg. 5.4).

Si Dios dice que la homosexualidad es pecado y la prohíbe a sus hijos (Dt. 23.17; Lv. 20.13; Ro. 1.27; 1 Co. 6.9; 1 Ti. 1.9-10), más vale que obedezcamos lo que él dice y no especulemos para justificar, contra su voluntad revelada, los extravíos a los que pueda llevarnos nuestra impiedad. Si Dios dice que la hospitalidad al huérfano, la viuda y el extranjero es nuestro deber como seguidores suyos (Is. 58.7; Mt. 25.34-45; Ro. 12.13), más vale que obedezcamos su mandamiento y no especulemos para, con injusticia, evitar tal responsabilidad. Dios no dejará de castigar con el fuego eterno a quienes se atrevan a desobedecerlo con impiedad. Quizás a la mayoría de nosotros no nos cabe la primera amonestación. Pero haremos bien en considerar con una actitud de contrición la segunda, ya que es un pecado que se comete constantemente, ¡incluso en las comunidades cristianas!

B. El carácter de la apostasía (8-13)

Judas ya ha ilustrado de qué manera Dios no deja sin castigo las violaciones del orden por él impuesto. Ahora muestra cómo esta apostasía ilustrada por la historia tiene representantes actuales en la vida de la iglesia. Estos son aquellos que viven con desenfreno en la comunidad. Estos son los que desprecian el señorío de Cristo y la dignidad de los ángeles.

Los pecados de estos falsos maestros corresponden a los de los ejemplos de los tres versículos anteriores («de la misma manera»). Judas los califica de «soñadores», quizás por su pretensión de recibir revelaciones proféticas a través de sueños, como falsos profetas de la antigüedad (Dt.13.2, 4, 6; Is. 56.10; Jer. 23.25, 32; Zac. 10.2). De este modo, estos falsos maestros no solo son culpables de una *práctica* antinomiana sino también de una *enseñanza* antinomiana.[10]

Estos individuos, quizás con base en sus supuestas revelaciones en sueños, «contaminan su cuerpo» (VP). Esta idea es común en *1 Enoc*, el libro apócrifo que Judas parece conocer bien (*1 Enoc* 7.1; 9.8; 10.11; 12.4; 15.3-4). De esta manera, el autor asocia el pecado de estos falsos maestros con el de los dos últimos casos de los vv. 5-7, y probablemente se refiere a la inmoralidad sexual.

No obstante, éste no parece ser su peor pecado, sino que más grave es el hecho de que «rechazan la autoridad» (*kyriotêta de athetousin*). *Kyriotês* («autoridad») se usa en el Nuevo Testamento como título de los poderes angélicos (Ef. 1.20-21; Col. 1.16). Pero en este sentido la palabra aparece

---

10 Bauckham, *WBC*, pp. 55-56.

siempre en plural. Aquí *kyriotês* se refiere al señorío de Cristo. El sustantivo abstracto se usa aquí para significar lo concreto, y la palabra apunta al *Kyrios* (Señor) mismo. En su infatuamiento, los apóstatas estaban resistiendo la autoridad del único Señor, Jesucristo.[11]

Además, estos son los que injurian a los ángeles. La palabra *doxai* se utiliza en relación con los ángeles (BJ, cp. Lc. 9.26; 2.9). En Hebreos 9.5, los querubines reciben el nombre de «querubines de gloria» (de la *doxa*). En 2 Pedro 2.10 (como en el v. 8) se les denomina como «glorias» o «potestades superiores» (*doxai*). Aquí gloria tiene siempre un doble sentido: lo que brilla en sí mismo, y lo irradiado. *Doxa* es algo que brilla (cp. Ap. 10.1; 18.1; Hch. 12.7).[12] Sin embargo, hay que determinar a qué ángeles se refiere Judas. El autor puede estar refiriéndose a ángeles buenos, ángeles en general, o ángeles caídos (véase 2 P. 2.10). Según J.R. Wicker, la última posibilidad debe ser preferida.[13]

Al obrar así, estos impíos se atreven a hacer algo que ni siquiera el arcángel Miguel osó hacer, cuando discutía con el diablo por el cuerpo de Moisés. De esta disputa no se dice nada en el Antiguo Testamento. Moisés fue enterrado por Dios (Dt. 34.5-6). Los traductores griegos del Antiguo Testamento consideraron esta afirmación escandalosa y se limitaron a decir que «se» enterró a Moisés, sin aclarar quién lo hizo. Para Filón, fueron seres inmortales. La leyenda judía de la *Ascensión de Moisés*, ahora perdida pero conocida a través de fuentes secundarias, menciona el debate entre Miguel y el diablo.[14] Según ella, en el enterramiento de Moisés se produjeron algunos incidentes. Satanás quiso impedir que Miguel lo enterrara, aduciendo que Moisés era un homicida (Ex. 2.12). A esta acusación reaccionó Miguel (como el ángel de Jehová en el caso del sumo sacerdote Josué, Zac. 3.1-2), y replicó a las pretensiones del diablo, diciendo: «El Señor te reprenda». De este modo, a pesar de su poder y superioridad, Miguel dejó el juicio sobre el diablo a Dios mismo. Literalmente, «no se atrevió a proferir contra él acusación de blasfemia» (cp. 2 P. 2.11).

El punto de contraste entre los falsos maestros y Miguel no es que Miguel trató al diablo con respeto, y la moraleja no es que nosotros debemos ser amables incluso con el diablo. El punto de contraste es que Miguel no podía rechazar la acusación del diablo sobre la base de su propia autoridad. Aun cuando el diablo estaba motivado por malicia y Miguel reconocía que su acusación era calumniosa, él no podía condenar al diablo, porque no era juez. Todo lo que podía hacer era

11 Kelly, *HNTC*, p. 262.

12 Schlier, *Problemas exegéticos*, p. 108.

13 James R. Wicker, «An Analysis of the Use of Noncanonical Literature in Jude and 2 Peter», *Religious Studies and Theology* 12, 1985: 194. Para la opinión en contrario, ver Bauckham, *WBC*, pp. 57-58

14 Bauckham, *WBC*, p. 60.

pedir al Señor, al único juez, que condenara a Satanás por su calumnia. La moraleja es, en consecuencia, que nadie es ley por sí mismo, una autoridad moral autónoma.[15]

Miguel es el ángel a quien se confió la tarea de proteger a Israel y defenderlo en el juicio celestial (Dn. 10.13,21; 12.1; y *1 Enoc*, donde aparece como uno de los ángeles superiores, i.e.., arcángel; cp. 1 Ts. 4.16). Según Apocalipsis 12.7 pareciera ser el ángel principal. No obstante, cabe preguntarse si Miguel es un nombre propio que designa a un individuo, o si el vocablo se refiere a una especie. H. Schlier se inclina por la segunda posibilidad, y señala que «Miguel» (Ap. 12.7) equivale a la pregunta «¿quién (es) como Dios?».[16]

La actitud de los impíos es totalmente opuesta a la de Miguel. Ellos no tienen temor de blasfemar contra «las cosas que no entienden» (BA). Lo que desconocen es el mundo espiritual, y lo ignoran porque no tienen el Espíritu (1 Co. 2.7-16). Por el contrario, solo conocen la realidad de la única esfera en que viven, que es la natural, física o sensual (v.19). Y en lo que dicen conocer mejor —aquello que manejan instintivamente como animales irracionales—, están corrompidos. La corrupción aquí está ligada a la del v. 8. Así, estos apóstatas, que pretenden estar guiados por discernimientos espirituales especiales obtenidos a través de revelaciones celestiales, lo único que de veras conocen son los instintos (quizás sexuales), que comparten con los animales. Por su actitud, estos individuos están condenados a ser «destruidos» (BA), como Israel en el desierto o las ciudades de Sodoma y Gomorra.

Los casos de Caín (Gn. 4.1-16), Balaam (Nm. 22.1-35) y Coré (Nm.16.1-35) ejemplifican la envidia, la codicia y el orgullo, con sus desastrosas consecuencias. Las cuestiones exegéticas más importantes en el v.11 son: (1) el sentido en el que los «impíos» que se denuncian se parecen a Caín, Balaam y Coré; y (2) el significado preciso de los verbos que se utilizan. Algunos comentaristas han señalado una gravedad ascendente de estos «impíos» según los verbos empleados («caminar», «lanzarse», «perecer»); sin embargo, en los tres casos parece que se trata de una misma condenación terminal. Además, el uso que hace el autor de tradiciones judías extrabíblicas en el resto de su carta (vv. 6, 7, 9 y 14) afirma la sospecha de que Judas tiene en mente no solo los relatos veterotestamentarios de estos personajes, sino también el concepto que de ellos se tenía en la tradición judía posterior. En esta tradición, se atribuían a estos individuos más pecados que los que menciona el Antiguo Testamento. Los tres se habían transformado en ejemplos representativos de impiedad, y el castigo que recibieron por su iniquidad era tenido como ejemplificador. Los tres verbos expresan la condenación inevitable que aguarda a los impíos.[17]

15 Bauckham, *WBC*, p. 61.
16 Schlier, *Problemas exegéticos*, p. 207.
17 G. H. Boobyer, «The Verbs in Jude 11», *NTS* 5,1, 1958: 45-47.

En los vv. 12-13, Judas describe a sus imitadores contemporáneos a través de cinco metáforas tomadas de la naturaleza. Judas toma estas metáforas de la literatura apócrifa judía tradicional. Así, *1 Enoc* 80.2-8 provee el marco esencial para la construcción metafórica en los vv.12-13. No solo que *1 Enoc* 80.2-3 aparece en una sección que trata del castigo inminente de los impíos, sino que también tres de las metáforas en los vv. 12-13 (nubes sin agua, árboles sin fruto, estrellas sin rumbo) aparecen precisamente en ese orden en el texto. Muy probablemente, la metáfora de las «olas salvajes» se deriva de *1 Enoc* 67.5-7.[18]

«Manchas» (*spilades*) se traduce mejor como «rocas escondidas» («escollos ocultos» BA, ver VHA). En este sentido, estas personas «son motivo de escándalo» (NA), puesto que con su sensualidad producen verdaderos naufragios espirituales en la comunidad.[19]

«Nubes sin agua» señala lo contradictorio de su apariencia, pues se supone que toda nube lleva agua (Lc. 12.54). Lejos de producir aguas refrescantes, estas nubes vacías no sólo producen desengaños sino que van de acá para allá sin dejar nada bueno. En este sentido, son también como «árboles que en otoño no dan fruto y que arrancados de cuajo mueren por segunda vez» (NBE).

Los apóstatas son «fieras ondas del mar» (Is. 57.20-21), que en su descontrolado ir y venir sensual van produciendo una espuma de vergüenza (Fil. 3.19).[20]

Son «estrellas errantes» que al igual que los cometas o las estrellas fugaces pasan sin dejar mayor rastro que el recuerdo. Su luz es pasajera, como la luz de los apóstatas, que terminará apagándose por la eternidad (2 P. 2.17).

---

18 Carroll D. Osburn, «1 Enoch 80.2)8 (67.5)7) and Jude 12-13», *CBQ* 47, 2, 1985: 296)303.

19 William Whallon dice que la primera cláusula del v. 12 debería leer: «estos son las manchas en vuestras ágatas cuando comparten un banquete». Según él, *agatais* («ágata») era la lectura original, en lugar de *agapais* («ágape»). En el poema *Lithica* adscrito a Orfeo, línea 620, se dice que la ágata tiene manchas. Ver William Whallon, «Should We Keep, Quit, or Alter the hoi in Jude 12?» *NTS* 34, 1, 1988: 156-159.

20 Los paralelos a Judas 13a generalmente aducidos tienen meramente similaridades verbales. Según J. P. Oleson, el versículo alude al relato grotesco de Hesíodo sobre el nacimiento de Afrodita de la espuma (*afros*, cp. *epafrizonta*, «espuman», en Judas) del mar después de la castración de Urano. El autor de Judas debe haber encontrado apropiada esta alusión por su castración del libertinaje sexual. La alusión al *Hércules furens* de Eurípides (850-852) sugerida por C. Biggs también puede ser apropiada, lo cual implica una comparación entre Cristo y Heracles. Oleson sugiere que Judas puede haberse estado dirigiendo a una comunidad chipriota, cerca del lugar legendario del nacimiento de Afrodita. Ver J. P. Oleson, «An Echo of Hesiod's *Theogony* vv. 190-2 in Jude 13», *NTS* 25, 4, 1979: 492-503.

Características de la apostasía

En su discusión acerca del carácter de la apostasía, Judas nos ayuda a clarificar aquellos elementos que pueden permitirnos identificar a grupos y personas que por sus falsas doctrinas y actitudes erróneas manifiestan una postura herética y una orientación sectaria. En estos versículos el autor nos presenta tres características de la apostasía.

1. La apostasía se caracteriza por un alucinante menosprecio de la autoridad sobrenatural

Según sus propias palabras, el autor quería fortalecer a sus hermanos en la lucha por la fe verdadera (v. 3-4). Si bien en su carta sólo hay claves indirectas para conocer la posición de los enemigos contra los que combate, cabe deducir que estos adversarios adoptaban un comportamiento que al autor le parecía altivo y libertino. Por esta razón, Judas advierte sobre el castigo divino contra aquellos que pervierten el orden por Dios establecido. En el v. 8, el autor presenta la gravedad del delirio de estos «soñadores.» El primer grado de separación o desviación del apóstata no se da respecto de la comunidad de fe o la institución eclesiástica, sino de la soberanía divina sobre su vida.

En este sentido, estos «hombres impíos» son más frecuentes en las congregaciones evangélicas de lo que pensamos. Muchos de nuestros «creyentes» son muy buenos para repetir los credos «envasados» que los identifican como «bíblicos», «fundamentalistas», «conservadores» o «auténticos», pero titubean cuando deben traducir en acciones concretas el credo fundamental de todo cristiano: «Jesucristo es el Señor» (Fil. 2.11).

a. El apóstata rechaza la autoridad de Dios

Este rechazo se hace evidente en dos esferas de su existencia. Por un lado, el apóstata no acepta la autoridad de Dios sobre su propio cuerpo. Es por eso que, con fines religiosos o profanos, «mancillan la carne». En verdad, esta gente hace de la carnalidad una doctrina de vida, ya que no sólo practican los pecados de la carne sino que se jactan de ellos (Ro. 1.32). Por otro lado, el apóstata no acepta la autoridad de Dios sobre su propia vida. Estos son los que «niegan a Dios el único soberano, y a nuestro Señor Jesucristo» (v. 4). Y esta es la peor de todas las herejías. Como bien señalara Miguel de Unamuno: «El verdadero pecado, acaso el pecado contra el Espíritu Santo, que no tiene remisión, es el pecado de herejía, el de pensar por cuenta propia».[21]

Por eso no son cristianos, aun cuando integren la membresía de la iglesia. La primera señal de que el Espíritu Santo ha comenzado a obrar en una persona no es una transformación repentina en su carácter, la manifestación de nuevos dones divinos, o un cambio en su conducta, si bien estas experiencias pueden ocurrir con el tiempo. La primera señal de la actividad del Espíritu es la confesión del nuevo creyente, que dice «Jesucristo es el Señor». Pablo nos dice que nadie puede decir esto sin la ayuda del Espíritu Santo (1 Co. 12.3). Cuando una persona declara que Jesús es el Señor y Dueño de su vida, y está lista para aceptar las consecuencias de esa confesión, está dando evidencias de que el Espíritu está obrando en ella.

b. El apóstata rechaza la autoridad de los ángeles

Judas ya ha indicado que a los seres celestiales les cabe un rango o nivel de dignidad en relación con su servicio a Dios y a los humanos como mensajeros o enviados (v. 6). El apóstata ni siquiera acepta este nivel sobrenatural de autoridad, y además, habla profanamente de los ángeles o «potestades superiores» (2 P. 2.10). La confusión espiritual es tan profunda, que llega al punto de la blasfemia, en el sentido de no reconocer a cada ser sobrenatural la dignidad y autoridad que le corresponde, según su carácter y naturaleza, conforme a lo que Dios ha revelado y está registrado en la Biblia.

En los vv. 9-10, Judas introduce una ilustración muy conocida por una leyenda popular, para reforzar su argumento. Si Miguel no se atrevió a condenar a Satanás, se comprende cuán desatinada y osada es la conducta de aquellos que desprecian a los ángeles de la gloria y asumen una autoridad que no tienen. Me temo que a veces somos más rápidos para «reprender a Satanás y a los demonios», que para doblegar nuestra voluntad al señorío de Cristo. La reprensión de Satanás o los espíritus malos se está tornando una práctica cada vez más popular en evangélicos en América Latina. Sin restar importancia ni validez a la confrontación espiritual contra Satanás y sus huestes, creo que debemos prestar mayor atención a la vivencia del señorío de Cristo en nuestras vidas. Muchos problemas de supuesta opresión o posesión demoníaca no son más que una excusa para evitar la confesión de pecados y la

21 Unamuno, *Del sentimiento trágico de la vida*, p. 74.

sumisión al señorío del único Señor. Más de una vez Satanás y los demonios actúan como «chivos emisarios» de pecados voluntarios y decisiones libres, que colocan a las personas en rebeldía contra su Señor. «Satanás me hizo hacer esto o aquello», o «el demonio me empujó a pecar» son maneras de excusarnos y de «proferir juicio de maldición» contra el diablo. Que él está detrás de la tentación y seducción al pecado, es indudable. Pero también es cierto que el pecado es un acto de la voluntad en dirección opuesta a la voluntad revelada de Dios. Es propio de los impíos culpar a otros de los pecados propios.

2. La apostasía se caracteriza por un creciente grado de carnalidad mundana

Al igual que el autor del Salmo 1, en el v. 11 Judas hace gala de su típico estilo semita de usar trípticos para impartir su enseñanza. Como en aquel Salmo, se nota una progresión de ideas.

a. La penetración de la mundanalidad

En su selección de casos, Judas ilustra la manera en que la carnalidad mundana ha penetrado en la humanidad llegando a afectar a todos los niveles y esferas de la misma. Caín era agricultor, Balaam era profeta, y Coré era un príncipe de Israel. La apostasía no es un pecado propio de una clase social, un ámbito cultural o un quehacer determinado. La carnalidad mundana que lleva a la apostasía es universal en su penetración y alcanza a todos los niveles de la sociedad. Hay apóstatas en el mundo del trabajo, en el campo de la religión y en la esfera del gobierno. El pecado del desconocimiento del señorío de Cristo tiene efectos sobre la vida individual y social, sobre la ecología humana y la ecología natural.

El Manifiesto de Manila (Documento de Lausana II), que resultó del Congreso sobre Evangelización Mundial celebrado en esa ciudad en julio de 1989, declara:

Tanto el hombre como la mujer tienen integridad y valor intrínsecos, puesto que fueron creados semejantes a Dios para conocerle, amarle y servirle. Pero ahora, por medio del pecado, se ha distorsionado cada parte de su humanismo. Los hombres se han convertido en rebeldes egocéntricos e interesados, que no aman ni a Dios ni a su prójimo como debe ser. Como consecuencia, se hallan enajenados tanto de su creador como del resto de su creación, siendo ésta la principal causa del dolor, la desorientación y la soledad que tantos sufren hoy día. A menudo el pecado se transforma también en conducta antisocial, en explotación violenta de los demás, y en el agotamiento de los recursos naturales que Dios dio a administrar a los hombres y mujeres. La humanidad es culpable, sin excusa alguna, y se encuentra en el camino ancho que lleva a la destrucción.[22]

b. La progresión de la mundanalidad

Judas la marca a través de los verbos que utiliza. La carnalidad mundana no es un mal al que se accede de golpe. Es más bien un estilo de vida que se va gestando poco a poco, pero cada vez con mayor profundidad. El apóstata comienza caminando («han seguido») por el camino de Caín. Luego sigue corriendo («se lanzaron») en el error de Balaam. Para terminar pereciendo en la contradicción de Coré. Es como si el apóstata estuviese desplazándose por una pendiente, y su andar se fuese acelerando cada vez más, hasta chocar en el fondo con la muerte misma. La aceleración del apóstata es tal, que no puede frenarse una vez que ha comenzado la carrera hacia la destrucción (He. 6.4-6).

Cuando el señorío de Cristo no es sustentado con convicción y obediencia, fácilmente la vida se desbarranca por la pendiente de la mundanalidad. Poco a poco los valores de esa esfera de la realidad que no se sujeta al control del único Señor soberano se van internalizando hasta ganar el dominio de toda la vida y sus relaciones. Los mejores esfuerzos de superación moral y espiritual, fuera de Cristo, son como los movimientos desesperados de quien ha caído en una ciénaga: solo ayudan para sepultar más y más a la víctima. El Manifiesto de Manila declara:

Aunque la imagen de Dios en el ser humano está corrupta, todavía es capaz de entablar relaciones amorosas, realizar actos nobles y crear obras de arte. Sin embargo, hasta el mejor logro humano es fatalmente defectuoso y de ninguna manera permite el acercamiento a la presencia de Dios. Los hombres también son seres espirituales, pero sus prácticas espirituales y técnicas personales, si acaso alivian las necesidades sentidas, no pueden confrontarse a las solemnes realidades del pecado, la culpabilidad y el juicio. Ni las religiones humanas, ni la rectitud humana, ni los programas socio-políticos pueden salvar a las personas. Cualquier forma de autosalvación es imposible. Si se nos deja solos, los seres humanos estaremos perdidos para siempre.[23]

c. La producción de la mundanalidad

Una vida de carnalidad mundana no se queda sin frutos. La mundanalidad produce situaciones de vida que en grado creciente van complicando la existencia. Judas indica que la carnalidad mundana comienza siendo un «camino». No pasa de ser una experiencia pasajera por la que ocasionalmente se transita, sin mayor compromiso. Luego, la lascivia va tornándose en una verdadera actitud de vida, que no sólo contamina la conducta sino que llega a afectar la concepción del mundo y la realidad, produciendo engaño y error (ver v. 4). Finalmente, la carnalidad mundana termina siendo una verdadera «contradicción» («rebelión» BA, BJ; «motín» NBE; «insurrección», RVA). Tal postura de vida coloca al apóstata en oposición directa a Dios y a su voluntad revelada. Debemos confesar que la mundanalidad ha encontrado su manera de infiltrarse, instalarse y operar en nuestras vidas y comunidades. Mucho de lo que llamamos «evangélico» en América Latina tiene más elementos mundanos que bíblicos. De allí que debamos hacer propias las palabras del Manifiesto de Manila:

> Reconocemos que nosotros mismos no estamos inmunes a la mundanalidad en el pensamiento y la acción, es decir, a una contemporización con el secularismo. Por ejemplo, aunque los estudios del crecimiento de la iglesia, tanto numérico como espiritual, tienen su lugar y valor cuando se hacen con cuidado, a veces los hemos descuidado. Otras veces, con el deseo de asegurar una respuesta al evangelio, hemos acomodado nuestro mensaje, manipulando al oyente por medio de técnicas de presión, y nos hemos preocupado demasiado por las estadísticas y hasta hemos sido deshonestos en el uso que hemos hecho de ellas. Todo esto es mundanal. La iglesia debe estar en el mundo, pero no el mundo en la iglesia.[24]

---

23 *Ibid.*, p. 59.
24 *Ibid.*, p. 43.

3. La apostasía se caracteriza por un profundo deterioro del carácter personal

A través de metáforas impresionantes, Judas describe el carácter de los apóstatas, con imágenes vívidas tomadas de la naturaleza.

a. El apóstata es un peligro encubierto

Puede participar de la comunión de los creyentes, pero sus propósitos son egoístas. El egoísmo es su motivación. Su hipocresía lo torna peligroso, porque con su mala influencia puede arrastrar a otros a su pecado. Como los arrecifes o escollos en una costa rocosa junto al mar, el apóstata es una verdadera amenaza para los demás creyentes.

Los peores enemigos del reino de Dios no son los impíos de afuera, sino los impíos de adentro, que llamándose «hermanos» despliegan su estrategia disolvente, que termina por liquidar la fe de la iglesia. Estos son los derrotistas, para quienes todo es imposible porque todavía no conocen el Poder del amor de Dios, o que a cada propuesta de fe responden «No se puede» porque no tienen el Espíritu Santo. Estos son los que ponen el palo en la rueda de la comunidad en marcha, porque siempre tienen alguna objeción que hacer, pero jamás proponen alternativas de valor. Estos son los que critican a quienes trabajan, pero nunca mueven un dedo para dar testimonio de la fe que dicen tener. Estos son los andan detrás del poder y no del amor, del prestigio y no del servicio, del reconocimiento y no de la responsabilidad. Estos son los que en América Latina quieren desarrollar una iglesia pulcra, prestigiosa y educada, olvidando que el reino es para los pobres y marginados, por quienes Dios ha hecho su opción preferencial (Lc. 4.18-19). Estos son los que abrigan en el secreto de sus corazones su propio proyecto humano, que va de contrapelo con el propósito que Dios ha revelado en cuanto a su reino. Como los fariseos y escribas de antaño, su peligrosidad reside en su convicción de que ellos están en lo cierto, mientras que el juicio de Dios está equivocado (Lc. 11.37-54). Su propia ortodoxia y pietismo son armas mortales, no solo para ellos, sino para quienes los rodean.

b. El apóstata es una promesa falsa

Quizás se muestre activo en la congregación y esté metido en todas partes. Pero jamás trae bendición consigo. Se esfuerza por crear y mantener una imagen de sí mismo, y por eso va de un lado al otro, pero su vida es un fracaso. Espiritualmente hablando, el apóstata es un impotente que carece de la fuerza moral necesaria para acometer algo digno y de valor.

Muchos creyentes son como los molinos de viento, que se mueven en la dirección en que sopla la brisa. Su doctrina va variando conforme a las novedades teológicas que les llegan. Su conducta se ajusta a un relativismo ético, que premia el imperio de la situación dejando a un lado el carácter normativo de las Escrituras. Sus decisiones se toman conforme a los criterios que gobiernan la cultura y no según la voluntad revelada de Dios. Sus relaciones no están regidas por el amor, sino por la conveniencia. Su vida espiritual no depende tanto del Espíritu Santo como de su humor cotidiano, ya que es más una cuestión de «cómo se sienten» que de cuán llenos del Espíritu están. La imagen que proyectan es ejemplar, pero es como la luz que un proyector refleja sobre una pantalla: la imagen es una representación de una realidad, pero no es la realidad en sí. Si es una diapositiva familiar, muestra algo que fue o que ocurrió, pero que ya no es; si es una película, refleja una ficción.

c. El apóstata es un muerto espiritual

La falta del fruto del Espíritu (Gá. 5.22-23) y la abundancia de las obras de la carne (Gá. 5.19-21), ponen de manifiesto su condición de muerto espiritual. Pero el apóstata está doblemente muerto. Está muerto por carecer de fruto, y está muerto por estar desarraigado. Está muerto en sus «delitos y pecados» (Ef. 2.1), y está muerto por haber rechazado la vida verdadera en Cristo. Es incapaz de lograr algo que permanezca, en su vida o en el reino de Dios.

A pesar de su pretensión de tener fe, es un muerto espiritual, porque su fe es una fe muerta. Esto es cierto en relación con muchos cristianos que han confundido su mera profesión de fe con la demanda de una vivencia concreta y comprometida de la misma.

Un informe concienzudo sobre la situación de las iglesias en América Latina señala: «A lo largo de América Central en mucho del protestantismo tradicional así como del catolicismo, la fe llegó a expresarse primariamente en una ética de santidad altamente personalizada que dejó al pecado estructural y a la injusticia institucionalizada sin tocar». No obstante, a pesar de esta situación, hay signos de esperanza. Y prosigue diciendo el informe:

Pero ahora, a través de los movimientos contemporáneos de renovación que han surgido en estos cinco países pequeños, la fe se ha vivificado como confianza de corazón en la Palabra de Dios, como compromiso personal y comunitario con el señorío de Cristo, y como obediencia concreta y continuada al evangelio del reino y sus proyectos de jubileo. La salvación es realmente solo por la fe. Pero la fe nunca se queda sola. La realidad y relevancia de esta fe justificadora se justifica en actos de justicia. Resulta en obras de justicia y compasión en favor de los pobres y necesitados, los parias y los que carecen de poder (Jer. 22.16; Stg. 1.22-27; 2.1-26).[25]

ch. El apóstata es un activista inútil

Al igual que las olas del mar, despliega una gran cantidad de energía y hace mucho ruido. Pero, en definitiva, todo lo que produce es un poco de espuma, que rápidamente se diluye, dejando sobre la arena al retirarse un residuo de basura y desperdicios (Is. 57.20). El saldo final en la vida del apóstata es la vergüenza.

¡Cuán lamentable es que tantos de nosotros hayamos confundido la misión de la iglesia con el activismo! Este flagelo está liquidando no solo a muchos pastores y líderes, sino también a congregaciones enteras. Grupos preciosos y talentosos han caído en la seducción torpe de girar como carruseles vistosos y coloridos, pero siempre dando vueltas en el mismo lugar y con la misma música. Por no haber entendido la misión de encarnación y servicio que el Señor les ha confiado, muchas iglesias viven girando rutinariamente alrededor de un «programa de actividades», en lugar de marchar hacia el cumplimiento de su misión como agencias del reino. ¡Tal apostasía del verdadero carácter de la iglesia no puede terminar en otro lugar que no sea estrellándose contra riscos de vergüenza!

d. El apóstata es un fenómeno pasajero

Su palabra parece estar llena de brillo, fulgor y encanto. Su personalidad impresiona por su esplendor. Sin embargo, es un cometa espiritual. Es lo que se llama en algunos de nuestros países «un veleta», a quien cualquier viento lo mueve para un lado u otro. El apóstata carece de esperanza y su único destino es apagarse en las tinieblas eternas, como las estrellas fugaces.

El evangelio de Cristo ha sufrido mucho con estas «estrellas errantes». Por todo el continente destellan como fuegos artificiales los nombres de evangelistas, predicadores y maestros itinerantes, que convocan a los creyentes en estadios, cines y teatros por medio

---

25 Gordon Spykman, *et al.*, *Let My People Live: Faith and Struggle in Central America*, Eerdmans, Grand Rapids, 1988, pp. 222-223.

de una publicidad que está montada en torno a sus personas. Las marquesinas de los locales públicos presentan sus nombres en letras grandes y coloridas. Generalmente se anuncian como el «Pastor Fulano y su esposa Mengana». Los afiches publicitarios prometen «milagros, sanidades y prodigios». La prosperidad y la felicidad son artículos que se ofrecen con una generosidad sorprendente. Sus servicios atraen por su dinamismo; más parecidos a un espectáculo de televisión que a un culto cristiano. Multitudes hacen cola para poder entrar a sus concurridas reuniones. La impresión que dan estas «estrellas del evangelio» es la de bengalas luminosas, que encandilan por un poco de tiempo, pero que no dejan más que una impresión pasajera y un persistente olor a pólvora quemada.

C. La condena de la apostasía (14-16)

Después de haber descrito las malas acciones de los individuos impíos que se habían infiltrado en las iglesias, y continuar su ataque contra «éstos» con un cuadro figurativo de lo que eran (vv. 12-13), Judas sigue con la verificación profética de su condenación (vv. 14-15), y un cuadro resumen de su verdadera naturaleza (v.16).[26]

La profecía de Enoc a la que se refiere Judas se encuentra en un libro apócrifo que lleva ese nombre. Se trata de una serie de escritos de varios autores anónimos y correspondientes a fechas diversas. El material es legendario y fantástico, pero gozaba de gran popularidad en tiempos neotestamentarios. Un análisis detallado de Judas 14-15 revela que (1) cita *1 Enoc* 1.9 de un texto arameo, y (2) hace una adaptación definidamente cristiana de *1 Enoc* 1.9 mediante el agregado singular de *kyrios* («Señor», i.e. Jesús). Aparentemente, Judas tenía delante de él una copia de *1 Enoc* que le sirvió no solo como la base generativa para los vv. 4-19 de su breve epístola, sino también de la que derivó la cita teofánica que necesitaba para identificar a los peligrosos *tines anthrôpoi* («algunos hombres», v. 4) con los enemigos escatológicos de Dios y afirmar que el Señor va a ser duro con estos *asebeis* («impíos») en el juicio venidero.[27] El hecho de que cite un libro apócrifo no significa necesariamente que él lo considerara como Escritura o divinamente inspirado.[28] Sin embargo, el uso del verbo «profetizar» (*eprofêteusen*) en relación con Enoc indica que para Judas éste era un libro profético divinamente inspirado (ver 1

26 D. Edmond Hiebert, «Selected Studies from Jude. Part 2: An Exposition of Jude 12)16», *Bibliotheca Sacra* 142, 567, 1985: 238-249.

27 Carroll D. Osburn, «The Christological Use of I Enoch 1.9 in Jude 14, 15», *NTS* 23, 3, 1977: 334-341.

28 Ver Donald Guthrie, *New Testament Theology*, InterVarsity, Downers Grove, 1981; Kistemaker, *NTCom.* pp. 395-396.

346 COMENTARIO BIBLICO HISPANOAMERICANO

P. 1.10-12). La genealogía de Enoc aparece en Génesis 5.4-20, donde Enoc es el «séptimo desde Adán». Así lo califica *1 Enoc* 60.8 y 93.3. El número siete indica su importancia y singularidad (Gn. 5.24). Las palabras citadas son una combinación de varios pasajes del libro apócrifo, especialmente *1 Enoc* 1.9. Para Enoc, el «Señor» es Dios y las «santas decenas de millares» son los ángeles (Dt. 33.2; Zac. 14.5). Para los cristianos estas palabras se refieren a la venida de Cristo en gloria con sus ángeles (Mt. 25.31; 2 Ts. 1.7).[29]

La referencia de Judas a caracteres y eventos bíblicos no se puede entender solo sobre la base del texto bíblico. Es necesario investigar estas referencias a la luz de los documentos de la apócrifa y seudoepígrafa del Antiguo Testamento, los escritos de Josefo y Filón, y algunos materiales rabínicos.[30] Judas usa las referencias a personajes y eventos tradicionales para desarrollar los dos temas de *1 Enoc* 1.9, que son la impiedad de «algunos hombres» y el juicio divino.[31] La cita de *1 Enoc* para muchos en los días de Jerónimo era prueba de que la epístola de Judas no era escritura inspirada. Para Clemente de Alejandría y Tertuliano lo opuesto era cierto en una fecha más temprana; es decir, la cita de Judas era prueba de la inspiración de *1 Enoc*.[32]

El Señor viene «para hacer justicia» (*poiêsai krisin*; ver Jn. 5.27-30) contra «todos» (*pantôn*), y dejar convictos a todos los impíos» (*elegxai pantas tous asebeis*). La frase se refiere al juicio de todos los seres humanos delante del Señor, pero no a la condenación de todos los seres humanos, sino de todos los impíos. Nótese en el v. 15 la repetición enfática de «todos» (cuatro veces) y de «impío» (cuatro veces). Todo ser humano deberá presentarse ante el Juez. Los justos serán absueltos por la obra redentora de Cristo, pero los impíos recibirán la justa recompensa por su impiedad. En el día del juicio los incrédulos no podrán pretender ignorancia, porque a lo largo de la historia han

---

29 Sidebottom, *NTBC*, p. 90; Bauckham, *WBC*, pp. 96-97.

30 Originalmente se consideraban como apócrifos los escritos ocultos, secretos, que no se utilizaban en la lectura pública sinagogal. Más tarde, al irse imponiendo un concepto más estricto y cerrado del canon de la Escritura, el término «apócrifo» adquirió un sentido negativo, que equivale a no canónico; o sea, no recibido en el canon de los libros inspirados. Se conoce como «apócrifa» al conjunto de estos libros. La «seudoepígrafa» es el conjunto de aquellos escritos que, habiéndose originado en el mundo de la fe judeo-bíblica, circularon con título y/o nombre de un autor falso. Más concretamente esta denominación comprende el conjunto de los escritos bíblico-judíos no canónicos compuestos entre el año 200 a.C. y el 100 d.C., los cuales representan el paso del Antiguo al Nuevo Testamento. La única diferencia entre estos escritos y los denominados apócrifos consiste en que estos últimos entraron a formar parte del canon alejandrino del Antiguo Testamento, que se impuso en las sinagogas de la diáspora griega y luego fue aceptado por las comunidades cristianas grecoparlantes, pero que la tradición protestante no acepta como normativos. Ver Lothar Coenen, Erich Beyreuther, y Hans Bietenhard, *Diccionario teológico del Nuevo Testamento*, vol. 1, Sígueme, Salamanca, 1980, pp. 22, 39.

31 T. Wolthus, «Jude and Jewish Traditions», *Calvin Theological Journal* 22, 1, 1987: 21-41.

32 Sidebottom, *NCBC*, p. 90.

recibido advertencias. En realidad, los impíos han ignorado deliberadamente estas advertencias y han pecado como les ha venido en gana.[33]

Los impíos aquí son los mismos que Judas ya ha descrito en el v. 4. Aquí se refiere a ellos, su carácter y su comportamiento, lo que ellos son y lo que hacen. Pero además, Judas parece concentrarse en lo que dicen (vv. 15c-16). Después de haber descrito el carácter impío y las acciones impías de los infiltrados, aplica la referencia de *1 Enoc* a todas «las cosas infladas» que salen de su boca; es decir, sus palabras impías.[34] a) Estos impíos son «murmuradores» (*goggystai*, palabra onomatopéyica) al igual que los rebeldes del antiguo Israel (Ex. 16.2, 9; 17.3; Nm. 11.1, 14-29; 1 Co. 10.10). El término murmuración denota insatisfacción con las palabras o acciones de alguien y a menudo lleva a la condenación del que habla o actúa. Así condenan estos impíos a Dios por su palabra y acción. b) La impiedad de estos impíos es mayor en cuanto son «querellosos»; es decir, se quejan del lugar que Dios les ha asignado en la vida y de ese modo dirigen su crítica hacia Dios. c) Estos impíos siguen «sus propios malos deseos» (ver v. 18), es decir, andan tras su lascivia física. Son esclavos de deseos pecaminosos que los llevan a cometer acciones pecaminosas (v. 15). ch) Su «boca habla coasa infladas», por supuesto, acerca de sí mismos. Cada vez que abren la boca, lo hacen con arrogancia, a pesar de que lo que dicen carece de fundamento y está vacío. Lo peor de todo es que le hablan a Dios de esta manera (Lc. 18.11-12). d) Hacen lo mismo en relación con otros a fin de «sacar provecho». Con esto hacen acepción de personas (Lv. 19.15; Dt. 16.19; Stg. 2.1-9). Los apóstatas, cuando hablan a Dios, lo hacen con arrogancia, y cuando hablan a los ricos lo hacen con adulación. Con su arrogancia se burlan del honor de Dios, y con su adulación engañan a sus prójimos.[35]

Detrás de cada acusación de Judas se pueden advertir las enseñanzas, actitudes y especialmente la codicia de los infiltrados gnósticos en la comunidad a la que se dirige el autor (ver 2 P. 2.3, 14).

Apostasía, sectarismo y segunda venida del Señor

Las sectas modernas han crecido notablemente debido a que muchas personas han visto en ellas una opción válida para sus necesidades religiosas. Son como la factura impaga de las iglesias cristianas. Enfatizan aquellos elementos doctrinales y prácticas que las iglesias históricas han descuidado o ignorado.

33 Kistemaker, *NTCom*, pp. 396-397.
34 Elliott, *ACNT*, p. 180.
35 Kistemaker, *NTCom*, pp. 15-16.

Muchos grupos sectarios han aparecido debido a que las iglesias cristianas han perdido su primer amor. Muchas de estas iglesias se han instalado cómodamente, se han identificado con los poderes dominantes, se han puesto al servicio de una clase social y han sacralizado sus ambiciones e intereses de clase. Por eso, los pobres y marginados han encontrado en los grupos sectarios una mayor aceptación, que en las congregaciones de las denominaciones evangélicas históricas.

Claro, la proliferación de las sectas en nuestros días no se explica solamente por los espacios vacíos que van dejando las comunidades cristianas. Es necesario recordar que la multiplicación de falsas doctrinas y falsos maestros es un componente muy singular del mapa escatológico que se nos anticipa en la Biblia misma (vv. 17-18; 2 P. 3.2-3).

No obstante, más artero que la competencia religiosa de grupos y movimientos sectarios externos es el peligro de la apostasía interna en cuanto a una vivencia comprometida con el evangelio del reino. La distorsión y reducción del evangelio cristiano a alguno de sus elementos, o el énfasis exagerado de algún aspecto del mismo en detrimento de otros, no solo afecta su integridad sino que empequeñece su poder y alcance. Achicar el evangelio del reino a una mera confesión doctrinal, un estilo de vida pietista, o una práctica de culto, es caer en la apostasía que Judas denuncia y contribuir a la fractura de la iglesia, que es expresión del reino de Dios.

En este pasaje, Judas condena severamente a los apóstatas y sectarios a la luz del próximo advenimiento del Señor.

1. Consideremos la venida del Señor

Después de hablar sobre el pasado más allá de la prehistoria y hacer referencia a casi toda la historia del Antiguo Testamento, Judas empalma una profecía antigua con su cumplimiento futuro. Así como utilizó ilustraciones del pasado para amonestar sobre el castigo y el carácter de la apostasía, ahora utilizará la gran esperanza cristiana asentada en el futuro para condenar la apostasía. Al mencionar la segunda venida de Cristo, el autor señala tres asuntos importantes en cuanto a ella.

a. El carácter de su venida

La realidad de la segunda venida de Cristo no siempre es tenida en cuenta. Sin embargo, *su venida es prominente en las Escrituras*. Se ha dicho que de cada treinta versículos en la Biblia, uno menciona esta realidad. Que por cada vez que se menciona la primera venida, se menciona ocho veces la segunda. Y que en 216 capítulos de la Biblia se hace referencia a ella 318 veces. A ella se dedican libros enteros (como 1 y 2 Ts.) y capítulos completos (como Mt. 24; Mr. 13; Lc. 21; etc.) Este fue el tema de los profetas del Antiguo Testamento (1 P. 1.11). Jesús mismo dio testimonio continuamente de su segunda venida (Jn. 14.3). Los ángeles que dieron fiel testimonio de la primera venida de Cristo, dan también testimonio de su segunda venida (Hch. 1.11). Y los apóstoles proclamaron fielmente esta verdad.

Además, se le ordena a la iglesia de Cristo que espere con ansiedad la venida de su Señor (Tit. 2.13). La segunda venida es el gran acontecimiento que ha de eclipsar a todos los demás. Es el evento que los creyentes deben esperar y anhelar ardientemente. Por otro lado, se nos presenta como la doctrina que ha de ser el más grande incentivo para vivir una vida consecuente (Lc. 21.34-36; 1 Jn. 2.28; 3.3). El desafío de mantenernos vigilantes nos ayuda a vivir mejor para él. La regla que la iglesia debería aplicar a todas las cosas de la vida práctica es: ¿Me gustaría que Cristo me encontrara haciendo esto cuando venga?

Finalmente, esta es una doctrina de gran consuelo para el creyente (1 Ts. 4.14-18). Sin embargo, a pesar de esto, es una doctrina olvidada. Tal vez nuestra culpa al descuidar la segunda venida de Cristo sea mayor que la de los judíos al descuidar la primera.

b. Su venida será majestuosa

Quien viene es nada menos que el Señor, y Judas agrega que vendrá «con sus santas decenas de millares». No obstante, su venida será personal. El no enviará a algún mensajero (ángel) o al arcángel Miguel. El dijo «volveré» y lo va a hacer de manera personal (1 Ts. 4.16).

c. Su venida será visible

Las «decenas de millares» de seres celestiales que lo acompañarán no pueden pasar inadvertidas (Mt. 24.27; Ap. 1.7). Sin duda alguna, en cuanto a los creyentes, la venida de Cristo estará acompañada por la influencia interior e invisible del Espíritu Santo. Pero será también un evento exterior y visible. Los fenómenos que ocurrirán son externos (Ro. 8.21, 23). Tanto la naturaleza como el cuerpo humano serán transformados (glorificados). El viejo orden desaparecerá y surgirá un orden nuevo (2 P. 3.12-13). Su venida será también repentina (Lc. 12.40), y gloriosa (Mt. 24.29-31).

2. El propósito de su venida

G. Campbell Morgan, el gran expositor bíblico inglés de comienzos de siglo, decía: «Nunca empiezo mi trabajo por la mañana sin pensar que quizá él lo interrumpa durante ese día para empezar el suyo. No espero la muerte; lo espero a él». El Señor viene otra vez con un programa de trabajo definido.

a. Cristo viene para terminar su obra de salvación

El ya ha dado a los creyentes una «común salvación». Pero en su segunda venida él redimirá del cuerpo de pecado a quienes han confiado en su amor perdonador (Fil. 3:20-21).

b. Cristo viene para juzgar a los humanos (Ap. 20.11-12)

Judas dice que el Señor viene «para hacer juicio contra todos». Esto incluye a todos, sean creyentes o no. Este será un juicio universal (2 Ts. 1.6-7) en el que justos e injustos serán juzgados. Primero vino como Salvador, pero ahora vendrá como Juez. En su primer venida, Cristo nació en un pesebre humilde para terminar muriendo en una cruz vergonzosa. Pero en su segunda venida, él vendrá sobre una nube de gloria para sentarse en el trono del juicio y de la victoria. En este juicio, los impíos quedarán «convictos», y recibirán así la justa paga por sus obras impías (Ro. 6.23), que han cometido sin temor de Dios. Juan Alberto Bengel dice: «Un pecador es malo; alguien que peca sin temor, es peor».[36] Cada acción y cada palabra que se haya hecho y pronunciado en contra de la santidad de Dios será condenada (Mal. 3.13; Mt. 12.36-37).

c. Cristo viene para establecer su reino

El viene para completar sus propósitos en la historia. Su reino se establecerá definitivamente, imponiendo su soberanía sobre todo el orden creado. El Pacto de Lausana declara que «nuestra confianza cristiana es que Dios perfeccionará su Reino, y esperamos con gran expectativa ese día y los nuevos cielos y la nueva tierra en los cuales morará la justicia y Dios reinará para siempre».[37]

---

36 John Albert Bengel, *Gnomon of the New Testament*, vol. 5, T. & T. Clark, Edimburgo, 1877, p. 169.

37 «Pacto de Lausana», p. 39.

ch. El resultado de su venida

Según Judas, el Señor viene «para hacer juicio contra todos, y dejar convictos a todos los impíos». Si bien la Biblia representa a todo castigo de las transgresiones individuales y a todas las manifestaciones de la justicia vindicatoria de Dios en la historia de las naciones, como actos o procesos de juicio, también sugiere que estos juicios temporales son sólo parciales e incompletos. En consecuencia, estos juicios temporales deben ser concluidos con una vindicación completa y final de la justicia de Dios. Esto se logrará dando a conocer a todo el universo el carácter y la conducta de cada individuo y de todos los seres humanos, retribuyendo a cada uno con un destino eterno según sea el veredicto. El hombre es juzgado interiormente cuando muere y antes de morir. Pero en el día del juicio final lo será exteriormente (1 Ti. 5.24-25).

La Biblia es clara en cuanto a los dos aspectos del juicio divino sobre el pecado que se han señalado. Hay numerosos pasajes que nos hablan de un juicio temporal o espiritual (Jn. 3.18-19), que tiene efecto en la historia y vida de los seres humanos. Pero también la Biblia describe un juicio final (Hch. 17.31), que tendrá lugar con posterioridad a la segunda venida del Mesías. Este juicio final será sólo para la «revelación del justo juicio de Dios» (Ro. 2.5-6). Es este segundo aspecto del juicio de Dios sobre los impíos, el que Judas considera al comienzo del v. 15.

Este juicio final no es un proceso espiritual, invisible e interminable, sino un evento visible y concreto, que ocurrirá en un momento definido en el futuro. El «juicio contra todos» es descrito en la Biblia en términos claros, de cuatro maneras. (1) El juicio final es algo para lo cual los impíos están «reservados» (2 P. 2.4, 9). (2) El juicio final es algo que ocurrirá en el futuro (Hch. 17.35; He. 10.27). (3) El juicio final es algo que vendrá después de la muerte (He. 9.27). (4) El juicio final es algo para lo cual la resurrección de los muertos es una preparación (Jn. 5.29).

3. La condenación de los apóstatas

Judas declara que el Señor viene «para hacer juicio... y dejar convictos a todos los impíos». El hecho del juicio está declarado con toda abundancia de testimonios en la Biblia. El principio del juicio corre a través de las Escrituras desde el principio hasta el fin, y también a través de la experiencia e historia humanas. El juicio será «contra todos». Todos los seres humanos serán sometidos al escrutinio divino. Sin embargo, este juicio será para la condenación de todos los impíos. ¿Por qué?

a. Los apóstatas son condenados por su triple impiedad

Judas repite tres veces el vocablo «impío» de diferentes maneras en el v. 15. Pero estos impíos no deben esperar hasta el juicio final para conocer su condenación, sino que ya son condenados por su impiedad mediante la aplicación de tres leyes.

i. La ley de la conciencia

Estos condenados quedan convictos por lo que son. Su condición de impíos los condena. Esta condición está profundamente grabada en su conciencia. La ley de la conciencia es aquella por la cual el ser humano anticipa involuntariamente el castigo de su propio pecado (Ro. 2.15-16). Goethe decía que sus escritos tomados juntos constituían una gran confesión. Lo mismo puede decirse de la vida de cualquier ser humano pecador. Un hombre, que más tarde llegó a ser predicador metodista, se convirtió en tiempos de Jorge Whitefield por una visión del juicio. En ella vio a todos los seres humanos reunidos delante del trono de Dios, y a cada uno acercándose al libro de la ley de Dios y abriendo su corazón delante de él. Cada uno comparaba su corazón con las cosas que había escritas en el libro, y según concordaran o no con ese patrón, pasaban triunfantes a la compañía de los benditos o iban aullando a la compañía de los condenados. No se hablaba palabra alguna. El Juez estaba sentado en silencio. El juicio era un juicio de autoexamen y autocondenación. La propia conciencia marcaba la sentencia.

ii. La ley de la memoria

Estos condenados quedan convictos por lo que hacen. Judas menciona «todas sus obras impías que han hecho». La ley de la memoria es aquella por la cual el alma preserva los registros de sus actos, ya sean buenos o malos (Lc. 16.25). En el juicio final, la memoria abarcará todos los eventos de la vida pasada. La memoria los abarcará a todos en el mismo momento y en un instante. «Todas las obras impías que han hecho» aparecerán al mismo tiempo, como ocurre con los diversos escritos que con el correr del tiempo se han registrado en un palimpresto[38] cuando es sometido al análisis de un erudito. La memoria abarcará estas obras impías en

---

38 Un palimpresto es un manuscrito antiguo que ha sido borrado, y sobre el que se ha vuelto a escribir otro texto.

forma ininterrumpida y continuada. Ninguna quedará sin salir a la luz.

iii. La ley del carácter

Estos condenados quedan convictos por lo que sienten y piensan. Sus hechos pecaminosos son tanto más pecaminosos cuanto que los han llevado a cabo «impíamente». Su impiedad no ha sido el resultado de un accidente, sino de una decisión voluntaria bien pensada y elaborada. La ley del carácter es aquella por la cual cada pensamiento y sentimiento dejan una huella indeleble sobre la naturaleza moral. El pecado deja su marca en el alma. Del mismo modo, Dios despertará las conciencias de los perdidos para ver su carácter como Dios lo ve, y les llevará a que ellos mismos se juzguen conforme a la intencionalidad de sus actos impíos.

b. Los apóstatas son condenados por su múltiple blasfemia

Judas dice que estos individuos quedarán convictos «de todas las cosas duras que... han hablado contra él». No hay palabra más dura que alguien pueda pronunciar contra el Señor que negar su condición de Señor y Mesías (v. 4). Tal blasfemia es múltiple porque no reconoce la soberanía universal de Dios, su lugar como Señor en la vida del creyente, su carácter salvífico y su papel mesiánico.

Entre nosotros hoy hay quienes caen bajo esta condenación. Son aquellos que, aun cuando se llaman cristianos, no reconocen a Jesús como el soberano universal, sino que hablan de él como un mero hombre, sin pre-existencia y sin nacimiento virginal. Estos son los que desconocen el señorío de Cristo (Hch. 10.36), al negar la doctrina cristiana de la resurrección corporal de los muertos (Ro. 14.9). En su vanidad, estos impíos niegan que Cristo sea el Salvador, pues se refieren a él como un liberador político, un maestro de buenas ideas, o un agitador social. Tales impíos ponen de lado el Antiguo Testamento como una colección de fábulas y mitos, y no ven en Jesús al Cristo (el Ungido) de las profecías de la antigüedad.

La advertencia de 2 Pedro 2.1-2 parece cumplirse en estos días. Ya están entre nosotros los falsos maestros con su prédica blasfema, diciendo cosas duras que van contra el Cristo de la Biblia y a quien los evangélicos hemos predicado con fidelidad durante más de un siglo y medio. Estos apóstatas de la fe verdadera están negando al Cristo de los evangelios. Por eso son condenados (Mt. 10.33; 2 Ti. 2.12; 1 Jn. 2.22-23). Por más que se llamen cristianos y concurran a nuestras asambleas cristianas, estos impíos no pueden ocultar su condición de apóstatas. Lo son por negar al Señor que los rescató, por negar su nacimiento virginal, sus milagros, su muerte vicaria, su resurrección corporal, su promesa de volver otra vez, su poder a través del Espíritu Santo.

Sin embargo, mucho más grave es la impiedad de aquellos que creyendo en el nacimiento virginal, los milagros, la muerte vicaria, la resurrección corporal y todas las doctrinas del evangelio actúan y hablan con injusticia. Dicen tener una fe ortodoxa, pero su praxis es hetorodoxa. Son como los cristianos a quienes Santiago condena (Stg. 1.27). En realidad, como ocurre con los peces, muchos evangélicos latinoamericanos son condenados por su boca. Judas coincide con Santiago en localizar en la boca de la fuente de impiedad (Stg. 1.26). En nuestra religiosidad evangélica, la palabra ocupa un lugar prominente, pero no siempre se la ejercita de la manera correcta.

Eugenio Nida analiza detenidamente esta cuestión. Dice él: «Dentro de la Iglesia Evangélica en América Latina, la tendencia al idealismo ha tomado frecuentemente la forma de una pesada 'predicación doctrinal', en la que se ha proclamado la conducta ideal y se ha condenado lo opuesto. Tal predicación generalmente ha comenzado con un texto y a menudo no se ha alejado mucho de él para tocar situaciones de vida. El ideal utópico ha sido proclamado claramente, y la mayoría de los oyentes suspiran una especie de asentimiento vicario mientras son condenados a continuar en su otro mundo de la carne. En su realismo generalmente son muy pesimistas en cuanto a sus posibilidades de entrar alguna vez por 'la puerta estrecha'». Y luego, Nida agrega: «Muy frecuentemente este pesimismo, mezclado con cinismo, tiende a frustrar planes de reforma y avivamiento, incluso antes que estos programas hayan comenzado. Esto no significa que la gente retenga su acuerdo verbal; de hecho, a menudo gritan su aprobación casi directamente en proporción a su pesimismo en cuanto a las posibilidades de éxito. Quizás esto es en la esperanza de que el apoyo verbal pueda actuar como una especie de magia imitativa, de suerte que de alguna manera u otra el éxito pueda ser alcanzado».

¿Cuál es el sentido de todo esto? Nida responde: «Esto significa que las iglesias evangélicas otorgan una gran importancia a la verbalización, pero no necesariamente del tipo razonado e informativo. En verdad, la gente quiere mucho más sentir que pensar, y de aquí que el predicador realmente popular es alguien que apela a las emociones, y no a la mente».[39] En definitiva, siempre resulta más fácil hablar acerca del evangelio que vivirlo en todas sus implicaciones.

39 Nida, *Understanding Latin Americans*, pp. 44-45.

c. Los apóstatas son condenados por su carácter impío

El propósito del juicio final no es instituir una investigación para determinar si el individuo será salvo o quedará convicto y condenado. Dios no necesita hacer ninguna pesquisa sobre la condición futura del ser humano. El ya lo sabe todo. Para Dios, la condición de toda criatura moral es bien conocida. Tampoco es el propósito del juicio dar a conocer a las personas cuál habrá de ser su destino final. El propósito del juicio final no es, entonces, la indagación de los pecados humanos, sino la manifestación del carácter humano y el señalamiento de las condiciones eternas exteriores que le corresponden.

i. Traer a la luz el carácter de todo ser humano

El juicio tiene como uno de sus propósitos traer a la luz el carácter de todo ser humano. No es el descubrimiento o conocimiento del carácter del hombre lo que está en juego, sino su manifestación (2 Co. 5.10). El carácter determina el destino, y el carácter está indicado y es determinado por los hechos y las palabras. Los hechos y las palabras serán traídos a juicio como indicadores de la condición moral del alma (Mt. 12.36). Es por eso que en el juicio final, los humanos habrán de dar cuenta de toda acción (Lc. 12.2). Quienes se han pasado la vida murmurando, peleando y viviendo un estilo de vida egoísta cosecharán condenación. Pero también en el juicio final, los seres humanos habrán de dar cuenta de toda palabra (Lc. 12.3; Mt. 12.3-6). Quienes han usado su boca para «hablar cosas infladas» o adular a las personas con fines egoístas, entre otras cosas, recibirán condenación. Esto explica por qué el juicio es final y no viene sino al fin de la historia humana, con la segunda venida de Cristo.

ii. Asignar a cada uno un destino en conformidad con su carácter

El juicio tiene también como propósito asignar a cada uno un destino en conformidad con su carácter. Juzgar significa literalmente «diferenciar», y de esto sigue la idea de separar. En el juicio, Dios separará a los justos de los impíos. Las acciones llevadas a cabo en y con el cuerpo (como las que Judas denuncia en su carta) se toman como el criterio del juicio, porque los actos físicos manifiestan o revelan el carácter de una persona.

Esta manifestación de todos los corazones vindicará no sólo lo que Dios ha hecho en el pasado, sino su determinación de los destinos futuros (Lc. 12.2, 8-9). Un juez humano, al dictar sentencia, generalmente procura establecer la culpabilidad del criminal de tal manera que no le quede duda de que su condena es justa. Del mismo modo, Dios despertará las conciencias de los impíos, y les llevará a que ellos mismos se juzguen y condenen. Por eso es que Judas afirma que quedarán «convictos».

III. Exhortación a la fe verdadera (17-23)

La exhortación a la fe verdadera sólo tiene sentido en un contexto donde esa fe es puesta en tela de juicio. Es la presencia de la herejía y el sectarismo lo que provoca la necesidad de amonestar en favor de «la fe que ha sido una vez dada a los santos» (v. 3).

El problema de la apostasía no es nuevo en el cristianismo, si bien no siempre tuvo la misma virulencia. En Judas 17-19 el concepto de apostasía tiene su connotación técnica de carácter peyorativo, que asocia el error doctrinal con el espíritu sectario, según se ve en la fórmula «los que causan divisiones». Esta epístola, por añadidura, tan crudamente opuesta al antinomismo como de abierta orientación judeocristiana, fundamenta el origen hebreo del matiz peyorativo que asocia a la apostasía.

La epístola de Judas establece una triple estrategia, por la que los cristianos pueden confrontar la apostasía que frecuentemente afecta a las iglesias. El autor llama a los cristianos a estar preparados mental (vv.17-19), espiritual (vv. 20-21), y ofensivamente (vv. 22-23).[1] Los llama a tomar consciencia de la apostasía como algo predicho por los apóstoles (vv.17-19), a estimular su propia madurez espiritual para lograr seguridad en medio de la apostasía (vv. 20-21), y a actuar de manera redentora para con aquellos que han sido contaminados por los apóstatas (vv. 22-23).[2]

Hoy, cuando hablamos de apostasía, herejía y sectas nos referimos claramente a la distorsión del evangelio, la falsedad de la doctrina y al carácter divisionista y faccioso de sus sostenedores. La exhortación de Judas en los textos citados es oportuna y pertinente, incluso para nosotros hoy. El espíritu pluralista y relativista que impregna la cultura contemporánea no puede

---

1 A. D. Litfin, «A Biblical Strategy for Confronting the Cults», *Bibliotheca Sacra* 135, 539, 1978: 232-240.

2 D. Edmond Hiebert, «Selected Studies from Jude. Part 3: An Exposition of Jude 17-23», *Bibliotheca Sacra* 142, 568, 1985: 355-366.

neutralizar el hecho de que la fe verdadera es una, y se encuentra registrada en el testimonio bíblico. El mensaje de Judas no es, pues, el producto de una pluma intolerante, sino el resultado de un siervo del Señor que ve el peligro de hacer concesiones al error doctrinal y el relajamiento moral en la iglesia. Vale la pena que prestemos atención a su exhortación.

A. La fe verdadera es apostólica (17-19)

Después de describir a los apóstatas (vv. 5-16), Judas se dirige a los creyentes (vv. 17-23). En su exhortación, anima a sus lectores a recordar el Evangelio (vv. 17-18), y evitar a los apóstatas (v. 19). Con ternura que lo caracteriza cada vez que se dirige a ellos (vv. 3, 17, 20), los llama «amados». Sus lectores son amados por Dios (v. 1) y también por él, como fiel siervo de Jesucristo.

Antes que nada, ordena a sus lectores «tened memoria» (cp. 2 P. 3.2). Ya les recordó aquello que ellos conocían desde hacía tiempo (v. 5); es decir, la enseñanza del Antiguo Testamento. Pero ahora es necesario que recuerden también el evangelio que fue predicado «por los apóstoles de nuestro Señor Jesucristo». La recapitulación es necesaria porque evidentemente las opiniones estaban divididas en la iglesia (o iglesias) a que escribe. Aparentemente, los lectores no difieren en su opinión respecto a los apóstatas, pero hay algunos que dudan (v. 22), y otros que se han unido a los facciosos (vv. 19, 23).[3] La carta de Judas es una exhortación a los creyentes a «contender ardientemente por la fe» (vv. 3, 20). Pero esta fe por la que hay que «agonizar» no es cualquier fe. En contraste con la fe de los apóstatas (v. 16), ésta es la fe que está registrada en las «palabras que antes fueron dichas por los apóstoles» y que «ha sido una vez dada a los santos» (v. 3). Estas «palabras» (jrêmatôn, «predicciones» BJ, NBE, NC, NA) tienen que ver con el mensaje de salvación que el Señor confió a su iglesia, y que constituye el cuerpo de enseñanza autoritativa que está registrado en las páginas inspiradas de la Biblia. Las palabras exactas que aquí se citan no aparecen en ninguna parte, pero sí hay equivalentes (ver Hch. 10.36-42; 20.28-31, 35; 1 Co. 11.23; 15.3-7; 1 Ti. 4.1, 6; 6.20; 2 Ti. 1.14; 3.1-7; 4.3; y Mt. 24.24; Mr. 13.22).

Los apóstoles a los que se refiere el autor seguramente son los doce y Pablo, y más específicamente Pedro y Pablo. Nótese que Judas no es incluido entre los apóstoles.[4] No obstante, es probable que su exclusión responda al hecho de que él no estuvo entre los apóstoles que fundaron la iglesia (o iglesias) a la que escribe, y no porque no tuviera un ministerio apostólico.[5]

3   Watson, *Rhetorical Criticism*, p. 68.
4   Kistemaker, *NTCom*, p. 401.
5   Bauckham, *WBC*, p. 104.

En las advertencias apostólicas transmitidas primero oralmente y más tarde en forma escrita, se anticipa la apostasía de los últimos días, antes del regreso de Cristo. El v. 18 quizás contenga una de las «palabras» apostólicas a las que el autor hace referencia, si bien es probable que allí esté ofreciendo un resumen de la enseñanza apostólica y no la cita de una fuente escrita. El contenido de esta enseñanza era común en tiempos apostólicos (Hch. 20.29-30; 1 Ti. 4.1-3; 2 Ti. 3.1-5; 4.3-4; 1 Jn. 2.8; 4.1-3; 2 P. 3.3), y ya había sido anticipado por Jesús (Mt 7.15; 24.11, 24; Mr. 13.22).

La expresión «el postrer tiempo» se aplica al presente y al futuro. «Este tiempo tuvo su comienzo en el primer siglo, cuando Cristo vino y trajo el evangelio, y dura hasta su eventual retorno. La escritura enseña que durante este período, las fuerzas del mal se tornarán visibles y audibles en grado creciente».[6] La idea de que el fin estaba próximo y de que el retorno del Señor estaba a las puertas era común en tiempos apostólicos. Judas parece compartir la misma expectativa. «En razón de que la enseñanza de los apóstoles se refería a los últimos días y Judas aplica la enseñanza a los sectarios, claramente asume que él y su audiencia están viviendo en los últimos días. Esto incrementa el *pathos*, el sentido de urgencia y la necesidad de acción que Judas mantiene a lo largo de cada segmento de la epístola».[7] De este modo, presiona a sus lectores para que tomen una decisión (vv. 20-23).

Como si esto fuera poco, estos apóstatas «causan divisiones», son «sensuales», y «no tienen al Espíritu». *Hoi apodiorizontes* se refiere a aquellos que provocan divisiones por ir más allá (*apo* más *dia*) de los límites (*horos*), es decir, se extralimitan o establecen su propio horizonte. La palabra es rara y solo aparece aquí en el Nuevo Testamento.[8] Estos son los que hacen distinciones en la comunidad y con ello provocan separaciones, creando grupos elitistas entre quienes se consideran poseedores exclusivos del Espíritu. Los sensuales (*psyjikoi*, ver 1 Co. 2.14; 15.44; Stg. 3.15) son lo opuesto de los espirituales (*pneumatikoi*), porque no tienen al Espíritu (*pneuma*) Santo (v. 20), y en consecuencia, no son creyentes (Ro. 8.9). De esta manera, Judas niega lo que ellos afirman. «Pretendiendo ser una élite espiritual, su conducta separatista (v. 12), individualista (vv. 16.18) y explotadora (v. 16) torna en mentira su jactancia arrogante».[9]

La diferencia entre los auténticos y los falsos creyentes no está tanto en su condición natural, como enseñaban los gnósticos (que dividían a los hombres en tres clases: espirituales, síquicos y somáticos), sino en su carácter. Según Judas, la conducta inmoral de los apóstatas (v. 18) es evidencia de que no tienen el Espíritu.

6 Kistemaker, *NTCom*, p. 401.
7 Watson, *Rhetorical Analysis*, p.71.
8 Robertson, *WPNT*, p. 194.
9 Elliott, *ACNT*, pp. 181-182.

La fe apostólica

El carácter apostólico de la fe cristiana ha sido tema de discusión en el seno de la cristiandad. La apostolicidad es una de las indicaciones o notas tradicionales de la fe cristiana verdadera, junto con la unidad, santidad y catolicidad. No obstante, no hay acuerdo entre todas las ramas del cristianismo en cuanto a la interpretación de esta apostolicidad. Para las iglesias o comunidades así llamadas «católicas» (Iglesia Católica Apostólica Romana, Iglesia Ortodoxa, y en cierta medida, la Iglesia Anglicana), la apostolicidad se refiere a una continuidad histórica ininterrumpida desde los primeros apóstoles de Jesús, en materia de doctrina, tradición y orden eclesiástico. Esta continuidad apostólica o sucesión apostólica, según ellos, se ha preservado a lo largo de los siglos mediante una sucesión ininterrumpida de obispos.

En oposición a este concepto, los protestantes en general han interpretado la apostolicidad como una continuidad en el mensaje o en el testimonio de la fe. El evangelio ha sido transmitido con fidelidad desde los días de los primeros apóstoles, a través de una cadena de testigos que, como exhorta Judas, han tenido memoria «de las palabras que antes fueron dichas» por ellos. Este mensaje del evangelio no ha sido necesariamente preservado por una estructura o eslabonamiento eclesiástico ininterrumpido, sino que se considera apostólica la fe que se nutre y desarrolla a partir del testimonio apostólico, según está registrado en las Escrituras canónicas del Nuevo Testamento.

En todo caso, la apostolicidad siempre implica misión, ser enviado. La palabra misma, «apóstol», quiere decir «enviado». Por ello en algunas iglesias se habla del trabajo misionero y evangelizador como un «apostolado». En esta dimensión de la apostolicidad todos concuerdan.

Al indicar que la fe verdadera es apostólica, Judas destaca tres cuestiones a tomar en cuenta.

1. La fe verdadera es apostólica porque se basa en el testimonio de los apóstoles

Judas habla de «las palabras que antes fueron dichas por los apóstoles». Jürgen Moltmann dice que «la iglesia histórica puede ser llamada 'apostólica' en un doble sentido: su evangelio y su doctrina se fundan en el testimonio de los primeros apóstoles, los testigos oculares de Cristo resucitado, y ella existe a través del ejercicio de la predicación apostólica, de la misión. Por consiguiente el vocablo 'apostólico' designa su fundamento y su misión. Si la iglesia histórica se funda en el testimonio de los apóstoles de Cristo, entonces la palabra tiene ante todo un significado bien simple: 'procedente de los apóstoles', 'relativa a los apóstoles', 'que se remonta al tiempo de los apóstoles'».[10]

Hay tres cosas que notar en relación con el testimonio de los apóstoles.

a. Este testimonio se basó en una experiencia histórica

Los apóstoles no fueron «enviados de parte de» una idea o doctrina, sino de una persona, «nuestro Señor Jesucristo». Su experiencia del evangelio no fue teórica, sino práctica. No se basó sobre una hipótesis, sino sobre una realidad. Ellos fueron primero testigos vivos de la revelación máxima de Dios en Cristo en la historia, antes de transformarse en testigos de ese mensaje encarnado. Esto fue algo que ellos oyeron, vieron, contemplaron y palparon, antes de testificarlo (1 Jn. 1.1).

No es posible adherirse a la fe verdadera si no hay primero una experiencia de fe auténtica con Cristo. La sana doctrina es el resultado de una correcta relación personal con Cristo. La teología no es anterior a la experiencia. Por el contrario, la teología cristiana es el resultado de la experiencia cristiana. No podremos reflexionar sobre «nuestro Señor Jesucristo» si de veras él no es personalmente «nuestro» a través de un encuentro personal con él. Lutero decía que a menos que uno reconozca «que Cristo ha nacido... y ha muerto por mí, la predicación y el conocimiento de la vida de Cristo carecen de sentido».

José Míguez Bonino nos ayuda a aplicar estas verdades a nuestra realidad. El dice que:

> La predicación y la vida de las iglesias evangélicas latino-americanas han sido profundamente cristocéntricas. Tanto frente a las formas religiosas semimágicas o supersticiosas, como ante ciertas expresiones católicas o frente al humanismo liberal, hemos mantenido el lugar central de Jesucristo, fundamento y piedra de toque de nuestra fe. Pero debemos

---

10 Jürgen Moltmann, *La iglesia, fuerza del Espíritu: hacia una eclesiología mesiánica*, Sígueme, Salamanca, 1978, p. 415. E. Schlink sostiene: «Sin el testimonio apostólico, él (Cristo) permanecería oculto, y solo es conocido verdaderamente sobre la base de este testimonio». E. Schlink, *Der kommende Christus und die kirchlichen Traditionen*, Vandenhoeck und Ruprecht, Gotinga, 1961, p. 97.

preguntarnos si hemos sido 'plenamente' cristocéntricos. ¿No hemos desprendido artificialmente la obra redentora de Cristo en la cruz del propósito creador de Dios y por lo tanto de la vida del mundo, de este mundo material que Dios creó y que vio 'que era bueno'? ¿No hemos aislado la cruz de Cristo de su vida, del anuncio de las buenas nuevas a los pobres, de su llamado a la justicia del Reino, de su denuncia de la corrupción, la avaricia, la opresión, de su preocupación por el pan y la salud de los hombres? ¿No hemos separado artificialmente la decisión de fe que sella el destino de los hombres de la decisión de fe —la misma y única— que compromete con esta vida, con la obediencia cotidiana al mensaje y la acción de Jesucristo en el mundo? ¿Y no ha resultado de ello, a menudo, una vida cristiana empobrecida, ausente de la realidad, descomprometida con el prójimo —especialmente con el prójimo más necesitado— infectada de un individualismo, de una especie de egoísmo 'espiritual' que contradice abiertamente 'el nuevo mandamiento' de Jesús?

Hechas estas preguntas, Míguez Bonino concluye: Nuestro problema de evangélicos latinoamericanos no es haber sido demasiado bíblicos, demasiados cristocéntricos, demasiado evangelizadores, sino de haberlo sido insuficientemente, por nuestra cristología empobrecida, por nuestro uso selectivo de la Biblia, por nuestro estrechamiento del Evangelio». De allí que, «al renovar hoy el pacto con Jesucristo, hagámoslo en la plenitud de lo que él nos ofrece: su Reino; y de lo que él nos demanda: un discipulado total.[11]

b. Este testimonio se expresó en una proclamación fiel

Los apóstoles, como enviados de Cristo, fueron cuidadosos de transmitir, a través del testimonio oral y el anuncio de la predicación (1 Jn. 1.2-3), sus experiencias con el «Verbo de vida». Desde Pentecostés en adelante, con la asistencia del Espíritu Santo, estos hombres proclamaron con denuedo el mensaje de salvación en Cristo. Judas se refiere a este mensaje como «las palabras que antes fueron *dichas* por los apóstoles».

La misión apostólica puede ser resumida en dos palabras íntimamente vinculadas: *euanggelion* y *kerygma*. La primera tiene un origen bien conocido. Cuando un nuevo monarca era coronado en la capital, los heraldos salían a cada pueblo y villa a hacer

---

11 José Míguez Bonino, «Jesucristo: vocación comprometida con el reino», *Pastoralia* 4, 9, 1982: 93.

conocer «las buenas nuevas», el *euanggelion* de que un nuevo emperador había asumido el poder. Estas buenas nuevas eran proclamadas con autoridad y aceptadas con gozo por el pueblo. La palabra *kerygma* viene del verbo griego *keryssein*, que significa «proclamar». Cuando el monarca recién coronado salía a visitar los pueblos y villas de su reinado, los heraldos lo precedían para proclamar su visita. La calle principal de cada pueblo era alfombrada con grama fina y con hojas, «preparando la calzada para el Señor». De este modo, los primeros discípulos, buscando palabras para definir y caracterizar su ministerio, usaron estas palabras de uso común. Los apóstoles proclamaron el reinado de un «nuevo» Rey, que se había acercado al ser humano, y por lo tanto era preciso que se «preparara el camino» para él. El término técnico que designa esta proclamación apostólica es *kerygma*. El contenido de este mensaje era que había llegado el momento del cumplimiento de las profecías mesiánicas anunciadas por los profetas. Este cumplimiento tenía sus puntos culminantes en la vida, muerte, resurrección y segunda venida de Cristo. Tales actos redentores demandaban arrepentimiento y fe. Para quienes se arrepentían y creían, se les prometía la presencia y operación del Espíritu Santo. *Kerygma*, pues, se refiere tanto al contenido de la proclamación como al hecho mismo de la proclamación.

c. Este testimonio se registró en una comunicación escrita

Justino Mártir llama a los evangelios «las memorias de los apóstoles». Lo vivido en el contacto con Cristo y el mensaje predicado fue finalmente puesto por escrito por los apóstoles, y quedó registrado para nuestra bendición (1 Jn. 1.4). Judas nos exhorta a «tener memoria» de la palabra apostólica. Hoy nos resulta mucho más fácil responder a esta exhortación, dado que contamos con un texto bíblico impreso y con tantas versiones excelentes de la Biblia, el registro divinamente inspirado de la palabra de Dios.

La fe evangélica es apostólica, no porque podamos establecer una cadena ininterrumpida de tradición apostólica o porque podamos demostrar una secuencia eslabonada de sucesión apostólica. Nuestra fe es apostólica porque está fundamentada en el registro apostólico, que es la Biblia, y sobre todo porque es fe misionera, fe de pueblo enviado. Moltmann destaca esta comprensión protestante de la apostolicidad de la iglesia al decir «La *successio evangelii* es realmente la *successio apostolica*, la predicación ininterrumpida y auténtica del evangelio del Resucitado. Por eso, los reformadores han postulado como criterio de lo apostólico la predicación de Cristo. Ellos entendían la Escritura como el verdadero *apostolos*; a saber, como el testimonio apostólico para la predicación apostólica subsiguiente y para la comunidad mesiánica que se extiende».[12]

2. La fe verdadera es apostólica porque toma en serio el testimonio de los apóstoles

Los burladores a los que se refiere Judas son individuos perversos, que ponen en ridículo las enseñanzas de la palabra de Dios. La fe verdadera expresa una actitud totalmente opuesta a la de los burladores.

a. La fe verdadera no se burla del contenido del testimonio apostólico

Esto tiene que ver con el pasado. Como se vio, el contenido del testimonio apostólico tiene que ver con la vida, muerte, resurrección y segunda venida de Cristo. Hoy hay quienes ponen en tela de juicio no sólo la historicidad de estos eventos, sino también su significación redentora. Es como si en lugar de haber heredado «las memorias de los apóstoles», la iglesia hubiese recibido una síntesis de su amnesia o una muestra de su paranoia.

Rudolf Bultmann, uno de los críticos de las formas más destacados, ha combinado un escepticismo histórico radical en cuanto a las posibilidades de conocer al «Jesús de la historia» con una convicción firme de que los evangelios deben ser «desmitologizados» para el hombre moderno. Su planteo ha provocado un interminable debate. El reduce al «Cristo» del Nuevo Testamento al logro de una personalidad auténtica por parte del creyente en términos de la filosofía existencialista. Pero cuando este «Cristo» es desmitologizado ya no tenemos un evento sobrenatural en el espacio y el tiempo, sino un anuncio de que Dios viene al hombre y punto. Los humanistas han llevado este método un paso más allá y han «desmitologizado» a Dios hasta transformarlo en «lo mejor del hombre».

Donald Baillie puede ser considerado como el teólogo que sintetizó mejor el consenso de la comunidad cristiana en cuanto a la persona de Cristo, cuando dice que el «Jesús de la historia» es el fundamento indispensable para una cristología relevante, pero que el «Cristo de la fe» es necesario para hacer comprensible el cuadro.[13] El Cristo de los evangelios, del que los apóstoles tes-

---

12 Moltmann, *La iglesia, fuerza del Espíritu*, p. 417.
13 Ver Donald M. Baillie, *Dios estaba en Cristo*, La Aurora, Buenos Aires, 1960.

tificaron, debe ser el Cristo conocido por la fe de cada creyente, para que esta fe sea verdadera y apostólica.

b. La fe verdadera no se burla de las advertencias del testimonio apostólico

Esto tiene que ver con el futuro. Si la palabra de Dios dice que en los postreros tiempos va a ocurrir tal o cual cosa, en este caso el advenimiento de burladores (2 P. 3.3), el creyente auténtico no especula con ello, sino que lo toma en serio. Hay una dimensión escatológica en el testimonio apostólico, a la que hay que prestarle atención. «Escatología» significa literalmente «discurso sobre las últimas cosas» y se refiere a esa parte de la doctrina cristiana que tiene que ver con el futuro del ser humano. Tradicionalmente, la escatología considera cuestiones como la segunda venida de Cristo (*parousia*), la resurrección de los muertos, la inmortalidad del alma, el juicio final, el cielo y el infierno.

La iglesia primitiva veía en el muerte y resurrección de Jesús el comienzo de los «últimos tiempos», y se congregaban con expectativa en la esperanza de la segunda venida y la resurrección final, como se pone en evidencia en los evangelios y las cartas de Pablo. Pero la demora de la *parousia* significó una crisis para los primeros creyentes, y hubo quienes comenzaron a ridiculizar tal esperanza (2 P. 3.4). Fueron las reflexiones de Pablo y de Juan las que, con matices diferentes entre sí, desplazaron el enfoque de la fe en una esperanza de cumplimiento inmediato a la comunión presente con el Espíritu Santo y la vida en el cuerpo de Cristo. Pero aun así, la fe cristiana verdadera es una fe que espera el retorno de su Señor y el cumplimiento de sus promesas, conforme al testimonio apostólico.

Por ser apostólica, la iglesia se proyecta con su fe hacia el futuro. «En este impulso apostólico, la iglesia ha de orientarse continuamente hacia el *futuro*, aquel futuro del que habla el apostolado cristiano primitivo. En lo que se refiere a la conexión con los apóstoles, la iglesia histórica ha de preguntar por la *continuidad* e insistir en ella. Pero en lo tocante al futuro, al servicio del cual está su apostolado, ha de estar abierta a los *saltos* y a todo lo que constituye novedad».[14] Al hacerlo así, no obstante, juzgará permanentemente su fe y acción a la luz del registro apostólico y sus advertencias. De este modo, los creyentes estarán mejor preparados para cumplir con su misión.

14 Moltmann, *La iglesia, fuerza del Espíritu*, p. 418.

c. La fe verdadera no se burla de las demandas del testimonio apostólico

Esto tiene que ver con el presente. El reclamo constante de los apóstoles fue en favor de la unidad del cuerpo de Cristo, guiados por el Espíritu a una vida de santidad. Debemos tomar en serio la demanda de ser un determinado tipo de personas y «andar en santa y piadosa manera de vivir» (2 P. 3.11). Pero debemos también tomar en serio la demanda de actuar de una determinada manera y hacer todo lo que esté a nuestro alcance por avanzar el establecimiento del reino de Dios, a través de nuestro propio testimonio. El *Pacto de Lausana* señala: «Creemos que en el período que media entre la ascensión de Cristo y Su segunda venida la misión del pueblo de Dios tendrá que completarse y que no podemos detenernos antes del Fin».[15]

Es en este punto donde los evangélicos latinoamericanos debemos reconocer un grave pecado. Hemos sido muy cuidadosos de los contenidos y advertencias del testimonio apostólico, pero nos hemos mostrado negligentes en cuanto a sus implicaciones concretas. Hemos sido buenos en defender una fe bíblica y en desarrollar una escatología evangélica, pero nos hemos quedado cortos en asumir un compromiso radical con el reino de Dios y sus demandas. No hemos logrado discernir adecuadamente la voluntad del Rey en medio de las conflictivas circunstancias que confrontamos, y menos aun hemos llegado a expresar de modo cabal esa voluntad.

«Para discernir su voluntad hoy», nos advierte José Míguez Bonino, «tenemos que familiarizarnos con su voz, con su acento tal como resuena en las páginas del Evangelio». El conocido teólogo metodista argentino agrega:

> Sus temas de ayer —el Reino, la Justicia, la libertad de los pobres, la vida, el amor solidario que se da— son sus temas de hoy. Cuando la comunidad cristiana se deja penetrar por esa voz, hasta que la propia voz de la iglesia es el eco de la de su Señor, vamos encontrando el camino de un testimonio eficaz. Nuestro pacto deja de ser un compromiso formal o declamatorio para transformarse en una verdadera sociedad; nos asociamos a la voluntad actual de Jesucristo y entonces la evangelización y la vida de la iglesia adquieren una actualidad que no proviene de la moda o de la adaptación sino de la presencia actual del Señor Viviente.[16]

---

15 «Pacto de Lausana», p. 39.
16 Míguez Bonino, «Jesucristo», p. 94.

3. La fe verdadera es apostólica porque guarda el testimonio apostólico

Al denunciar a los burladores como los que «causan divisiones», los «sensuales» y los que «no tienen el Espíritu», Judas destaca por contraste la unidad, santidad y control del Espíritu Santo en que es guardado el testimonio apostólico.

a. Este testimonio es guardado en unidad

El problema más grave del sectarismo es que atenta contra la unidad de testimonio del cuerpo de Cristo. No obstante, no hay total acuerdo hoy en cuanto al carácter de esta unidad necesaria. Desde una perspectiva evangélica, la única unidad posible es la que se da en el contexto de la misión de la iglesia. Las iglesias que sustentan una fe apostólica se unen en torno al testimonio compartido de esa fe. Jürgen Moltmann ha indicado que «la unidad de la iglesia no es en primer lugar la unidad de sus miembros, sino la unidad de Cristo que actúa en todos ellos, en todas las épocas y en todos los lugares. Cristo reúne a su comunidad. Por eso, la unidad de su comunidad radica en su obrar unificante». El conocido teólogo de Tubinga agrega:

La unidad de la iglesia ha de ser experimentada ante todo en la *comunidad reunida*. La comunidad es congregada a través de la predicación y la convocación... La unidad en la libertad no es solamente un *signo distintivo* de la iglesia de Cristo, sino a la vez un *signo 'confesional'* de la iglesia en un mundo dividido y enemistado, 'para que el mundo crea' (Jn. 17.21). Palabra y sacramento tienen una fuerza liberadora y unificadora al interior de la iglesia y, a través de la iglesia, en la humanidad. En cuanto fuerza unificadora, la comunidad es el pueblo mesiánico de Cristo, pues la unidad no es solamente un predicado de la iglesia, sino también su misión en el mundo.[17]

No se trata, pues, de una unidad dogmática u orgánica, sino de una unidad de testimonio apostólico en favor del reino «para que el mundo crea» (Jn. 17.21). El peor escándalo para el evangelio no son las diferencias doctrinales, litúrgicas o eclesiológicas de las diversas ramas cristianas, sino su falta de solidaridad frente a la misión de Dios en Cristo en el mundo.

---

17 Moltmann, *La iglesia, fuerza del espíritu*, p. 394, 399, 401-402.

Los evangélicos hemos sido presa fácil de dos errores: una falta de discernimiento que borra la frontera entre quienes son de Cristo y los que están en su contra (Mr. 9.38), y un orgullo y exclusivismo que nos alejan de otros que también son de Cristo. Según Míguez Bonino,

> quien mire con cierta atención el panorama evangélico latinoamericano pasado y presente verá fácilmente que ha sido el segundo el mayor de nuestros pecados. Hemos sido y somos un pueblo dividido, divisivo y fragmentado. Hemos creado divisiones propias. Y no podemos consolarnos pensando que son inocentes distinciones que no perjudican el testimonio, porque hemos dado y seguimos dando el espectáculo penoso de conflictos, celos, denuncias mutuas, agresiones. Tampoco basta decir que son conflictos generados fuera de América Latina, por intereses y propaganda ajenos a nosotros. Porque si bien eso es cierto, también lo es que nosotros nos prestamos a ello, que nos dejamos seducir por campañas de denuncia mutua y a veces, peor aún, comprar por promesas de prestigio o poder, por cálculos de conveniencia y hasta por recursos materiales.

No obstante, toda vez que han aparecido signos de unidad, éstos han sido el resultado de un compromiso en torno a la misión que compartimos. Como continúa señalando Míguez Bonino, «nunca ha faltado, gracias a Dios, una voluntad de encuentro, de unidad, de colaboración, en el pueblo evangélico latinoamericano. Voluntad atestiguada por las conferencias evangélicas. ...Pero una voluntad manifestada también cotidianamente, a nivel local, en miles de manifestaciones de solidaridad, de colaboración, de testimonio común, de trabajo unido por el bien de otros».[18]

b. Este testimonio es guardado en santidad

La unidad no es posible si hay sensualidad e impureza en la comunidad de fe. Mateo Henry señaló que «la manera de preservar la paz de la iglesia es preservar su pureza». Cuando la sensualidad se infiltra en el tejido vivo y activo del cuerpo de Cristo, el sectarismo egoísta comienza a operar como un verdadero cáncer, que termina por liquidar el testimonio apostólico de la iglesia. El orgullo —raíz de todo pecado según San Agustín— llevará al egoísmo, y éste al

---

18. Míguez Bonino, «Jesucristo», pp. 94-95.

cisma, la herejía y la idea de que es posible construir el reino de Dios sobre la tierra en base a un proyecto histórico particular.

El *Pacto de Lausana* recuerda «que surgirán falsos profetas y Cristos como precursores del Anticristo final. Por lo tanto, rechazamos todo sueño autosuficiente y arrogante de que el hombre podrá construir una utopía en la tierra».[19] El único proyecto histórico válido, en términos evangélicos, es el que tiene que ver con el perfeccionamiento del reino de Dios en medio de la humanidad. Sin embargo, tan arrogante como el deseo de construir una utopía propia sin la intervención divina, es la actitud de aquellos que diciéndose cristianos se burlan del Señor y de la fe porque actúan como mejor les parece («según sus propios deseos», v. 16) o con base en sus propios intereses egoístas («según sus malvados deseos», v. 18). Juan Ruskin decía: «Creo que la raíz de casi todo cisma o herejía por el cual ha sufrido la iglesia cristiana, ha sido el esfuerzo de los hombres por ganar, antes que recibir, su salvación». El reconocimiento de la acción redentora de Dios en la historia y la vivencia comprometida de sus resultados, es el camino para un testimonio cristiano efectivo. Entretanto que Dios va perfeccionando su reino en la historia, «nos dedicamos de nuevo al servicio de Cristo y de los hombres, sometiéndonos gozosos a su autoridad sobre la totalidad de nuestra vida».[20]

c. Este testimonio es guardado en el Espíritu Santo

La presencia del Espíritu en la comunidad de fe es lo que le da el sello de la autenticidad. La iglesia es el resultado de la operación del Espíritu. Jürgen Moltman habla de la iglesia como «la fuerza del Espíritu». Dice que: «a partir de su fundamento, Cristo, y para el futuro del reino de Dios, la iglesia es lo que es en la medida en que está en *presencia del Espíritu y es impulsada por él*. El Espíritu la renueva en su comunión con Cristo. El Espíritu derrama sobre ella la fuerza de la nueva creación, su libertad y su paz».[21] Por eso, el corazón de una congregación cristiana no depende meramente del credo que profesa, ni siquiera de la sabiduría y santidad de algunos grandes eclesiásticos, sino de la presencia viva y poderosa del Espíritu Santo obrando a través de cada uno de sus miembros.

Es el Espíritu el encargado de guardar en la sana doctrina a los creyentes, de orientarles en la comprensión del testimonio apostólico registrado en la Biblia (Jn. 14.26), y de ayudarles a comunicar-

19 «Pacto de Lausana», p. 39.
20 *Ibid.*
21 Moltmann, *La iglesia, fuerza del Espíritu*, p. 12.

lo al mundo (Mr. 13.11; Lc. 12.12). El Espíritu acompaña con su auxilio la palabra apostólica predicada (1 Ts. 1.5; 1 P. 1.12), y la transforma en un arma efectiva para la defensa del evangelio y su proclamación (Ef. 6.17). El *Pacto de Lausana* dice: «Creemos en el poder del Espíritu Santo. El Padre envió a su Espíritu para dar testimonio de su Hijo; sin el testimonio de El nuestro testimonio es vano. ...Por lo tanto hacemos un llamado a todos los cristianos para que oren a fin de que venga una visitación del Espíritu de Dios de modo que todo su futuro se vea en su pueblo, y que todos sus dones enriquezcan al cuerpo de Cristo. Sólo entonces la iglesia toda llegará a ser instrumento adecuado en sus manos, para que el mundo entero oiga la voz de Dios».[22]

B. La fe verdadera es santa (20-21)

Nuevamente Judas se dirige a los verdaderos creyentes, a quienes llama «amados», como en los vv. 3 y 17. La repetición de «amados» personaliza el mensaje y vuelve a llamar la atención sobre los creyentes, a quienes les plantea una cuádruple exhortación.[23] El contraste con los apóstatas del v. 19 es claro, y toda la expresión marca una transición mayor. El autor va a plantear aquí su apelación emocional a sus lectores.[24]

En la exhortación de Judas se ve el propósito de su carta, que es el de equipar a sus lectores para la vida cristiana en un contexto de enseñanzas falsas.[25] Estas admoniciones se refieren a la fe, la esperanza, el amor y la oración. Probablemente tienen que ver con un viejo código de conducta cristiana, reflejan el uso del hebreo rabínico, y se remontan a los primeros días de la iglesia. Nótese, además, la fórmula trinitaria que estos versículos expresan (Espíritu Santo, Dios, Jesucristo).[26] De igual modo, aparece la tríada tradicional de fe, esperanza y amor (1 Co.13.13; Gá. 5.5-6;Col. 1.4-5; 1 Ts. 1.3; 5.8).[27] El verbo «edificar» (*epoikodomeô*), frecuente en Pablo (1 Co. 3.9-17; Col. 2.7; Ef. 2.20), lleva la idea de levantar una estructura sobre un fundamento que ya está puesto.

---

22 «Pacto de Lausana», p. 39.

23 Blum, *EBCDD*, pp. 394-395.

24 «Judas ha probado a su audiencia que los sectarios son impíos, licenciosos, y rebeldes, y que a ellos se refieren ciertas profecías previas (vv. 5-16). El ha reiterado su mensaje (vv. 17-19). A la luz de quiénes son los sectarios, Judas ahora apela a la emoción de la audiencia para disuadirlos de una actividad similar y para persuadirlos a obrar contra la influencia de los sectarios en sus propias vidas y las vidas de otros». Watson, *Rhetorical Analysis*, p. 71.

25 Green, *TNTC*, p. 199.

26 *Ibid.*

27 Elliott, *ACNT*, p.182.

Judas exhorta a orar «en el Espíritu Santo» (ver Ef. 6.17-20). ¿Hay otra manera posible de hacerlo? Es el Espíritu el que nos habilita para orar «Padre nuestro que estás en los cielos...» (Ro. 8.15-16). El Espíritu es también quien nos ayuda a orar como conviene e intercede por nosotros conforme a la voluntad del Padre (Ro. 8.26-27). En la literatura cristiana primitiva, la frase «en el Espíritu» significa generalmente «bajo la inspiración o control del Espíritu Santo», y con referencia a la oración indica una oración en la que el Espíritu Santo suple las palabras.[28] Además, orar en el Espíritu es la única manera de ser edificados en una fe santa. De allí la necesidad de hacerlo continuamente (1 Ts. 5.17). Nuevamente el contraste con los apóstatas es claro: los sectarios pretenden poseer el Espíritu (vv. 8, 19), cuando en realidad no lo tienen (v.19).[29]

El verbo «conservar» (têreô) aparece cinco veces en esta carta, en relación con el pueblo de Dios («guardados en Jesucristo», v. 1), los ángeles («no guardaron su dignidad» y por lo tanto son «guardados bajo oscuridad», v. 6), los creyentes verdaderos (debemos guardarnos «en el amor de Dios», v. 21), y Dios (que «es poderoso para guardarnos», v. 24). Otra vez aparece el contraste entre los apóstatas, que no saben guardar su dignidad y que son guardados en oscuridad (vv. 6,13), y los creyentes verdaderos que son guardados en el amor de Dios y sin caída (v.24).[30] El énfasis está en la perseverancia, en el cuidado vigilante de algo que se posee. Judas comparte la confianza de Pablo (Ro. 8.38-39) de que nada podrá separarlo del Señor, en tanto se conserve «en el amor de Dios».

Mientras otros tiemblan frente al castigo eterno (vv. 15, 23), el creyente verdadero espera confiado en la misericordia del Señor, que recibirá la vida eterna. Pero para que esto sea así, deben cumplirse las condiciones que Judas especifica en los vv. 17, 20-21. Se reitera el tema de la misericordia (v.2), que en este versículo se refiere a la esperanza escatológica del pueblo de Dios, en el contexto de la expectativa escatológica («esperando»).[31] Esta exhortación se relaciona con los vv. 14-15 y la cita de 1 Enoc 1.9 aplicada al retorno de Cristo. Todos estos pasajes llevan el mensaje de que en su venida Cristo otorgará misericordia (vv. 2, 21) o dejará convictos (vv. 14-15). La presencia de apóstatas dentro de la iglesia, según la profecías sobre los últimos tiempos,

---

28 J. D. G. Dunn afirma: «Se puede presumir para Judas 20 una referencia a la oración carismática, incluso la oración glosolálica». J. D. G. Dunn, *Jesus and the Spirit*, Westminster, Filadelfia, 1975, pp. 245-246. Cp. Green, *TNTC*, p. 200.

29 Watson, *Rhetorical Analysis*, p.74.

30 *Ibid.*

31 Sobre la *eleos* (misericordia) escatológica de Dios, ver el artículo de R. Bultmann en Gerhard Kittel, *Theological Dictionary of the New Testament*, vol. 2, Eerdmans, Grand Rapids, 1966, pp.484-485.

indica que la *parousia* está cerca y que la esperanza «para una vida eterna» no se tarda.[32]

Fe efectiva

En su carta, Judas nos describe la desgracia de aquel que se aparta del Señor apostatando de la fe verdadera. Sin embargo, mucho mayor es la tragedia de aquel de quien el Señor se ha apartado. Tal fue el caso de Sansón (Jue. 16.20). Esto también nos recuerda la experiencia de Saúl y su clamor desesperado la noche anterior a su muerte: «Estoy muy angustiado, pues los filisteos pelean contra mí, y Dios se ha apartado de mí» (1 S. 28.15). ¿Puede haber algo más terrible para alguien que tener que confesar que Dios lo ha abandonado? Dios promete su presencia en la vida de todo hombre o mujer que confía en él con una fe verdadera. Pero esa fe debe ser santa, pues de otro modo será inaceptable para el Señor. Si nos dormimos en las faldas de nuestros malvados deseos y sensualidades, nos despertaremos en los brazos de nuestro enemigo. Y Dios no estará cerca para guardarnos.

Hebreos 10.31 nos dice: «¡Horrenda cosa es caer en manos del Dios vivo!» Pero es todavía más horrendo caer *de* las manos del Dios vivo. Y esto ocurre cuando se piensa que con simplemente tener fe todo está arreglado. Tal confianza es engañosa, porque para estar en plena comunión con el Dios tres veces santo hace falta una fe verdadera y santísima. Judas nos dice que este tipo de fe se ejercita de cuatro maneras.

1. Es necesario edificar

La palabra «edificar» sugiere una labor paciente, un esfuerzo consciente, un desarrollo gradual, piedra sobre piedra, hilera sobre hilera. Sin embargo, en las vidas de muchos creyentes no hay un movimiento ordenado y progresivo. Muchas cosas se hacen a fuerza de impulsos. Sus logros son ocasionales y sus actividades espasmódicas. Nunca terminan lo que comienzan con entusiasmo, y la consecuencia es que no dejan casi nada positivo como resultado de sus esfuerzos.

¿Cómo estamos edificando en nuestra vida? ¿Qué tipo de materiales estamos utilizando? ¿Estamos levantando algo precario, con una fe espuria e hipócrita; o estamos edificando sobre una

32 Watson, *Rethorical Analysis*, p. 74.

fe verdadera y santa? Judas nos exhorta a la erección paciente de una estructura que permanezca, sobre una base sólida, y conforme a un plan concreto y preestablecido. Entendamos bien que los estallidos espasmódicos de entusiasmo religioso no nos garantizarán una fe santa. Para edificar una vida bien fundada sobre nuestra santísima fe es necesario un esfuerzo continuo y consciente. No debe pasar un día en que no nos ocupemos de ello. El fundamento es Cristo, y nadie puede poner otro. Pero debemos asegurarnos de edificar cada día sobre la fe en él. Dejar de hacerlo puede resultar en nuestra bancarrota espiritual, y abandonar el trabajo puede llevar a la caída y destrucción.

Edwin A. Blum nos indica que los «cristianos se edifican teniendo comunión con el Señor y su pueblo, continuando en el evangelio y en la Palabra de Dios, y por la adoración, especialmente recordando al Señor en su mesa».[33] Pero la edificación cristiana no solo es personal, sino que tiene también un elemento colectivo, comunitario y social. Los creyentes deben «edificarse» como comunidad de fe. Y no solo esto, sino que deben constituirse —por causa de su «santísima fe»— en agentes de construcción de un nuevo orden social. El pastor Santiago Canclini, uno de los más grandes líderes evangélicos de Argentina, escribió: «El cristiano es un constructor y no solo en cuanto a la iglesia, templo de Dios vivo, sino en cuanto a la vida toda, al carácter y las relaciones humanas. El 'venid y edifiquemos' con que Nehemías llamó a su pueblo pasó a ser una realidad nuestra de cada día. ¡Es tan fácil destruir! Destruir es negativo; construir es positivo. Construir es sí; destruir es no. Cada día estamos construyendo nuestra vida y la de otros».[34]

2. Es necesario orar

Judas nos advierte que debemos orar «en el Espíritu Santo». La oración no es simplemente un ruego temeroso y egoísta. La oración debe ser un acto de comunión espiritual con Dios. La oración debe ser para nosotros la apertura de nuestros corazones a la entrada del Espíritu, que conoce nuestras debilidades. La oración es, después de todo, la confesión de nuestra dependencia de un Poder superior. Y no podemos dejar de reconocer cuán esencial es la oración para nuestra edificación como templos de Dios. Sólo cuando hacemos un esfuerzo consciente por construir un carácter cristiano descubrimos cuánto dependemos del Espíritu

33 Blum, *EBC*, p. 395.
34 Santiago Canclini, *Alzaré mis ojos*, Editorial Palabra, Buenos Aires, 1977, p. 227.

Santo. Cualquier esfuerzo personal por mejorarnos va a fracasar. Pero si le permitimos al Espíritu hacer su obra, el resultado será maravilloso.

La apostasía de la fe verdadera comienza con la apostasía de la oración en el Espíritu Santo. Cuando dejamos de cultivar la comunión íntima con Dios, corremos el peligro de abandonarlo. El pecado siempre interrumpe el flujo del poder divino, pero el arrepentimiento lo restaura. Y el arrepentimiento, por supuesto, encuentra su expresión en la oración (Sal. 51.10-12). Solo podemos ser restaurados, guardados y edificados mediante la oración en el Espíritu Santo.

Esta actitud de oración debe ser permanente (Ro. 8.26-27; Gá. 4.6; Ef. 6.18). En razón de que todos los creyentes tenemos el Espíritu, debemos orar conforme a la voluntad del Espíritu, según está expresada en su palabra escrita. De este modo, podremos llevar a cabo la obra de Dios con el poder de Dios. Es oportuno citar aquí palabras de Juan Pablo II, por su relevancia para nuestra acción evangélica, a la luz del mensaje de Judas:

El alma que vive en contacto habitual con Dios y se mueve dentro del ardiente rayo de su amor, sabe defenderse con facilidad de la tentación de particularismos y antítesis, que crean el riesgo de dolorosas divisiones; sabe interpretar, a la justa luz del Evangelio, las opciones por los más pobres y por cada una de las víctimas del egoísmo humano, sin ceder a radicalismos socio-políticos, que a la larga se manifiestan inoportunos, contraproducentes y generadores ellos mismos de nuevos atropellos. Sabe acercarse a la gente e insertarse en medio del pueblo, sin poner en cuestión la propia identidad religiosa. ...Un rato de verdadera adoración tiene más valor y fruto espiritual que la más intensa actividad, aunque se tratase de la misma actividad apostólica.[35]

3. Es necesario conservar

Según Judas, lo que debemos conservar o guardar es nuestro propio ser. El lugar donde debemos hacerlo es «en el amor de Dios». Es en la esfera maravillosa del amor divino donde debemos ubicarnos. Allí podemos gozar de su favor y protección. ¿Puede el enemigo atravesar tremendo cerco protector (Col. 3.3)?

35 Citado en III Conferencia General del Episcopado Latinoamericano, «La evangelización en el presente y en el futuro de América Latina»: *Documento de Puebla*, Conferencia Episcopal Argentina, Buenos Aires, 1979, p.184.

Sin embargo, ¿no es cierto que muchas personas que han manifestado su confianza en el amor de Dios, terminaron como Sansón y Saúl con sus vidas arruinadas por el pecado? Cuando reflexionamos sobre el peligro de la apostasía de la fe y de caer del amor de Dios, no podemos evitar la pregunta sobre si esto es posible. Por cierto, el amor de Dios está por sobre todas sus criaturas. ¿Puede alguien alejarse tanto que quede fuera del palio del amor y el cuidado de Dios? ¿Hay alguna esfera de la existencia en que podamos estar fuera del amor de Dios? (Sal. 139.7-10).

No obstante, la experiencia nos muestra que Dios se alejó de aquellos que no perseveraron en su amor. Una persona, no sólo por su persistencia en el pecado sino también por su obediencia imperfecta y su consagración deficiente, puede tornarse tan impermeable a la influencia de la gracia de Dios, que el amor divino puede carecer de significado para ella. La exhortación de Judas de conservarnos en el amor de Dios debe ser considerada con atención. El reino del amor de Dios está en Jesucristo; quienes se alejan de él se alejan del amor de Dios. Quienes rechazan los mandamientos de Jesús rechazan su amor (Jn. 15.10).

4. Es necesario esperar

Dios en su gracia ha provisto los medios por los cuales el que se ha alejado de él por su pecado puede ser restaurado a la comunión. Nadie que invoque el nombre del Señor con fe será rechazado (Is. 55.7). Por eso, Judas cierra su exhortación en favor de una fe santa invitándonos a esperar «la misericordia de nuestro Señor Jesucristo para vida eterna».

La realidad de la presencia del pecado en nuestra vida es innegable. Una y otra vez caemos en pecado. ¿Cómo podemos entonces desarrollar una fe verdadera que sea santa? ¿Cómo podemos edificar nuestra vida hacia arriba cuando toda la tendencia de nuestro ser natural es hacia abajo? ¿Cómo podemos mantener la disciplina de orar sin cesar en el Espíritu? ¿Cómo podemos conservarnos en el amor de Dios? La respuesta de Judas es la única posible: sólo «esperando la misericordia de nuestro Señor Jesucristo». Cada uno de nosotros debe confesar su derrota y fracaso espiritual diarios. Nadie puede ofrecer a Dios un día entero de bondad y fidelidad perfectas. La oración del pobre publicano debe ser la oración de cada santo como de cada pecador. Día por día, hora por hora, momento tras momento, tú y yo tenemos la necesidad continua de orar: «¡Dios, ten misericordia de mí, pecador!» (Lc. 18.13 VM).

La oración del creyente que espera la misericordia del Señor Jesucristo para vida eterna es ésta: «Señor, acuérdate de mí, y fortaléceme, te ruego, una vez más». Sí, una vez más. Una y otra vez. Tú y yo debemos esperar la misericordia divina hoy, cada día, y todos los días hasta el amanecer del gran día, cuando Aquél que es el único «poderoso para guardarnos sin caída, y presentarnos sin mancha delante de su gloria con gran alegría» (v. 24) nos asegure para siempre la vida eterna.

C. La fe verdadera es activa (22-23)

En este pasaje, la exhortación del autor se mueve de aquello que sus lectores pueden hacer por sí mismos, a aquello que pueden hacer por quienes han apostado de su fe. El texto de 22-23 es confuso y las traducciones reflejan tal confusión. El resultado es tan oscuro que el pasaje no es leído con mucha frecuencia en público, a pesar de la preciosa doxología que lo sigue.

Para obtener el texto original no solo es necesario pesar los manuscritos, sino también descubrir qué era lo que el autor quería decir. De otro modo, se puede caer en un contrasentido.[36] De este modo, los vv. 22-23 presentan algunos problemas textuales menores. El más importante es si nos hablan de tres grupos de personas (RVR, BJ, BA) o solo dos (VP).[37] Según algunos eruditos se trata de lo segundo.[38] Pero si la lectura más larga debe ser preferida y se toma en cuenta la predilección del autor de arreglar sus materiales en grupos de tres (como en vv. 2, 4, 8; en los ejemplos de juicio en 5-7, y en pecado en v. 11), probablemente sean tres los grupos que aquí se presentan. Esta consideración no es decisiva, pero agrega peso a la idea de una triple clasificación.

Estos grupos serían: (1) los que dudan, (2) los que necesitan ser salvados del fuego, y (3) los que necesitan misericordia por su contaminación.[39] Es posible notar una especie de gradación en cuanto a la severidad en el tratamiento de cada uno de los casos. El primer grupo es el de los que solo dudan y necesitan de misericordia; el segundo representa casos más desesperados de personas que tienen que ser sacadas de las llamas (probablemente del infierno; cp. v. 7); y la situación del tercer grupo es todavía peor. En este caso sus integrantes deben ser manejados con cuidado, al punto de que los creyentes deben odiar no solo sus pecados, sino incluso las ropas que esos pecados han contaminado.

---

36 J. M. Ross, «Church Discipline in Jude 22-23», *ExpTim*, 1976:297-298.
37 Ver Metzger, *Textual Commentary*, pp. 727-728. Según C. D. Osburn, éste es «sin dudas uno de los pasajes más corrompidos en la literatura del Nuevo Testamento». Carroll D. Osburn, «The Text of Jude 22-23», *ZntW* 63, 1972:139-44. Ver también Bauckham, *WBC*, pp. 108-111.
38 Sidebottom, *NCBC*, pp. 92-93.
39 Blum, *EBC*, p. 395.

Los «que dudan» (*diakrinomenous*; cp. Stg. 1.6) son los que han sido afectados por el seudointelectualismo y libertinaje de los herejes infiltrados en la congregación (v. 4). La palabra *diakrinomenos* es traducida en v. 9 por la RVR como «disputar». Pero no tiene sentido entender la expresión aquí en el sentido de «a algunos que disputan».[40] La enseñanza y ejemplo de los falsos maestros sembraron incertidumbre en ellos en cuanto a la verdad del evangelio. La actitud recomendada en cuanto a ellos, que vacilan porque no saben a quién hacer caso, es la de tenerles misericordia (BA, RVA). La RVR sigue la lectura de los manuscritos que en lugar de *eleate* («tener misericordia por») leen *elegjete* («convencer» o «refutar»). Debe preferirse la primera lectura.[41] El autor sigue desarrollando aquí el tema de la misericordia. Ya ha deseado a sus lectores la misericordia de Dios (v. 2), y ahora los exhorta a que la misericordia que esperan recibir en el juicio de la *parousia* (v. 21), la muestren hacia aquellos que están en las garras de los apóstatas, en un esfuerzo por salvarlos de la condenación.[42]

Hay otros en la congregación que están más comprometidos con el error y el pecado. Estos deben ser salvados como si se los sacara del fuego (Zac. 3.2; Am. 4.11). Este fuego no es otro que «la llama que quema a los impíos» (Sal. 106.18). Aquí el autor amplía el tema del juicio por fuego, el mismo fuego que acompaña al juicio inminente de la *parousia* (vv. 10, 12-15). Con esto, Judas amplía y pone urgencia a su apelación. Es necesario salvar a otros creyentes de las doctrinas y practicas apóstatas antes que perezcan en el fuego eterno que va a caer sobre los sectarios en la inminente *parousia* (véase Mt. 18.15-17; Lc. 17.3; Gá. 6.1; 2 Ts. 3.15; 1 Ti. 5.20; Tit. 3.10; Stg. 5.19-20). El verbo «arrebatar» (*harpazô*) indica que hay poco tiempo para actuar. Los bomberos hacen literalmente este trabajo hoy. ¿Lo hacen los cristianos?

Un tercer grupo que se menciona es el de los que aparentemente no tienen remedio. La exhortación del autor tiene su marco de referencia en los vv. 8 y 12. En razón de que los apóstatas son como arrecifes peligrosos en las comidas donde ellos y sus seguidores se reúnen con irreverencia («impúdicamente», *afobôs*, v. 12), Judas exhorta a sus lectores a reunirse con ellos pero cuidándose («con temor» *en fobô*) de no ser influidos por ellos. El creyente debe tener «misericordia» por ellos «con temor». Este temor es por el contagio del pecado, mientras están llevando a cabo la tarea del rescate (sobre este tipo de temor, véase 1 P. 1.17; 3.15; 2 Co. 7.1; Fil. 2.12). Esta actitud positiva de compasión por el que se pierde no significa bajar la guardia frente al peligro cierto de contagio moral, como si el pecador renuente fuese un leproso (Lv. 13.47-52). La imagen aquí es fuerte, ya que se refiere a ropa interior contaminada con excremento humano. De este modo, los creyentes verdaderos

---

40 Cp. Bauckham, *WBC*, p. 115.
41 Metzger, *Textual Commentary*, p. 728.
42 Watson, *Rethorical Analysis*, p. 75.

deben evitar los tentadores pecados de la carne que son practicados por los apóstatas (vv. 6-8, 10, 16, 18).

La responsabilidad del cristiano por los que se pierden

Los cristianos no están comprometidos exclusivamente con su propia salvación. El Señor ha puesto sobre ellos el peso de la responsabilidad por los que se pierden. El creyente no se puede quedar quieto en la confianza de su salvación y en la seguridad de su ortodoxia. El amor cristiano lo moverá a actuar para el bien de otros. En su acción redentora tratará a cada uno de manera diferente, según la urgencia y necesidad de su situación. El quietismo bañado de ortodoxia y de piedad es tan apóstata como la más hereje de las doctrinas y la más sectaria de las actitudes. Sin embargo, en nuestras congregaciones estamos más dispuestos a condenar y expulsar de la comunión al pecador no arrepentido y a quien se desvía de la sana doctrina, que al hipócrita religioso que no hace justicia. Quizás la religiosidad falsa sea más peligrosa para el desarrollo de la fe verdadera, que la herejía y el sectarismo abiertos y declarados. Como señalara D. Elton Trueblood: «La fe sufre mucho más a manos de tan tímidos sostenedores que por la oposición abierta y violenta de sus enemigos. La peor blasfemia no es el insulto, sino la hipocresía».[43]

Como adivinando que algunos de sus lectores podían sentirse satisfechos de su sana doctrina y de la limpieza de su conducta, Judas los exhorta a pensar que la fe verdadera es algo más que esto. En realidad, desde la perspectiva del Nuevo Testamento y de Judas, no puede haber una sana doctrina y una conducta limpia si no hay acciones concretas en favor del prójimo. Sin tales acciones, la religión (doctrina y ética) es hipócrita, vana o está muerta (Stg. 1.26-27; 2.14-26). En el concepto de Judas es necesario que la fe se traduzca en acciones concretas en favor del prójimo, incluso del que vive en el error teológico y ético. Caso contrario, la apostasía continuará encontrando oportunidades para expandirse en la vida de la comunidad de fe. Como dijera Edmundo Burke, el obispo católico canadiense del siglo XVIII: «Para que el mal triunfe, sólo es necesario que los hombres no hagan nada».

Juan A. Mackay nos ha enseñado en Hispanoamérica que «en el cristianismo auténtico, la fe y la práctica, el pensamiento y la

43 Elton Trueblood, *Bases para la reconstrucción*, La Aurora, Buenos Aires, 1947, p. 42.

acción, la teología y la vida, son expresiones necesarias de la realidad del encuentro del hombre con la verdad».[44] Es imposible separar la acción de la fe auténtica, de otro modo esta dejaría de ser lo que debe ser. Es más, «en nuestra época», decía Dag Hammarskjold, quien fuera secretario general de las Naciones Unidas y Premio Nobel de la Paz, «el camino hacia la santidad se dirige necesariamente a través del mundo de la acción».

En los versículos citados, Judas nos especifica la orientación de la acción de la fe verdadera.

1. La fe verdadera actúa para convencer a los que dudan

Judas nos indica: «Tened misericordia de algunos que dudan» (BA).

Por cierto que hay muchos tipos de duda. Aquí Judas se refiere a una duda que puede terminar en juicio condenatorio. Este es un problema propio de los que no tienen una fe verdadera. Sófocles, el poeta trágico griego, dice que «el incrédulo sólo cree en la duda». Según la Biblia, las dudas tienen su raíz en la incredulidad (Sal. 77.6-9; Mt. 11.1-6; Jn. 21.24-26). La poca fe o la falta de ella llevan a la duda (Mt. 14.31; Mr. 4.40). Sea como fuere, la duda es una enfermedad espiritual de evolución peligrosa (Sal. 77.10), porque si bien no es un pecado, tiene la capacidad de generarlo, y con ello, de llevar a la condenación.

a. Debemos conocerlos

Quien está enfermo de dudas debe ser curado. Pero es necesario primero conocer cuáles son sus dudas a fin de aplicarles el remedio más adecuado. Notemos que las dudas cubren una vasta gama de problemas. Algunos dudan de sí mismos: de su pasado, presente o futuro. Si son creyentes, dudan de su experiencia con el Señor y de su propósito eterno para sus vidas. Friedrich Hebbel, el dramaturgo alemán del siglo pasado, ha dicho que «muchos no creen en nada, pero tienen miedo de todo».

Otros dudan de Dios y de su palabra, carácter, amor, misericordia, cuidado, fidelidad y justicia. Pretenden encontrar una razón que explique todo y entender racionalmente cada designio de Dios. Estos son los que se olvidan de lo que sabiamente señalara Teresa de Jesús, la mística de Avila: «En las cosas ocultas de Dios no hemos de buscar razones para entenderlas, sino que como cree-

44 Juan A. Mackay, *Prefacio a la Teología Cristiana*, Casa Unida de Publicaciones, México, 1957, p. 114.

mos que es poderoso, está claro que hemos de creer que un gusano de tan limitado poder como nosotros no ha de entender sus grandezas. Alabémosle mucho, porque es servido que entendamos algunas».

Aun otros dudan de sus amigos y de la gente con la que están en contacto en todas las relaciones de la vida. Esta es la enfermedad del hombre torturado por los celos, la desconfianza y la sospecha. Su desgracia es realmente grande. George Eliot se pregunta: «¿Qué soledad más solitaria que la desconfianza?»

Notemos también que las dudas alcanzan a todos los órdenes de la vida. Alcanzan al orden emocional, porque podemos dudar de nuestros sentimientos. Alcanzan también al orden intelectual, porque podemos dudar de nuestros pensamientos. Y alcanzan al orden volitivo, porque podemos dudar de nuestras acciones. Las dudas hacen nido sobre nuestras vidas y las controlan. José Santos Chocano, el gran poeta peruano, dice:

Como en la vieja y olvidada torre
sólo el nocturno pájaro se anida,
se anida sólo en mi cabeza ruda
el pájaro monstruoso de la duda...

b. Debemos convencerlos

La RVR dice que debemos «convencerlos». Hay quienes son totalmente intolerantes hacia los que dudan. Amado Nervo es bien severo al decir:

Anatema a los que dicen al mortal que tema y dude,
Anatema a los que dicen al mortal que dude y tema,
que en la noche de sus duelos ni un cariño los escude,
ni los bese la esperanza de los justos. ¡Anatema![45]

Carlos Spurgeon llega incluso a condenar la duda honesta. «¿Qué es lo que ha hecho la duda honesta por el mundo? ¿Qué iglesias ha construido? ¿Qué naciones ha fundado? ¿Qué hospitales ha edificado? ¿Qué batallas ha ganado?»

No obstante, debemos tener en cuenta que si bien la duda honesta no ha hecho ninguna de estas cosas, ha hecho una cosa, y quizás la más grande de todas: ha hecho a los humanos. Los

45 Amado Nervo, *Obras completas de Amado Nervo*, vol. 1, *Perlas negras-místicas*, Biblioteca Nueva, Madrid, 1927, p. 185.

grandes ejemplos de fe fueron en algún momento personas con profundas dudas. Don Miguel de Unamuno dice: «No te ama, oh Verdad, quien nunca duda». Al fin y al cabo, ¿no es la fe auténtica el producto de la incertidumbre? Unamuno recuerda el caso del padre del endemoniado de Marcos 9.14-29, y sus dramáticas palabras: «¡Creo; ayuda mi incredulidad!» Y agrega: «Esto podrá parecer una contradicción, pues si cree, si confía, ¿cómo es que pide al Señor que venga en socorro de su falta de confianza? Y, sin embargo, esa contradicción es lo que da todo su más hondo valor humano a ese grito de las entrañas del padre del endemoniado. Su fe es una fe a base de incertidumbre».[46]

Por eso, nuestro Señor Jesucristo, en su misericordia, ama a la persona que tiene dudas honestas, como amó a su discípulo Tomás, a quien convenció de la realidad de su resurrección (Jn. 20.24-29), teniendo por él una gran misericordia. En un ambiente como el nuestro, donde la mentira se presenta tantas veces disfrazada de verdad, es necesario el ejercicio de una duda o sospecha inteligente. Es más, esa misma sospecha debe estar dirigida no a la palabra de Dios, pero sí a las interpretaciones de esa palabra. Suele ocurrir con frecuencia que el Espíritu Santo queda preso de moldes de interpretación y aplicación del texto bíblico. Como protestantes creemos en la libre interpretación de las Escrituras, bajo guía del Espíritu Santo. Una actitud de sospecha, especialmente de los contenidos ideológicos que orientan las diversas aproximaciones al texto bíblico, puede ser el primer paso hacia el descubrimiento de la verdad sin condicionamiento.

Pero la duda, por más honesta que sea, no puede salvar al que duda. La salvación no viene por la duda, sino por la fe (Hch. 16.31; Ro. 10.9; Ef. 2.8). Como dijimos, la duda no es un pecado si bien puede llegar a transformarse en una enfermedad del espíritu; pero nadie se puede salvar por medio de una enfermedad.

De allí que frente a aquellos que están afectados por el virus de la duda, el creyente auténtico tiene el deber de mostrarles misericordia con miras a su restauración. Pero para que el cristiano pueda hacer esto, es necesario que él mismo tenga convicciones firmes en cuanto a «nuestra común salvación» y «la fe que ha sido una vez dada a los santos» (v. 3). El remedio para los que dudan no puede ser homeopático; la duda no se cura con más dudas. Como expresa Amado Nervo, si alguien que duda se pone a solucionar las dudas de otro, el resultado puede ser trágico.

46 Unamuno, *Del sentimiento trágico de la vida*, p.120.

¡Tengo sed de saber y no me enseñas;
tengo sed de avanzar y no me ayudas;
tengo sed de creer y me despeñas
en el mar de teorías en que sueñas
hallar las soluciones de tus dudas!

Dwight L. Moody, el gran evangelista del siglo pasado, dice que «el hombre que vive dudando no está preparado para servir a Dios». Por eso, la única manera de convencer a los que dudan es a partir de convicciones firmes. Una vez más, Amado Nervo nos ilustra el calibre que debe tener esta fe.

Si la ciencia engreída no te ve, yo te veo . . .
Si sus labios te niegan, yo te proclamo . . .
Por cada hombre que duda, mi alma grita, ¡yo creo!
y con cada fe muerta, se agiganta mi fe.[47]

Judas ya nos ha mostrado de qué manera tonificar y enriquecer la fe verdadera, y cuál debe ser el punto de apoyo y la autoridad en la tarea de convencer a los que dudan. Es necesario tener bien presente la palabra de Dios (v. 17) y crecer en la santísima fe (v. 20). En definitiva, no hay argumento racional ni lógica humana capaz de convencer al que duda. Sólo la fe, por la obra del Espíritu Santo, puede salvarlo. Como enseña un proverbio hindú: «El que prueba un grano de semilla de mostaza, conoce mejor su sabor que aquel que ve un elefante cargado de ella». Lo que debemos procurar no es que los que dudan aprueben nuestros argumentos, sino que gusten de Cristo como Salvador y Señor de sus vidas.

2. La fe verdadera actúa para salvar a los que se pierden

Judas amonesta: «A otros salvad, arrebatándolos del fuego». ¿Qué puede ser más espantoso que un incendio? ¡Cuántos esfuerzos son necesarios para salvar a quienes quedan atrapados por el fuego, cuando se incendia un edificio! Judas considera que los que se están perdiendo por su pecado y apostasía se encuentran en una situación similar. Están atrapados por las llamas de su propio pecado y libertinaje.

El fuego del pecado comenzó en el Edén y se ha esparcido a toda la raza humana. La única manera de escapar es a través de Aquel que es «el camino, la verdad y la vida» (Jn. 14:6). Al igual

---

47 Nervo, *Obras*, 1:206.

que un bombero que se acerca al rescate de las víctimas de un incendio con su escalera mecánica, el creyente tiene el deber de acercar el mensaje del evangelio a aquellos que se pierden. Al hacerlo hará posible la salvación de los perdidos y los arrebatará del fuego de su perdición por el pecado. Esta exhortación de Judas provoca tres reflexiones.

a. Pensemos en la naturaleza del pecado

Judas lo compara con un «fuego». El fuego es un elemento que no puede ser pesado ni medido. ¿Quién puede establecer límites a la operación del pecado, o cuantificar sus poderes y efectos? La naturaleza del pecado, al igual que el fuego, es la de arruinar o destruir todo lo que tiene a su alcance. No hay nada que pueda resistir su poderosa influencia. El pecado es un fuego inextinguible, en lo que hace a la sabiduría y el poder humano.

b. Pensemos en el peligro del pecador

Dado que el autor dice que es necesario «arrebatarlo» del fuego, es claro que el pecador se encuentra arrinconado y acorralado por las llamas del pecado. El pecador vive bajo el poder y el dominio del pecado. En consecuencia, vive *en* pecado y está cercado por él sin posibilidades de escapar por sus propios medios. Quizás no sea plenamente consciente de su terrible situación, pero de todos modos su fin es la destrucción. Vivir en un estado de pecado es vivir en un estado de condenación y muerte. El pecado, al igual que el fuego, cuando completa su obra, no produce otra cosa que muerte (Stg. 1.15).

c. Pensemos en la obra de rescate

Judas la describe al decir: «arrebatándolos del fuego». Hay sólo dos maneras en que se puede salvar un cuadro valioso del fuego de un incendio: o bien se apagan las llamas o se arrebata de las llamas el cuadro. Los seres humanos no pueden apagar el fuego del pecado en sus vidas. Es por eso que deben ser arrebatados de las llamas. En este mundo de pecado, los creyentes y la iglesia son el cuerpo de bomberos de Dios, una patrulla de rescate enviada para salvar a los pecadores del fuego destructivo del pecado. No hay escapatoria al poder consumidor del pecado, a menos que sea alejándose de él. El amor de Cristo es el que nos constriñe a actuar en su nombre para el rescate de los perdidos (2 Co. 5.14).

3. La fe verdadera actúa para amar a los que están perdidos

Judas nos exhorta a «tener misericordia con temor» por ellos. De todas las necesidades que como hijos de Dios tenemos, la más grave es la necesidad de sentir pasión por las almas perdidas. La Biblia enseña que los ángeles del cielo no se alegran por otra cosa que no sea un pecador que se arrepiente (Lc. 15.10). Nuestra única misión es la de amar a los perdidos y hacer algo por su salvación. Pero para que este amor nazca y se desarrolle en nuestras vidas son necesarias cuatro cosas.

a. El amor por los perdidos nace cuando oramos (1 Ts. 5.17; Fil. 4.6-7)

Judas nos exhorta a orar «en el Espíritu Santo». Debemos orar para que Dios nos ayude a orar. Un creyente que no ora, no está en contacto con Dios. Puede hacer cualquier otra cosa o muchas otras cosas, pero no tendrá esa santa inquietud que es el amor por los perdidos. Dios es quien pone esta inquietud en el corazón, y esto es algo que hay que pedírselo. Además, un cristiano que no ora no puede interceder por los pecadores ni mostrarles misericordia.

Debemos orar para que Dios nos ayude a brillar. Jesús dijo: «Yo soy la luz del mundo», y luego agregó, «vosotros sois la luz del mundo». También dijo: «Como me envió el Padre, así también yo os envío». Si no brillamos, no habrá luz. Si no testificamos de Cristo, no habrá testimonio, y en consecuencia, no habrá salvación para los perdidos. Debemos orar para que Dios nos ayude a ser útiles (Mt. 5.13). De otro modo, ¿para qué hemos sido salvados de la perdición? Debemos orar para que Dios nos ayude a hablar. Algunos dicen: «Yo no puedo hablar a otros». ¿Es que podemos hablar de cualquier cosa menos de Cristo? Otros dicen: «Yo vivo de tal manera que todos saben que soy cristiano, y no es necesario que hable». ¿Nos olvidamos, acaso, «que la fe es por el oír, y el oír, por la palabra de Dios» (Ro. 10.17), y que los perdidos no van a ser salvos si no hay quien les predique (Ro. 10.13-15)?

b. El amor por los perdidos nace cuando vamos

Jesús nos convoca para ir por todo el mundo con el mensaje de salvación. Pero para ir son necesarias dos cosas. Por un lado, es necesario estar seguro de ser salvo. Hay muchas personas en la iglesia que jamás han tenido una experiencia personal con Cristo. Hay quienes se unen a la iglesia profesando una doctrina, pero no confesando a Cristo. Estos son «hombres impíos, que convierten en libertinaje la gracia de nuestro Dios» (v. 4). Cuando usted esté delante del trono del Todopoderoso, la pregunta no será si se bautizó, cantó en el coro, predicó bien o fue generoso en sus ofrendas. La cuestión será si se conservó «en el amor de Dios» (v. 21) habiendo sido lavado de sus pecados en la sangre del Cordero.

Por otro lado, es necesario sentir el deseo de ir. El deseo de ir debe experimentarse como una profunda necesidad. Jesús sabía que iba a encontrarse con la mujer samaritana, a quien iba a salvar, y por eso «le era necesario pasar por Samaria» (Jn. 4.4). El mandato de Jesús de ir por todo el mundo con el evangelio (Mt. 28.19; Lc. 14.23) debe ser vivido como una necesidad. Judas sintió una profunda necesidad de mostrar a sus lectores el significado práctico de la «común salvación» que compartían. Por eso comienza su carta diciendo a sus lectores, «me ha sido necesario escribiros» (v. 3).

c. El amor por los perdidos nace cuando confiamos

Es necesario confiar en que el Espíritu Santo obrará a través nuestro. Para ello, necesitamos reconocer nuestra necesidad del Espíritu. Sólo el Espíritu puede darnos el poder necesario para un testimonio de salvación (Ef. 5.18; Zac. 4.6). Sólo el Espíritu puede darnos la convicción necesaria para convencer a los perdidos «de pecado, de justicia y de juicio» (Jn. 16.8).

ch. El amor por los perdidos nace cuando testificamos

Para testificar no es necesario saber mucho. El mensaje más poderoso será siempre el de la experiencia personal con Cristo. Pero para testificar es necesario comenzar a hacerlo. Haciendo referencia a la calabaza en que se sirve el típico mate, José Hernández en su *Martín Fierro* dice:

> Yo no soy cantor ladino
> Y mi habilidá es muy poca;
> Mas cuando de cantar me toca
> Me defiendo en el combate,
> Porque soy como los mates:
> Sirvo si me abren la boca.

Así es el cristiano: sólo sirve si tiene la boca abierta para testificar a otros de Cristo (Mr. 16.15). Un creyente con la boca cerrada es un inútil, por más preparado que esté.

Santa Teresa de Jesús nos recuerda la importancia que tiene para el Señor nuestro testimonio de fe, como expresión de nuestro amor por los perdidos. Dice ella: «Ansí me acaece que cuando en las vidas de los santos leemos que convirtieron almas, mucha más devoción me hace y más ternura que todos los martirios que padecen, por ser ésta la inclinación que nuestro Señor me ha dado, pareciéndome que precia más un alma que por nuestra industria y oración ganásemos mediante su misericordia, que todos los servicios que le podemos hacer».

IV. Doxología (24-25)

La carta de Judas termina no con una posdata epistolar, como sería de esperar, sino con una preciosa doxología, quizás la más hermosa de todo el Nuevo Testamento.

Una doxología es una fórmula de alabanza en honor de Dios. En este caso, la doxología lleva todo el contenido de la epístola a su clímax emocional. Judas comienza destacando lo que Dios hace en la vida de los creyentes, sigue hablando de lo que Dios es en sí mismo, y termina adscribiendo a Dios lo que ya le pertenece. Al concluir su apelación enfocándose en Dios, Cristo y la esperanza futura, Judas persuade más enfáticamente a sus lectores a actuar en la dirección que él está aconsejando. La carga emocional de este final es bien evidente.[1] En un sentido, Judas termina su carta como la comenzó. Al principio, el autor atribuyó amor y protección a Dios el Padre y a Jesucristo. Ahora concluye alabando a Dios y a Jesucristo por proteger a los creyentes y por presentarlos en la presencia de Dios. Es probable que esta doxología haya sido cantada o leída en la iglesia primitiva.[2]

Judas comienza alabando «a aquel que es poderoso». Esta es la tercera doxología en el Nuevo Testamento que comienza de esta manera (véase Ro. 16.25; Ef. 3.20). Dios es "poderoso" porque cuenta con los recursos propios de la divinidad (Ro. 16.25-27; Ef. 3.20; He. 13.20-21). «El mensaje de Judas de advertencia y condenación puede haber deprimido y desalentado a sus lectores. Acosados por tanta enseñanza falsa e inmoralidad, ¿cómo pueden los creyentes alcanzar el cielo? La respuesta está solamente en el poder de Dios».[3]

En su poder, Dios es capaz de hacer dos cosas en la vida de los creyentes fieles. Por un lado, él es poderoso «para guardaros sin caída».Su misericordia y poder se manifiestan en que él guarda (*fylassô*, «guardar» como en 1 P. 1.5 en lugar de *têreô*, vv. 1 y 21) a los creyentes «sin caída» (*aptaistous*, ver Stg.

---

1 Watson, *Rethorical Analysis,* p. 76.
2 Kistemaker, *NTCom,* p.410; Elliott, *ACNT,* p. 184; Alonso, *SE,* p. 570.
3 Blum, *EBC,* p. 396

3.2; 2 P. 1.10), tan bien plantados como un caballo que no tropieza.[4] Esta palabra era sumamente oportuna para la situación de inestabilidad que estaban viviendo los lectores. Además, Dios es poderoso para presentarlos sin mancha o irreprochables «delante de su gloria» (*katenôpion tês doxês aytoy*). *Katenôpion* es una preposición compuesta (*kata, en, ôps*), que significa «justo delante del ojo» de su gloria (Ef. 1.4).[5] Esto se refiere a la presencia misma del Señor.«Sin mancha» se usa en relación con Cristo como el Cordero sin mancha (1P. 1.19). En él y por él, nosotros somos sin mancha. Esta es la razón de la «gran alegría».

La exhortación específica a ser irreprochable en 2 Pedro 3.14 encuentra su contraparte en este v. 24. «Mientras la constancia es un tema primario de toda la epístola de Judas, aquí hay un cambio de tono. Por todas partes el énfasis ha sido de admonición y motivación; aquí es de consolación y confirmación. Se les recuerda a los lectores que Dios puede salvarlos de la amenazante apostasía y preservarlos, sin tacha, en el juicio final cuando se presenten ante él. Entonces habrá gozo en medio de la muchedumbre de los redimidos».[6]

Judas dice que Dios es único (*monôi theôi*), y con ello rechaza el politeísmo y el gnosticismo. El autor termina su epístola adscribiendo gloria solo a Dios (como reza el dicho latino, *Soli Deo Gloria*). El adjetivo «único» es común en doxologías (Ro. 16.27; 1 Ti. 1.17; 6.15-16) y refleja el credo de Israel (Dt. 6.4).[7] «Sabio» no figura en los mejores textos y quizás resulte de la influencia de Romanos 16.27. El término *Sôtêr* (Salvador) aparece veinticuatro veces en el Nuevo Testamento. Se aplica a Dios ocho veces, seis de ellas en las pastorales. Jesús es designado así dieciséis veces.[8] Recuérdese que el nombre «Jesús» significa Salvador (Mt. 1.21). La salvación es un don divino que nos viene a través de Cristo, quien es el Señor. Es por medio de Cristo que Dios nos ha salvado (Hch. 4.12).

La gloria (*doxa*) de Dios o de Cristo aparece en todas las doxologías del Nuevo Testamento (excepto 1 Ti. 6.16), y señala el esplendor de Dios, como el brillo de la luz. «Majestad» (*megalôsynê*) es una palabra que viene de la antigua versión griega (LXX; 1 Cr. 29.11), que es la fuente veterotestamentaria básica de las listas de atributos en las doxologías.[9] sólo aparece aquí y en Hebreos 1.3 y 8.1. El vocablo indica la posición del Señor como soberano (He. 1.3). «Imperio» (*kratos*) refleja su capacidad de hacer cumplir su voluntad soberana, mientras que «potencia» (*exousia*, mejor «autoridad») destaca el hecho de que él cuenta con el derecho absoluto de hacerlo. Los dos vocablos

4   Green, *TNTC*, pp. 205-206.
5   Robertson, *WPNT*, p. 195
6   Reicke, *AB*,p.217.
7   Kistemaker, *NTCom*, p. 411.
8   *Ibid*, nota 94; Sidebottom, *NCBC*, p. 94.
9   Bauckham, *WBC*, p. 124. Según Kelly, el vocablo significa «majestuosamente transcendente». Kelly, *HNTC*, p. 23.

enfatizan su poder y «la libertad soberana de acciones que él tiene como Creador».[10]

Los mejores manuscritos agregan «antes de todo tiempo» (*pro pantos tou aiônos*), es decir, la eternidad antes de la historia (véase BA, BJ, RVA, VP). «Ahora» (*nyn*) se refiere a la historia presente. «Y por todos los siglos» (*eis pantas tous aiônas*) señala a todo el futuro; es decir, la eternidad después de la historia. La frase indica que los tributos de Dios no cambian y que, en consecuencia, su plan divino se llevará a cabo con seguridad. La salvación es totalmente segura porque los propósitos de Dios siguen firmes y porque él puede hacer todo lo que quiere (Is. 46.9-10).[11] Desde la eternidad y hasta la eternidad su misericordia y poder se hacen manifiestos sobre los que creen (Sal. 103.17).

A. Una doxología para hoy

Una de las características más descollantes de nuestro tiempo es la tendencia a borrar a Dios del mundo que él ha creado. El asombroso progreso llevado a cabo en la esfera de la ciencia les ha dado a los hombres la falsa impresión que ahora pueden por sí solos llenar todas sus necesidades. Quienes no tienen el mínimo interés por lo religioso, dicen con arrogancia: «¿Qué tiene que ver Dios con nuestro mundo moderno hoy?» Seres humanos como estos no creen que Dios haya creado el universo, ni que ejerza algún tipo de control sobre el mismo. Para ellos, Dios ya no opera en la historia. Por supuesto, esta filosofía no sólo desacredita el poder de Dios sobre el universo físico, sino que ignora y niega su soberanía sobre el universo espiritual y moral.

Afortunadamente, hay también muchas personas muy sabias y competentes que no aceptan estos conceptos acerca de Dios. Ellos creen que Dios creó el universo, que todavía ejerce el control absoluto del mismo, y que tiene un propósito eterno que finalmente se habrá de cumplir, a pesar de la incapacidad humana de entenderlo y aceptarlo. Dios vive y opera en la historia humana como lo ha hecho desde la eternidad y lo hará hasta la eternidad.

En su doxología final, Judas destaca estas verdades. En razón de su belleza literaria y su rico contenido, los versículos finales de la carta constituyen una de las doxologías más conocidas de todo el Nuevo Testamento. Sus palabras son una declaración adecuada para concluir una carta que, por momentos, ha sido sumamente dura y severa. A su vez, estas palabras sirven como un resumen

10 Kelly, *HNTC*, p. 293.
11 Blum, *EBC*, p. 396.

COMENTARIO BIBLICO HISPANOAMERICANO

admirable de su contenido. Así, pues, estos versículos nos presentan una de las pocas notas positivas en la carta de Judas. Entre la salutación y la conclusión, el autor plantea un problema tras otro. Pero cierra su carta con una doxología maravillosa, que constituye uno de los pasajes más encantadores de la Biblia.

1. La provisión de Dios para la seguridad del creyente

Dios es el único que puede guardarnos hasta el fin del más acá de la eternidad, e introducirnos a su gloria celestial con gran gozo. En el v. 24, Judas destaca cuatro cosas en relación con esta provisión divina.

a. El problema

El deseo del Señor es guardarnos «de todo tropiezo» (VHA). Esto no significa que en el presente debamos esperar que él nos guarde de tal modo que no pequemos en absoluto. Algunas versiones dejan esta impresión equivocada (PB, NC). El tropiezo en cuestión aquí es aquello que lleva a la caída, y señala un tipo de fracaso sumamente penoso. Se trata de un tropiezo que deja nuestra vida inválida y maltrecha, quita de nosotros todo poder, y nos transforma en una víctima fácil para el enemigo. Es de un tropiezo como éste que el Señor puede salvarnos. El está dispuesto a guardar el caminar del creyente y cada uno de sus pasos.

No obstante, el ejercicio de este poder divino depende de la respuesta humana al mismo. El creyente no está libre de responsabilidades respecto de su propia constancia en la fe. «En su carta, Judas enseña la doble doctrina del cuidado protector de Dios y la responsabilidad humana. Les asegura a los creyentes que Dios es capaz de guardarlos de caída (v. 24), pero les dice que se guarden en el amor de Dios (v. 21). Les confirma que Dios los presentará sin falta en gloria (v. 24), pero que ellos deben edificarse en la fe (v. 20)».[12] La manía de recibirlo todo de Dios y eludir la responsabilidad que nos cabe en la maduración de nuestra «santísima fe» es también una forma de apostasía que debemos evitar.

b. La protección

Judas nos dice que Dios puede guardarnos de tropiezos. El verbo que utiliza presenta a Dios como salvaguardando al creyente de todo lo que pudiera amenazarlo desde afuera (Jn. 17.12; Ro.

---

12 Kistemaker. *NTCom* p. 411. Ver Guthrie, *New Testament Theology,* p. 638.

8.38-39; Ef. 6.10-18). El verbo es fuerte y la acción está impregnada de un cierto sabor militar, y sugiere la imagen de un ejército. En el medio de las filas se encuentra alguien cuya vida está amenazada por enemigos crueles y hostiles. Pero a su lado está un Guerrero invisible, que se ha comprometido a protegerlo de todo mal. Corrie ten Boom se pregunta:

> Exactamente, ¿dónde estoy?
> Ya en este preciso momento, estoy en EL
> y debajo de mí están sus brazos eternos.

Si la participación en el perfeccionamiento del reino de Dios es militancia, no hay otro modo de luchar por él que no sea con su protección. En un contexto secularizado y secularizante esta lucha se torna por momentos difícil y amenazante. Cuando el peligro de la defección nos acose, recordemos que en él está nuestra firmeza para el combate. Como señala Cecilio Arrastía:

> Este reino no es mera estructura, sino encuentro. En su centro está el Rey que juzga, pero que defiende al que se juzga. Este reino es comunidad de vasallos, y es en el contexto de esta comunidad donde la Palabra se analiza y entiende. Es desde este Reino de donde salen los miembros de la militia Dei a invadir el otro contexto, el secular y secularizante. De aquí deben brotar las dinámicas que transformen y liberen el reino que es de este mundo».[13]

c. El poder

Judas dice que Dios «es poderoso». ¿Por qué, entonces, hay algunos que tropiezan? Por cierto, no porque el poder de Dios sea deficiente, sino porque ellos se apartan de la esfera de su poder. Por eso, como señalara Corrie ten Boom, «no preguntes: ¿Qué puedo hacer? sino ¿Qué es lo que él no puede hacer?» El es poderoso y nosotros debemos tomar consciencia de su capacidad operando en y a través nuestro.

En un contexto donde el poder, especialmente el poder político, es la aspiración máxima de muchos dentro y fuera de la iglesia, el reconocimiento del poder de Dios es vital. En una América Latina donde los poderes demoníacos y de la muerte siguen operando desde sus nidos en estructuras injustas, la convicción en cuanto al poder de Dios es imperiosa.

---

13 Cecilio Arrastía, «El hombre, el texto y contexto», *Pastoralia* 4, 9, 1982: 64.

La lucha entre la vida y la muerte en América Central es más que un 'conflicto de clase'. Ese conflicto es real, y su realidad ya es suficientemente mala. Pero es algo más que el choque histórico entre opresores y oprimidos. El conflicto tiene una dimensión más profunda. Porque hay en nuestro mundo una extraña hueste de fuerzas espirituales que están operando sin descanso, debajo, con, a través de, y por encima de los actores involucrados en esta dramática lucha por la vida en contra de la muerte.[14]

En este combate sin concesiones, los cristianos contamos con Dios, que es poderoso. El en Cristo desarmó a estos poderes demoníacos y triunfó sobre ellos (Col. 2.15). No obstante, si bien este triunfo involucra un «ya», también involucra un «todavía no» (1 Co. 15.24). A pesar de que están luchando en una causa perdida, las fuerzas de las tinieblas siguen moviéndose a través de sus agentes, «los príncipes de este siglo» (1 Co. 2.8), que muchas veces lejos de ser agentes de justicia, paz y libertad, se transforman en instrumentos de injusticia, opresión y violencia. Estos «actúan como dioses, imponiendo sus idolatrías, que se expresan en ideologías que difaman a Dios y degradan a la gente». No son poderes espirituales remotos, sino poderes que se encarnan en las dictaduras militares, las oligarquías terratenientes, las corporaciones transnacionales, los procesos judiciales corruptos, las estructuras eclesiásticas piramidales, las insurgencias sangrientas y, a veces, en los movimientos revolucionarios. Frente a estos poderes, la iglesia de los que pelean «ardientemente por fe» tiene un recurso formidable: el poder de Dios (Ef. 6.10-12).

d. El propósito

Según Judas, el propósito que Dios tiene al hacer esta provisión para nosotros es el de presentarnos «sin mancha y llenos de alegría ante su gloriosa presencia» (VP). Otra vez, la expresión «sin mancha» no quiere decir necesariamente «sin pecado». En la Biblia se usa esta frase en relación con personas que son veraces y puras de corazón, a pesar de que puede haber defectos en los detalles de sus vidas y conductas. El creyente no marcha a la deriva, sino que se mueve conforme a un propósito divino y eterno.

Sobre todo, la esperanza se reaviva ante la convicción de que, a pesar de todos los problemas propios y las luchas en un contexto hostil, el propósito del Señor es crear una nueva humanidad. Gracias al poder de Dios puesto de manifiesto en la resurrección

14 Spykman, *Let My People Live*, p. 26.

de Jesús, los creyentes hemos renacido a una nueva esperanza (1 P. 1.3). La vieja humanidad con sus frutos de alienación, opresión y explotación no es el fin de la historia. Hay una nueva humanidad que se está formando a partir de Cristo como un brote nuevo (véase Is. 11.1, 10; 53.2; y Ro. 15.12), y de quien toma su vida (Ro. 5.17). El Mesías se levantó de la muerte para que su pueblo pudiese caminar «en vida nueva» (Ro. 6 4). Estas promesas dan nacimiento a una esperanza nueva y viviente (2 Co. 5.17). Los cristianos ahora estamos buscando liquidar el viejo camino de la muerte y preparar el nuevo camino de la vida como un anticipo de la «tierra nueva» bajo los «cielos nuevos» (2 P. 3.13).

Esta convicción y esperanza no tienen precio. Como señalara Billy Graham: «Sé de dónde he venido, por qué estoy aquí, a dónde voy, y tengo paz en mi corazón. ¡Qué perspectiva! ¡Qué futuro! ¡Qué esperanza! ¡Qué vida! No la cambiaría yo con el hombre más rico e influyente del mundo. Prefiero ser un hijo del Rey, coheredero con Cristo y miembro de la familia real del Cielo». No es de extrañar, entonces, que esta seguridad del creyente en cuanto a estar firme e irreprochable delante de la presencia del Señor cuando él «venga en su gloria, y todos los santos ángeles con él» (Mt. 25:31), se dé con «gran alegría».

2. La oración de los creyentes para la gloria de Dios

El v. 25 nos presenta la doxología de aquellos que reconocen que sus vidas son guardadas para la gloria de Dios. En este canto final de alabanza hay varias cosas a considerar.

a. La perfección esencial e infinita de Dios

Se trata de Dios según él es en su propio esplendor eterno, en la gloria de su persona y en su naturaleza esencial. Esta adscripción de gloria no es hecha a Dios simplemente como Dios, el Creador del cielo y de la tierra. Judas nos invita a alabar a Dios «nuestro Salvador». Es que la gloria de Dios se ve en el rostro de Jesucristo, porque él es el «resplandor de su gloria» (He. 1.3).

El *Pacto de Lausana* dice: «Proclamar a Jesús como 'el Salvador del mundo' no es afirmar que todos los hombres son salvos automática o finalmente, y menos aún afirmar que todas las religiones ofrecen la salvación en Cristo. Más bien es proclamar el amor de Dios al mundo de los pecadores e invitar a todos los hombres a responder a El como Salvador y Señor en la personal y auténtica entrega de arrepentimiento y fe. Jesucristo ha sido exaltado sobre todo nombre: esperamos el día cuando toda rodilla se doble ante

El y toda lengua lo confiese como Señor».[15] Jesucristo es digno de toda gloria (Ap. 4.11).

b. La «majestad» que se le reconoce a Dios en esta alabanza es su posición de soberano Señor (He. 1.3)

Ricardo Gutiérrez, médico y poeta romántico argentino, exalta la majestad divina en estos términos:

> ¡Oh mortal criatura!
> ¿No siente a Dios la esencia de tu vida?
> Es que en el alma universal fundida
> Aspira a él tu alma con tristeza;
> Es que la majestad de la grandeza
> El corazón inunda de ternura.

La soberanía de Dios en Cristo está más allá de toda discusión. Los seres humanos podrán resistirla o negarla, pero no pueden anularla, porque su posición de majestad y señorío soberano le pertenece. El incluso está por encima de nuestra sana doctrina y conducta aprobada; él es el único fundamento de nuestra «santísima fe». José Míguez Bonino indica que «Jesucristo, el Señor del pacto, es el *Señor viviente*, mayor que nuestras ideas teológicas y que nuestras definiciones doctrinales. No solamente es el que vino una vez en Belén, y el que *ha de venir* en gloria a establecer definitivamente su Reino sino el que *viene constantemente*, en el poder del Espíritu, el que *está* obrando en el mundo del Señor, cuya soberanía sobre todas las cosas es resistida, pero que nadie puede anular o desvirtuar».[16]

c. El «imperio» que se le reconoce a Dios según este canto es su capacidad para hacer cumplir su soberana voluntad

El tiene poder por sobre todas las cosas. El es el Soberano Señor de todo lo creado. Así lo canta Juan José Bernal en uno de sus poemas:

> ¡Nada resiste a tu poder! La tierra
> el cielo, oscurecido ante tu planta,
> por más bellezas que en su seno encierra,
> y hasta el infierno, cuyo nombre aterra,
> obedecen sumisos a tu Ley Santa.

---

15 «Pacto de Lausana», p. 37.
16 Míguez Bonino. «Jesucristo», p. 93.

Pero él también es Soberano Señor del orden social y político. Puesta contra la realidad histórica, esta convicción es riesgosa. Para Judas, afirmar el señorío de Cristo significaba rechazar el del emperador de Roma. La obediencia y lealtad que Cristo exige es excluyente y no admite competencia. Afirmar a Cristo es negar a César. Y los riesgos de esta proclamación sobrepasan cualquier cálculo. Sin embargo, «por sobre toda la autoridad política sobre la tierra, solo Dios desde la eternidad y hasta la eternidad tiene toda la gloria, majestad, poder y autoridad».[17] El es el Señor del mundo y de la historia.

ch. La «potencia» que se le atribuye a Dios en esta bendición es la autoridad con que él puede hacer lo que está de acuerdo con sus eternos propósitos

El cuenta con el derecho y la capacidad absoluta de llevar a cabo su divina voluntad. Su poder le pertenece por derecho y él tiene autoridad para ejercerlo. Gabriel de la Concepción Valdés, el gran poeta cubano del siglo pasado, conocido por el seudónimo de Plácido, en su *Plegaria a Dios*, afirma:

Todo lo podéis vos... todo fenece
o se reanima a vuestra voz sagrada,
fuera de vos, Señor, el todo es nada
que en la insondable eternidad perece;
y aun esa misma nada os obedece
pues de ella fue la humanidad creada.

Esta potencia divina se ha manifestado en toda su plenitud en la acción liberadora de Dios en favor de la humanidad a través de Jesucristo. El poder de Dios se perfeccionó en la obediencia del Hijo (Fil. 2.5-11). Como bien señala el *Documento de Puebla*:

Por eso, El Padre resucita a su Hijo de entre los muertos. Los exalta gloriosamente a su derecha. Lo colma de la fuerza vivificante de su Espíritu. Lo establece como Cabeza de su Cuerpo que es la Iglesia. Lo constituye Señor del Mundo y de la historia.[18]

A pesar de todos los problemas internos y la oposición externa, a pesar de la apostasía de algunos y el sectarismo de otros, a pesar

17 Reicke, *AB*, p. 217.
18 *Documento de Puebla*, p. 98.

de las falsas doctrinas y los falsos maestros, los creyentes en Jesucristo pueden cantar con alegría. ¡Quién puede dejar de hacerlo frente a un Dios tan singular y sabio! Este regocijo no es más que un anticipo del gran gozo que aguarda a los fieles en la gloria celestial. La canción se eleva al unísono «al único y sabio Dios, nuestro Salvador», para decirle con fervor: a él «sea gloria y majestad, imperio y potencia, ahora y por todos los siglos». Y quienes se identifican con esta fe de Judas no dejarán de responder con un sonoro «¡Amén!»